传染病学

第3版

主　编　李　刚

副主编　王　凯　周　智

人民卫生出版社

图书在版编目（CIP）数据

传染病学／李刚主编. —3 版. —北京：人民卫
生出版社,2019

全国高等学历继续教育"十三五"（临床专升本）规
划教材

ISBN 978-7-117-27160-8

Ⅰ.①传…　Ⅱ.①李…　Ⅲ.①传染病学-成人高等教
育-教材　Ⅳ.①R51

中国版本图书馆 CIP 数据核字（2018）第 294178 号

人卫智网	www.ipmph.com	医学教育、学术、考试、健康，购书智慧智能综合服务平台
人卫官网	www.pmph.com	人卫官方资讯发布平台

传 染 病 学

第 3 版

主　　编：李　刚

出版发行：人民卫生出版社（中继线 010-59780011）

地　　址：北京市朝阳区潘家园南里 19 号

邮　　编：100021

E - mail：pmph @ pmph.com

购书热线：010-59787592　010-59787584　010-65264830

印　　刷：北京汇林印务有限公司

经　　销：新华书店

开　　本：850×1168　1/16　印张：19

字　　数：561 千字

版　　次：2007 年 8 月第 1 版 · 2019 年 4 月第 3 版
　　　　　2019 年 4 月第 3 版第 1 次印刷（总第 9 次印刷）

标准书号：ISBN 978-7-117-27160-8

定　　价：52.00 元

打击盗版举报电话：010-59787491　E-mail：WQ @ pmph.com
（凡属印装质量问题请与本社市场营销中心联系退换）

纸质版编者名单

数字负责人 李　刚/中山大学附属第三医院

编　　者（按姓氏笔画排序）

王　凯/山东大学齐鲁医院　　　　　　赵志新/中山大学附属第三医院

王勤英/山西医科大学第一医院　　　　郭亚兵/南方医科大学附属南方医院

王福祥/深圳市第三人民医院　　　　　崇雨田/中山大学附属第三医院

叶晓光/广州医科大学附属第二医院　　谢志军/赣南医学院第一附属医院

李　刚/中山大学附属第三医院　　　　蔺淑梅/西安交通大学第一附属医院

周　智/重庆医科大学附属第二医院

编写秘书 曹　红/中山大学附属第三医院

数字秘书 曹　红/中山大学附属第三医院

第四轮修订说明

随着我国医疗卫生体制改革和医学教育改革的深入推进，我国高等学历继续教育迎来了前所未有的发展和机遇。为了全面贯彻党的十九大报告中提到的"健康中国战略""人才强国战略"和中共中央、国务院发布的《"健康中国2030"规划纲要》，深入实施《国家中长期教育改革和发展规划纲要（2010—2020年）》《中共中央国务院关于深化医药卫生体制改革的意见》，落实教育部等六部门联合印发《关于医教协同深化临床医学人才培养改革的意见》等相关文件精神，推进高等学历继续教育的专业课程体系及教材体系的改革和创新，探索高等学历继续教育教材建设新模式，经全国高等学历继续教育规划教材评审委员会、人民卫生出版社共同决定，于2017年3月正式启动本套教材临床医学专业（专科起点升本科）第四轮修订工作，确定修订原则和要求。

为了深入解读《国家教育事业发展"十三五"规划》中"大力发展继续教育"的精神，创新教学课程、教材编写方法，并贯彻教育部印发《高等学历继续教育专业设置管理办法》文件，经评审委员会讨论决定，将"成人学历教育"的名称更替为"高等学历继续教育"，并且就相关联盟的更新和定位、多渠道教学模式、融合教材的具体制作和实施等重要问题进行了探讨并达成共识。

本次修订和编写的特点如下：

1. 坚持国家级规划教材顶层设计、全程规划、全程质控和"三基、五性、三特定"的编写原则。

2. 教材体现了高等学历继续教育的专业培养目标和专业特点。坚持了高等学历继续教育的非零起点性、学历需求性、职业需求性、模式多样性的特点，教材的编写贴近了高等学历继续教育的教学实际，适应了高等学历继续教育的社会需要，满足了高等学历继续教育的岗位胜任力需求，达到了教师好教、学生好学、实践好用的"三好"教材目标。

3. 本轮教材从内容和形式上进行了创新。内容上增加案例及解析，突出临床思维及技能的培养。形式上采用纸数一体的融合编写模式，在传统纸质版教材的基础上配数字化内容，以一书一码的形式展现，包括在线课程、PPT、同步练习、图片等。

4. 整体优化。注意不同教材内容的联系与衔接，避免遗漏、矛盾和不必要的重复。

本次修订全国高等学历继续教育"十三五"规划教材临床医学专业专科起点升本科教材29种，于2018年出版。

第四轮教材目录

序号	教材品种	主编		副主编			
1	人体解剖学（第4版）	黄文华	徐 飞	孙 俊	潘爱华	高洪泉	
2	生物化学（第4版）	孔 英		王 杰	李存保	宋高臣	
3	生理学（第4版）	管茶香	武宇明	林默君	邹 原	薛明明	
4	病原生物学（第4版）	景 涛	吴移谋	肖纯凌	张玉妥	强 华	
5	医学免疫学（第4版）	沈关心	赵富玺	钱中清	宋文刚		
6	病理学（第4版）	陶仪声		申丽娟	张 忠	柳雅玲	
7	病理生理学（第3版）	姜志胜	王万铁	王 雯	商战平		
8	药理学（第2版）	刘克辛		魏敏杰	陈 霞	王垣芳	
9	诊断学（第4版）	周汉建	谷 秀	陈明伟	李 强	粟 军	
10	医学影像学（第4版）	郑可国	王绍武	张雪君	黄建强	邱士军	
11	内科学（第4版）	杨 涛	曲 鹏	沈 洁	焦军东	杨 萍	汤建平 李 岩
12	外科学（第4版）	兰 平	吴德全	李军民	胡三元	赵国庆	
13	妇产科学（第4版）	王建六	漆洪波	刘彩霞	孙丽洲	王沂峰	薛凤霞
14	儿科学（第4版）	薛辛东	赵晓东	周国平	黄东生	岳少杰	
15	神经病学（第4版）	肖 波		秦新月	李国忠		
16	医学心理学与精神病学（第4版）	马存根	朱金富	张丽芳	唐峥华		
17	传染病学（第3版）	李 刚		王 凯	周 智		
18*	医用化学（第3版）	陈莲惠		徐 红	尚京川		
19*	组织学与胚胎学（第3版）	郝立宏		龙双涟	王世鄂		
20*	皮肤性病学（第4版）	邓丹琪		于春水			
21*	预防医学（第4版）	肖 荣		龙鼎新	白亚娜	王建明	王学梅
22*	医学计算机应用（第3版）	胡志敏		时松和	肖 峰		
23*	医学遗传学（第4版）	傅松滨		杨保胜	何永蜀		
24*	循证医学（第3版）	杨克虎		许能锋	李晓枫		
25*	医学文献检索（第3版）	赵玉虹		韩玲革			
26*	卫生法学概论（第4版）	杨淑娟		卫学莉			
27*	临床医学概要（第2版）	闻德亮		刘晓民	刘向玲		
28*	全科医学概论（第4版）	王家骥		初 炜	何 颖		
29*	急诊医学（第4版）	黄子通		刘 志	唐子人	李培武	
30*	医学伦理学	王丽宇		刘俊荣	曹永福	兰礼吉	

注：1. * 为临床医学专业专科、专科起点升本科共用教材

2. 本套书部分配有在线课程，激活教材增值服务，通过内附的人卫慕课平台课程链接或二维码免费观看学习

3.《医学伦理学》本轮未修订

前　言

　　《传染病学》(第 3 版)为国家卫生健康委员会高等学历继续教育"十三五"规划教材,在上版基础上修订,增加了部分传染病的进展性内容。格式上按照出版社的统一要求,增加了复习参考题,有助于领会和巩固每章的重点内容。本版内容丰富,每章均对内容给予多种形式的展示,以期能更加充分体现本专业的基本理论、基本知识、基本技能,并将思想性、科学性、启发性、先进性和适用性有机地结合起来。

　　各章的重点部分仍然是临床表现、实验室检查、诊断、治疗和预防。本书附有重点传染病的教学 PPT。

　　与上版相比,参编的医学院校及编写人员有少许调整,编者结构更加均衡和更具有代表性,他们均是多年工作在临床和教学第一线的高级骨干教师,有丰富的临床和教学经验。但因水平所限,书中缺点与疏漏难免,敬请各位同道和读者提出宝贵意见。

李　刚

2018 年 12 月

目 录

第一章　总论

传染病(communicable diseases)是由病原微生物和寄生虫感染人体后产生的有传染性的疾病。病原微生物包括朊毒体、病毒、立克次体、细菌、真菌和螺旋体等，人体寄生虫包括原虫和蠕虫，上述病原体引起的疾病均属于感染性疾病(infectious diseases)，但感染性疾病不一定有传染性，有传染性的疾病才称为传染病，它可在人群中传播并造成流行。

第一节　感染与免疫

一、感染的概念

感染(infection)是病原体对人体的寄生过程。有些病原体在寄生过程中不损害人体，而是与人体互相适应，形成共生状态(commensalism)，例如肠道中的大肠埃希菌。但当某些因素导致机体的免疫功能受损或机械损伤时，病原体可引起宿主的损伤，产生机会性感染(opportunistic infection)。大多数病原体与人体宿主之间是不适应的，进入机体后产生各种不同的表现，称为感染谱(infection spectrum)。

二、传染病的表现形式

病原体(pathogens)通过各种途径进入人体后，就开始了感染过程。感染后的表现主要取决于病原体的致病力和机体的免疫功能，也和来自外界的干预如药物、放射治疗等有关。

（一）病原体被清除

病原体进入人体后，可被处于机体防御第一线的非特异性免疫屏障所清除（如胃酸），也可以由事先存在于体内的特异性被动免疫（来自母体或人工注射的抗体）所中和，或特异性主动免疫（通过预防接种或感染后获得的免疫）所清除。

（二）隐性感染（covert infection）

又称亚临床感染(subclinical infection)，是指病原体侵入人体后，仅引起机体产生特异性的免疫应答，不引起或只引起轻微的组织损伤，因而在临床上不显出任何症状、体征和生化改变，只能通过免疫学检查才能发现。在大多数传染病(如脊髓灰质炎和流行性乙型脑炎)中,隐性感染是最常见的表现,其数量远远超过显性感染(10倍以上)。隐性感染后,大多数人获得不同程度的特异性主动免疫,病原体被清除;少数人转变为病原携带状态,如部分人感染乙型肝炎病毒后。

(三)显性感染(overt infection)

又称临床感染(clinical infection),是指病原体侵入人体后,导致组织损伤,引起病理改变和临床表现。在大多数传染病中,显性感染只占全部感染者的一小部分。在少数传染病中(如麻疹、天花),大多数感染者表现为显性感染。显性感染后,大部分感染者病原体被清除,其中一些感染者可获得巩固免疫(如伤寒),不易再受感染,一些感染者病后免疫并不巩固(如细菌性痢疾),容易再受感染。小部分显性感染者则转变为病原携带者,称为恢复期携带者。

(四)病原携带状态(carrier state)

按病原体种类不同而分为带病毒者、带菌者与带虫者等。按其发生于显性或隐性感染之后而分为恢复期与健康携带者。发生于显性感染临床症状出现之前者称为潜伏期携带者。按其携带病原体持续时间在3~6个月以下或以上而分为急性与慢性携带者。所有病原携带者都有一个共同特点,既不显出临床症状又能排出病原体,因而许多传染病的病原携带者,如伤寒、痢疾、霍乱、白喉、流行性脑脊髓膜炎和乙型肝炎的感染者,可成为重要的传染来源。但并非所有传染病都有病原携带者,如麻疹和登革热等。

(五)潜伏性感染(latent infection)

病原体感染人体后,寄生在机体中某些部位,由于机体免疫功能足以将病原体局限而不引起显性感染,但又不足以将病原体清除,病原体便可长期潜伏下来,成为携带者。当机体免疫功能下降时,才引起显性感染。常见的潜伏性感染有单纯疱疹、带状疱疹、疟疾、结核等疾病病原体的感染。潜伏性感染期间,病原体一般不排出体外,这是与病原携带状态的不同之处。

上述感染的5种表现形式在不同的传染病中各有侧重。一般来说,隐性感染最常见,病原携带状态次之,显性感染所占比重最低,而显性感染一旦出现,则容易识别。上述感染的五种表现形式不是一成不变的,在一定条件下可相互转变。

三、病原体的致病力

病原体侵入人体后能否引起疾病,取决于病原体的致病能力和机体的防御能力这两个因素。致病能力(pathogenecity)包括以下几个方面:

(一)侵袭力(invasiveness)

指病原体侵入机体并在体内扩散的能力。有些病原体可直接侵入人体,如钩端螺旋体和钩虫丝状蚴;有些细菌需要先黏附于肠黏膜表面才能定植下来分泌肠毒素,如霍乱弧菌;有些细菌的表面成分有抑制吞噬作用的能力,从而促进病原体的扩散,如伤寒杆菌的 Vi 抗原。有些细菌能表达受体和小肠细胞结合引起腹泻,如大肠埃希菌。

1. 菌毛(fimbriae,pili) 菌毛是围绕在细菌表面的蛋白样棒状物,直径约为 2~7nm。每个细菌上约有 100~1000 个。它和鞭毛不同,后者直径为 20nm。泌尿道致病性大肠埃希菌的 P 菌毛可与泌尿道上皮细胞膜上的特异性受体结合而引起感染。

2. 定植因子(colonization factors) 引起腹泻的大肠埃希菌能表达受体和肠细胞结合,这种受体就称为定植因子。霍乱弧菌则使用两种不同的菌毛参与定居过程。

3. 黏附作用(adherence) 与细菌的菌毛、病原分泌的黏附素(adhesins)、荚膜多糖和细胞壁上的脂肪壁酸等有关。

(二)毒力(virulence)

毒力包括毒素和其他毒力因子。毒素包括外毒素(exotoxin)与内毒素(endotoxin)。前者以白喉毒素、破伤风毒素和肠毒素为代表。后者以革兰氏阴性杆菌的脂多糖为代表。具有其他毒力因子的病原中,有些具有穿透能力(如钩虫丝状蚴)、有些具有侵袭能力(如痢疾杆菌)、有些具有溶组织能力(如溶组织内阿米巴原虫)。

(三)数量(amount)

在同一种传染病中,入侵病原体的数量一般与致病能力成正比。但在不同传染病中,能引起疾病发生的最低病原体数量差别很大,如伤寒为10万个菌体,而痢疾则仅10个菌体就能致病。

(四)变异性(variation)

病原体可因环境、遗传、药物等因素而产生变异。一般来说,在人工培养多次传代的环境下,可使病原体的致病力减弱,如卡介苗(BCG);在宿主之间反复传播可使致病力增强,如肺鼠疫。病原体的抗原变异可逃避机体的特异性免疫作用而继续引起疾病(如流行性感冒病毒、丙型肝炎病毒和人类免疫缺陷病毒等)。

四、机体的免疫作用

机体的免疫应答对感染过程的表现和转归起着重要的作用。免疫应答可分为有利于机体抵抗病原体入侵与破坏的保护性免疫应答和促进病理生理过程及组织损伤的变态反应两大类。保护性免疫应答又分为非特异性与特异性免疫应答两类。变态反应都是特异性免疫应答。

(一)非特异性免疫(nonspecific immunity)

是机体对进入体内的异物的一种清除机制。对机体来说病原体也是一种异物,因而也属于非特异性免疫清除的范围。

1. 天然屏障　包括外部屏障,即皮肤、黏膜及其分泌物(如溶菌酶、气管黏膜上的纤毛);以及内部屏障,如血-脑屏障和胎盘屏障等。

2. 吞噬作用　单核-吞噬细胞系统包括血液中的游走大单核细胞和肝、脾、淋巴结及骨髓中固定的吞噬细胞和各种粒细胞(尤其是中性粒细胞)都具有非特异的吞噬功能,可清除体液中的颗粒状病原体。

3. 体液因子　包括存在于体液中的补体、溶菌酶(lysozyme)、纤连蛋白(fibronectin)和各种细胞因子(cytokines)。这些体液因子能直接或通过免疫调节作用而清除病原体。细胞因子是主要由单核-吞噬细胞和淋巴细胞被激活以后释放的激素样肽类物质。与非特异性免疫应答有关的细胞因子有:白细胞介素(interleukin)1~6、肿瘤坏死因子(TNF)、γ-干扰素、粒细胞-吞噬细胞集落刺激因子(G-M CSF)等。

(二)特异性免疫(specific immunity)

是指由于对抗原特异性识别而产生的免疫。由于不同病原体所具有的抗原绝大多数是不相同的,故特异性免疫通常只针对一种传染病。感染后的免疫都是特异性免疫,而且是主动免疫,通过细胞免疫(cell-mediated immunity)和体液免疫(humoral immunity)的相互作用而产生免疫应答,分别由T淋巴细胞与B淋巴细胞来介导。

1. 细胞免疫　致敏T细胞与相应抗原再次相遇时,通过细胞毒性和淋巴因子来杀伤病原体及其所寄生的细胞。在细胞内寄生的细菌(如结核分枝杆菌、伤寒杆菌)、病毒(如麻疹病毒、疱疹病毒)、真菌(如念珠菌、隐球菌)和立克次体等感染中,细胞免疫起重要作用。T细胞还具有调节体液免疫的功能。

2. 体液免疫　致敏B细胞受抗原刺激后,即转化为浆细胞并产生能与相应抗原结合的抗体,即免疫球蛋白(immunoglobulin,Ig)。抗体又可分为抗毒素、抗菌性抗体、中和(病毒的)抗体等。抗体主要作用于细胞外的微生物。在化学结构上Ig可分为5类:IgG、IgA、IgM、IgD和IgE,各具不同功能。在感染过程中IgM首先出现,但持续时间不长,是近期感染的标志。IgG临近恢复期出现,并持续较长时期。IgA主要是呼吸道和消化道黏膜上的局部抗体。IgE主要存在于寄生虫感染者。

第二节　传染病的发病机制

一、病原体感染的阶段性

病原体感染人体的阶段性与传染病的发生、发展、转归通常是一致的,与发病机制的阶段性及临床表现的阶段性大多是互相吻合的。

（一）入侵门户

病原体的入侵门户与发病机制有密切关系,入侵门户适当,病原体才能定居、繁殖及引起病变。如志贺菌属和霍乱弧菌都必须经口感染,破伤风杆菌必须经伤口感染,才能引起病变。

（二）机体内定位

病原体入侵成功并取得立足点后,或者在入侵部位繁殖,分泌毒素,在远离入侵部位引起病变(如白喉和破伤风);或进入血液循环,再定位于某一脏器引起该脏器的病变(如流行性脑脊髓膜炎和病毒性肝炎);或经过一系列的生活史阶段,最后在某脏器中定居(如蠕虫病);每个传染病都有其本身的规律。

病原体的组织亲和性(tissue tropism)与机体内定位密切相关,如肝炎病毒对肝脏、人免疫缺陷病毒(HIV)对 $CD4^+T$ 细胞、疱疹病毒对神经组织和黏膜的亲和性等。

（三）排出途径

指机体排出病原体的途径,是病人、隐性感染者和病原携带者有传染性的重要因素。有些病原体的排出途径是单一的,如志贺菌属只通过粪便排出;有些是多个的,如脊髓灰质炎病毒既能通过粪便又能通过飞沫排出。有些病原体是由机体主动排出;有些病原体则是被动排出,如存在于血液中的疟原虫、丙型肝炎病毒等,必须通过虫媒叮咬或采血、注射才离开人体。病原体排出体外的持续时间有长有短,因而不同传染病有不同的传染期。

二、组织损伤的发生机制

组织损伤和功能受损是疾病发生的基础。在传染病中导致组织损伤发生的方式有下列三种:

（一）直接侵犯

病原体入侵宿主组织的第一步是黏附作用。黏附素是微生物上的分子,它们能介导微生物与宿主之间的黏附或结合。如 HIV 的黏附素 gp120 蛋白和机体 T 细胞表面的 CD4 受体结合,使病毒进入细胞内。一些病原体可通过分泌蛋白酶直接破坏组织,如溶组织内阿米巴原虫;一些病原体可直接破坏细胞,如脊髓灰质炎病毒。

（二）毒素作用

按毒素作用的靶细胞分类,可分为肠毒素、神经毒素、白细胞毒素等。按作用机制来分类,可分为腺苷二磷酸核糖化(ADP-ribosylating)毒素,如霍乱毒素、白喉毒素、大肠埃希菌不耐热肠毒素、百日咳毒素、肉毒梭状芽孢 C2 毒素等,以及腺苷环化酶(adenyl cyclase)毒素,如百日咳杆菌的腺苷环化酶毒素和炭疽杆菌的水肿因子等。按主要生物效应来分类,可分为皮肤坏死毒素、溶血毒素、促进淋巴细胞增多毒素等。

（三）免疫机制

大部分传染病的发病机制与免疫应答有关。有些传染病能抑制细胞免疫(如麻疹)或直接破坏 T 细胞(如艾滋病),更多的病原体通过变态反应导致组织损伤,其中以 Ⅱ 型(免疫复合物)反应(见于流行性出血热等)及 Ⅳ 型(细胞介导)反应(见于结核病、血吸虫病等)为最常见。免疫介导的发病机制又称免疫发病机制(immunopathogenesis)。

三、重要的病理生理变化

（一）发热

发热是传染病的一个重要临床表现。当机体发生感染时，病原体及其产物作用于单核-巨噬细胞系统，使之释放内源性致热原。内源性致热原通过血流到达第三脑室周围的血管器官（OVLT），与毛细血管内皮细胞相互作用而产生大量前列腺素 E2（PGE2），后者作用于下视丘的体温调节中枢，提高衡温点，使产热超过散热而引起体温升高。同时下视丘触发肌肉频繁收缩产生更多的热，临床上表现为寒战。

（二）急性期改变

感染过程可诱发一系列宿主应答，伴有特征性的代谢改变。由于应答往往出现于感染的几小时或几天之后，故称为急性期改变，但有些改变也可见于慢性病期。

1. 蛋白代谢　急性期改变包括肝脏合成许多在健康时所见不到的蛋白质，其中以 C-反应蛋白为标志，可作为疾病的指标。血浆中糖蛋白和球蛋白浓度升高是血沉加快的原因。与此相反，肝衰竭时肝脏合成白蛋白减少。由于糖原异生作用和能量消耗的增加，肌肉蛋白分解，可导致消瘦。

2. 糖代谢　葡萄糖生成加速，导致血糖升高，糖耐量短暂下降，这与糖原异生作用加速及内分泌影响有关。在新生儿及营养不良、肝衰竭患者，糖原异生作用也可下降而导致血糖下降。

3. 水、电解质代谢　急性感染时，氯和钠因出汗、呕吐或腹泻而丢失，加上抗利尿素分泌增加，尿量减少，水分潴留而导致低钠血症，至恢复期才出现利尿。由于钾的摄入减少和排出增加而导致钾的负平衡。

4. 内分泌改变　在急性感染早期，随着发热开始，由 ACTH 所介导的糖皮质激素和醛固酮在血液中浓度即增高，其中糖皮质激素水平可高达正常的 5 倍。但在败血症并发肾上腺出血时则可导致糖皮质激素分泌不足或停止。

第三节　传染病的流行过程及影响因素

传染病的流行过程就是传染病在人群中发生、发展和转归的过程。流行过程的发生需要有三个基本条件，就是传染源、传播途径和人群易感性。流行过程本身又受社会因素和自然因素的影响。

一、流行过程的基本条件

（一）传染源

传染源（source of infection）是指病原体已在体内生长繁殖并能将其排出体外的人和动物。传染源包括下列 4 个方面。

1. 患者　急性患者借助其症状（咳嗽、吐、泻）促进病原体的播散；慢性患者可长期污染环境；轻型患者数量多而不易被发现。在不同传染病中，不同类型患者的流行病学意义各异。

2. 隐性感染者　在某些传染病（如脊髓灰质炎）中，隐性感染者是重要传染源。

3. 病原携带者　慢性病原携带者不显出症状而长期排出病原体，在某些传染病（如伤寒、细菌性痢疾）中有重要的流行病学意义。

4. 受感染的动物　某些动物间的传染病，如狂犬病、鼠疫等，也可传给人类，引起严重疾病。还有一些传染病如血吸虫病，动物储存宿主是传染源中的一部分。

（二）传播途径

病原体离开传染源后，到达另一个易感者的途径，称为传播途径（route of transmission）。传播途径由外界环境中各种因素所组成，从最简单的一个因素到包括许多因素的复杂传播途径。

1. 空气、飞沫、尘埃　主要见于以呼吸道为进入门户的传染病，如麻疹、白喉等。

2. 水、食物、苍蝇　主要见于以消化道为进入门户的传染病,如伤寒、痢疾等。

3. 手、用具、玩具　又称日常生活接触传播,既可传播消化道传染病(如痢疾),也可传播呼吸道传染病(如白喉)。

4. 吸血节肢动物　又称虫媒传播,见于以吸血节肢动物(蚊子、跳蚤、白蛉、恙虫等)为中间宿主的传染病,如疟疾、斑疹伤寒等。

5. 血液、体液、血制品　见于乙型肝炎、丙型肝炎、艾滋病等。

6. 土壤　当病原体的芽孢(如破伤风、炭疽)或幼虫(如钩虫)、虫卵(如蛔虫)污染土壤时,则土壤成为这些传染病的传播途径。

(三)人群易感性

对某一传染病缺乏特异性免疫力的人称为易感者(susceptible),易感者在某一特定人群中的比例决定该人群的易感性。易感者的比例在人群中达到一定水平时,如果又有传染源和合适的传播途径,则传染病的流行很容易发生。某些病后免疫力很巩固的传染病(如麻疹),经过一次流行之后,要等待几年直至易感者比例再次上升至一定水平时,才发生另一次流行。这种现象称为流行的周期性。在普遍推行人工自动免疫的干预下,可把易感者水平降至最低,就能使流行不再发生。

二、影响流行过程的因素

(一)自然因素

自然环境中的各种因素,包括地理、气象和生态等条件对传染病流行的发生和发展发挥着重要的影响。寄生虫病和虫媒传染病对自然条件的依赖性尤为明显。传染病的地区性和季节性与自然因素有密切关系,如我国北方有黑热病地方性流行区,南方有血吸虫病地方性流行区,乙型脑炎严格的夏秋季发病分布,都与自然因素有关。自然因素可直接影响病原体在外环境中的生存能力,如钩虫病少见于干旱地区;也可通过降低机体的非特异性免疫力而促进流行过程的发展,如寒冷可减弱呼吸道的抵抗力,炎热可减少胃酸的分泌等。某些自然生态环境为传染病在野生动物之间的传播创造了良好条件,如鼠疫、恙虫病、钩端螺旋体病等,人类进入这些地区时亦可受感染,称为自然疫源性传染病或人畜共患病(zoonosis)。

(二)社会因素

包括社会制度、经济和生活条件,以及文化水平等,对传染病流行过程有很大的影响。社会因素对传播途径的影响是显而易见的,钉螺的消灭、饮水卫生、粪便处理的改善,使血吸虫病、霍乱、钩虫病等传染病得到控制就是明证。在经济建设中,开发边远地区、改造自然、改变有利于传染病流行的生态环境,有效地防治自然疫源性传染病,说明社会因素又作用于自然因素而影响流行过程。

第四节　传染病的特征

一、基本特征

传染病与其他疾病的主要区别在于具有下列四个基本特征,但对这些基本特征不要孤立地而应综合地加以考虑。

(一)有病原体(pathogen)

每一个传染病都是由特异性的病原体所引起的,包括微生物与寄生虫。在历史上许多传染病(如霍乱、伤寒)都是先认识其临床和流行病学特征,然后认识其病原体的。目前还有一些传染病的病原体仍未能被充分认识。

（二）有传染性（infectivity）

这是传染病与其他感染性疾病的主要区别。例如耳源性脑膜炎和流行性脑脊髓膜炎，在临床上都表现为化脓性脑膜炎，但前者无传染性，无须隔离，后者则有传染性，必须隔离。传染性意味着病原体能通过某种途径感染他人。传染病患者有传染性的时期称为传染期，在每一种传染病中都相对固定，可作为隔离病人的依据之一。

（三）有流行病学特征（epidemiologic feature）

传染病的流行过程在自然和社会因素的影响下，表现出各种特征。在质的方面有外来性和地方性之分，前者指在国内或地区内原来不存在，而从国外或外地传入的传染病，如霍乱。后者指在某些特定的自然或社会条件下在某些地区中持续发生的传染病，如血吸虫病。在量的方面有散发性、流行和大流行之分。散发性（sporadic）是指某传染病在某地近年来发病率的一般水平，当其发病率水平显著高于一般水平时称为流行（epidemic），某传染病的流行范围甚广，超出国界或洲界时称为大流行（pandemic）。传染病病例发病时间的分布高度集中于一个短时间之内者称为暴发流行（epidemic outbreak）。传染病发病率在时间上（季节分布）、空间上（地区分布）、不同人群（年龄、性别、职业）中的分布，也是流行病学特征。

（四）有感染后免疫（postinfection immunity）

人体感染病原体后，无论是显性或隐性感染，都能产生针对病原体及其产物（如毒素）的特异性免疫。保护性免疫可通过抗体（抗毒素、中和抗体等）检测而获知。感染后免疫属于自动免疫，通过抗体转移而获得的免疫属于被动免疫。感染后免疫的持续时间在不同传染病中有很大差异。一般来说，病毒性传染病（如麻疹）的感染后免疫持续时间最长，往往保持终身，但有例外（如流感）。细菌、螺旋体、原虫性传染病（如细菌性痢疾）的感染后免疫持续时间通常较短，仅为数月至数年，也有例外（如伤寒）。蠕虫病感染后通常不产生保护性免疫，因而往往产生重复感染（如蛔虫病）。

二、临床特点

（一）病程发展的阶段性

急性传染病的发生、发展和转归，通常分为四个阶段。

1. 潜伏期（incubation period）　从病原体侵入人体起，至开始出现临床症状的时期，称为潜伏期。每一个传染病的潜伏期都有一个范围（最短、最长），并呈常态分布，是检疫工作观察、留验接触者的重要依据。潜伏期通常相当于病原体在体内繁殖、转移、定位、引起组织损伤和功能改变，导致临床症状出现之前的整个过程。因此潜伏期的长短一般与病原体感染的量成反比。如果主要由毒素引起病理生理改变，则与毒素产生和播散所需时间有关。如细菌性食物中毒，毒素在食物中已预先生成，则潜伏期可短至数小时。狂犬病的潜伏期取决于病毒进入体内部位（伤口），与伤口至中枢神经系统的距离成正比。

2. 前驱期（prodromal period）　从起病至症状明显开始为止的时期称为前驱期。在前驱期中的临床表现通常是非特异性的，如头痛、发热、疲乏、食欲缺乏、肌肉酸痛等，为许多传染病所共有，一般持续1~3日。起病急骤者，可无前驱期。

3. 症状明显期（period of apparent manifestation）　急性传染病患者度过前驱期后，在某些传染病（如脊髓灰质炎、乙型脑炎等）中，大部分患者随即转入恢复期，临床上称为顿挫型（abortive type），仅少部分转入症状明显期。某些传染病（如麻疹）患者则绝大多数转入症状明显期。在此期间该传染病所特有的症状和体征通常都获得充分表达，如具有特征性的皮疹、肝脾肿大和脑膜刺激征、黄疸等。

4. 恢复期（convalescent period）　机体免疫力增长至一定程度，体内病理生理过程基本终止，患者症状及体征基本消失，临床上称为恢复期。在此期间体内可能还有残余病理改变（如伤寒）或生化改变（如病毒性肝炎），病原体还未完全清除（如霍乱、痢疾），许多患者的传染性还要持续一段时间，但食欲和体力均逐渐恢复，血清中的抗体效价亦逐渐上升至最高水平。

复发(relapse)与再燃(recrudescence)　有些传染病患者进入恢复期后,已稳定退热一段时间,由于潜伏于组织内的病原体再度繁殖至一定程度,使初发病的症状再度出现,称为复发。见于伤寒、疟疾、细菌性痢疾等。有些患者在恢复期时,体温未稳定下降至正常,又再发热时,称为再燃。

后遗症(sequela)　传染病患者在恢复期结束后,机体功能仍长期未能复常者称为后遗症,多见于中枢神经系统传染病,如脊髓灰质炎、脑炎、脑膜炎等。

(二)常见的症状与体征

1. 发热　在感染性发热中,急性传染病占重要地位。传染病的发热过程可分为3个阶段:①体温上升期(effervescence),体温可骤然上升至39℃以上,通常伴有寒战,见于疟疾、登革热等;亦可缓慢上升,呈梯形曲线,见于伤寒、副伤寒等;②极期(fastigium),体温上升至一定高度,然后持续数天至数周;③体温下降期(defervescence),体温可缓慢下降,几天后降至正常,如伤寒、副伤寒;亦可在一天之内降至正常,如间日疟和败血症,此时多伴有大量出汗。

热型是传染病重要特征之一,具有鉴别诊断意义。常见热型有:①稽留热(sustained fever),见于伤寒、斑疹伤寒等;②弛张热(remittent fever),见于伤寒缓解期、流行性出血热等;③间歇热(intermittent fever),见于疟疾、败血症等,又称为败血症型热(septic fever);④回归热(relapsing fever),见于回归热、布鲁菌病等;在多次重复出现,并持续数月之久时,称为波状热(undulent fever);⑤马鞍热(saddle type fever),见于登革热。

2. 发疹(rash,eruption)　许多传染病在发热的同时伴有发疹,称为发疹性感染。发疹包括皮疹(外疹exanthem)和黏膜疹(内疹enanthem)两大类。疹子的出现时间和先后次序对诊断和鉴别诊断有重要参考价值。如水痘、风疹多发生于起病第一日,猩红热于第二日,天花于第三日,斑疹伤寒于第五日,伤寒于第六日等,虽然都有例外。水痘的疹子主要分布于躯干;天花的疹子多分布于面部及四肢;麻疹有黏膜疹(科普利克斑,Koplik spot),皮疹先出现于耳后、面部,然后向躯干、四肢蔓延。疹子的形态可分为4大类:①斑丘疹(maculo-papular rash),多见于麻疹、风疹、科萨奇及埃可病毒感染、EB病毒感染等病毒性传染病和伤寒、猩红热等;②出血疹(petechia)多见于流行性出血热、登革出血热等病毒性传染病,以及斑疹伤寒、恙虫病等立克次体病和流行性脑脊髓膜炎、败血症等细菌病;③疱疹或脓疱疹(vesiculo-pustular rash),多见于水痘、天花、单纯疱疹、带状疱疹等病毒性传染病,立克次痘及金黄色葡萄球菌败血症等;④荨麻疹(urticaria)多见于血清病、病毒性肝炎等。

3. 毒血症状(toxemic symptoms)　病原体的各种代谢产物,包括细菌毒素在内,可引起除发热以外的多种症状,如疲乏,全身不适,厌食,头痛,肌肉、关节、骨骼疼痛等。严重者可有意识障碍、谵妄、脑膜刺激征、中毒性脑病、呼吸及外周循环衰竭(感染性休克)等表现,有时还可引起肝、肾损害,表现为肝、肾功能的改变。

4. 单核-吞噬细胞系统反应　在病原体及其代谢产物的作用下,单核-吞噬细胞系统可出现充血、增生等反应,临床上表现为肝、脾和淋巴结的肿大。

(三)临床类型

根据传染病临床过程的长短、轻重及临床特征,可分为急性、亚急性、慢性、轻型、中型、重型、暴发型,典型及非典型等。典型相当于中型或普通型,非典型则可轻可重,极轻者可照常工作,又称逍遥型(ambulatory type)。

第五节　传染病的诊断

正确的早期诊断是有效治疗的先决条件,又是早期隔离患者所必需。传染病的诊断要综合分析下列三个方面的资料。

一、临床资料

全面而准确的临床资料来源于详尽的病史和全面的体格检查。起病方式有鉴别意义,必须加以注意。

发热、腹泻、头痛、黄疸等症状都要从鉴别诊断的角度来加以描述。进行体格检查时不要忽略有诊断意义的体征，如玫瑰疹、焦痂、腓肠肌压痛、科普利克斑等。

二、流行病学资料

流行病学资料在传染病的诊断中占有重要的地位。由于某些传染病在发病年龄、职业、季节及地区方面有高度选择性，考虑诊断时必须取得有关流行病学资料作为参考。预防接种史和过去病史有助于了解患者免疫状况，当地或同一集体中传染病发生情况也有助于诊断。

三、实验室检查及其他检查

（一）一般实验室检查

包括血液，大、小便常规检查和生化检查。血液常规检查中以白细胞计数和分类的用途最广。白细胞总数显著增多常见于化脓性细菌感染，如流行性脑脊髓膜炎、败血症和猩红热等。革兰氏阴性杆菌感染时白细胞总数往往升高不明显甚至减少，例如布鲁菌病、伤寒及副伤寒等。病毒性感染时白细胞总数通常减少或正常，如流行性感冒、登革热和病毒性肝炎等。原虫感染时白细胞总数也常减少，如疟疾、黑热病等。蠕虫感染时嗜酸性粒细胞通常增多，如钩虫、血吸虫、肺吸虫感染等。嗜酸性粒细胞减少则常见于伤寒、流行性脑脊髓膜炎等。

尿常规检查有助于钩端螺旋体和流行性出血热的诊断，大便常规检查有助于蠕虫病和感染性腹泻的诊断。

生化检查有助于病毒性肝炎的诊断。

（二）病原学检查

1. 病原体的直接检出　许多传染病可通过肉眼或显微镜检出病原体而确诊，例如血吸虫毛蚴经孵化法可用肉眼检出，绦虫节片也可在大便中用肉眼检出。从血液或骨髓涂片中检出疟原虫及利什曼原虫，从血液涂片中检出微丝蚴及回归热螺旋体，从大便涂片中检出各种寄生虫卵及阿米巴原虫等。

2. 病原体分离培养　细菌、螺旋体和真菌通常可用人工培养基分离培养，如伤寒杆菌、痢疾杆菌、霍乱弧菌、钩端螺旋体、隐球菌等。立克次体则需要动物接种或组织培养才能分离出来，如斑疹伤寒、恙虫病等。病毒分离一般需用组织培养，如登革热、脊髓灰质炎等。用以分离病原体的检材可采自血液、尿、粪、脑脊液、痰、骨髓、皮疹吸出液等。采集标本时应注意病程阶段，有无应用抗微生物药物，及标本的保存与运送。

（三）分子生物学检测

1. 分子杂交　利用放射性核素^{32}P或生物素标记的分子探针可以检出特异性的病毒核酸如乙型肝炎病毒 DNA，或检出特异性的毒素如大肠埃希菌肠毒素。

2. 多聚酶链反应（polymerase chain reaction，PCR）　用于病原体核酸检查，能把标本中的 DNA 分子扩增一百万倍以上。如用于乙型肝炎病毒核酸检测，可显著提高灵敏度。逆转录多聚酶链反应（RT-PCR）则用于检测标本中的 RNA，如用于检测丙型肝炎病毒核酸。

（四）免疫学检查

应用已知抗原或抗体检测血清或体液中的相应抗体或抗原，是最常用的免疫学检查方法，若能进一步鉴定其抗体是属于 IgG 或 IgM 型，对近期感染或过去发生过的感染有鉴别诊断意义。免疫学检测还可用于判断受检者的免疫功能是否有所缺损。

1. 特异性抗体检测　在传染病早期，特异性抗体在血清中往往尚未出现或滴度很低，而在恢复期或后期则抗体滴度有显著升高，故在急性期及恢复期双份血清检测其抗体由阴性转为阳性或滴度升高 4 倍以上时往往有重要的意义。曾经感染过某病原体或接受预防接种者，再感染另一病原体时，原有抗体滴度亦可升高（回忆反应），但双份血清抗体滴度升高常在 4 倍以下，可资鉴别。特异性 IgM 型抗体的检出有助于现存或近期感染的诊断。

特异性抗体检测方法很多,凝集反应使用颗粒性抗原,常用于检测伤寒、副伤寒抗体(肥达反应)或与变形杆菌抗原起交叉反应的斑疹伤寒抗体(外斐反应)或布鲁菌病抗体。沉淀反应使用可溶性抗原,进行琼脂扩散、对流免疫电泳等。补体结合反应利用抗原抗体复合物可结合补体而抑制溶血反应的原理,常用于病毒感染的诊断。中和反应应用中和抗体在动物或组织培养中可中和病毒的原理,常用于流行病学调查,以判断人群免疫力的组成。免疫荧光检查可在较短时间内检出抗体,具有快速诊断的作用。放射免疫测定(RIA)有灵敏度和特异性较高的优点,但设备条件要求较高。酶联免疫吸附测定(ELISA)则具有灵敏度高、操作简便和设备条件要求较低的优点,易于推广应用。

2. 特异性抗原检测　病原体特异性抗原的检测有助于在病原体直接分离培养不成功的情况下提供病原体存在的直接证据。其诊断意义往往较抗体检测更为可靠。例如在乙型肝炎病毒分离培养还未成功时,乙型肝炎表面抗原的检出即可给诊断提供明确根据。在化脓性脑膜炎及阿米巴肝脓肿时特异性抗原检测对诊断也有很大帮助。

大多数用以检测抗体的方法都可用于检测抗原,其原理相同。如 ELISA 和放射免疫测定(RIA)也可用于检测血清中的肝炎病毒抗原、用免疫电镜法以已知抗体检测粪便中未知抗原来诊断轮状病毒感染等。

3. 皮肤试验　用特异性抗原作皮内注射,可通过皮肤反应了解受试者对该抗原的变态反应,常用于结核病和血吸虫病的流行病学调查。

4. 免疫球蛋白检测　血清免疫球蛋白浓度检测有助于判断体液免疫功能。降低者见于先天性免疫缺损疾患,升高者见于慢性肝炎、黑热病和艾滋病等。

5. T 细胞亚群检测　用单克隆抗体检测 T 细胞亚群可了解各亚群的 T 细胞数和比例,常用于艾滋病的诊断。

（五）其他检查

1. 内镜检查　对传染病的诊断有帮助的各种内镜检查如下:

（1）纤维结肠镜常用于诊断细菌性痢疾、阿米巴痢疾、真菌性肠炎、弯曲菌肠炎、耶尔森菌小肠结肠炎和血吸虫病等。

（2）纤维支气管镜常用于诊断艾滋病并发肺孢子虫病和支气管淋巴结核病等。

2. 影像学检查　X 线检查常用于诊断肺结核和肺吸虫病。超声检查常用于诊断肝炎、肝硬化和肝脓肿等。计算机断层扫描(computerized tomagraphy, CT scanning)和磁共振成像(magnetic resonance imaging, MRI)常用于诊断脑脓肿和脑囊虫病等。

3. 活体组织检查　活体组织检查(biopsy examination)常用于下列传染病的诊断。

（1）各型慢性肝炎和肝硬化:肝活体组织标本用于病理组织学和分子生物学检查,对诊断病毒性肝炎的类型和发展阶段具有很重要的价值。

（2）各型结核病:如淋巴结结核、副睾结核、骨结核及软组织结核等。

（3）艾滋病并发卡波西肉瘤(Kaposi sarcoma)和其他淋巴瘤。

（4）各种寄生虫病:如裂头蚴病、并殖吸虫病和利什曼病等。

第六节　传染病的治疗

一、治疗原则

治疗传染病的目的,不但在于促进患者的康复,还在于控制传染源,防止进一步传播。要坚持综合治疗的原则,即治疗、护理与隔离、消毒并重,一般治疗、对症治疗与特效治疗并重的原则。

二、治疗方法

(一)一般及支持疗法

一般疗法包括隔离、护理和心理治疗。患者的隔离按其传播途径和病原体排出方式及时间而异,并包括随时消毒在内。良好的护理对于保证患者处于一个舒适而卫生的环境、各项诊断及治疗措施的正确执行和密切观察病情变化具有非常重要的意义。医护人员的良好服务态度、工作作风和对患者的同情心都是心理治疗的重要组成部分,有助于提高患者战胜疾病的信心。

支持疗法包括适当的营养,在不同疾病过程中的各种合理饮食、足量维生素供给、增强患者体质和免疫功能如各种血液和免疫制品的应用,以及维持患者水和电解质平衡等各项必要的措施。这些措施对调动患者机体防御和免疫功能起重要的作用。

(二)病原或特效疗法

针对病原体的疗法具有清除病原体的作用,达到根治和控制传染源的目的。常用药物有抗生素、化学治疗制剂和血清免疫制剂等。针对细菌和真菌的药物主要为抗生素与化学制剂,针对病毒的药物除少数(如抗丙型肝炎病毒药物)外目前疗效还不理想。血清免疫学制剂包括白喉和破伤风抗毒素、干扰素和干扰素诱导剂等。抗生素特别是青霉素和抗血清都容易引起过敏反应,在应用前都应详细询问药物过敏史和作好皮肤敏感试验,对血清过敏者必要时可用小剂量逐渐递增的脱敏方法。在治疗原虫及蠕虫病时,化学制剂占重要地位。

(三)对症疗法

对症疗法不但有减轻患者痛苦的作用,而且通过调整患者各系统的功能,可达到减少机体消耗,保护重要器官使损伤减低至最低限度的目的。例如在高热时采取的各种降温措施,脑水肿时采取的脱水疗法,抽搐时采取的镇静措施,昏迷时采取的苏醒措施,心力衰竭时采取的强心措施,休克时采取的改善微循环措施,严重毒血症时采用肾上腺糖皮质激素疗法等,都是基于上述原则,使患者能度过危险期,以便机体免疫功能及病原疗法得以发挥其清除病原的作用,促进和保证康复。

(四)康复疗法

某些传染病如脊髓灰质炎和脑膜炎等可引起一定程度后遗症,需要采取针灸、理疗等疗法促进康复。

(五)中医中药及针灸疗法

对调整患者各系统功能起相当重要的作用,某些中药如黄连、鱼腥草、板蓝根等还有抗微生物作用。

第七节 传染病的预防

传染病的预防也是传染病学工作者的一项重要任务。作为传染源的传染病患者总是由临床工作者首先发现,因而及时报告和隔离患者就成为临床工作者无可推卸的责任。同时,应当掌握针对构成传染病流行过程三个基本环节采取综合性措施的原则和根据各个传染病的特点针对主导环节重点采取适当措施的原则。

一、管理传染源

传染病报告制度是早期发现传染病的重要措施,必须严格遵守。根据中华人民共和国传染病防治法及其实施细则,将法定传染病分为3类:甲类为强制管理传染病(鼠疫、霍乱)。乙类为严格管理传染病(传染性非典型肺炎、艾滋病、病毒性肝炎、脊髓灰质炎、人感染高致病性禽流感、麻疹、流行性出血热、狂犬病、流行性乙型脑炎、登革热、炭疽、细菌性和阿米巴性痢疾、肺结核、伤寒和副伤寒、流行性脑脊髓膜炎、百日咳、白喉、新生儿破伤风、猩红热、布鲁菌病、淋病、梅毒、钩端螺旋体病、血吸虫病、疟疾)。对乙类传染病中传染性非典型肺炎、炭疽中的肺炭疽和人感染高致病性禽流感,采取甲类传染病的预防、控制措施。丙类为监测管理传染病(流行性感冒、流行性腮腺炎、风疹、急性出血性结膜炎、麻风病、流行性和地方性斑疹伤寒、黑热病、棘球蚴病、丝虫病,除霍乱、细菌性和阿米巴性痢疾、伤寒和副伤寒以外的感染性腹泻病)。

对传染病的接触者,应分别按具体情况采取检疫措施、密切临床观察措施、药物预防或预防接种。有关接触者检疫期或观察期可参阅附录。

要在人群中检出病原携带者,进行治疗、教育、调整工作岗位和随访观察。

对动物传染源,尽可能进行宰杀或消灭。

二、切断传播途径

对于消化道传染病、虫媒传染病以及许多寄生虫病来说,切断传播途径通常是起主导作用的预防措施,而其中又以爱国卫生运动和除四害(老鼠、臭虫、苍蝇、蚊子)为中心的一般卫生措施为重点。

消毒是切断传播途径的重要措施。广义的消毒包括消灭传播媒介即杀虫措施在内,狭义的消毒是指消灭污染环境的病原体而言。消毒有疫源地消毒(包括随时消毒与终末消毒)及预防性消毒两大类。消毒方法有物理消毒法和化学消毒法两种,可参阅附录。

三、保护易感人群

提高人群免疫力可以从两个方面进行。改善营养、锻炼身体等措施可以提高机体非特异性免疫力。但起关键作用的还是通过预防接种提高人群的主动或被动特异性免疫力。接种疫苗、菌苗、类毒素等之后可使机体具有对抗病毒、细菌、毒素的特异性主动免疫,接种抗毒素、丙种球蛋白或高滴度免疫球蛋白,可使机体具有特异性被动免疫。人类由于普遍接种牛痘苗,现已在全球消灭天花,就是预防接种效果的明证。儿童计划免疫对传染病预防起关键性的作用。预防接种的具体方法见附录。

(李　刚)

学习小结

病原体对人体的寄生过程称为感染,由此引发的疾病称为感染性疾病,有传染性的感染性疾病称为传染病。

感染后的过程可表现为:病原体被清除;病原携带状态;隐性感染;显性感染;潜伏性感染。病原体感染过程中病原体的作用主要包括:①侵袭力;②毒力;③数量;④变异性。其引起组织损伤的方式包括:①直接侵犯;②毒素作用;③免疫机制。免疫机制最常见,直接侵犯最少见。

传染病流行过程的基本条件包括:①传染源;②传播途径;③易感人群。而影响流行过程的因素包括:①自然因素;②社会因素。

传染病的基本特征有:病原体;传染性;流行病学特征;感染后免疫。传染病的临床过程具有阶段性:潜伏期,前驱期,症状明显期,恢复期。其常见的症状与体征包括:发热,发疹,毒血症状,单核-吞噬细胞系统反应。临床类型可分为急性、亚急性、慢性;轻型、中型、重型、暴发型;典型、非典型。

传染病的诊断依靠流行病学资料、临床表现、实验室检查三方面。传染病以综合治疗为原则,即治疗、护理与隔离、消毒并重,一般治疗、对症治疗与特效治疗并重。传染病的预防主要针对传染病流行过程的三个基本环节来采取措施,即管理传染源,切断传播途径和保护易感人群。

复习参考题

1. 试述传染病的诊断依据。

2. 试述传染病的基本特征。

第二章　朊毒体感染

学习目标

掌握	朊毒体病的定义和基本特征。
熟悉	朊毒体病的流行病学和临床表现。
了解	朊毒体病的实验室检查方法、诊断和防治原则。

朊毒体(prion)是一种不同于细菌、病毒、真菌和寄生虫等病原微生物的缺乏核酸的蛋白质感染因子，它不需核酸复制而能自行增殖。朊毒体的本质是蛋白质，对蛋白质强变性剂如苯酚、尿酸等的处理无耐受性，但具有耐高温性和抗蛋白酶性等不同于一般蛋白质的特征。能使核酸失活的物理和化学方法均对其无影响。朊毒体感染所致的朊毒体病(prion diseases)包括有人类的克-雅病、库鲁病、杰茨曼-斯脱司勒-史茵克综合征、致死性家族性失眠症以及动物的牛海绵状脑病和羊瘙痒症等一类被称为"传染性海绵状脑病"(transmissible spongiform encephalopathies, TSE)的神经系统退行性变性疾病，这类疾病可呈传染性、散发性或遗传性发生。

人类的朊毒体病具有以下基本特征:主要病理改变为中枢神经系统星形胶质细胞增生和神经纤维的空泡样改变，此种病变无炎症反应和免疫学应答的形态学变化，病变区域无淋巴细胞和炎症细胞浸润，表明朊毒体感染不激发宿主的体液和细胞免疫应答。可有长达数年至数十年的潜伏期，这些变化使得脑组织病理切片呈海绵状改变，故称传染性海绵状脑病。一旦发病，病情进展迅速，可很快导致死亡，病变的发生都与朊毒体蛋白(prion protein, Prp)的异常代谢及由此所引起的 PrP 在中枢神经系统的积聚有关。

【病原学】

1. 朊毒体蛋白 Prp 有两种异构体，即 Prpc 和 Prpsc。Prpc 存在于正常组织，对蛋白酶敏感，不致病；Prpsc 对蛋白酶有抗性，是可致病蛋白。二者氨基酸序列相同，但立体构象不一致。构象的差异导致了化学性质和生物学作用的明显不同。

2. 复制增殖方式(Prusiner 假说):Prpsc 与正常组织中 Prpc 的结合形成杂合二聚体，然后以 Prpsc 自身为模板诱导 Prpc 的立体构象转变为 Prpsc。

3. 朊毒体由宿主染色体上的一个单拷贝基因编码，基因突变可使 Prpc 转变成 Prpsc，这与遗传性朊毒体疾病有关。

朊毒体的实质就是 Prpsc，朊毒体有多种不同的株型，引起不同的朊毒体病。

朊毒体能耐受如核酸酶、紫外线照射及电离辐射等，对尿酸、苯酚等蛋白质变性剂以及胰蛋白酶等较敏感，容易被灭活或减低感染性。

【流行病学】

目前已知的人类朊毒体病，一部分是传染性疾病，其余的是遗传性疾病以及发病机制不明的散发性朊

毒体病。人类朊毒体病的三个流行环节如下:

(一)传染源

感染朊毒体病的动物和人。

(二)传播途径

1. 消化道传播:进食朊毒体感染宿主的组织或加工物可导致感染本病。

2. 医源性传播:器官移植、污染的手术器械,组织提取物。注射尸体来源的人体激素等已被证明可引起克-雅病的医源性传播。

(三)人群易感性

人对本病普遍易感,尚未发现保护性免疫的产生。

(四)流行特征

克-雅病世界范围散发,库鲁病仅见于巴布亚-新几内亚高原土著人,禁止食用人脑后已基本消失,牛海绵状脑病见于欧洲,特别是英国,俗称疯牛病。

【发病机制与病理解剖】

朊毒体病的发病机制尚不十分清楚。目前认为朊毒体本身可自体外进入或因遗传变异自发产生。朊毒体致病的始动环节是 Prpc 转化 Prpsc,使 Prpsc 在中枢神经系统大量聚集。有关研究提示:Prpsc 有神经细胞毒性,可引起神经细胞的凋亡(apoptosis);并可使神经细胞 SOD 活性下降,从而对超氧化物等所造成的氧化损伤的敏感性增加,最终导致神经细胞变性死亡。

朊毒体病的主要病理改变是神经系统的病理损害,镜下可见弥漫性神经细胞丢失、反应性胶质细胞增生、淀粉样斑块形成和神经细胞空泡变性,但几乎无白细胞浸润等炎症或免疫反应。这些空泡样改变使得脑组织似海绵样,故而朊毒体病亦称"传染性海绵状脑病"。

【临床表现】

相似的共同表现为共济失调、肌阵挛、痴呆、阳性锥体系和锥体外系体征等。临床特点:①潜伏期长,可达数年至数十年;②主要表现为中枢神经系统的异常;③病情进展迅速,可很快导致死亡。各病的临床特点分述如下:

1. 克-雅病 本病是最常见的人类朊毒体病,多呈散发,平均发病年龄在 65 岁左右。医源性克-雅病的潜伏期 3~22 年不等。多数患者以痴呆、行为异常起病,且进展迅速。患者的另一突出表现是肌阵挛,常由惊吓引发,并渐进性加重。病情继续发展,多会出现锥体外系及小脑损害表现,包括肢体僵直、眼球震颤和共济失调等。典型表现往往是先出现痴呆后有共济失调。患者大多在起病 7~9 个月后死亡。

新变异型克-雅病为近年新发现。可能是疯牛病传播于人的表现,其特点是:发病年龄轻,多在 30 岁以下;病程较长,平均约 14 个月左右;临床表现以感觉异常和精神症状为主;与克-雅病不同,肌电图及脑电图大多正常;神经病理表现为围绕以海绵状病变的、中心嗜酸性而周边苍白的广泛淀粉样斑块形成。

2. 库鲁病 本病仅见于巴布亚-新几内亚东部高地有食用已故亲人脏器习俗的土著部落,自从这一习俗被废止后已无新发病例。库鲁病潜伏期长,自 4~30 年不等,起病隐匿,前驱期患者仅感头痛及关节疼痛,继之出现共济失调、震颤、不自主运动,在病程的晚期出现进行性加重的痴呆。与克-雅病相反,先有震颤及共济失调后有痴呆是本病的临床特征。患者多在起病 3 个月~2 年内死亡。

3. 杰茨曼-斯脱司勒-史茵克综合征 本病是由于人朊毒体蛋白基因突变所致的一种罕见的常染色体显性遗传朊毒体病,发病年龄多在 40~50 岁,平均病程约 5 年,以小脑病变表现为主,如共济失调、步履蹒跚和行走障碍等,可同时伴有辨距障碍、构音障碍、肢体及眼球震颤等,痴呆仅在晚期出现甚至极少出现。因人朊毒体蛋白基因突变不同致其表型差异,故本病也可有其他不同表现。

4. 致死性家族性失眠症 是一种家族性常染色体遗传性朊毒体病,多在中晚年起病,病程约 1 年余。早期出现注意力障碍、易醒及思绪混乱,继进行性加重的失眠,常伴自主神经功能失调,如多汗、低热、心动过速及血压增高等。此外,尚可出现共济失调、肌阵挛等运动神经异常的表现,多数患者伴内分泌异常。

【实验室检查】

1. 组织病理学检查 脑脊液检查无特殊意义,蛋白浓度可轻微升高。病变脑组织可见海绵状空泡、淀粉样斑块、神经细胞丢失伴胶质细胞增生,极少见白细胞浸润等炎症反应。

2. 免疫学检查 免疫组化技术——检查组织中 Prpsc 的存在,是目前确诊朊毒体疾病的标准。采用抗 Prp[27-30] 抗体,可在经异硫氰酸胍及压热处理或蛋白酶 K 消化溶解 Prpc 后的病变组织中检测到 Prpsc。应用免疫印迹方法,在脑脊液中检测到一种较具特征性的脑蛋白 14-3-3 则有较高诊断价值。

3. 动物接种试验 将可疑组织匀浆脑内或口服接种于动物,观察被接种动物的发病情况,发病后取其脑组织活检是否具朊毒体病的特征性病理改变。

4. 物理检查 脑电图检查可有特征性的周期性尖锐复合波,具有辅助诊断价值。此外,CT、MRI 等可发现脑皮质萎缩,诊断意义不大,但可排除脑卒中、肿瘤等。

5. 分子生物学检查 蛋白印迹、ELISA 或荧光探针检测 Prpsc。从患者外周血白细胞提取 DNA 进行序列测定。

【诊断与鉴别诊断】

(一)诊断依据

朊毒体病患者生前诊断较为困难,多数为死后对其脑组织的病理检查才确诊。

1. 流行病学资料 进食过疯牛病可疑动物来源的食品,接受过来自可能感染朊毒体供体的器官移植或使用过器官来源的人体激素以及有朊毒体病家族史,均有助本病诊断。

2. 临床表现 朊毒体病大多都表现为渐进性的痴呆、共济失调及肌阵挛等,但不同的朊毒体病具有各自的特点,如散发性克-雅病发病年龄较大,多先有痴呆后有共济失调,而新变异型克-雅病发病年龄较轻;库鲁病震颤显著,往往先有共济失调后出现痴呆;杰茨曼-斯脱司勒-史茵克综合征多仅有共济失调等小脑受损表现,少见痴呆;致死性家族性失眠症以进行性加重的顽固失眠为特征。

3. 实验室检查 脑组织的海绵样病理改变及 Prpsc 阳性的免疫学检测对确诊本病有重要意义。脑脊液中的脑蛋白 14-3-3 及脑电图 PSWCs 具有辅助诊断价值。

(二)鉴别诊断

本病需与其他渐进性的中枢神经系统疾病,如阿尔茨海默病、多发性硬化等疾病鉴别。这类非朊毒体感染所致的中枢神经系统疾病脑组织无海绵样改变,也无 Prpsc 阳性。

【预后】

预后极差,均为致死性。

【治疗】

对症及支持治疗可减轻症状,改善生活质量,但至今尚无有效的病原治疗。

【预防】

1. 管理传染源 严格器官捐赠的标准,对遗传性朊毒体病进行监测。

2. 切断传播途径 严格处理朊毒体感染病人的脑组织、血和脑脊髓以及与病人组织体液接触或用过的手术器械、敷料及其废弃物,要采取严格消毒措施。禁止进口和销售来自发生疯牛病国家的以牛肉、牛组织、脏器等为原料生产制成的食品。

(叶晓光)

学习小结

朊毒体是一种缺乏核酸、不需核酸复制而能自行 增殖的蛋白质感染性粒子,具有耐高温性和抗蛋白酶性等不同于一般蛋白质的特征。 能使核酸失活的物理和化学方法均对其无影响。 朊毒体病的基本特征为中枢神经系统星形胶质细胞增生和神经纤维的空泡样改变，无炎症反应和免疫学应答的形态学变化，病变区域无淋巴细胞和炎症细胞浸润，朊毒体感染不激发宿主的体液和细胞免疫应答。 脑组织病理切片呈海绵状改变，故称传染性海绵状脑病。 一旦发病，病情进展迅速，可很快导致死亡，病变的发生都与朊毒体蛋白的异常代谢及由此所引起的 PrP 在中枢神经系统的积聚有关。

朊毒体病包括克-雅病、库鲁病、杰茨曼-斯脱司勒-史茵克综合征、致死性家族性失眠症以及动物的牛海绵状脑病和羊瘙痒症等。 朊毒体病的诊断依据流行病学资料、渐进性的痴呆、共济失调及肌阵挛等临床表现和实验室检查，确诊本病依靠脑组织的海绵样病理改变及 Prpsc 阳性的免疫学检测。 这些疾病目前没有有效的治疗方法，以预防为主，如妥善处理动物尸体，不以动物组织饲料喂养动物，不食用朊毒体病动物肉类及制品，医疗操作严格遵守消毒程序等。

复习参考题

1. 试述朊毒体病的主要病理特征和临床表现。
2. 如何诊断朊毒体病？
3. 朊毒体是如何复制的？

第三章 病毒感染

第一节 病毒性肝炎

学习目标	
掌握	病原学特点及抗原抗体系统，病毒核酸临床意义；各型肝炎的临床表现；肝炎的诊断与鉴别诊断；治疗的基本原则；预防措施。
熟悉	流行病学；病毒性肝炎的发病机制及病理生理。
了解	病毒性肝炎的病理特点；病毒性肝炎的预后。

病毒性肝炎(viral hepatitis,简称肝炎)是由多种嗜肝肝炎病毒引起的以肝脏病变为主的全身性疾病。目前确定的肝炎病毒有甲型、乙型、丙型、丁型及戊型,各型病原不同,但肝组织病理及临床表现基本相似。临床上以疲乏、食欲减退、肝大、肝功能异常为主要表现,部分病例出现黄疸。

病毒性肝炎临床谱较广,是我国急慢性肝病最为常见的原因。其中甲型及戊型肝炎病毒主要引起急性肝炎。而乙型、丙型及丁型肝炎可转化为慢性肝炎,并可发展为肝硬化,与肝癌的发生有密切的关系。

【病原学】

(一)甲型肝炎病毒(HAV)

属于小 RNA 病毒科的嗜肝病毒属。感染后在肝细胞内复制。HAV 直径为 27~32nm,无包膜。在电镜下可见充实或中空两种球形颗粒,前者是含 RNA 基因,具有感染性,后者为病毒的缺陷型。甲型肝炎仅有一个抗原抗体系统,感染后可产生 IgM 和 IgG 抗体。

(二)乙型肝炎病毒(HBV)

HBV 属于嗜肝 DNA 病毒科。在电镜下 HBV 感染者血清中存在 3 种形式的颗粒:①Dane 颗粒,又称大球形颗粒,是完整的 HBV 颗粒,直径 42nm,分为胞膜和核心两部分,包膜内含乙型肝炎表面抗原(HBsAg)、糖蛋白与细胞脂肪。核心部分含环状双股 DNA、DNA 聚合酶(DNAP)和核心抗原(HBcAg),是病毒复制的主体;②小球形颗粒;③管状颗粒。后两者不是完整的病毒颗粒,是 HBV 的一个部分,仅含包膜蛋白。

HBV 侵入肝细胞后,部分双链环状 HBV DNA 在细胞核内以负链 DNA 为模板延长正链以修补正链中的裂隙区,形成共价闭合环状 DNA(cccDNA);然后以 cccDNA 为模板,转录成几种不同长度的 mRNA,分别作为前基因组 RNA 和编码 HBV 的各种抗原。cccDNA 半寿(衰)期较长,很难从体内彻底清除,这是目前的抗病毒药物难以清除体内乙肝病毒,治愈乙肝的主要原因。

HBV 已发现有 A~I 9 个基因型,在我国以 C 型和 B 型为主。HBV 基因型和疾病进展和干扰素 α 治疗效果有关。与 C 基因型感染者相比,B 基因型感染者较早出现 HBeAg 血清学转换,较少进展为慢性肝炎、肝硬化和原发性肝细胞癌;并且 HBeAg 阳性患者对干扰素 α 治疗的应答率高于 C 基因型;A 基因型患者对干扰素 α 治疗的应答率高于 D 基因型。

(三)丙型肝炎病毒(HCV)

属于黄病毒科丙型肝炎病毒属。HCV 为球形病毒颗粒,直径 55nm,外有脂质的外壳、囊膜和棘突结构,内由核心蛋白及核酸组成核衣壳。HCV 基因组为线状单股正链 RNA。HCV 是多变异的病毒,是 5 种肝炎病毒中最易发生变异的一种。在同一病人血中的 HCV 相隔数月即可出现变异。临床上,丙型肝炎病毒主要分为 6 个基因型,不同地区流行的基因类型有所不同,我国以基因 1b 型最为多见。不同基因分型在疾病发生发展、预后、抗病毒治疗应答有一定的差异。

(四)丁型肝炎病毒(HDV)

HDV 是一种缺陷 RNA 病毒,必须有 HBV 或其他嗜肝 DNA 病毒辅助才能复制、表达。HDV 为直径 35~37nm 的球形颗粒,内部含 HDAg 和基因组 HDV RNA,外壳为 HBsAg。

(五)戊型肝炎病毒(HEV)

属萼状病毒科。免疫电镜下为球形颗粒,直径 27~38nm,无包膜。基因组为单股正链 RNA。HEV 主要在肝细胞内复制,通过胆道排出。

【流行病学】

(一)传染源

急性和(或)慢性病人、亚临床感染者或病毒携带者是本病的传染源。

1. 甲型与戊型肝炎　传染源为急性肝炎病人和亚临床感染者。病人在发病前的 2 周至起病后的 1 周,从粪便中排出病毒的数量最多,传染性最强。亚临床感染者由于数量多,又不易识别,是最重要的传染源。

2. 乙、丙、丁型肝炎　3 种肝炎都有急、慢性病人和病毒携带者,其传染性贯穿整个病程。急性病人的传染性可从起病前数周开始,并持续于整个急性期。慢性病人和 HBsAg 携带者,是乙型肝炎最主要的传染源,其中以血中 HBeAg、HBV DNA、DNA 多聚酶阳性的病人传染性最大。急性丙型肝炎以无黄疸者多见,约 50%~80% 可转变为慢性,故慢性病人是丙型肝炎的主要传染源。HCV 携带者在我国相对比 HBV 携带者少,但某些地区献血员中 HCV 携带率可高达 10%~20% 以上,亦是丙型肝炎重要的传染源之一。丁型肝炎病人发生于 HBV 感染的基础上,也以慢性病人和携带者为主要传染源。

(二)传播途径

1. 粪-口传播　是甲型和戊型肝炎的主要传播途径。其方式有:①日常生活接触传播为最常见的传播方式,主要通过污染的手、用具、玩具等物体或直接与口接触而传播;②水传播:水源污染可引起暴发流行,此为戊型肝炎暴发流行的主要传播方式;③食物传播:如毛蚶、生蚝等贝壳类食物等受粪便污染,主要引起甲型肝炎暴发流行;近年研究发现,动物肉类污染也可为戊型肝炎传播途径;④媒介的传播:苍蝇和蟑螂造成的食物污染。

2. 体液和血液传播　是乙型、丙型、丁型肝炎的主要传播途径。①注射传播:是主要的传播方式,如输注含肝炎病毒的血液和血制品、疫苗接种、药物注射(包括静脉吸毒)和针刺等。HDV 传播与 HBV 相似。HCV 感染主要通过输血(或血制品),占输血后肝炎的 90%,但近年来此方式随着血制品进行丙型肝炎筛查已明显下降;②生活接触传播:生活上的密切接触是次要的传播方式,主要与各种体液和分泌物的接触有关,如唾液、精液和阴道分泌物等。

3. 母婴传播　由母亲在围生期、产期传给婴儿,亦是 HBV 感染的一种重要传播途径,主要经胎盘、产道分娩、哺乳和喂养等方式传播。

4. 其他　牙科器械、血液透析或医疗物品污染等传播。

（三）易感性与免疫力

各型肝炎之间无交叉免疫。①甲型肝炎：初次接触 HAV 的儿童最为易感，故以学龄前儿童发病率最高，其次为青年人。感染后免疫力可持续终身；②乙型肝炎：新生儿普遍易感，儿童期感染约90%可转为慢性感染，成人期感染约90%可恢复。发病多见于青壮年。感染后亦可产生牢固的免疫力，我国30岁以上的成人抗-HBs 阳性率达半数；③丙型肝炎：各个年龄组均普遍易感，各年龄均可发病；④丁型肝炎：普遍易感。目前仍未发现对 HDV 的保护性抗体；⑤戊型肝炎：普遍易感，感染后免疫力不持久。多见于中老年人。孕妇易感性较高，感染后易发展为重型肝炎。

（四）流行特征

1. 散发性发病　甲型肝炎与戊型肝炎主要由日常生活接触所致，故以散发性发病为主（占散发性肝炎90%）。乙型肝炎也以散发性发病为主，但具有家庭聚集现象，此特征与母婴传播及日常生活接触有关。散发性丙型肝炎与密切生活接触或不洁注射有关。

2. 流行暴发　主要是水源和食物污染传播所致，常见于甲型和戊型肝炎。不洁注射或血液透析可引起群发事件，造成丙肝的局部流行。

3. 季节分布　我国甲型肝炎以秋、冬季为发病高峰，戊型肝炎多发生于雨季，有春冬季节高峰，乙、丙、丁型肝炎无明显季节性。

4. 地理分布　我国是甲、乙、戊型肝炎的高流行区。成人甲型肝炎抗体阳性率达80%以上。根据2014年中国疾控中心流行病学调查，由于新生儿计划免疫的实施，我国5岁以下儿童的 HbsAg 携带率仅为0.96%，但1~59岁一般人群 HBsAg 携带率仍为7.18%，据此推算，我国现有的慢性 HBV 感染者约9300万人，其中慢性乙型肝炎患者约2000万例。丁型肝炎以南美洲、中东等为高发区，我国以西南地区感染率最高，约为3%。戊型肝炎主要流行于亚洲和非洲，我国可呈地方性流行。对于丙型肝炎流行，我国属于中等流行区。2005年调查显示，一般人群中丙肝的流行率约为0.35%~1.7%。

【发病机制】

各型病毒性肝炎的发病机制目前尚未完全明了。

（一）甲型肝炎

HAV 侵入机体后引起短暂的病毒血症，继而侵入肝脏，在肝细胞内增殖。病毒的增殖并不直接引起肝细胞病变。肝细胞损伤机制可能是通过引发免疫介导引起，如细胞毒性 T 细胞对受感染肝细胞的攻击。

（二）乙型肝炎

虽然国内外对乙型肝炎的发病机制进行了很多研究，但仍有许多问题有待阐明。HBV 通过注射或破损皮肤、黏膜进入机体后，迅速通过血液到达肝脏和其他器官，包括胰腺、胆管、肾小球基底膜、血管等肝外组织，引起肝脏及肝外相应组织的病理改变和免疫功能改变，以肝脏病变最为突出。

目前认为，HBV 并不直接引起明显的肝细胞损伤，肝细胞损伤主要由病毒诱发的免疫病理引起，即机体的免疫反应尤其是细胞免疫在清除 HBV 的过程中造成肝细胞的损伤。机体免疫反应不同导致临床表现各异，当机体处于免疫耐受状态，如围生期获得 HBV 感染，由于小儿的免疫系统尚未成熟，不发生免疫应答，多成为无症状携带者；当机体免疫功能正常时，多表现为急性肝炎，成年人感染 HBV 者常属于这种情况，大部分病人可彻底清除病毒；当机体免疫功能低下、不完全免疫耐受、自身免疫反应产生、HBV 基因突变逃避免疫清除等情况下，病毒不能有效清除，引起反复炎症导致慢性肝炎；当机体处于超敏反应，大量抗原-抗体复合物产生并激活补体系统，以及在肿瘤坏死因子（tumor necrosis factor，TNF）、白细胞介素-1（interleukine-1，IL1）、IL6、内毒素等参与下，导致大片肝细胞坏死，发生重型肝炎。

HBV 感染的自然史过去分为4个时期，即免疫耐受期、免疫清除期、非活动或低（非）复制期和再活动期。2017年 EASL（欧洲肝病学会）把乙肝自然史分为5个时期，具体如下：

1. HBeAg 阳性慢性感染期（相当于免疫耐受期）　血清 HBsAg 和 HBV DNA 载量高（常常>10^6IU/ml），但血清丙氨酸氨基转移酶(ALT)水平正常,肝组织学无明显异常,并可维持数年甚至数十年。

2. HBeAg 阳性慢性肝炎期　表现为血清 HBV DNA 滴度>2000IU/ml,伴有 ALT 持续或间歇升高,肝组织学中度或严重炎症坏死、肝纤维化可快速进展,部分患者可发展为肝硬化和肝衰竭。

3. HBeAg 阴性慢性感染期[(相当于非活动或低(非)复制期]　表现为 HBeAg 阴性、抗-HBe 阳性,HBV DNA 持续低于 2000IU/ml 或检测不出(PCR 法)、ALT 水平正常,肝组织学无炎症或仅有轻度炎症;这是 HBV 感染获得免疫控制的结果,大部分此期患者发生肝硬化和 HCC 的风险大大减少。

4. HbeAg 阴性慢性肝炎期(相当于再活动期)　多数表现为 HBeAg 阴性、抗-HBe 阳性,但仍有 HBV DNA 活动性复制、ALT 持续或反复异常,表现为 HbeAg 阴性,但血清 HBV DNA 滴度>2000IU/ml,伴有 ALT 持续或间歇升高,这些患者可进展为肝纤维化、肝硬化、失代偿肝硬化和 HCC;也有部分患者可出现自发性 HBsAg 消失和 HBV DNA 降低或检测不到,因而预后常良好。

5. 血清 HBsAg 阴性隐匿乙肝感染期　肝硬化病人需要监测,免疫抑制药物治疗可激活乙肝病毒。

（三）丙型肝炎

HCV 引起肝细胞损伤的机制与 HCV 的直接致病作用及免疫损伤有关。HCV 的直接致病作用可能是急性丙型肝炎中肝细胞损伤的主要原因,而慢性丙型肝炎则以免疫损伤为主要原因。其他还可能通过细胞凋亡等机制造成肝损害。

HCV 感染后 50%~80% 患者转为慢性,慢性化的可能机制:①HCV 高度变异性,HCV RNA 在复制过程易出错,同时由于机体免疫压力,使 HCV 不断发生变异,从而逃避机体免疫清除;②HCV 在血中的水平很低,免疫原性弱,机体对其免疫反应低,甚至容易产生免疫耐受;③HCV 具有泛嗜性,特别是侵入外周血单个核细胞成为反复感染肝细胞的来源;④免疫细胞可被 HCV 感染,导致免疫紊乱,不能有效清除。

（四）丁型肝炎

HDV 的外壳是 HBsAg 成分,其发病机制类似乙型肝炎,但一般认为 HDV 对肝细胞有直接致病性。

（五）戊型肝炎

研究报道不多,推测与甲型肝炎类似。

除甲型和戊型肝炎无慢性肝炎的病理改变以外,各型肝炎的病理改变基本相同。急性肝炎基本病变为肝细胞肿胀、气球样变性或嗜酸性变性,可有点灶状或融合性坏死或凋亡小体,单个核炎细胞浸润及库普弗细胞增生肥大。慢性病例以汇管区炎症为主,严重者可见桥样坏死,纤维增生形成纤维间隔,可导致肝小叶结构紊乱或破坏。重型肝炎可见肝细胞大量坏死。

【病理生理】

（一）黄疸

以肝细胞性黄疸为主,其原因有:①肝细胞对胆红素的摄取、结合、排泄等功能障碍;②肝细胞坏死,小胆管破裂导致胆汁返流入血窦;③小胆管受压导致胆汁淤积;④肝细胞膜的通透性增加。

（二）肝性脑病

多见于重型肝炎和晚期肝硬化。发病机制仍不清楚,目前有以下几个假说:

1. 血氨及其他毒性物质的贮积　目前认为是肝性脑病产生的主要原因。大量肝细胞坏死时,肝脏解毒功能降低;肝硬化时门-腔静脉短路,均可引起血氨及其他有毒物质,如短链脂肪酸、硫醇、某些有毒氨基酸(如色氨酸、蛋氨酸、苯丙氨酸等)的潴积,导致肝性脑病。

2. 支链氨基酸/芳香氨基酸比例失调　重型肝炎时芳香氨基酸(苯丙氨酸、酪氨酸等)显著升高,而支链氨基酸(缬氨酸、亮氨酸、异亮氨酸等)正常或轻度减少;肝硬化时则芳香氨基酸升高和支链氨基酸减少。

3. 假性神经递质假说　肝功能衰竭时,某些胺类物质(如羟苯乙醇胺)不能被清除,通过血-脑屏障取代正常的神经递质,导致肝性脑病。

4. 肝性脑病的诱因　大量利尿引起低钾和低钠血症、消化道大出血、高蛋白饮食、合并感染、使用镇静剂、大量放腹水等。

（三）出血

肝功能严重受损时，引起出血的主要原因有：①肝脏合成凝血因子减少是最重要的原因：某些凝血因子如Ⅰ、Ⅱ、Ⅴ、Ⅶ、Ⅸ、Ⅹ因子在肝内合成，肝功能衰竭时，导致上述凝血因子缺乏；②重型肝炎出现应激性溃疡；③肝硬化伴脾功能亢进、血小板减少；④弥散性血管内凝血（DIC）导致凝血因子减少和血小板消耗。

（四）腹水

主要见于重型肝炎和失代偿期肝硬化。早期主要与醛固酮增多、利钠激素减少导致钠潴留有关，后期与门脉高压、低蛋白血症、淋巴回流障碍及并发自发性腹膜炎有关。

（五）肝肾综合征

表现为急性肾功能不全，主要见于重型肝炎和晚期肝硬化，由于肝脏解毒功能下降及合并感染导致内毒素血症、肾血管收缩、肾缺血、有效血容量下降等导致肾小球滤过率下降。多为功能性，但晚期亦可发展为急性肾小管坏死。

【临床表现】

潜伏期：甲型肝炎 5~45 天，平均 30 天；乙型肝炎 30~180 天，平均 70 天；丙型肝炎 15~150 天，平均 50 天；丁型肝炎 28~140 天；戊型肝炎 10~70 天，平均 40 天。

甲型和戊型肝炎主要表现为急性肝炎。乙、丙、丁型肝炎除了表现急性肝炎外，慢性肝炎更常见。5 种肝炎病毒之间可出现重叠感染或协同感染，而使病情加重。

（一）急性肝炎

根据是否出现黄疸急性肝炎分为两型：急性黄疸型肝炎和急性无黄疸型肝炎。

1. 急性黄疸型肝炎　急性起病。典型的临床表现有阶段性，分为三期：

（1）黄疸前期：平均 5~7 天。表现为：①病毒血症：畏寒、发热、疲乏及全身不适等。甲型及戊型肝炎起病较急，发热多在 38℃ 以上，持续时间较短，多为 1~3 天。乙型肝炎起病较缓慢，多无发热或发热不明显；②消化系统症状：食欲减退、厌油、恶心、呕吐，部分病人出现腹胀、腹痛和腹泻等；③其他症状：部分乙型肝炎病例可出现荨麻疹、斑丘疹、血管神经性水肿和关节痛等血清病样表现。本期末出现尿黄。

（2）黄疸期：可持续 2~6 周。尿色加深如浓茶样，巩膜和皮肤黄染，而黄疸前期的症状好转。黄疸可逐渐加深，约 2~3 周达到高峰。部分病人可有短暂大便颜色变浅、皮肤瘙痒、心动过缓等肝内胆汁淤积的表现。体检常见肝大，质地软，有轻度压痛及叩击痛。部分病人有轻度脾大。

（3）恢复期：本期平均持续 4 周。上述症状消失，黄疸逐渐消退，肝脾回缩，肝功能逐渐恢复正常。

2. 急性无黄疸型肝炎　较黄疸型肝炎多见。主要表现为上述消化道症状，多较黄疸型肝炎轻。因不易被发现而成为重要的传染源。

（二）慢性肝炎

病程超过半年者，称为慢性肝炎。见于乙、丙、丁型肝炎。通常无发热，症状类似急性肝炎，如疲乏、全身不适、食欲减退、厌油、腹胀等，体检见慢性肝病体征：面色晦暗、蜘蛛痣、肝掌或肝脾大。实验室检查血清丙氨酸氨基转移酶（ALT）反复或持续升高，血清白蛋白（A）降低，球蛋白（G）增高，A/G 比值异常；血清胆红素升高。慢性乙型肝炎根据 HBeAg 阳性与否，分为 HBeAg 阳性及 HBeAg 阴性慢性乙型肝炎。

（三）重型肝炎（肝衰竭）

是一种最为严重的临床类型，占全部病例 0.2%~0.5%，病死率可高达 50%~80%。随着治疗水平不断提高，病死率有所下降。

各型肝炎均可引起重型肝炎。但甲型及丙型肝炎占比例较少。乙肝重叠其他肝炎、妊娠妇女感染戊型肝炎易发展为重型肝炎。

1. 重型肝炎的主要临床表现为肝衰竭综合征　①黄疸迅速加深，血清胆红素高于 171μmol/L；②肝脏进行性缩小、肝臭；③出血倾向，凝血酶原活动度（PTA）低于40%；④迅速出现的腹水、中毒性鼓肠；⑤精神神经系统症状（肝性脑病）：早期可出现定时、定向障碍，计算能力下降，精神行为异常，烦躁不安，嗜睡、扑翼样震颤等。晚期进入昏迷状态，深反射消失；⑥肝肾综合征：出现少尿甚至无尿，电解质酸碱平衡紊乱，血尿素氮升高等。

2. 重型肝炎分型　　根据是否有慢性肝病基础及肝性脑病出现的早晚可分为三种类型，目前国内以慢性重型肝炎最为常见。

（1）急性重型肝炎（急性肝衰竭）：指起病较急，早期即出现上述重型肝炎的主要临床表现。尤其是病后10天内出现Ⅱ度以上肝性脑病、肝明显缩小、肝臭等。病程短，预后极差。

（2）亚急性重型肝炎（亚急性肝衰竭）：指类似急性黄疸型肝炎起病，10天以上出现上述重型肝炎的主要临床表现。腹水往往较明显，而肝性脑病多出现在疾病的后期。此型病程可长达数月，易发展成为坏死后性肝硬化。

（3）慢性重型肝炎：指在慢性肝炎或肝炎后肝硬化基础上发生的重型肝炎（相当于肝衰竭中的慢加急及慢性肝衰竭）。此型主要以同时具有慢性肝病的症状、体征和实验室检查的改变及重型肝炎的临床表现为特点。

3. 重型肝炎（肝衰竭）发生的诱因　　①病后未适当休息；②合并各种感染，常见胆系感染、原发性腹膜炎、肺炎等；③长期大量嗜酒或在病后嗜酒；④服用对肝脏有损害的药物，如异烟肼、利福平等抗结核药及抗肿瘤化疗药物；⑤合并妊娠。

（四）淤胆型肝炎

病程持续时间较长，可长达2~4个月或更长时间。主要表现为：①黄疸具有"三分离"的特征：黄疸深，但消化道症状轻；PTA下降不明显；ALT升高不明显；②黄疸具有"梗阻性"特征：在黄疸加深的同时，伴全身皮肤瘙痒，大便颜色变浅或灰白色；血清碱性磷酸酶（ALP）、谷氨酰转肽酶（γ-GT）和血胆固醇显著升高；尿胆红素增加、尿胆原明显减少或消失、直接胆红素升高。本型应注意与肝外阻塞性黄疸（外科性黄疸）相鉴别。

（五）肝炎后肝硬化

在肝炎基础上发展为肝硬化。临床表现为肝功能异常及门脉高压征。

根据肝脏炎症情况分为活动性与静止性两型。①活动性肝硬化：有慢性肝炎活动的表现，ALT升高，乏力及消化道症状明显，黄疸，白蛋白下降。伴有腹壁、食管静脉曲张，腹水，肝缩小且质地变硬，脾进行性增大，门静脉、脾静脉增宽等门脉高压表现；②静止性肝硬化：无肝脏炎症活动的表现，症状轻或无特异性，可有上述体征。

根据临床表现及实验室检查可分为代偿性肝硬化和失代偿性肝硬化。①代偿性肝硬化：指早期肝硬化，属Child-Pugh A级。ALB≥35g/L，TBil<35μmol/L，PTA>60%。可有门脉高压征，但无腹水、肝性脑病或上消化道大出血；②失代偿性肝硬化：指中晚期肝硬化，属Child-Pugh B、C级。有明显肝功能异常及失代偿征象，如ALB<35g/L，A/G<1.0，TBil>35μmol/L，PTA<60%。可有腹水、肝性脑病或门静脉高压引起的食管、胃底静脉明显曲张或破裂出血。

肝炎肝纤维化是慢性肝炎发展至肝硬化中的连续过程。主要根据临床血清学肝纤维化指标、纤维扫描（Fibro scan）指数分析、B超及组织病理学进行纤维化程度的判断。

（六）慢性乙型肝炎病毒携带者

病原学检查阳性可确诊为现症感染，但无肝炎的症状、体征及实验室肝功能异常表现。但部分病人肝穿仍可发现肝脏炎症，甚至肝硬化，应加以注意，尤其是40岁以上乙肝患者。

【实验室及其他检查】

（一）肝功能检查

1. 血清酶的检测　　丙氨酸氨基转移酶（ALT）在肝功能检测中最为常用，是判定肝细胞损害的最为敏感的指标。急性肝炎常明显升高,常高于500IU/ML以上;慢性肝炎可持续或反复升高;重型肝炎时因大量肝细胞坏死,ALT可先升高后随黄疸迅速加深反而下降(胆-酶分离现象),因而ALT不能作为重型肝炎病情轻重的指标。ALT升高时,天冬氨酸氨基转移酶(AST)也升高。其他血清酶类,如ALP、γ-GT在肝炎时亦可同时升高。

2. 血清蛋白的检测 白蛋白只在肝脏合成,球蛋白则由浆细胞和单核-巨噬细胞系统合成。当肝功能损害并持续较长时间时,因肝脏合成功能不足,血清白蛋白减少;肝解毒功能下降使较多抗原性物质易进入血流刺激免疫系统,产生大量的免疫球蛋白。通过白蛋白、球蛋白定量分析,白蛋白下降、球蛋白升高、白蛋白与球蛋白比值(A/G)下降有助于慢性肝病(慢性肝炎及肝硬化)的诊断。

3. 血清胆红素检测 是反映肝细胞损伤程度的重要指标之一,包括总胆红素、直接胆红素和间接胆红素检查。黄疸型肝炎时,直接和间接胆红素均升高。但淤胆型肝炎则以直接胆红素升高为主,直接胆红素在总胆红素中的比例反映淤胆的程度。

4. 凝血酶原活动度(PTA)检查 对重型肝炎临床诊断及预后判断有重要意义。PTA小于40%是重型肝炎诊断最重要的实验室指标。PTA愈低,预后愈差。但晚期肝硬化病人亦可有PTA下降的表现。

(二)肝炎病毒标记物检测

有助于本病病原诊断,临床常用有:

1. 甲型肝炎

(1)血清抗-HAV-IgM:是HAV近期感染的血清学指标,阳性可确诊甲型肝炎。

(2)血清抗-HAV-IgG:为保护性抗体,阳性提示有免疫力,见于甲型肝炎疫苗接种后或既往感染HAV的病人。

2. 乙型肝炎

(1)表面抗原(HBsAg)与表面抗体(抗-HBs):HBsAg有抗原性,无传染性。HBsAg阳性提示HBV现症感染,因有S基因突变株存在,阴性不能完全排除HBV感染。HBV感染后2-3周血中首先出现HBsAg。急性HBV感染可以表现为自限性,HBsAg阳性大多持续1~6周,但慢性HBV感染者HBsAg阳性可持续多年。除血液外,HBsAg还存在于唾液、尿液、精液等各种体液和分泌物中。近年发现血中HBsAg量与肝内ccDNA正相关,在抗病毒治疗中,监测其动态变化有助于优化治疗的选择。

抗-HBs为保护性抗体,阳性提示有免疫力,主要见于预防接种乙型肝炎疫苗后或过去感染HBV并产生免疫力的恢复者。

(2)e抗原(HBeAg)与e抗体(抗-HBe):HBeAg一般只出现在HBsAg阳性的血清中。HBeAg是在HBV复制过程中产生的一种可溶性蛋白抗原,与HBV DNA有良好的相关性,因此HBeAg阳性提示HBV复制活跃,传染性较强。

抗-HBe在HBeAg消失后出现。HBeAg消失,抗-HBe转为阳性称为HBeAg血清学转换。它有两种可能性:一是HBV复制的减少或停止,此时病人的病情趋于稳定且传染性较弱,是乙肝抗病毒治疗中观察治疗效果的重要指标之一;二是HBV前C区基因发生变异,导致不能生产HBeAg,而此时HBV仍然复制活跃,有较强的传染性,甚至病情加重。见于HBeAg阴性慢性乙型肝炎。

(3)核心抗原(HBcAg)与其抗体(抗-HBc):HBcAg主要存在于受感染的肝细胞核内,也存在于血液中Dane颗粒的核心部分。如检测到HBcAg,表明HBV有复制,因检测难度较大,故较少用于临床常规检测。

抗-HBc早期出现或高滴度IgM型抗-HBc提示急性期或慢性乙型肝炎急性发作期;IgG型抗-HBc在血清中长期存在,高滴度常提示现症感染,常与HBsAg并存,低滴度提示过去感染,常与抗-HBs并存。单一抗-HBcIgG阳性有两种可能,一是过去感染,二是低水平感染,后者可在血或肝组织中找到HBV DNA。

(4)乙型肝炎病毒脱氧核糖核酸(HBV DNA)和DNAP(脱氧核糖核酸多聚酶):均位于HBV的核心部

分,是反映 HBV 感染最直接、最特异和最灵敏的指标。现多采用定量的方法检测,大于检测值提示 HBV 的存在、复制,传染性大。此外,还可通过前 C 区变异、S 区变异等检测是否存在 HBV 变异,指导抗病毒治疗病例选择及疗效判断。

3. 丙型肝炎

(1)丙型肝炎病毒核糖核酸(HCV RNA):在病程早期即可出现,而于治愈后很快消失,因此作为抗病毒治疗病例选择及判断疗效最重要的指标。

(2)丙型肝炎病毒抗体(抗-HCV):是传染性的标记而不是保护性抗体。抗-HCV-IgM 见于丙型肝炎急性期,持续 1~3 个月,但影响因素较多,不稳定。高效价的抗-HCV-IgG 常提示 HCV 的现症感染,而低效价的抗-HCV-IgG 可见于丙型肝炎恢复期,甚至治愈后仍可持续存在,故抗-HCV-IgG 常用做丙型肝炎的筛查,不能作为抗病毒治疗判断疗效的指标。

4. 丁型肝炎

(1)HDAg 和 HDV RNA 检测:血清或肝组织中的 HDAg 和(或)HDV RNA 阳性有确诊意义。可采用分子杂交和 RT-PCR 方法检测 HDV RNA。HDAg 是 HDV 颗粒内部成分,出现早,因多以免疫复合物形式存在,故 HDAg 多在 3 周后转为阴性,HDAg 阳性提示现症感染,阴性不能排除诊断。

(2)抗 HD IgG:不是保护性抗体。抗 HD IgM 阳性是现症感染的标志,急性 HDV 感染时,高滴度抗 HD IgG 提示感染的持续存在,低滴度提示感染静止或终止。

5. 戊型肝炎　常检测抗-HEV-IgM 及抗-HEV-IgG。但因检测试剂和方法仍不理想,需结合临床进行判断。

(1)抗 HEV IgM 和抗 HEV IgG:抗 HEV IgM 在发病初期出现,大多数在 3 个月内阴转,阳性提示 HEV 近期感染。抗 HEV IgG 在急性期滴度较高,恢复期则明显下降。但持续时间报道不一,因此,动态观察抗 HEV IgG 滴度的变化有助于临床诊断,如果抗 HEV IgG 滴度较高,或由阴性转为阳性,或由低滴度升为高滴度,或由高滴度降至低滴度甚至转阴,均可诊断为 HEV 现症感染。少数戊型肝炎患者始终不产生抗 HEV IgM 和抗 HEV IgG,两者均阴性时不能完全排除戊型肝炎。

(2)HEV RNA:采用 RT-PCR 法在粪便和血液标本中检测到 HEV RNA,可明确诊断。但因病毒在粪便和血液存在时间较短,病人就诊时多已转阴,故不作临床常规检测。

（三）其他检查

1. 尿胆红素检测　黄疸型肝炎尿胆原和尿胆红素明显增加;但淤胆型肝炎时尿胆红素增加,而尿胆原减少或阴性。

2. 血氨浓度检测　肝硬化、重型肝炎时清除氨的能力减弱或消失,导致血氨升高。血氨升高提示有肝性脑病存在。

3. 肝纤维化血清学指标　如透明质酸(hyaluronic acid,HA)、Ⅲ型前胶原肽(procollagen Ⅲ peptide,PⅢP)、Ⅳ型胶原(collagen Ⅳ,C-Ⅳ)、层连蛋白(laminin,LN)有助于进行纤维化程度的判断,但在肝脏炎症活动期,这些指标也可能升高,故需结合其他及动态分析。

4. 影像学检查　可对肝脏、胆囊、脾脏进行超声显像、电子计算机断层扫描(CT)和磁共振成像(MRI)等检查。B 型超声有助于鉴别阻塞性黄疸、脂肪肝及肝内占位性病变;对肝硬化有较高的诊断价值,能反映肝脏表面变化,门静脉、脾静脉直径,脾脏大小,胆囊异常变化,腹水等;在重型肝炎中可动态观察肝脏大小变化等。彩色超声尚可观察到血流变化。CT、MRI 的应用价值基本同 B 超,但价格较昂贵,有不同程度的损伤性,如应用增强剂,可加重病情,故一般不用于较重肝炎的常规诊断。

肝脏弹性测定(hepatic elastography)或称肝纤维扫描,优势在于无创伤性、操作简便、可重复性好,能够比较准确地识别出轻度肝纤维化和重度肝纤维化/早期肝硬化。但其测定成功率受肥胖、肋间隙大小等因素影响,其测定值受肝脏脂肪变性、炎症坏死及胆汁淤积的影响,且不易准确区分相邻的两级肝纤维化。

5. 肝组织病理检查　常规的病理改变不能作出病原体的诊断。但对排除其他疾病、明确诊断、衡量肝脏炎症活动度、纤维化程度及评估疗效具有重要价值。还可在肝组织中原位检测病毒抗原或核酸,帮助确定病毒复制状态。

【诊断】

主要根据流行病学资料、临床表现及辅助检查进行诊断。

（一）流行病学资料

甲型肝炎:病前是否在甲型肝炎流行区,有无进食未煮熟海产如毛蚶、蛤蜊,有无饮用污染水。多见于儿童。

乙型肝炎:输血、不洁注射史,与 HBV 感染者接触史,家庭成员有无 HBV 感染者,特别是婴儿,母亲是否 HBsAg 阳性等有助于乙型肝炎的诊断。

丙型肝炎:有输血及血制品、静脉吸毒、血液透析、多个性伴侣、文身、母亲为 HCV 感染者等病史的肝炎患者注意丙型肝炎。

丁型肝炎:同乙型肝炎,我国以西南部感染率较高。

戊型肝炎:基本同甲型肝炎,多见于成年人。

（二）临床诊断

1. 急性肝炎　起病较急,常有畏寒、发热、乏力、食欲缺乏、恶心、呕吐等消化道症状。肝大质偏软,ALT 显著升高。黄疸型肝炎血清总胆红素>17.1μmol/L,尿胆红素阳性。病程不超过 6 个月。

2. 慢性肝炎　病程超过半年或发病日期不明确而有慢性肝炎症状、体征、实验室检查改变者。常有乏力、厌油、肝区不适等症状,可有肝病面容、肝掌、蜘蛛痣、胸前毛细血管扩张,肝大质偏硬,脾大等慢性肝病体征。实验室检查白蛋白下降、球蛋白升高、白蛋白与球蛋白比值(A/G)下降。

3. 重型肝炎　有以下肝衰竭表现两项以上者可诊断为重型肝炎:极度疲乏;严重消化道症状;黄疸迅速加深,血清总胆红素大于>171μmol/L,出现胆酶分离现象;肝脏进行性缩小;出血倾向,PTA<40%;出现肝性脑病,肝肾综合征,腹水等严重并发症。

4. 淤胆型肝炎　起病类似急性黄疸型肝炎,黄疸持续时间长,消化道症状轻,有肝内梗阻的表现。

5. 肝炎肝硬化　肝炎肝硬化是慢性肝炎发展的结果,其病理学定义为弥漫性纤维化伴有假小叶形成。多有慢性肝炎病史及(或)慢性肝病体征。尿少、腹胀、腹水;脾大,脾功能亢进;胃底、食管下段静脉曲张,白蛋白显著下降,A/G 倒置等肝功能受损和门脉高压表现。

（1）代偿期肝硬化:一般属 Child-Pugh A 级。影像学、生化学或血液学检查有肝细胞合成功能障碍或门静脉高压征(如脾功能亢进及食管、胃底静脉曲张)证据,或组织学符合肝硬化诊断,但无食管、胃底静脉曲张破裂出血、腹水或肝性脑病等严重并发症。

（2）失代偿期肝硬化:一般属 Child-Pugh B、C 级。患者已发生食管、胃底静脉曲张破裂出血、肝性脑病、腹水等严重并发症。

亦可将代偿期和失代偿期肝硬化再分为活动期或静止期。

（三）病原学诊断

1. 甲型肝炎　抗 HAV IgM 阳性;抗 HAV IgG 急性期阴性,恢复期阳性;粪便中检出 HAV 颗粒或抗原或 HAV RNA。上述任何一项并有急性肝炎表现均可确诊为甲型肝炎。

2. 乙型肝炎　有以下任何一项阳性,可诊断为现症 HBV 感染:①血清 HBsAg;②血清 HBV DNA;③血清抗 HBc IgM;④肝组织 HBcAg 和(或)HBsAg,或 HBV DNA。

3. 丙型肝炎　HCV RNA 阳性,可诊断为丙型肝炎。单项抗 HCV 阳性,不能诊断丙型肝炎。

4. 丁型肝炎　有现症 HBV 感染,同时血清 HDAg 或抗 HD IgM 或高滴度抗 HD IgG 或 HDV RNA 阳性,或肝内 HDAg 或 HDV RNA 阳性。可诊断为丁型肝炎。低滴度抗 HD IgG 有可能为过去感染。

5. 戊型肝炎　急性肝炎患者抗 HEV IgG 阳性并高滴度,或抗 HEV IgG 由阴性转为阳性,或血 HEV RNA 阳性,或粪便 HEV RNA 阳性或检出 HEV 颗粒,均可诊断为戊型肝炎。抗 HEV IgM 阳性,可作为诊断参考,但须排除假阳性。

【鉴别诊断】

（一）其他原因引起的黄疸

1. 溶血性黄疸　常有药物或感染等诱因,表现为发热、腰痛、贫血、血红蛋白尿、网织红细胞升高,黄疸大多较轻,主要为间接胆红素升高,治疗后(如应用肾上腺皮质激素)黄疸消退快。

2. 肝外梗阻性黄疸　常见病因有胆囊炎、胆石症,胰头癌,壶腹周围癌,肝癌,胆管癌,阿米巴脓肿等。有原发病症状、体征,可有皮肤瘙痒及大便颜色变浅,消化道症状及其他肝功能指标损害轻,黄疸以直接胆红素升高为主。影像学检查见肝内外胆管扩张。

（二）其他原因引起的肝炎

1. 其他病毒所致的肝炎　巨细胞病毒感染,传染性单核细胞增多症等。应根据原发病的临床特点和病原学、血清学检查结果进行鉴别。

2. 感染中毒性肝炎　如流行性出血热,恙虫病,伤寒,钩端螺旋体病,阿米巴肝病,急性血吸虫病,华支睾吸虫病等。主要根据原发病的临床特点和实验室检查加以鉴别。

3. 药物性肝损害　有肝损害药物的用药史,停药后肝功能可逐渐恢复。肝炎病毒标志物阴性。诊断无特异性方法,需要排除其他原因,必要时行肝组织活检。

4. 酒精性肝病　有长期大量饮酒史,肝炎病毒标志物阴性。

5. 自身免疫性肝病　主要有原发性胆汁性胆管炎(PBC)、自身免疫性肝炎(AIH)及硬化性胆管炎(PSC)。PBC 主要累及肝内胆管,AIH 主要破坏肝细胞,PSC 累及肝外胆管。诊断主要依靠综合临床表现、自身抗体的检测和病理组织学检查。

6. 脂肪肝及妊娠期急性脂肪肝　脂肪肝大多继发于肝炎后或代谢综合征患者。血中甘油三酯多增高,B 超有较特异的表现。妊娠急性脂肪肝多以急性腹痛起病或并发急性胰腺炎,黄疸深,肝缩小,严重低血糖及低蛋白血症,尿胆红素阴性。

7. 肝豆状核变性(Wilson 病)　不明原因肝炎表现者应注意本病。血清铜及铜蓝蛋白降低,眼角膜边缘可发现凯-弗环(Kayser-Fleischer ring)。有怀疑者可行肝组织活检及相关基因检测。

【治疗】

急性期以休息、营养为主;辅以适当药物治疗。慢性期乙型及丙型肝炎有条件应行抗病毒治疗;避免饮酒、过劳及使用损害肝脏的药物。

（一）急性肝炎

1. 一般及支持疗法　急性期应进行隔离,症状明显及有黄疸者应卧床休息,恢复期可逐渐增加活动量,但要避免过劳。给予清淡易消化食物,适当补充维生素,热量不足者应静脉补充葡萄糖。避免饮酒和应用损害肝脏药物。辅以药物对症及恢复肝功能,药物不宜太多,以免加重肝脏负担。

2. 护肝药物　病情轻者口服维生素类、葡醛内酯(肝泰乐)等。进食少或胃肠症状明显者,如出现呕吐、腹泻,可静脉补充葡萄糖及维生素 C 等。

3. 抗病毒治疗　急性甲、戊型肝炎为自限性疾病,不需要抗病毒治疗。成人乙型肝炎多数可以恢复故不需抗病毒治疗。急性丙型肝炎容易转为慢性,早期应用抗病毒药能显著降低转慢率。

4. 中医中药治疗　中医认为黄疸肝炎由湿热引起,可用清热利湿辨证施治。

（二）慢性肝炎

根据病人具体情况采用综合性治疗方案,包括合理的休息和营养,心理平衡,改善和恢复肝功能,调节机体免疫,抗病毒,抗纤维化等治疗。

1. 一般治疗

（1）适当休息：症状明显或病情较重者应强调卧床休息。病情轻者以活动后不觉疲乏为度。

（2）合理饮食：适当的高蛋白、高热量、高维生素的易消化食物有利肝脏修复，不必过分强调高营养，以防发生脂肪肝。

（3）心理辅导：使患者有正确的疾病观，对肝炎治疗有耐心和信心。切勿乱投医，以免延误治疗或加重肝脏病情。

2. 改善肝功能和支持疗法

治疗药物和方法较多，但有严格的临床研究资料的不多，尤其护肝、降酶、退黄、提高免疫、抗纤维化等药物，有待更多的临床研究支持。

（1）一般护肝药物及支持治疗：①补充 B 族维生素，如复合维生素 B；②促进解毒功能药物，如还原型谷胱苷肽（TAD）、葡醛内酯等；③促进能量代谢药物，如肌苷、ATP、辅酶 A 等；④促进改善蛋白代谢药物，如输注氨基酸、人血清蛋白或血浆。

（2）降转氨酶的药物：具有非特异性的降转氨酶作用，部分病人停药后有 ALT 反跳现象，故显效后应逐渐减量至停药为宜。一般用于暂不进行抗病毒治疗者或抗病毒治疗后仍有明显转氨酶升高者（排除其他原因后）。可选用：①五味子类药物，如北五味子核仁干粉、联苯双脂滴丸、双环醇；②垂盆草冲剂；③山豆根类（苦参碱等），甘草提取物（甘草酸苷等）。

（3）退黄药物：①改善微循环药物：可通过改善微循环起退黄作用，如低分子右旋糖酐，山莨菪碱；②促进肝代谢，胆汁排泄等：门冬氨酸钾镁，前列腺素 E1，腺苷蛋氨酸；③有明显肝内淤积时可考虑苯巴比妥，皮质激素等。

3. 免疫调控药物　非特异性免疫增强剂可选用胸腺肽、某些中草药提取物如猪苓多糖、香菇多糖等。特异性免疫增强剂可试用乙肝特异性免疫核糖核酸；

4. 抗肝纤维化　主要有丹参、冬虫夏草、核仁提取物、γ 干扰素等。丹参抗纤维化作用有相对较多的研究资料，提示其能提高肝胶原酶活性，抑制 I、III、IV型胶原合成。γ 干扰素在体外试验中抗纤维化作用明显，有待更多临床病例证实。

5. 抗病毒药物　主要用于慢性肝炎病毒的感染，是病毒性肝炎重要的治疗进展。乙型肝炎抗病毒可以起到抑制病毒，减轻症状、延缓病情进展作用，而丙型肝炎抗病毒性治疗可以治愈慢性丙肝病人。

（1）抗病毒治疗指征

1）慢性乙型肝炎：抗病毒治疗的目的是抑制病毒复制，减少传染性；改善或减轻肝损害；提高生活质量；减少或延缓肝硬化、肝衰竭或 HCC 的发生。符合适应证者应尽可能进行抗病毒治疗。使用指征为：①HBV DNA ≥10^4拷贝/ml；②ALT≥2×ULN；如用干扰素治疗，ALT 应≤10×ULN，血清总胆红素应<2×ULN；③ALT<2×ULN，但肝组织学显示 Knodell HAI≥4，或炎症坏死≥G2，或纤维化≥S2。

对持续 HBV DNA 阳性、达不到上述治疗标准、但有以下情形之一者，亦应考虑给予抗病毒治疗：

A. 对 ALT 大于正常上限且年龄>40 岁者，也应考虑抗病毒治疗。

B. 对 ALT 持续正常但年龄较大者>40 岁，应密切随访，最好进行肝组织活检；如果肝组织学显示 Knodell HAI≥4，或炎症坏死≥G2，或纤维化≥S2，应积极给予抗病毒治疗。

C. 动态观察发现有疾病进展的证据（如脾脏增大）者，建议行肝组织学检查，必要时给予抗病毒治疗。

接受化疗或免疫抑制剂治疗患者、肝硬化患者或重症肝炎患者、拟接受肝移植和肝移植后患者，抗病毒治疗需要更为积极，通常只可选用核苷（酸）类药物抗病毒治疗。

2）慢性丙型肝炎：只要 HCV RNA 阳性者均应进行抗病毒治疗。

（2）抗病毒治疗药物选择及治疗方案

1）干扰素：α 干扰素（interferon-α，IFN-α）：可用于慢性乙型肝炎和丙型肝炎抗病毒治疗，它主要通过诱导宿主产生多种细胞因子,通过多个环节抑制病毒复制。

IFN-α 的不良反应较多:①类流感综合征;②粒细胞及血小板计数减少等骨髓抑制表现;③焦虑、抑郁、兴奋、易怒、精神病等神经精神症状;④失眠、轻度皮疹、脱发;⑤诱发甲状腺炎、I 型糖尿病等自身免疫性疾病。因此,此药应在专科医师指导并密切观察下使用。

一般用于 10~65 岁患者,IFN-α 主要禁忌证为:①血清胆红素>正常值上限 2 倍;②失代偿性肝硬化;③有自身免疫性疾病;④有重要器官病变(严重心、肾疾患,糖尿病,甲状腺功能亢进或低下以及神经精神异常等)。

用法:聚乙二醇干扰素,每周一次,或标准干扰素 500 万 U 皮下或肌内注射,隔日 1 次,疗程 6~12 个月。

对于丙肝治疗,干扰素需要联合利巴韦林(PR),疗程根据基因型、治疗前病毒量高低、早期治疗反应决定,一般为 12 个月。随着直接抗病毒药物可及,选择 PR 治疗将减少,或联合 DAA 使用。

2)直接抗病毒药物

目前仅有针对乙型肝炎的核苷类药物、针对丙肝直接抗病毒药物(direct antivirus agents,DAA)可供临床常规使用。

在我国已可供临床使用乙肝抗病毒药物,核苷(酸)类药物有 5 种:拉米夫定、替比夫定、阿德福韦酯、恩替卡韦及替诺福韦。

此类药物对 HBV DNA 复制有强力抑制作用,可使 HBV DNA 水平下降或阴转、ALT 复常、改善肝组织病变。此类药物使用时多数较为安全。但使用不当,发生耐药或停药后病毒大量复制可诱发重型肝炎。由于此类药物不能清除细胞核内 cccDNA,停药后 cccDNA 又启动病毒复制循环,部分患者出现停药后复发,故疗程至少 2~3 年。根据应答情况延长用药,直到 HBeAg 阳性者 HBeAg 血清转换或 HBeAg 阴性患者 HBsAg 血清学转换后维持 1 年至 1 年半。肝硬化患者常需要长期治疗。

A. 恩替卡韦(entecavir,ETV):作用较拉米夫定强,初治患者耐药较少,是长期用药的一线药物之一。但与拉米夫定、替比夫定有交叉耐药。用法为:0.5mg qd。

B. 替诺福韦酯(tenofovir disoproxil fumarate,TDF):可用于 HIV 及 HBV 的抗病毒治疗。具有强效抑制病毒,低耐药发生率优点。是需要长期治疗的患者,如肝硬化患者的一线药物。且其他药物耐药者仍然有效。

C. 拉米夫定(lamivudine,LAM):是一种逆转录酶抑制剂,最先用于临床。用法为:100mg qd;LAM 耐受性良好,仅少数病例有头痛,全身不适,疲乏,胃痛及腹泻,但易诱发 HBV 变异产生耐药。

D. 替比夫定(telbivudine,LdT):作用及耐药情况类似拉米夫定,但具有较高的 HBeAg 血清转换率。用法为:600mg qd。

E. 阿德福韦酯(adefovir dipivoxil,ADV):较拉米夫定作用弱,起效较慢,但耐药较少,对拉米夫定、替比夫定或恩替卡韦耐药株有效。用法为:10mg qd。长期使用需注意监测肾功能。

丙肝直接抗病毒药:

丙型肝炎直接药物治疗突飞猛进,可选择药物很多,根据作用位点不同,可分为不同的类型。具有抗病毒活性高优点,治愈率达 95~100%,且耐受性好、耐药屏障高、疗程短,新一代 DAA 更是覆盖全基因型、更少药物相互作用、更低经济负担。药物包括:

蛋白酶抑制剂如 Danoprevir(丹诺瑞韦),Simeprevir,Asunaprevir,Paritaprevir,Grazoprevir,GS9857,ABT-493 等。

NS5A 抑制剂如 Ravidasvir(瑞维达韦),Ledipasvir,Daclatasvir,Ombitasvir,Elbasvir,Velpatasvir 等。

NS5B 核苷类聚合酶抑制剂如 Sofosbuvir,ABT-530 等。

NS5B 非核苷类聚合酶抑制剂如 Dasabuvir,BMS-791325 等。

6. 中医中药治疗 活血化瘀药物:丹参、赤芍、毛冬青等。

（三）重型肝炎

原则是以支持和对症疗法为基础的综合性治疗,抗病毒治疗,促进肝细胞再生,预防和治疗各种并发症。对于难以保守恢复的病例,有条件时可采用人工肝支持系统,争取行肝移植术。

1. 一般治疗及支持疗法　强调卧床休息;实施重症监护;减少饮食中的蛋白,以减少肠道内氨的来源。输注新鲜血浆、白蛋白或免疫球蛋白以加强支持治疗。保持水和电解质平衡,每日热量 2000kCal 左右,液体量 1500~2000ml。防止和纠正低血钾。静滴葡萄糖,补充维生素 B、C、K。禁用对肝、肾有损害的药物。

2. 促进肝细胞再生　可选用肝细胞生长因子或胰高血糖素-胰岛素(G-I)疗法等。

3. 抗病毒治疗　抗病毒治疗有助于减轻进一步肝细胞炎症坏死,早期使用有助于提高生存率。目前认为乙型肝炎重型肝炎患者,只要表面抗原阳性便可以进行抗病毒治疗。重型肝炎患者只能选用核苷酸类似物治疗,应选作用强,起效快的药物如拉米夫定、恩替卡韦、替诺福韦酯等。一般情况不选用起效慢的阿德福韦酯治疗,但有核苷类药物治疗史,可能存在耐药如拉米夫定、恩替卡韦耐药,且病毒量不太高时可以考虑使用。

4. 免疫调节　重型肝炎发生发展过程,机体的免疫起了非常重要的作用。早期多为免疫亢进,后期多表现为免疫抑制,易诱发各种严重感染。因此,重型肝炎是否使用激素治疗仍有一定的争议性。多数学者认为,是否有效取决于用药的时机、适应证及禁忌证的把握。仅短期使用于急性及慢加急重型早期患者,ALT 水平较高,无肝硬化基础、无激素禁忌证患者。

5. 并发症的防治

（1）出血防治:防治出血可:①输入新鲜血浆或凝血因子复合物、纤维蛋白原等补充凝血因子;②使用组胺 H_2 受体拮抗剂:雷尼替丁、法莫替丁等防治消化道出血。③使用质子泵受体拮抗剂,如奥美拉唑等。发生上消化道出血时除上述三项措施外,还应:①口服凝血酶或去甲肾上腺素或云南白药;②使用止血药物止血敏、安络血等;③如考虑与肝硬化门脉高压有关,可应用垂体后叶素,生长抑素、垂体加压素,使用三腔二囊管压迫止血,必要时在内镜下直接止血(血管套扎,电凝止血,注射硬化剂等),内科治疗无效时可用手术治疗;④出现 DIC 时,根据情况进行凝血成分补充,慎用肝素。

出血抢救时应消除患者紧张情绪,必要时地西泮,并给氧。出血是其他严重并发症常见诱因,治疗出血时应同时预防其他并发症的发生。

（2）肝性脑病的防治:①氨中毒的防治:低蛋白饮食,口服诺氟沙星抑制肠道细菌,口服乳果糖浆、利福昔明酸化肠道和保持大便通畅,静脉使用乙酰谷酰胺或谷氨酸钠降低血氨;②恢复正常神经递质:左旋多巴静滴或保留灌肠,可进入大脑转化为多巴胺,取代假性神经递质如羟苯乙醇胺等,起到苏醒作用。但也有报道认为其治疗作用不大,近年已较少使用;③维持氨基酸比例平衡:使用氨基酸注射液静滴;④防治脑水肿:使用甘露醇快速静滴,必要时加用呋塞米,以提高脱水效果,注意水、电解质平衡。

治疗肝性脑病的同时,应积极消除其诱因。

（3）继发感染的防治:重症肝炎常伴有肝胆系感染、原发性腹膜炎、肺部感染等,以革兰氏阴性菌感染为多,近年来革兰氏阳性菌感染有增多趋势。使用杀菌力强的广谱抗生素时间过长,易出现二重感染,以真菌感染最为常见。治疗可选用半合成青霉素如哌拉西林,二或三代头孢霉素如头孢西丁、头孢噻肟等,重症感染患者可选用四代头孢霉素、头霉素类、碳青霉烯类药物。有厌氧菌感染时可用甲硝唑。并发真菌感染时,应加用氟康唑等抗真菌药物。有条件者可加用丙种球蛋白或胸腺素提高机体免疫力。

（4）肝肾综合征的防治:避免引起血容量降低的各种因素。避免使用损害肾脏的药物。目前对肝肾综合征尚无有效治疗方法,少尿早期可试用低分子右旋糖酐、血浆或白蛋白扩张血容量,或小剂量多巴胺,以扩张肾血管、增加肾血流量。应用利尿剂如呋塞米等。有条件可使用特利加压素治疗。透析治疗因并不能降低死亡率故多不采用。

6. 人工肝支持系统(ALSS)和肝移植

（1）人工肝:目前国内外已应用非生物型人工肝支持系统 ALSS 治疗重型肝炎的患者,目的是替代已丧失的肝功能,清除患者血中的毒性物质,延长患者生存时间。对早期重型肝炎有较好疗效,对于晚期重型肝炎亦有助于争取时间让肝细胞再生或为肝移植作准备。由于肝细胞培养不易,生物型人工肝研究进展缓慢。

(2)肝移植:目前手术技术较成熟,已在我国多家医疗单位开展,并已取得可喜的成效。用于晚期肝硬化及重型肝炎病人。术后5年生存率已大大提高,但由于肝移植价格昂贵,来源困难,排异反应,继发感染(如巨细胞病毒)等阻碍其广泛应用。

7. 中医中药　可用茵栀黄注射液辅助治疗,内含有茵陈、大黄、郁金、枝子、黄芩等。

(四)淤胆型肝炎

早期治疗同急性黄疸型肝炎,黄疸持续不退时,可加用泼尼松40~60mg/d口服或静脉滴注地塞米松10~20mg/d,2周后如血清胆红素显著下降,则逐步减量。

(五)肝炎肝硬化

可参照慢性肝炎和重型肝炎的治疗,脾功能亢进或门脉高压征明显时可选用手术或介入治疗。

(六)慢性乙型肝炎病毒携带者

可照常工作,但应每3~6月复查,随访观察,并动员其做肝穿刺活检,如肝脏炎症明显应按慢性肝炎进行治疗。

【预防】

(一)控制传染源

急性患者应隔离治疗至病毒消失。慢性患者如复制活跃者尽可能予抗病毒治疗。凡现症感染者不能从事食品加工,饮食服务,托幼保育等工作。对献血员进行严格筛选,不合格者不得献血。

(二)切断传播途径

1. 甲型和戊型肝炎　搞好环境卫生和个人卫生,加强粪便、水源管理,做好食品卫生、食具消毒等工作,防止"病从口入"。

2. 乙、丙、丁型肝炎　加强托幼保育单位及其他服务行业的监督管理,严格执行餐具、理发、美容、洗浴等用具消毒制度。提倡使用一次性注射用具,各种医疗器械及用具实行一用一消毒措施。对带血及体液污染物应严格消毒处理。加强血制品管理。所有献血员及所有单元血液都要经过最敏感方法检测HBsAg和抗HCV,有条件时应同时检测HBV DNA和HCV RNA。养成良好的个人卫生习惯。采取主动和被动免疫阻断母婴传播。

(三)保护易感人群

1. 甲型、戊型肝炎　可通过接种甲型、戊型肝炎减毒活疫苗以获得主动免疫,甲型肝炎减毒活疫苗主要用于幼儿、学龄前儿童及其他高危人群,戊型肝炎减毒活疫苗适用于各个人群,尤其是有慢性肝病基础的人群。对近期有与甲型肝炎患者密切接触的易感者,可用人丙种球蛋白进行被动免疫预防注射,时间越早越好。

2. 乙型肝炎

(1)乙型肝炎疫苗:接种乙型肝炎疫苗是我国预防和控制乙型肝炎流行的最关键措施。易感者均可接种,新生儿应进行普种,与HBV感染者密切接触者、医务工作者、同性恋者、药瘾者等高危人群及从事托幼保育、食品加工、饮食服务等职业人群亦是主要的接种对象。HBV慢性感染母亲的新生儿出生后立即(12小时内)注射乙型肝炎免疫球蛋白(hepatitis B immunoglobulin,HBIG)100~200IU及乙肝疫苗10μg,出生后1个月重复注射一次,6个月时只注射乙肝疫苗,保护率可达95%以上。

(2)乙型肝炎免疫球蛋白:从人血液中制备,注射HBIG属于被动免疫,主要用于HBV感染母亲的新生儿及暴露于HBV的易感者,应及早注射,保护期约为3个月。

(3)抗病毒药物使用:为进一步减少母婴传播,免疫耐受期妊娠中后期母亲(24-28周),如HBV DNA大于$2×10^6$IU/ml可在充分沟通知情同意基础上,给予TDF、LdT或LAM直至产后。

目前对丙、丁型肝炎尚缺乏特异性免疫预防措施。

【预后】

一般甲型、戊型肝炎不会发展为慢性肝炎,其余各型均可反复发作,发展为慢性肝炎、肝硬化,甚至肝癌。妊娠合并戊型肝炎、年龄较大、有并发症的重型肝炎病人病死率高。慢性淤胆型肝炎易转变为胆汁性肝硬化,预后较差。

（赵志新）

学习小结

病毒性肝炎分为甲、乙、丙、丁、戊型五种类型。甲型、戊型肝炎相似,主要经消化道传播,仅有急性临床类型,无慢性肝炎过程。乙、丙、丁型主要经血液、体液传播,临床谱较广。各型肝炎的病理及临床表现（症状体征）基本类似。临床可分为急性肝炎、慢性肝炎、重型肝炎、肝炎肝硬化、淤胆型肝炎等。临床上主要表现为消化道症状,部分患者出现黄疸表现。慢性肝炎或肝炎肝硬化患者可有慢性肝病的体征。重型肝炎患者出现肝衰竭综合征表现。治疗上乙型及丙型肝炎有条件时需进行抗病毒治疗。乙型肝炎可选用干扰素或核苷（酸）类药物抗病毒治疗。丙肝可选择直接抗病毒药物或干扰素联合利巴韦林的治疗方案。重型肝炎患者应给予对症支持治疗,抗病毒治疗,防治并发症,人工肝等综合性治疗,严重病例或经内科治疗效果欠佳病例,适时进行肝移植是重型肝炎治疗成功的关键。

复习参考题

1. 乙型重型肝炎应如何抗病毒治疗?

2. 如何进行丙型肝炎抗病毒治疗?

第二节　病毒感染性腹泻

学习目标

掌握	病毒性腹泻的临床特点,诊断及治疗原则,预防措施。
熟悉	病毒性腹泻的常见病原体及其流行病学特点。
了解	病原体特点及其导致病毒感染性腹泻的机制。

病毒感染性腹泻是感染性腹泻的一种,是由病毒引起的、以腹泻为主要表现的肠道传染病。常见的病原体有轮状病毒、诺如病毒、星状病毒、杯状病毒、肠腺病毒、小圆病毒等,其中最常见的为轮状病毒和诺如病毒。临床症状通常比较轻,发病机制尚不明确,多数认为其腹泻类型主要是分泌性腹泻,为急性胃肠炎表现:腹泻、腹痛、恶心呕吐及全身不适等,腹泻严重者可出现脱水及电解质紊乱。病毒感染性腹泻呈全球分布,但由于经济实力及卫生保健水平的差异,发展中国家较发达国家严重。根据病原体的不同,从婴幼儿至成年人均可受到感染,并可造成流行。

【病原学】

引起病毒感染性腹泻的最主要病原体有轮状病毒和诺如病毒。其他如星状病毒、杯状病毒、肠腺病毒、冠状病毒、小圆病毒等也可引起腹泻,但不常见。

（一）轮状病毒

人轮状病毒(rota virus,RV)为呼肠病毒科,球形,有双层衣壳,从内向外呈放射状排列,似车轮状,故称轮状病毒。其内含双股 RNA,基因组长约 18 550bp,为 11 节段双链 RNA,编码 6 种结构蛋白(VP1～VP4、VP6、VP7)及 5 种非结构蛋白(NSP1～NSP5)。VP6 为病毒内壳蛋白,根据其抗原性的不同可将轮状病毒分为 A～G 7 个组,其中仅 A、B、C 组与人类感染有关。A 组主要感染婴幼儿,B 组主要感染成人,C 组主要引起散发病例。

轮状病毒在外界环境中较为稳定,对理化因子的作用有较强的抵抗力,耐酸、耐碱,故可以在胃肠道中生存。在室温下可以存活长达 7 个月之久,在粪便中可存活数日至数周。95% 乙醇、酚、漂白粉等对其有较强的灭活作用,56℃ 30 分钟即可灭活轮状病毒。

(二)诺如病毒

诺如病毒属人类杯状病毒科,直径约 27～30nm,呈对称的二十面体球形,无包膜,表面粗糙。电镜下显示为具有典型的羽状外缘,表面有凹痕的小圆状结构病毒。诺如病毒由衣壳和含单股正链的 RNA 构成,其基因组长约 7.5kb,有三个开放读码区(ORFs),根据其中 ORF2 的氨基酸序列,可分为 5 个基因群(GI～GV)以及至少 31 个基因型。这其中 GI、GII 和 GV 是对人类致病的主要基因群。诺如病毒易变异,其变异或重组可导致新的病毒株形成。病毒衣壳蛋白可与宿主肠道上皮细胞组织血型抗原(HBGAs)结合,故其也称为诺如病毒受体,病毒与此受体的结合受基因型特异性的影响,所以说诺如病毒感染具有基因易感性。

诺如病毒感染性强,在较低剂量即可引起感染,粪便中数量多。诺如病毒耐热、耐酸,对乙醚和常用消毒剂抵抗力较强,常温下在物体表面可存活数天,冷冻数年仍有感染性,pH 2.7 的条件下可存活 3 小时,加热至 60℃ 30 分钟仍具有传染性,含氯 10mg/L 30 分钟可灭活。

(三)肠腺病毒

人腺病毒呈球形,无包膜,直径约为 70～90nm,其核心为双链 DNA,外有 3 种衣壳蛋白组成的病毒衣壳,衣壳为蛋白亚单位形成的二十面体结构。根据其血凝素特征可分为多个亚群及血清型,这其中在肠道生存导致病毒性胃肠炎的类型主要为 F 群的 40 型、41 型和 30 型的病毒,也称为肠腺病毒,其形态与普通腺病毒相同,不易组织培养。

肠腺病毒对酸、碱的耐受能力较强,4℃ 可存活 70 天,36℃ 可存活 7 天而感染力不变,室温条件下,pH 6.0～9.5 可保持最强感染力,但加热 56℃ 2～5 分钟即灭活。对紫外线敏感,照射 30 分钟即丧失感染性。对甲醛敏感。

(四)其他致腹泻的病毒

与腹泻有关的病原体还有柯萨奇病毒、埃可病毒、星状病毒、呼肠病毒、杯状病毒、小圆病毒、冠状病毒、微小双核糖核酸病毒和瘟病毒等,在腹泻患者中所占的比例很小。

【流行病学】

病毒性腹泻的传染源有人和动物,而传播途径以粪-口传播和人-人的接触感染为主,亦有部分可通过呼吸道传播。

(一)轮状病毒

1. 传染源　患者与无症状带毒者是主要的传染源。从潜伏期至腹泻停止均可排出病毒,急性期患者的粪便中更有大量的病毒颗粒,病后可持续排毒 4～8 天,具有传染性。许多家畜、家禽亦可感染和携带轮状病毒,是人类潜在的传染源。

2. 传播途径　主要通过人传人,经粪-口传播感染,也可能通过呼吸道传播。食物或饮水污染以及人与人之间的密切接触可造成流行,日常生活接触可导致散发传播。

3. 人群易感性　儿童总体较成人易感,可发生反复感染,病后免疫力短暂。其中 A 组轮状病毒主要感染婴幼儿,以 6～24 月龄发病率最高,母乳喂养可明显降低其感染率。B 组轮状病毒主要感染青壮年。C 组轮状病毒主要感染儿童,成人偶有发病。轮状病毒感染后均可产生特异性 IgG,持续时间较长,但有无保护性尚未肯定。不同组的病毒之间缺乏交叉免疫。

4. 流行病学特征　秋冬为多发季节,儿童感染多于成年人。A 组轮状病毒是婴幼儿腹泻的主要病因,可在家庭和医院内传播,亦可引起新生儿病房医院感染而导致暴发流行。B组轮状病毒主要发生于我国。C组的轮状病毒则主要引起世界各地散发的儿童腹泻。

(二)诺如病毒

1. 传染源　为患者、无症状的病毒携带者以及隐性感染者。急性期排毒量大,可持续约72小时,但在免疫力低下的感染者中,排毒时间最长可达8个月。

2. 传播途径　以粪-口传播和人-人的接触传播为主,也可由呼吸道传播。污染的食物及水源可导致暴发流行,也可由食物传播引起散发。

3. 人群易感性　普遍易感,但具有基因易感性差异,与肠道表皮细胞表达的组织血型抗原相关。多见于成人和大龄儿童。感染后可产生特异性抗体,但仅对同型病毒具有短暂免疫力,一般小于6个月。诺如病毒易变异,可反复感染。

4. 流行病学特征　本病广泛分布于世界各地,全年均可发病,但以秋冬季多见。可由于食物及饮水污染而在社区、学校、部队、托儿所、餐馆、医院等处集体暴发,或因接触感染呈现散发。

(三)肠腺病毒

1. 传染源　患者为唯一传染源。

2. 传播途径　以粪-口传播和人-人的接触传播为主,也可由呼吸道传播。

3. 人群易感性　人群普遍易感,但多见于3岁以下儿童,患病高峰年龄为6~12个月。成人很少发病。感染后可获得一定的免疫力。

4. 流行病学特征　全年均可发病,但秋冬季发病率高,多为散发和地方性流行。我国肠腺病毒性腹泻患病率仅次于轮状病毒感染,也是医院内病毒性腹泻的第二位致病原。

(四)其他病毒引起的腹泻

柯萨奇病毒和埃可病毒曾经在我国许多地区小儿腹泻患者粪便中分离到,但占病毒性腹泻患者的比例很少。与腹泻相关的星状病毒、原型嵌杯病毒、冠状病毒和小圆形病毒等引起的病例数少。

【发病机制与病理解剖】

(一)轮状病毒

感染轮状病毒后,病毒的数量、患者机体免疫状态与是否发病密切相关。目前认为肠上皮刷状缘的乳糖酶是轮状病毒受体,有利于病毒脱外衣壳进入上皮细胞。婴儿肠黏膜上皮细胞含大量乳糖酶,易感染轮状病毒。随年龄增长,乳糖酶的含量减少,易感性下降。

病毒侵入人体后主要导致分泌性腹泻,其通过两个途径发挥作用,一是病毒直接损害肠绒毛上皮细胞,引起其变性、坏死以及肠黏膜微绒毛变短,乳糖酶减少以至于乳糖转化减少而在肠腔内积聚形成高渗透压,水分进入肠腔导致腹泻;二是位于隐窝部的立方上皮细胞上移,代替脱落的绒毛上皮细胞,因为其功能尚不成熟,处于高分泌、低吸收的状态,导致肠道上皮细胞分泌增加,肠液潴留引起腹泻。频繁的呕吐与腹泻可导致大量的水和电解质丢失,导致水、电解质紊乱和酸中毒。

轮状病毒感染病变部位主要在十二指肠及空肠,可见上皮细胞变性、坏死及细胞内质网中有多量轮状病毒颗粒。肠黏膜微绒毛变短,有单核细胞浸润。

(二)诺如病毒

诺如病毒引起腹泻的致病机制尚不明确。可能由于病毒感染导致黏膜上皮细胞刷状缘多种酶(如碱性磷酸酶)的活力下降而引起对脂肪、D-木糖和乳糖等短暂吸收障碍,使肠腔渗透压增加,肠腔液体增加而致腹泻。

诺如病毒主要引起十二指肠及空肠黏膜的可逆性病变,空肠黏膜保持完整,肠黏膜上皮细胞绒毛变短、变钝,线粒体肿胀,形成空泡,未见细胞坏死。肠固有层有单核细胞及中性粒细胞浸润。病变可在2周完全恢复。

（三）肠腺病毒

主要感染空肠和回肠。病毒感染肠黏膜上皮细胞后，肠黏膜绒毛变短变小，病毒在感染的细胞核内形成包涵体，使细胞变性、溶解，引起小肠吸收功能障碍而导致渗透性腹泻。小肠固有层内可见单核细胞浸润。

（四）其他

嵌杯病毒、星状病毒、柯萨奇病毒和埃可病毒等的病理学改变都有相似之处，没有特殊性。

【临床表现】

病毒感染性腹泻症状通常比较轻，潜伏期短，起病急，主要表现为腹泻、呕吐、腹痛等急性胃肠炎症状。大便呈黄色稀水便或水样便，无黏液脓血，无里急后重。病程自限。但年幼、免疫力低下或老年患者可有明显脱水而危及生命。

（一）轮状病毒腹泻

潜伏期1~3天。临床类型多样，6~24月龄婴幼儿症状重，大龄儿童或成年人多为轻型或亚临床感染。起病急，呕吐、腹泻，可伴有低热及呼吸道症状。腹泻每日十到数十次不等，为水样或呈黄绿色稀便，无黏液及脓血便。免疫力低下者可出现腹泻慢性化及肠道外症状，如呼吸道感染、心肌炎、脑膜炎等。腹泻严重者可出现脱水及代谢性酸中毒、电解质紊乱。本病为自限性，病程约1周。成人感染多无症状，少数出现急性胃肠炎表现，与婴幼儿类似。

（二）诺如病毒性胃肠炎

潜伏期一般24~48小时。部分感染者可无症状。起病急，以恶心、呕吐、腹痛、腹泻为主要表现，腹泻为黄色稀水便，不含黏液及脓血，每天数次至数十次不等，伴有腹绞痛。可伴有低热、头痛、肌痛、乏力及食欲减退等。儿童患者先出现呕吐，然后出现腹泻。体弱及老年人病情多较重。病程1~3天自愈，死亡罕见。

（三）肠腺病毒性腹泻

潜伏期约为3~10天，发病者多数为5岁以下儿童。临床表现特点为呕吐后继发的水样腹泻，多伴有2~3天低热。少部分患儿可出现咽痛、咳嗽等呼吸道症状。腹泻持续1~2周，多数病程自限。少数患者腹泻可延至3~4周，或转为慢性腹泻从而致营养不良，影响发育。腺病毒感染可引起肠系膜淋巴结炎及婴儿肠套叠。

【实验室检查】

（一）血常规

外周血白细胞多正常，少数可略升高。

（二）大便常规

无红细胞，但可有少许白细胞。

（三）病原学检查

1. 电镜或免疫电镜　利用电镜技术从粪便提取液中检出致病的病毒，简便快捷。但诺如病毒常因病毒量少而难以发现。

2. 补体结合、免疫荧光、放射免疫试验、酶联接免疫吸附试验（ELISA）法　检测粪便中特异性病毒抗原或血清中的特异性抗体IgM，如轮状病毒、肠腺病毒、诺如病毒、嵌杯病毒和星状病毒。

3. PCR检测技术　利用PCR技术可以从粪便中提取或扩增病毒核酸，快速、灵敏、特异性高。

4. 凝胶电泳分析　将从粪便提取液中提取的病毒RNA进行聚丙烯酰胺凝胶电泳（PAGE），可根据A、B、C三组轮状病毒11个基因片段特殊分布图，对轮状病毒进行鉴定。将从粪便提取液中提取的病毒DNA用限制性内切酶消化，凝胶电泳，以独特的酶切图谱进行肠腺病毒型别鉴定。

（四）血清抗体的检测

应用病毒特异性抗原检测患者发病初期和恢复期双份血清的特异性IgM抗体，双份血清抗体滴度增加 4 倍以上有诊断意义。

【诊断与鉴别诊断】

秋冬季节,突然出现呕吐、腹泻、腹痛等临床症状或住院期间突然发生原因不明的腹泻,而外周血白细胞无明显变化,大便常规检查正常或仅有少量白细胞时应怀疑本病。综合考虑发病地区,有无不洁饮食史及接触史,结合实验室的特异性病原学检测对鉴别不同病因及确定诊断有重要意义。电镜找到病毒颗粒,或粪便中检出特异性抗原,或血清检出特异性抗体方可确诊。

本病须与细菌感染性腹泻,真菌、寄生虫等感染引起的腹泻相鉴别。

【治疗】

目前尚缺乏病原治疗方法,主要以补液和对症治疗为主。

（一）饮食疗法

腹泻时肠道吸收功能尚部分存在,继续进食可以促进胃肠功能的恢复,故继续进食是治疗营养不良的重要方法。由于小肠受损,消化吸收功能下降,以清淡及富含水分饮食为宜,暂停乳类及双糖类食物,吐泻频繁者可禁食 8~12 小时,然后逐步恢复正常饮食。

（二）液体疗法

及时补液,纠正脱水。无需抗菌治疗。轻度脱水及电解质失衡可用米汤加盐,糖盐水或口服补液盐（ORS）的口服补液疗法。严重脱水及电解质紊乱应静脉补液,推荐乳酸林格液,当缺钾时应重视补钾,酸中毒时加碳酸氢钠予以纠正。情况改善后改为口服。

（三）止泻剂

肠道脑啡肽酶抑制剂——消旋卡多曲可有效减少腹泻量及次数而不会引起便秘。蒙脱石散对各种腹泻及新生儿腹泻亦有良好疗效。中医中药等亦可用于止泻。

【预防】

（一）管理传染源

对病毒性腹泻患者应积极治疗,严格消毒隔离。对密切接触者及疑诊患者实行严密的观察。

（二）重视食品、饮水及个人卫生

加强粪便管理,保护好水源,不受病毒污染。

（三）接种免疫

尚无成熟的疫苗可供使用。人乳在一定程度上可以减轻严重的轮状病毒性腹泻。

（王 凯）

学习小结

病毒感染性腹泻是由肠道病毒引起的急性病毒性胃肠炎,最常见有诺如病毒、轮状病毒、肠腺病毒。病毒性胃肠炎呈全球分布,儿童发病率高,成人感染也不少见。主要经过粪-口传播,可引起暴发流行,以秋冬季发病率高。病毒性胃肠炎的主要病变在小肠,因肠绒毛上皮细胞病变及酶减少或活力下降而致小肠吸收或分泌功能障碍。临床表现为急性胃肠炎,主要症状有腹泻、呕吐、恶心、腹痛、全身不适等,腹泻严重者可导致脱水及电解质紊乱。轮状病毒性胃肠炎是婴幼儿腹泻的最常见病原体,也是导致婴幼儿死亡的主要原因之一。目前尚无特效病原治疗,以支持及对症治疗为主。

复习参考题

1. 简述病毒感染性腹泻的主要临床特点及诊断依据。

2. 简述病毒感染性腹泻的主要治疗措施。

3. 如何预防病毒感染性腹泻?

第三节　脊髓灰质炎

学习目标

掌握	脊髓灰质炎的临床表现、实验室检查、诊断和鉴别诊断、治疗原则。
熟悉	脊髓灰质炎的流行病学、发病机制与病理解剖、预防。
了解	脊髓灰质炎病毒的生物学特性。

脊髓灰质炎(poliomyelitis)是由脊髓灰质炎病毒引起的急性消化道传染病,主要病变在中枢神经系统,临床表现为发热、咽痛、咳嗽和肢体疼痛,部分患者发生肢体弛缓性瘫痪并留下后遗症。因多发于儿童,俗称"小儿麻痹症"。

【病原学】

脊髓灰质炎病毒属肠道病毒属,圆形,直径20～30nm,核心含单股RNA,无包膜。按抗原性不同病毒可分为Ⅰ、Ⅱ、Ⅲ血清型,各型间无交叉免疫,Ⅰ型流行为主。对人、猩猩、猴均可致病,可用人胚肾、猴肾细胞等培养分离病毒和制备疫苗。抵抗力强,耐寒冷,不易被胃酸和胆汁灭活,对热、干燥及氧化消毒剂敏感。

【流行病学】

1. 传染源　隐性感染者和轻症瘫痪病人数多、带病毒量大,是主要传染源,瘫痪期病人传染性小。

2. 传播途径　主要通过粪-口途径传播,被感染者主要通过粪便排出病毒,污染食物、水、手和用具等再感染他人,排毒时间可长达数月,病初咽部可短时排毒。

3. 易感性　人群普遍易感,感染后获同型病毒持久免疫力,隐性感染率高达90%以上,5岁以上儿童和成人多因隐性感染获得免疫力而发病率低。

4. 流行特征　在世界范围内流行,散发为主,夏秋季多发,偶有暴发流行,自广泛接种脊髓灰质炎疫苗以来,发病率明显下降,2000年世界卫生组织宣布中国为无脊髓灰质炎区域。但近年来有国外传入的脊髓灰质炎野病毒和因接种脊髓灰质炎减毒活疫苗后病毒变异导致的病例发生。

【发病机制与病理解剖】

（一）发病机制

病毒经消化道进入人体,先在扁桃腺、鼻咽部、小肠淋巴组织中增殖,如机体产生特异性中和抗体能清除病毒,则为隐性感染;如病毒进入血液,可播散呼吸道、消化道、心、肾等非神经组织引起前驱症状,如体内中和抗体足量,病毒仍可被清除,疾病停止发展,无神经系统病变,则为顿挫型感染;如病毒量大、毒力强或机体免疫功能差,病毒突破血-脑屏障播散到中枢神经系统并造成损害则为显性感染,轻者不出现瘫痪(无瘫痪型),重者可引起瘫痪(瘫痪型)。

（二）病理解剖

脊髓灰质炎病毒有嗜神经特性,主要侵犯脊髓和脑干的运动神经细胞,腰段前角运动神经细胞受损最严重,故下肢瘫痪多见;严重者病变可上延至延髓、中脑、小脑、大脑。病灶分布以散在、多发、不对称为特点,脊髓病变可波及灰质各部,感觉神经细胞少有损害。镜检神经细胞变性、坏死,被吞噬细胞清除,周围组织充血、水肿,血管周围炎性细胞浸润,胶质细胞增生。淋巴结和肠道淋巴组织可有增生和炎症;心肌、肺、肝、肾偶有炎性病变。

【临床表现】

潜伏期 3~35 日,一般为 5~14 日。根据临床轻重可分无症状型(隐性感染)、顿挫型、无瘫痪型及瘫痪型 4 型,以前 3 型为主,瘫痪型占少数,典型病程可分 5 期:

(一)前驱期

以发热(38~39℃)、上呼吸道症状(咳嗽、咽痛)为主,或有消化道症状(恶心、腹痛、腹泻),神经系统无异常,持续 1~4 日可自愈,顿挫型终于此期。

(二)瘫痪前期

由潜伏期或前驱期发展而来,也可前驱期热退后再发热(双峰热),表现烦躁或嗜睡、多汗、头痛、呕吐,全身肌肉疼痛,活动、翻身时加剧,感觉过敏,患儿拒抱。体检有脑膜刺激征和锥体外系征,深、浅反射先亢进后消失,脑脊液呈轻度炎性改变。无瘫痪型 3~4 日后热退康复,少数进入瘫痪期。

(三)瘫痪期

病程第 2~7 日体温开始下降时出现瘫痪并逐渐加重,48 小时内达高峰,体温正常后瘫痪停止进展。临床类型有:

1. 脊髓型　最常见,为下运动神经元(弛缓性)瘫痪,肌张力减退,腱反射减弱或消失,无感觉障碍。瘫痪不对称,儿童以单侧下肢最常见;成人以截瘫、四肢瘫痪及呼吸肌瘫痪较多见,躯干肌肉瘫痪较少。颈背肌瘫痪则不能抬头、起坐及翻身;呼吸肌瘫痪则呼吸运动受限,可致缺氧甚至呼吸衰竭;腹肌、肠肌和膀胱肌瘫痪则有肠麻痹、尿潴留或失禁。

2. 脑干型(球型或延髓型)　病情最重。如第Ⅶ、Ⅸ、Ⅹ、Ⅻ对脑神经麻痹表现为口角歪斜、声音嘶哑、吞咽困难、饮水呛咳及咽反射消失等;如第Ⅲ、Ⅳ、Ⅵ对脑神经麻痹引起眼肌瘫痪、眼睑下垂。延髓网状结构外侧呼吸中枢受损时,表现为呼吸节律不规则、双吸气、叹气样呼吸等衰竭征。延髓网状结构内侧血管运动中枢受损时,表现脉搏细弱、心律失常、心音低钝、血压下降,可因循环衰竭死亡。

3. 脑型　较少见,可呈弥漫性或局灶性脑炎,表现发热、头痛、嗜睡、震颤、昏迷及惊厥,以上运动神经元瘫痪体征为主,难与其他病毒性脑炎鉴别。

4. 混合型　兼有两型或以上表现,其中以脊髓型和脑干型同时存在最常见。

(四)恢复期

瘫痪肌恢复从肢体远端开始,肌力逐渐增加,腱反射逐渐恢复,最初 1~2 个月恢复较快,此后速度较慢,重者常需 12~18 个月,甚至更长时间才能恢复。

(五)后遗症期

因运动神经元严重受损而发生的瘫痪和肌肉萎缩,1~2 年内仍不恢复则为后遗症,表现肢体或躯干畸形,如足内翻、足外翻、足下垂、脊柱前凸、侧凸等,导致跛行或不能站立行走,可影响小儿的生长发育。

【实验室检查】

1. 血常规　外周血白细胞数正常。

2. 脑脊液检查　顿挫型患者脑脊液正常。瘫痪前期患者脑脊液外观清亮,白细胞增多,约为(50~500)×10⁶/L,早期以中性粒细胞为主,后期以淋巴细胞为主,蛋白轻度增加,糖与氯化物均正常;热退后白细胞迅速恢复正常,但蛋白持续升高,呈蛋白-细胞分离现象。

3. 病毒分离　发病 1 周内可从患者鼻咽分泌物、血液、脑脊液和粪便分离病毒,阳性率低。粪便和鼻咽部病毒阴性不能排除携带者,血液和脑脊液病毒阳性则确诊。

4. 免疫学检查　特异性抗体在病后一周即升高,可用补体结合试验和中和试验、酶联免疫吸附试验法检测。补体结合试验特异性高,为临床确诊依据。

5. 核酸检测　具有快速、简便、特异性强的特点。

【诊断与鉴别诊断】

（一）诊断

流行地区未服用过脊髓灰质炎疫苗的低龄儿童,出现发热、多汗、烦躁、嗜睡、头痛、呕吐、肌肉疼痛及肢体感觉过敏等应怀疑本病,如出现不对称的肢体迟缓性瘫痪可临床诊断,确诊依赖病毒分离或血清特异性抗体检测。非瘫痪型患者,流行病学调查尤为重要,确诊需病毒分离或血清特异性抗体检测。

（二）鉴别诊断

1. 前驱期应与上呼吸道感染、病毒性胃肠炎等鉴别。

2. 瘫痪前期应与各种病毒性脑炎、化脓性脑膜炎、结核性脑膜炎等鉴别。

3. 瘫痪期应与急性感染性多发性神经根炎、其他肠道病毒感染引起的迟缓性瘫痪、家族性周期性瘫痪相鉴别。

4. 脑型或脑干型脊髓灰质炎应与流行性乙型脑炎鉴别。主要依赖不同的流行病学资料和血清学检查来鉴别。

【治疗】

目前尚无抗脊髓灰质炎病毒的特效药物,治疗重点在于对症处理和支持治疗。

（一）前驱期及瘫痪前期

卧床休息,避免劳累、肌内注射及手术等刺激,减少瘫痪的发生。注意水和电解质平衡及充分的营养,可口服维生素 C 和维生素 B。高热者给予物理降温和退热剂,肌痛强直处可局部热敷,必要时予以止痛剂。重症病人可短期应用肾上腺皮质激素治疗,一般使用 3~5 日。继发感染时加用抗生素。

（二）瘫痪期

肢体瘫痪应加强护理,避免刺激和受压,保持功能体位,可用支架防止肢体受压及手、足下垂,瘫痪停止进展后,应用加兰他敏、地巴唑等促进神经肌肉传导。有呼吸障碍时应保持呼吸道通畅,吸痰吸氧,及早使用抗生素防止肺部感染,密切注意血气变化,纠正电解质紊乱,慎用镇静剂以免加重呼吸和吞咽困难,呼吸肌麻痹或呼吸中枢麻痹应采用人工呼吸器,后者同时应用呼吸兴奋剂。有吞咽困难时应取头低脚高、右侧卧位,加强吸痰,饮食由胃管供应。

（三）恢复期和后遗症期

体温正常及瘫痪停止进展,可采用针灸、推拿按摩、功能锻炼及理疗等以促进瘫痪肢体的恢复。遗留严重畸形者可行矫正手术。

【预防】

确诊病人自发病起隔离 40 天,密切接触者医学观察 20 天。主动免疫采用口服减毒活疫苗糖丸,第一次在出生后第二个月,服三价混合疫苗连续三次,间隔 1 个月,4 岁加强 1 次,其他时期根据流行情况决定是否加强。疫苗应冬春季服用,保证在夏秋季时已获免疫或免受其他肠道病毒干扰;避免开水服用,以免灭活病毒而降低免疫效果;有免疫功能缺陷、急慢性心、肝、肾患儿忌服。极少数情况下,减毒活疫苗株可突变恢复其致病性,引起瘫痪型脊髓灰质炎。被动免疫对密切接触者肌内注射丙种球蛋白,每次 0.3~0.5ml/kg,每日一次,共 2 次,免疫效果可维持 2 个月左右。

（谢志军）

学习小结

脊髓灰质炎病毒是 RNA 无包膜病毒,可分为Ⅰ、Ⅱ、Ⅲ血清型,以Ⅰ型流行为主,各型间无交叉免疫,抵抗力强。病人和带病毒者是传染源,通过粪-口途径传播,人群普遍易感,大多数人通过隐性感染获同型持久免疫力,所以发病多见于 5 岁以下儿童。世界流行,夏秋季多发,目前流行在全世界已得到控制。

脊髓灰质炎病毒主要侵犯脊髓和脑干的运动神经细胞，感觉神经细胞很少受损。病灶分布有散在、多发、不对称特点，因脊髓腰段受损最重，所以下肢瘫痪多见。临床表现轻重不一，可发热、咽痛、咳嗽和肢体疼痛，部分患者发生肢体弛缓性瘫痪并留下后遗症，可分无症状型、顿挫型、无瘫痪型和瘫痪型4型。典型病程可分前驱期、瘫痪前期、瘫痪期、恢复期、后遗症期5期。外周血分析正常，脑脊液呈轻度炎性改变。各种标本的病毒分离、核酸检查和血清免疫学检查有助于确诊。未接种疫苗的儿童出现发热多汗、感觉过敏、肢体疼痛者应怀疑本病，如出现不对称肢体软瘫可临床诊断。确诊依赖于病原学检查。本病无特效治疗，急性期以各种对症、支持治疗为主，尽可能减轻神经系统及其他损害。恢复期以功能锻炼为主，促进瘫痪肢体恢复，后遗症可手术矫治。预防原则包括隔离患者，儿童按计划接种疫苗，流行期间可行被动免疫。

复习参考题

1. 简述脊髓灰质炎可有不同临床类型的原因。
2. 简述疫苗接种对脊髓灰质炎发病的影响。
3. 简述脊髓灰质炎活疫苗需冬春季服用的原因。

第四节 流行性感冒

学习目标

掌握	流行性感冒的临床表现、诊断要点、治疗和预防措施。
熟悉	流行性感冒的流行病学特点。
了解	流行性感冒的病原学特点、发病机制和病理。

流行性感冒(influenza)简称流感，是由流感病毒引起的急性呼吸道传染病。流感病毒分为甲、乙、丙三型，通过飞沫传播，临床上有急起高热、乏力、全身肌肉酸痛和轻度呼吸道症状，病程短，有自限性，伴有慢性呼吸道疾病或心脏病患者易并发肺炎。流感病毒传染性强，特别是甲型流感病毒容易发生变异，往往造成暴发、流行或大流行。

【病原学】

流感病毒属正黏病毒科，是有包膜、单链负股的 RNA 病毒，病毒颗粒呈球形或细长形，直径为 80～120nm。病毒外包膜除基质蛋白、双层类脂膜外，还有两型表面糖蛋白，分别为血凝素(hemagglutinin，H)和神经氨酸酶(neuramidinase，N)，均具有亚型和变种的特异性和免疫原性。H 促使病毒吸附到细胞上，故其抗体能中和病毒，免疫学上起主要作用；N 作用点在于细胞释放病毒，故其抗体不能中和病毒，但能限制病毒释放，缩短感染过程。

流感病毒因其核蛋白抗原性可分为甲、乙、丙 3 型。根据 H 和 N 抗原性的差异，又将同型病毒分为若干亚型。流感病毒的最大特点是易于发生变异，最常见于甲型。有 2 种主要形式，相对变化小的称抗原漂移(antigenic drift)，变化较大的为抗原转换(antigenic shift)。抗原转换为甲型流感病毒所特有，由于其变异较大，容易产生新的强毒株而引起大流行。

流感病毒不耐热，加热 56℃ 30 分钟、65℃ 5 分钟或者 100℃ 1 分钟即可灭活；不耐酸和乙醚；对紫外线、甲醛、乙醇和常用消毒剂很敏感。在 4℃ 可存活 1 月余，在真空干燥中或-20℃ 以下可以长期保存，在鸡胚及体外组织培养上生长良好，并可见明显细胞病变。

【流行病学】

1. 传染源　患者为主要传染源,其次是隐性感染者。动物亦可为中间宿主或贮存宿主。病人自发病后 5 日内均可从鼻涕、口涎、痰液等分泌物排出病毒,传染期约 1 周,以病初 2~3 日传染性最强。

2. 传播途径　主要通过空气飞沫传播,病毒存在于病人或隐性感染者的呼吸道分泌物中,通过说话、咳嗽或打喷嚏等方式散播至空气中,易感者吸入后即能感染。其次是通过病毒污染的茶具、食具、毛巾等间接传播,密切接触也是传播流感的途径之一。传播速度和广度与人口密度有关。

3. 易感人群　人群对流感病毒普遍易感,与年龄、性别、职业等都无关。病后有一定免疫力,不同型病毒之间无交叉免疫力,病毒变异后可反复发病。

4. 流行特征　流感病毒具有较强传染性,呼吸道飞沫传播的主要方式使其快速传播,极易引起流行和大流行。一般多发生于冬季。突然发病、发病率高、迅速蔓延、流行过程短但能多次反复。流行情况和人群密集程度有关,如在托儿所、学校、工厂、养老院等人群聚集的地方暴发,流行往往沿交通线传播。流感的特点是经常性的,不可预测的局部流行和罕见的全球大流行。在某些年份中流感的局部流行是由于抗原漂移导致不断有新的流感病毒株产生,同时部分人群缺少或根本无防护措施而造成的。甲型流感病毒容易发生变异,1889 年以来已多次引起世界范围的大流行。

【发病机制与病理解剖】

带有流感病毒颗粒的飞沫吸入呼吸道后,病毒的神经氨基酸酶破坏神经氨酸,使黏蛋白水解,糖蛋白受体暴露,糖蛋白受体乃与血凝素(含糖蛋白成分)结合,这是一种专一性吸附,具特异性。病毒穿入细胞时,其包膜丢失在细胞外,流感病毒 RNA 被转运到细胞核内,在病毒转录酶和细胞 RNA 多聚酶 II 的参与下,病毒核蛋白与上皮细胞核蛋白结合,在核内组成 RNA 型的可溶性抗原,通过神经氨酸酶的作用,以芽生方式排出上皮细胞。此时神经氨酸酶可水解细胞表面的糖蛋白,释放 N-乙酰神经氨酸,促使复制病毒由细胞释放播散感染到附近细胞,并使大量呼吸道纤毛上皮细胞受染,变性、坏死和脱落,产生炎症反应,临床上可出现发热、肌肉痛和白细胞减低等全身毒血症样反应,但不发生病毒血症。

单纯型流感的病理变化主要是呼吸道纤毛上皮细胞膜变性、坏死和脱落,起病 4~5 天后,基底细胞层开始增生,形成未分化的上皮细胞,2 周后纤毛上皮细胞重新出现和修复。流感病毒肺炎型则有肺脏充血和水肿,切面呈暗红色,气管和支气管内有血性分泌物,黏膜下层有灶性出血、水肿和细胞浸润,肺泡腔内含有纤维蛋白和渗出液,呈现浆液性出血性支气管肺炎,应用荧光抗体技术可检出流感病毒。若合并金黄色葡萄球菌感染,则肺炎呈片状实变或有脓肿形成,易发生脓胸、气胸。如并发肺炎球菌感染,可呈大叶或小叶实变。继发链球菌、肺炎杆菌感染时,则多表现为间质性肺炎。

【临床表现】

潜伏期为数小时至 4 天,一般为 1~2 天。流感发病严重程度与个体免疫状况有关,约 50% 的病人会发展成典型流感。流感典型症状以突然发热、头晕头痛、肌痛、全身症状重为特点,同时可伴有咽痛和咳嗽(通常是干咳)、鼻塞、流涕、胸痛、眼痛、畏光等症状。发热体温可达 39℃~40℃,一般持续 2~3 天后渐退。一般是全身症状较重而呼吸道症状并不严重。

1. 单纯型流感　突起畏寒、发热,伴有全身酸痛、头痛、乏力及食欲下降,上呼吸道症状如流涕、鼻塞、咽痛和咳嗽等症状较轻。但热退后上述症状仍可持续数日。

2. 流感病毒肺炎　主要发生在老年人,婴幼儿,有慢性心、肾、肺等疾病及用免疫抑制剂治疗者。表现为高热持续不退、咳嗽、咳痰、剧烈胸痛、气急、发绀及咯血等症状。体检双肺呼吸音低,满布湿啰音。白细胞计数下降,中性粒细胞减少。X 线检查双肺呈散在絮状阴影。

3. 中毒型和胃肠型流感　中毒型表现为高热、休克及出现 DIC 等严重症候,病死率高,但临床上已少见。胃肠型表现为腹泻、呕吐等,不易与急性胃肠炎鉴别。

流感的肺外并发症较少见,主要有雷耶(Reye)综合征、中毒性休克、横纹肌溶解、心肌炎及心包炎。

【辅助检查】

1. 血常规 白细胞总数减少,淋巴细胞相对增加,合并细菌性感染时,白细胞总数和中性粒细胞增多。

2. 病毒分离 为确诊的主要依据,将急性期病人的鼻咽部、气管分泌物接种于鸡胚羊膜囊或尿囊液中,进行病毒分离。

3. 血清学检查 应用血凝抑制试验、补体结合试验及酶联免疫吸附试验检测急性期和恢复期血清中的抗体,如有4倍以上增长,则为阳性。主要用于回顾性诊断和流行病学调查。

【诊断与鉴别诊断】

(一)诊断

在流感流行期间诊断可根据:①接触史和集体发病史;②典型的症状和体征。散发病例则不易诊断,轻症患者与普通感冒极为相似,常难于区别。确诊依靠从病人分泌物中检出流感病毒抗原、血清抗体反应阳性或分离到病毒。

(二)鉴别诊断

1. 呼吸道感染 起病较缓慢,症状较轻,无明显中毒症状。血清学和免疫荧光等检验可明确诊断。

2. 流行性脑脊膜脑炎(流脑) 流脑早期症状往往类似流感,但流脑有明显的季节性,儿童多见。早期有剧烈头痛、脑膜刺激症状、瘀点、口唇疱疹等均可与流感相鉴别。脑脊液检查可明确诊断。

3. 钩端螺旋体病 有一定的地区性,多发生于水稻收割期。患者以农民多见,表现为腓肠肌疼痛、压痛及腹股沟淋巴结肿大等。

4. 支原体肺炎 支原体肺炎与原发性病毒性肺炎的X线表现相似,但前者的病情较轻,冷凝集试验和MG链球菌凝集试验可呈阳性。

【治疗措施】

1. 一般对症治疗 流感患者应尽量卧床休息,多饮水。高热时予物理降温或解热镇痛剂,儿童应避免使用阿司匹林,以免诱发Reye综合征。防治继发细菌感染。

2. 抗病毒治疗 应在发病48小时内应用抗流感病毒药物:

流感的神经氨酸酶抑制剂(奥司他韦和扎那米韦):奥司他韦成人剂量每日150mg,儿童剂量3mg/(kg·d),分2次口服,疗程5天。美国疾病预防与控制中心(CDC)推荐,在有适应证时,可将奥司他韦用于<1岁的婴儿的流感治疗和预防,3mg/(kg·d),每天1次,疗程7天。

【预防】

1. 早期发现和迅速诊断流感 及时报告、隔离和治疗患者,凡遇以下情况,应疑有本病流行,及时上报疫情:①门诊上呼吸道感染患者连续三天持续增加,并有直线上升趋势;②连续出现临床典型流感病例;③有发热感冒患者2例以上的家庭连续增多。遇上述情况,应采取措施,早期就地隔离,采集急性期患者标本进行病毒分离和抗原检测,以早期确诊和早期治疗,减少传播,降低发病率,控制流行。在流行期间应减少大型集会和集体活动,接触者应戴口罩。

2. 疫苗预防 是目前人们预防流感最有效的措施。流感疫苗可分为减毒活疫苗和灭活疫苗两种,接种后在血清和分泌物中出现抗血凝素抗体和抗神经氨酸酶抗体或T细胞介导的细胞毒反应,前二者能阻止病毒入侵,后者可降低疾病的严重度和加速复原。减毒活疫苗经鼻喷入后使局部产生抗体,阻止病毒吸附,接种后半年至1年左右可预防同型流感的作用,发病率可降低50%~70%。灭活疫苗采用三价疫苗皮下注射法,在中、小流行中对重点人群使用。

3. 药物预防 奥司他韦于与流感患者密切接触后的流感预防时使用,推荐口服剂量为75mg,每日1次,疗程5~7d。因此,在流行期间,及早预防性用药很重要。也可试用中草药预防。

4. 空气消毒 流行期间公共场所应加强通风,可用乳酸、漂白粉或其他消毒液消毒。

(叶晓光)

流感病毒为正黏病毒科的 RNA 病毒，病毒外包膜有两型重要的表面糖蛋白，血凝素 H 和神经氨酸酶 N，均具有亚型和变种的特异性和免疫原性。流感病毒分为甲、乙、丙 3 型及相应的亚型。甲型流感病毒容易发生变异产生新的强毒株而引起大流行。患者为主要传染源，主要通过空气飞沫传播，人群对流感病毒普遍易感。病后有一定免疫力，不同型病毒之间无交叉免疫力，病毒变异后可反复发病。流感典型症状为突然发热、头晕头痛、肌痛、全身症状明显、同时可伴有咽痛和咳嗽、鼻塞、流涕、胸痛、眼痛、畏光等症状。发热体温可达 39~40℃，一般持续 2~3d 后渐退。一般是全身症状较重而呼吸道症状并不严重。临床类型有：①单纯型流感；②流感病毒肺炎；③中毒型和胃肠型流感。流感的肺外并发症主要有雷耶（Reye）综合征、中毒性休克、横纹肌溶解、心肌炎及心包炎。诊断根据：①接触史和集体发病史；②典型的症状和体征。散发病例则不易诊断，轻症患者与普通感冒极为相似，常难于区别。确诊依靠从患者分泌物中检出流感病毒抗原、血清抗体反应阳性或分离到病毒。对症治疗是流感主要的治疗措施，应用抗流感病毒药物神经氨酸酶抑制剂奥司他韦有助于阻止病情发展、减轻病情、改善预后。接种流感疫苗是预防流感最有效的措施。

1. 流感病毒外包膜上有哪两型表面糖蛋白？具有什么特性？

2. 流感的主要传染源有哪些？

3. 流感的临床类型有哪些？

第五节 人禽流感病毒感染

掌握 人禽流行性感冒的临床表现、诊断要点、治疗和预防措施。

熟悉 人禽流行性感冒的流行病学特点。

了解 人禽流行性感冒病原学特点、发病机制和病理。

人禽流行性感冒（avian influenza）是由禽甲型流感病毒某些亚型毒株引起的急性呼吸道传染病。

【病原学】

禽流感病毒属甲型流感病毒，对禽类具高度致病性。其中最主要的 H5N1 亚型在 1959 年首次从鸡中分离确认，其后已多次引起禽类流感的暴发流行。

禽流感病毒包括有核心、基质蛋白和包膜。核心为单链 RNA 核蛋白，病毒在复制中易发生基因重组，导致基因编码的蛋白抗原发生变异而出现新亚型。核蛋白很少发生变异，有型特异性。基质蛋白为识别部位，有型特异性。包膜为脂质双层，其上有两种微粒：血凝素（HA）和神经氨酸酶（NA）。其抗原性易发生变异，是划分病毒亚型的依据。

常用消毒剂容易将禽流感病毒灭活，如氧化剂、稀酸、漂白粉和碘剂等都能迅速破坏其活性。禽流感病毒对热比较敏感，65℃加热 30 分钟或 100℃ 2 分钟以上可灭活。但在较低温度粪便中可存活 1 周，在 4℃水中可存活 1 个月。在有甘油存在的情况下可保持活力 1 年以上。在阳光直射下 40~48 小时即可灭活，利用紫外线直接照射可迅速破坏其活性。

【流行病学】

1997 年 5 月经美国疾病控制中心及 WHO 同时分离鉴定，确定香港一名 3 岁儿童发生流感样表现，为禽甲型流感病毒 H5N1 亚型感染,死于多脏器功能衰竭,这是世界上首次证实禽流感病毒感染人类。之后相继有 H9N2、H7N7、H7N9 等亚型感染人类的报道。2006 年 6 月国内科研人员对 2003 年 11 月的一个不明原因发热、肺炎死亡病例标本进行回顾性研究,发现此病例是中国内地感染禽流感病毒的首例。近年来,我国确诊了较多例人感染禽流感病例,极少数死亡例。2013 年 4 月国家卫生计生委报告在上海市、江苏省等地首次发现的人感染 H7N9 禽流感病例,其后 H7N9 亚型成为近年来感染及流行的优势病毒株,分布于上海市、江苏省、浙江省、安徽省、北京市、河南省、山东省、台湾地区等地,目前尚处于散发状态。

1. 传染源　主要为患禽流感或携带禽流感病毒的鸡、鸭、鹅等禽类,特别是鸡;野禽在禽流感的自然传播中扮演了重要角色。

2. 传播途径　经呼吸道传播,也可通过密切接触感染的家禽分泌物和排泄物、受病毒污染的水等被感染,直接接触病毒毒株也可被感染。目前尚无人与人之间传播的确切证据。

3. 易感人群　人对禽流感并不敏感,正常情况下的饲养、屠宰、销售和一般的接触禽类并不会引起人的感染。但年老体弱、儿童等人群应避免接触患病禽。在已发现的感染病例中,13 岁以下儿童所占比例较高,病情较重。

4. 高危人群　从事家禽养殖业者、在发病前 1 周内去过家禽饲养、销售及宰杀等场所者以及接触禽流感病毒感染材料的实验室工作人员为高危人群。

【临床表现】

潜伏期通常在 7d 以内。急性起病,早期表现类似普通流感,主要为发热、流涕、鼻塞、咳嗽、咽痛、全身不适。部分患者可有恶心、腹痛、腹泻稀水样便等消化道症状。体温大都在 39℃ 以上,热程 1~7d,一般 2~3d。半数患者有肺部实变体征。实验室检查:WBC 大多正常,淋巴细胞降低,血小板正常。部分患者 ALT 升高。胸片示单侧或双侧肺炎,少数伴胸腔积液。少数病情发展迅速,出现 ARDS、MODS 及 Reye 综合征等多种并发症而死亡。

【诊断与鉴别诊断】

(一) 诊断

1. 流行病学资料　有禽流感暴发国家或地区旅行史,从事家禽处理职业或家禽密切接触史,或有发病 10d 内禽流感病人的暴露史。

2. 临床表现　潜伏期一般在 7d 以内。急性起病,早期表现类似普通流感,发热,体温大多>39℃,持续 2~3d。流涕、鼻塞、咳嗽、咽痛、头痛、全身不适。部分有恶心、腹痛、腹泻等。半数患者有肺部实变体征。

3. 实验室及特殊检查

(1) 血白细胞总数减少:(2.0~18.3)×10^9/L,淋巴细胞比例下降,血小板数量可正常或减少。

(2) 骨髓穿刺:细胞增生活跃,反应性组织细胞增生伴出血性吞噬现象。

(3) 肝功能:部分患者 ALT 升高。

(4) 咽拭子:细菌培养阴性。

(5) X 线:半数单侧或双侧肺炎,少数伴胸腔积液。

(6) 病原体:病毒分离,血清抗体。采用血凝(HA)和血凝抑制试验(HI)。

WHO 对病例的定义:

1. 疑似病例(H5N1)　患急性呼吸疾病,有发热(≥38℃)和咳嗽、咽痛和下列之一:

(1) 在流行期与确诊的禽流感(H5N1)患者有接触史。

(2) 近期(<1 周内)访问过有高致病性禽流感病毒暴发区域的家禽场,或在处理患禽流感的人或动物样本的实验室工作。

2. 可能病例(H5N1)　可疑病例,加有限的实验室依据(如 IFA+H5 单抗检测),或无明确其他疾病证据。

3. 确诊病例(H5N1)　H5N1 病毒培养阳性,或流感病毒(H5)PCR 阳性,或 H5 特异抗体滴度呈 4 倍升高。

（二）鉴别诊断

需要与普通感冒、流行性感冒、巨细胞病毒感染、传染性非典型肺炎和细菌性肺炎等疾病相鉴别。

【治疗措施】

1. 对症治疗：休息，补液，儿童忌用阿司匹林。

2. 抗病毒治疗

奥司他韦（oseltamivir）：为新型抗流感病毒药物，能够降低病毒复制的持续时间并提高存活的可能。成人剂量每日 150mg，儿童剂量每日 3mg/kg，分 2 次口服，疗程 5d。亦可以应用扎那米韦（zanamivir），每日两次，间隔约 12h。每次 10mg，分两次吸入，或者一次 5mg，连用 5d。

3. 胸片有肺炎改变者使用合适的抗生素　β内酰胺类、大环内酯类。

4. 重症患者行机械通气　低潮气量和高 PEEP。

【预防】

1. 管理传染源

（1）加强禽类疾病的监测。

（2）受感染动物立即销毁，对疫源地进行封锁并彻底消毒。

（3）患者隔离治疗，转运时戴口罩。

2. 切断传播途径

（1）接触患者及患者分泌物后应立即洗手。

（2）处理患者血液或分泌物时应戴手套。

（3）被患者血液或分泌物污染的医疗器械应消毒。

（4）发生疫情时应尽量减少与禽类接触，接触禽类时应戴手套和口罩。

（5）进行病毒（H5N1）分离的实验室应达 P3 级标准。

（6）加强体育锻炼，避免疲劳，食用鸡肉时应彻底煮熟。对密切接触者可用奥司他韦预防。

3. 提高人群免疫力　人用抗禽流感病毒预防疫苗尚在研制之中。

（叶晓光）

学习小结

人禽流感是由人感染禽甲型流感病毒引起的急性呼吸道传染病。其中高致病性 H5N1 所引起的病情严重，可出现严重毒血症、感染性休克、多脏器功能衰竭以及 Reye 综合征等多种并发症而导致患者死亡。患禽流感或携带禽流感病毒的鸡、鸭、鹅等禽类为主要传染源，主要经呼吸道传播。

人禽流感的主要临床表现为急性起病，高热、流涕、鼻塞、咳嗽、咽痛、全身不适。部分患者可有恶心、腹痛、腹泻稀水样便等消化道症状。患者有肺部实变体征。实验室检查 WBC 大多正常，淋巴细胞降低，血小板正常。部分患者 ALT 升高。胸片示单侧或双侧肺炎，少数伴胸腔积液。少数病情发展迅速，出现 ARDS、MODS 及 Reye 综合征等多种并发症而死亡。诊断根据流行病学资料、临床表现和实验室及特殊检查，其中 H5N1 病毒培养阳性，或流感病毒（H5）PCR 阳性，或 H5 特异抗体滴度呈 4 倍升高为确诊依据。对症治疗很重要，应用神经氨酸酶抑制剂奥司他韦有助于阻止病情发展、减轻病情、改善预后。加强禽类疾病的监测，受感染动物立即销毁，对疫源地进行封锁并彻底消毒，患者隔离治疗，转运时戴口罩是最主要的预防措施。

复习参考题

1. 禽流感病毒结构包括有哪些？

2. 切断禽流感病毒传播途径有哪些措施？

3. 禽流感的主要传染源是哪些？

第六节　麻疹

学习目标

掌握	麻疹的临床表现、诊断和鉴别诊断、实验室检查、治疗。
熟悉	麻疹的流行病学、发病机制和病理改变、预防。
了解	麻疹病毒的病原特点和致病性。

麻疹(measles)是由麻疹病毒引起的急性呼吸道传染病。临床表现为发热、咳嗽、流涕、眼结膜充血、口腔黏膜有科普利克斑(Koplik spots)及皮肤斑丘疹。

【病原学】

麻疹病毒属副黏病毒科,直径100~150nm。核心由单股负链RNA和核衣壳组成,外层为脂质包膜。病毒基因编码主要蛋白有核蛋白、膜蛋白、血凝素、磷酸蛋白、融合蛋白等,抗原性稳定,只有一个血清型。可用多种人、猴、犬组织细胞培养和传代,分离病毒或制备疫苗,被感染细胞可融合为多核巨细胞。外界抵抗力差,对阳光及消毒剂很敏感,易被灭活,但耐寒冷和干燥,−70℃可保存数年。

【流行病学】

1. 传染源　患者是唯一的传染源,发病前2天(潜伏期末)至出疹后5天内眼、鼻、咽、气管分泌物中均有病毒,易传染。恢复期不带病毒。

2. 传播途径　主要通过咳嗽、打喷嚏时飞沫经呼吸道直接传播。

3. 人群易感性　人群普遍易感,显性感染达90%以上,病后免疫力持久。

4. 流行特征　冬春季多发。6个月至5岁小儿发病率最高。因长期免疫接种,目前麻疹流行强度减弱,周期性消失,平均发病年龄后移,流动人口增多或免疫空白可能导致麻疹流行。由于体内特异性抗体水平下降成人发病率上升。

【发病机制与病理解剖】

麻疹病毒侵入上呼吸道和眼结膜上皮细胞内繁殖,通过淋巴组织进入血流形成第1次病毒血症,被单核-巨噬细胞系统吞噬、大量繁殖后,再次侵入血流形成第2次病毒血症,随血流散布全身各组织和脏器,导致高热和出疹等症状,病毒血症持续至出疹后第2天,由增强的特异性免疫清除病毒。麻疹病毒通过直接作用和免疫机制引起细胞病变。

主要病理变化是全身淋巴组织内有单核细胞浸润和多核巨细胞形成。黏膜疹系黏膜下炎症,局部充血、渗出所致,单核细胞浸润、坏死与角化。皮疹系真皮毛细血管内皮细胞肿胀、增生,单核细胞浸润、毛细血管扩张充血,浆液渗出所致,伴有全身性反应。严重者可引起肺间质炎症和多核巨细胞病出现,脑组织充血水肿,淋巴细胞浸润及脱髓鞘病变。

【临床表现】

·潜伏期平均10天(6~18天),接受被动或主动免疫者可延至3~4周。

(一)典型麻疹

临床经过可分为三期:

1. 前驱期　主要表现为上呼吸道和眼结膜卡他炎症,急起发热、咳嗽、喷嚏、流涕、畏光、流泪、眼睑水肿、咽部和眼结膜充血等,部分患者可出现呕吐、腹泻等胃肠道症状,起病2~3天后90%以上的病人于双侧近第一臼齿颊黏膜出现科普利克斑,为 0.5~1mm 白色小点,周围有红晕,约在 2~3 天后消失,具早期诊断价值。本期持续 3~5 天。

2. 出疹期　皮疹初现,先见于耳后发际,渐及额、面、颈,自上而下蔓延到胸、背、腹及四肢,最后达手掌与足底,3~5 天遍布全身。初为充血性淡红色丘疹,大小不等,高出皮肤,色淡压之褪色,初时稀疏分布,以后部分融合成暗红色,疹间皮肤正常,少数病例可呈现出血性皮疹。此期全身毒血症状和上呼吸道症状加重,高热可达 40℃,精神差、嗜睡,重者有谵妄、抽搐,咳嗽频繁,常有结膜充血,全身表浅淋巴结及肝脾轻度肿大,肺部可闻及湿性啰音,X 线胸片可见弥漫性肺部浸润改变。本期约为 3~5 天。

3. 恢复期　皮疹达高峰 1~2 天后,高热和中毒症状减轻,皮疹按出疹的顺序逐渐消退,可留下浅褐色色素斑及糠麸样脱屑,1~2 周后消失。无并发症者病程为 10~14 天。

成人麻疹高热和全身中毒症状多较小儿重,皮疹多而密集,退疹慢,但并发症较少。

（二）非典型麻疹

1. 轻型麻疹　潜伏期长,发热和上呼吸道症状轻,麻疹黏膜斑不典型,皮疹稀少色淡,病程短,并发症少。多见于接受过疫苗有部分免疫者。

2. 重型麻疹　多见于体弱多病、营养不良、免疫低下者、继发严重感染者,病死率高。表现为高热、中毒性症状重,病程长,易并发肺炎、休克、心衰、脑炎等脏器损害;皮疹早期融合,可呈出血性,或有内脏出血。根据临床特征可分为中毒性、疱疹性、休克性和出血性。

3. 异型麻疹　与典型麻疹相比,全身中毒症状较重,上呼吸道卡他症状较轻。皮疹多始于手掌与足底、腕踝和膝部,向心性扩散至面部和躯干,疹形多样,可呈淤点、疱疹、斑丘疹、红斑等,同时可见 2~3 种形态,口腔有或无黏膜斑。可并发肺炎,肝脾有肿大。多见于接种麻疹灭活疫苗后 6 个月至 6 年,接触麻疹患者或再接种麻疹灭活疫苗时发生。

【实验室检查】

1. 血常规　白细胞总数减低,淋巴细胞相对增高。继发感染后白细胞总数和中性粒细胞可升高。

2. 血清抗体测定　血中特异性 IgM 出疹后 3 天即可阳性,2 周时达高峰。急性期及恢复期双份血清 IgG 抗体效价增高 4 倍以上有诊断意义。

3. 病原学诊断　前驱期或出疹初期患者的眼、鼻咽分泌物、血和尿接种原代人胚肾或羊膜细胞,可分离麻疹病毒;通过间接免疫荧光法可检测到涂片中细胞内麻疹病毒抗原;麻疹病毒 cDNA 探针可测定患者细胞内麻疹病毒 RNA。

【并发症】

1. 支气管肺炎　最常见。多见于 5 岁以下出疹期小儿,主要为肺部继发感染,表现为原有中毒症状加重,高热、咳嗽、脓痰、呼吸困难,肺部有啰音,可致心力衰竭和脓胸。

2. 心肌炎　多见于重型麻疹或有肺炎、营养不良儿童,表现为气促、烦躁、发绀、心率快、心音低、肝大等。血清心肌酶升高,心电图示 T 波和 ST 段改变。

3. 喉炎　小儿因喉腔狭小,并发细菌感染时喉部组织水肿,分泌物增多,易造成喉梗阻。表现为声嘶、犬吠样咳嗽、呼吸困难、发绀等。

4. 脑炎　多发生于出疹后 2~6 天或出疹后 3 周内。临床表现与其他病毒性脑炎类似,高热、头痛、呕吐、抽搐、昏迷,病死率较高,存活者有智力减退、强直性瘫痪、癫痫等后遗症。

5. 亚急性硬化性全脑炎　是麻疹的远期并发症,属慢性和亚急性进行性脑组织退行性病变,潜伏期长,发病率低,表现为进行性智力减退、性格改变、肌痉挛、视听语言障碍、共济失调、直至昏迷、强直性瘫痪等,最终死亡。血清和脑脊液中麻疹抗体持续强阳性。

【诊断与鉴别诊断】

（一）诊断

麻疹流行期间有接触史的易感者,出现发热、上呼吸道和眼部卡他症状、口腔科普利克斑即可诊断,有典型出疹和退疹表现可确诊。非典型病人依赖病原学检测确诊。

（二）鉴别诊断

1. 风疹　前驱期短,全身症状和呼吸道症状轻,无麻疹黏膜斑。出疹早而快,皮疹细小,分布以面、颈、躯干为主,1~2天消退,无色素沉着和脱屑。常伴耳后、枕后和颈部淋巴结肿大。

2. 幼儿急疹　急起高热,上呼吸道症状轻,持续3~4天后,热骤退躯干出现散在玫瑰疹,面部及四肢远端甚少,1~2天皮疹退尽。

3. 药物疹　近期有服药史,皮疹呈多样性,无黏膜斑及呼吸道卡他症状,停药后皮疹渐退。血中嗜酸性粒细胞增加。

【治疗】

主要为对症治疗,加强护理和防止并发症。

1. 一般治疗　卧床休息,室内注意通风,温度适宜。眼、鼻、口腔保持清洁,多饮水,供给易消化和营养丰富饮食。

2. 对症治疗　高热可酌用小量退热剂,应避免急骤退热致虚脱。咳嗽用祛痰止咳药。体弱病重患儿可早期肌注丙种球蛋白或输注血浆。

3. 并发症治疗

（1）支气管肺炎:主要为抗菌治疗,可参考药敏选用抗菌药物。高热中毒严重者可短期用肾上腺皮质激素治疗。

（2）心肌炎:有心衰者宜及早使用洋地黄制剂。重症者可用肾上腺皮质激素保护心肌。有循环衰竭按休克处理。注意补液总量和电解质平衡。

（3）脑炎:参考流行性乙型脑炎的治疗。

（4）喉炎:保持患儿安静,雾化吸入稀释痰液,选用抗菌药物,重症者可用肾上腺皮质激素以缓解喉部水肿,喉梗阻者应及早行气管切开术或气管插管。

【预防】

采用预防接种为主的综合性措施。

1. 管理传染源　患者隔离至出疹后5天,伴有呼吸道并发症者应延长到出疹后10天,接触麻疹的易感者应隔离检疫3周。

2. 切断传播途径　流行期间避免聚会,居室注意通风和消毒。医护人员要作好消毒隔离工作。

3. 保护易感人群

（1）主动免疫:未患过麻疹的小儿应按计划免疫接种麻疹减毒活疫苗,易感者接种后特异性抗体阳性率达95%~98%。程序为8个月龄初种,7岁时复种,每次皮下注射0.2ml,各年龄计量相同。应急接种最好于麻疹流行季节前1个月。易感者在接触病人后2天内接种疫苗可防止发病或减轻病情。接种疫苗后反应轻微,少数有低热。妊娠、过敏体质、活动性结核病、肿瘤及免疫缺陷病或免疫功能被抑制者禁止接种,有发热和急、慢性疾病者暂缓接种,6周内接受过丙种球蛋白者应推迟3个月接种。

（2）被动免疫:年幼、体弱的易感儿接触麻疹病人后5天内,注射人血丙种球蛋白3ml(或每次0.25ml/kg)可预防发病,6天后注射可减轻症状。免疫有效期3~8周。

（谢志军）

麻疹病毒为单股 RNA 病毒，只有 1 个血清型，体外抵抗力差。病人是唯一传染源，发病前 2 天至出疹后 5 天传染性强。通过飞沫直接传播。人群普遍易感，以显性感染为主，病后可获得持久免疫力。冬春季多发，6 个月~5 岁儿童高发。

本病潜伏期约 10 天，接受主动或被动免疫者可延长至 3~4 周。典型麻疹：可分三期：前驱期、出疹期、恢复期。轻型麻疹：潜伏期长，全身毒血症状和皮疹、黏膜疹不典型，病程短。重型麻疹：多见于体弱多病者，全身毒血症状重，易并发休克、肺炎、心衰和脑炎，皮疹多，易融合，病死率高。根据病情可分为中毒性、休克性和出血性。异型麻疹：全身症状重，出疹不规律，疹形多样，易并发轻型肺炎。患者外周血白细胞总数减低，淋巴细胞增高。从病人的各种标本中可分离病毒、查找抗原和核酸。从病人分泌物中可找到有特征性的多核巨细胞。血清早期 IgM 即可阳性，急性期和恢复期抗体升高 4 倍以上有诊断意义。本病对症、支持治疗为主，积极治疗并发病。隔离病人，防止呼吸道传播，计划免疫易感人群。

1. 简述麻疹的并发症。

2. 简述接种麻疹减毒活疫苗的禁忌证。

3. 简述典型麻疹的皮疹特点。

第七节　水痘和带状疱疹

掌握	水痘和带状疱疹的临床表现、实验室检查、诊断与鉴别诊断、治疗原则。
熟悉	水痘和带状疱疹的流行病学、发病机制和病理解剖、预防。
了解	水痘-带状疱疹病毒病原学特点。

水痘(varicella,chickenpox)和带状疱疹(herpes zoster)是由水痘-带状疱疹病毒感染引起的临床表现不同的两种疾病。该病毒初次感染表现为水痘,多见于儿童,临床特征是皮肤黏膜先后出现斑、丘、疱、痂疹,全身症状轻微。水痘病愈后,病毒潜伏在感觉神经节细胞内,再激活即引起带状疱疹,多见于成人,临床特征是沿身体单侧感觉神经相应皮肤节段出现成簇的疱疹,伴局部神经痛。在免疫功能低下时,水痘和带状疱疹都可引起脑炎、肺炎等内脏损害。

【病原学】

水痘-带状疱疹病毒呈球形,平均直径 210nm,核心为线形双链 DNA,由核衣壳包裹,外为脂蛋白包膜,含有补体结合抗原。接种于人胚纤维母细胞和上皮细胞中可增殖并产生细胞病变,受染细胞核内有嗜酸性包涵体,可与邻近细胞融合成多核巨细胞。只有一个血清型,仅感染人并引起终身潜伏感染。体外抵抗力弱,不耐酸和热,但在疱液中−65℃可长期存活。

【流行病学】

1. 传染源　患者为唯一传染源,出疹前 1 天至疱疹结痂均有传染性。水痘传染性极强,易感儿童接触后 90% 发病,带状疱疹传染性较水痘更小,易感者接触带状疱疹病人可引起水痘但不发生带状疱疹。

2. 传播途径　主要通过直接接触水痘疱疹液和空气飞沫传播,其次为生活接触,处于潜伏期的供血者可通过输血传播,孕妇患病可经胎盘感染胎儿。

3. 易感人群　人群普遍易感。水痘全年散发,冬春季多发,多见于儿童,20 岁后发病者少见,病后免疫力持久,但体内特异性抗体不能清除潜伏的病毒或阻止病毒激活,故成年后可发生带状疱疹,尤以老年人或有慢性疾病及免疫缺陷者多发,无季节性。

【发病机制与病理解剖】

水痘-带状疱疹病毒经上呼吸道和结膜侵入人体,在局部黏膜细胞和淋巴结内增殖后进入血液和淋巴液,于单核-巨噬细胞系统内大量增殖后分批释放入血并散布全身,主要损害皮肤,偶尔累及内脏。2~5 天后特异性抗体出现,病毒血症消失,症状随之好转。

水痘病变主要为皮肤棘层细胞水肿变性,液化后形成透明水疱,内含大量病毒,随着疱疹内炎症细胞和组织残片增多,疱内液体变混浊,病毒量减少,最后干燥结痂,由下层表皮细胞再生修复损伤,因病变表浅,愈后不留瘢痕。病灶周边和基底部因血管扩张、单核及多核巨细胞浸润形成红晕,多核巨细胞内有嗜酸性病毒包涵体。黏膜病变与皮肤相似。随着特异性抗体出现,为逃避致敏 T 细胞免疫清除,病毒长期潜伏于感觉神经节内;当机体免疫力降低时,潜伏病毒被激活复制,并沿感觉神经离心传播至所支配的皮肤细胞内增殖,引起相应皮肤节段发生疱疹,神经节也有炎症,相应神经分布区域发生疼痛,病变多为单侧。

水痘和带状疱疹都可并发内脏损害,受损脏器内有局灶性坏死、嗜酸性包涵体和多核巨细胞形成。

【临床表现】

水痘潜伏期 12~21 天,平均 14 天。病程分为前驱期和出疹期。前驱期可无症状或仅有轻度发热、头痛、全身不适等中毒症状,持续 1~2 天。

出疹期以皮疹为主。初为红斑疹,数小时后经红色丘疹发展为疱疹,形似露珠水滴,椭圆形,3~5mm大小,壁薄易破,周围有红晕,有瘙痒,疱液透明,1~2 天后变混浊,随后从中心开始干枯结痂,红晕消失,数日后痂皮脱落,不留瘢痕;若继发感染则成脓疱,脱痂时间延长并留有瘢痕。皮疹呈向心分布,躯干和四肢近端先出现,量最多,头面部、四肢远端稀疏散在,手掌、足底最少;部分患者鼻、咽、口腔、结膜和外阴等处黏膜可发疹,易破裂形成溃疡,并有疼痛。皮疹分批出现,每批历时 1~6 天,数个至数百个不等,数量愈多,全身症状愈重,经斑、丘、疱、痂疹四阶段发展,最后一批皮疹可在斑丘疹期消退,所以同一部位常见斑、丘、疱疹和结痂同时存在。新皮疹出现是病毒血症持续的标志。

水痘为自限性疾病,约 10 天左右自愈,儿童患者全身症状及皮疹均较轻。部分免疫功能低下者病情较重,有高热,全身中毒症状重,皮疹多而密集,易融合成大疱型或出血型,继发感染者呈坏疽型,可发生心肌、脑、肺、肝、肾炎。妊娠早期感染水痘可引起胎儿畸形,孕期水痘较非妊娠妇女重,若发生水痘后数天分娩可出现新生儿水痘和先天性水痘综合征,新生儿于出生后 5~10 天发病,易形成播散性水痘,先天性水痘综合征表现为出生体重低、瘢痕性皮肤病变、肢体萎缩、视神经萎缩、白内障、智力低下等,容易继发性细菌感染。

带状疱疹潜伏期难以确定,发疹前数日有局部皮肤瘙痒、感觉过敏、针刺或灼痛感,局部淋巴结肿痛,少数病人有低热和全身不适等前驱症状。1~3 天后沿周围神经分布区皮肤出现成簇皮疹,初为红斑,数小时后成批出现丘疹、水疱,直径 1mm,数个或更多集成簇状并连接成片,簇间皮肤正常,灼痛加剧;5~8 天后水疱浑浊或部分破溃、糜烂、渗液,最后干燥结痂,第二周痂皮脱落后有色素沉着,但无瘢痕,病程约 2~4 周。皮疹分布多限于身体一侧,很少超过躯干中线。黏膜带状疱疹可侵犯眼、口腔、阴道和膀胱黏膜,轻重程度因个体而异,不典型者可无皮肤损害,仅有节段性神经疼痛,需靠实验室检测确诊。带状疱疹可发生于任何感觉神经分布区,以脊神经胸段最常见,其次为三叉神经,偶可侵入 V、VIII、IX 和 X 对脑神经而出现面瘫、听力丧失、眩晕、咽部黏膜疹或咽喉麻痹等。

免疫功能低下者可发生播散性带状疱疹,除皮疹外,高热、中毒症状明显,易出现肺、脑等内脏损害。50 岁以上患者多见带状疱疹后神经痛,可持续一年以上。

【实验室检查】

多种病原学检测方法可确诊。

1. 疱疹刮片　刮取新鲜疱疹基底组织涂片,瑞氏染色可见多核巨细胞,苏木素伊红染色可见细胞核内包涵体。

2. 病毒分离　将疱疹液直接接种人胚纤维母细胞,分离出病毒再作鉴定,仅用于非典型病例。

3. 免疫学检测　补体结合抗体高滴度或双份血清抗体滴度升高 4 倍以上可确诊为近期感染。取疱疹基底刮片或疱疹液,直接荧光抗体染色查病毒抗原简捷有效。

4. 分子生物检测　多聚酶链反应法检测患者呼吸道上皮细胞和外周血白细胞中水痘-带状疱疹病毒DNA,比病毒分离简便。

【诊断与鉴别诊断】

根据皮疹形态和分布特点,典型水痘与带状疱疹容易诊断,非典型病例需靠实验室病原学检测确诊。

水痘应与丘疹样荨麻疹鉴别,后者多见婴幼儿,皮疹为红色丘疹,分批出现于四肢,顶端有小水痘,壁坚实,周围无红晕,不结痂,瘙痒显著。不典型带状疱疹及出疹前应注意与胸膜炎、胆囊炎、肋软骨炎、流行性肌痛等鉴别。

【治疗】

以对症治疗为主,可用抗病毒药,注意防治并发症。

1. 对症治疗　水痘急性期应卧床休息,补充水分和营养,保持清洁,避免抓伤继发细菌感染,发现水痘播散应采用综合措施,加强支持治疗。带状疱疹可适当用镇静剂(如地西泮等)、止痛剂(如阿司匹林、吲哚美辛等)。高频电疗法、氦-氖激光照射能够消炎止痛、缓解症状。皮肤瘙痒可用炉甘石洗剂或 5% 碳酸氢钠溶液局部涂擦,疱疹破裂可涂 0.1% 孔雀绿或抗生素软膏防止继发感染。维生素 B_{12} 500 ~ 1000μg 肌注,每日一次,连用三日可促进皮疹干燥结痂。

2. 抗病毒治疗　新生儿水痘、播散性水痘、有免疫缺陷或应用免疫抑制剂患者、播散至眼的带状疱疹等严重患者应及早抗病毒治疗。首选阿昔洛韦 10 ~ 20mg/kg 静滴,8 小时一次,疗程 7 ~ 10 天;或阿糖腺苷10mg/(kg·d),静滴,疗程 5~7 天,疗效不及阿昔洛韦。

3. 防治并发症　皮肤继发感染时加用抗菌药物,有脑水肿应脱水治疗。皮质激素可导致病毒播散,一般不宜应用,如并发重症肺炎或脑炎、中毒症状重、病情危重者可酌情使用。眼部带状疱疹,可用阿昔洛韦眼药水滴眼,并用阿托品散瞳,以防虹膜粘连。

【预防】

水痘应隔离治疗至疱疹全部结痂或出疹后 7 日,带状疱疹不必隔离。重视室内通风及换气。免疫缺陷者接触病人 12 小时内可肌注水痘-带状疱疹免疫球蛋白(VZIG)5ml。接种减毒活疫苗预防效果可持续10 年以上。

(谢志军)

学习小结

水痘——带状疱疹病毒为 DNA 病毒,只有一个血清型,只感染人,为终生潜伏感染。病毒抵抗力差。患者为唯一传染源,主要通过直接接触和空气飞沫传播,少数通过输血和母婴传播。人群普遍易感,多见于儿童。水痘潜伏期平均 14 天,前驱期可无或有轻度毒血症状,出疹期以皮疹为主,皮疹以斑、丘、疱、痂疹顺序出现,躯干和四肢散在分布,可并发黏膜疹,为自限性疾病,部分免疫低下者可重症化,继发细菌感染和出现内脏损害。妊娠期患水痘可致胎儿畸形和新生儿水痘、先天性水痘综合征等。带状疱疹潜伏期不确定,出疹前可有局部皮肤感觉异常或全身毒血症状。特征性表现为身体一侧沿周围神经分布区出现成片状疱疹,其变化规律同水痘,伴有神经痛,可并发黏膜疹。皮疹可发生于任何感觉神经区,以脊神经胸段最常见。通过疱疹刮片查多核巨细胞和嗜酸性包涵体,疱疹液行细胞接种后分离病毒,特异性抗体检测和分子生物学检测可行病原学确诊。治疗包括:①对症治疗:加强休息、营养和支持治疗,防止感染,局部可用激光治疗和外用药物。②抗病毒治疗:对有重症倾向者可选用阿昔洛韦、阿糖腺苷或 α-干扰素治疗。③防治并发症:并发感染时要用抗生素,有脑水肿者应用脱水剂,皮质激素应尽量避免使用,只在有严重并发症时酌情使用。

水痘应隔离,带状疱疹无需隔离,防止呼吸道感染,有免疫缺陷者可行被动免疫。

复习参考题

1. 简述水痘的皮疹特点。
2. 简述带状疱疹的皮疹特点。
3. 简述水痘、带状疱疹的治疗原则。

第八节 流行性腮腺炎

学习目标

掌握	流行性腮腺炎的临床表现、实验室检查、诊断和鉴别诊断、治疗原则。
熟悉	流行性腮腺炎的流行病学、发病机制和病理解剖、预防。
了解	腮腺炎病毒的生物学特点。

流行性腮腺炎(mumps,epidemic parotitis)是由腮腺炎病毒所引起的急性呼吸道传染病。好发于儿童和青少年。临床表现以腮腺的急性肿胀、疼痛为特征,可伴发脑膜炎、睾丸炎、卵巢炎和胰腺炎等。

【病原学】

腮腺炎病毒属副黏液病毒科,呈球形,直径 100~200nm,外有脂蛋白包膜,表面有小突起。核心含单股 RNA,编码 6 种主要蛋白,即核心中的 4 种可溶性抗原:核蛋白(NP)、多聚酶蛋白(P)、L 蛋白、基质蛋白(M)和包膜上的 2 种抗原:血溶-细胞融合(F)糖蛋白又称 V 抗原、血凝素和神经氨酸酶(HN)糖蛋白。NP 抗体出现于病后 1 周,无保护性,可用于诊断;V 抗体为保护性抗体,感染后 2~3 周出现。人是腮腺炎病毒唯一的宿主,抗原结构稳定,只有一个血清型。病毒可在多种哺乳类动物细胞系和鸡胚中培养生长。抵抗力差,紫外线照射和加热均可灭活病毒,但 4℃ 时能存活数天。

【流行病学】

1. 传染源 为早期患者及隐性感染者。传染期为起病前 7 日至病后 9 日。
2. 传播途径 主要通过飞沫传播。
3. 易感人群 人群普遍易感,感染后可获持久免疫力。
4. 流行情况 本病为世界性疾病,全年均可发病,但以冬、春季为主。患者主要是学龄儿童,90%病例为 5~15 岁儿童,无免疫力的成人亦可发病,1 岁以内婴儿很少发病。

【发病机制与病理解剖】

腮腺炎病毒从呼吸道侵入人体后,在局部黏膜上皮细胞增殖后进入血流,播散至腮腺和中枢神经系统,引起腮腺炎和脑膜炎,病毒于此进一步繁殖后再次侵入血流,形成含病毒量更高的第二次病毒血症,并侵犯第一次病毒血症未受累的器官,通过免疫损伤导致不同器官相继发生病变,因此腮腺炎实际上是一种多系统的、多器官受累的疾病。

腮腺炎的病理特征是腮腺的非化脓性炎症,腺上皮细胞肿胀、坏死,腺间质组织水肿、充血,导管周围及腺体壁有淋巴细胞浸润等病变,腺管中有炎性渗出,因阻塞、扩张可致淀粉酶潴留、排出受阻,经淋巴管进入血流则使血和尿中淀粉酶增高。其他腺体组织如睾丸、卵巢、胰腺、胸腺等受累时亦出现淋巴细胞浸润和水肿等病变,非腺体组织如脑、心肌、肝、肾等亦可累及。

【临床表现】

潜伏期 14~25 天,平均 18 天。

1. 腮腺炎　多数无前驱症状,少数有发热、头痛、无力、食欲缺乏等非特异症状,病人多以腮腺肿痛急性起病,可有发热,体温达 40℃,先由一侧或双侧颧骨弓或耳部疼痛发现腮腺肿大。肿大的腮腺以耳垂为中心,向前、后、下发展,使下颌骨边缘不清,覆盖于腮腺上的局部皮下软组织因水肿发亮,疼痛明显,腮腺管口早期有红肿、阻塞,挤压无脓性分泌物,进食酸性食物促使唾液腺分泌时疼痛加剧。腮腺肿大 2~3 天达高峰,持续 4~5 天后逐渐消退。颌下腺或舌下腺可同时或单独受累,颌下腺肿大时颈前下颌处明显肿胀,可触及椭圆形腺体;舌下腺肿大时,可见舌下及颈前下颌肿胀,并出现吞咽困难。

2. 神经系统炎症　可表现为无菌性脑膜炎、脑膜脑炎、脑炎等,多在腮腺炎发病后 4~5 天发生,有的先于腮腺炎发生,多见于男性儿童。患者可出现高热、头痛、谵妄、抽搐、昏迷、嗜睡症状和脑膜刺激征,脑脊液中白细胞轻度升高,以淋巴细胞为主,少数患者脑脊液中糖降低。症状多在 1 周内消失,预后良好,无后遗症。重症者可致死亡,存活者可遗留耳聋、视力障碍等后遗症。

3. 睾丸炎　多见于成人,常于腮腺肿大开始消退时,病人又出现发热、睾丸肿胀和疼痛,可并发附睾炎、鞘膜积液和阴囊水肿,多为单侧,少数双侧受累。急性症状持续3~5天,10 天内逐渐好转。部分患者有睾丸萎缩,系腮腺炎病毒引起睾丸细胞破坏所致,但很少引起不育症。

4. 卵巢炎　发生于 5%的成年妇女,可出现发热、下腹疼痛。右侧卵巢炎患者可酷似阑尾炎,有时可触及肿大的卵巢。一般不影响生育能力。

5. 胰腺炎　常于腮腺肿大数日后发生,可有恶心、呕吐和中上腹疼痛和压痛。由于单纯腮腺炎即可引起血、尿淀粉酶增高,诊断胰腺炎需作脂肪酶检查。胰腺炎的发病率低于 10%,多在一周内恢复。

6. 其他　如心肌炎、乳腺炎和甲状腺炎等亦可在腮腺炎发生前后发生。

【实验室检查】

1. 常规检查　白细胞计数和尿常规一般正常,有睾丸炎者白细胞可以增高。有肾损害时尿中可出现蛋白和管型。

2. 血清和尿液中淀粉酶测定　90%患者血清和尿淀粉酶增高。无腮腺肿大的脑膜炎患者,血和尿中淀粉酶也可升高,故测定淀粉酶可与其他原因的腮腺肿大或其他病毒性脑膜炎相鉴别。血脂肪酶的增高有助于胰腺炎的诊断。

3. 血清学检查

(1) 抗体检查　ELISA 法检测血清中 NP 的 IgM 抗体可作近期感染的诊断,近年用患者唾液检查抗体阳性率亦很高。

(2) 抗原检查:近年来有应用特异性抗体或单克隆抗体来检测腮腺炎病毒抗原,可作早期诊断。应用 PCR 技术检测腮腺炎病毒 RNA,可大大提高可疑患者的诊断。

4. 基因检测　应用 PCR 技术检测腮腺炎病毒 RNA,可大大提高可疑患者的诊断。

5. 病毒分离　采集早期患者的唾液、尿或脑膜炎患者的脑脊液,接种于原代猴肾、Vero 细胞或 Hela 细胞分离腮腺炎病毒,3~6 天内组织培养细胞可出现细胞病变形成多核巨细胞。

【诊断与鉴别诊断】

（一）诊断

结合流行情况和发病前 2~3 周有接触史,有发热和以耳垂为中心的腮腺肿大,可作出临床诊断。没有腮腺肿大的脑膜脑炎、脑膜炎和睾丸炎等,确诊需依靠血清学检查和病毒分离。

（二）鉴别诊断

1. 化脓性腮腺炎　以单侧腮腺肿大为主,挤压腮腺有脓液自腮腺管口流出,无睾丸炎或卵巢炎并发症,白细胞总数和中性粒细胞明显增高。

2. 急性淋巴结炎　颌下、耳后及颈后淋巴结炎时也有局部红肿热痛,但病变活动度大,位置表浅,腮腺管口无红肿。

3. 其他病毒性腮腺炎　流感 A 病毒、副流感病毒、柯萨奇 A 组病毒和淋巴细胞脉络丛脑膜炎病毒等感染都可引起腮腺炎,确诊依赖血清学检查和病毒分离。

4. 其他原因的腮腺肿大　有多种慢性病如糖尿病、慢性肝病、结节病、干燥综合征和腮腺导管阻塞等可引起腮腺肿大,但临床多无急性感染症状,局部无疼痛和压痛。

【治疗】

1. 一般治疗　急性期卧床休息,予低脂肪流质饮食,禁食酸性食物。注意口腔卫生,餐后用生理盐水漱口。

2. 抗病毒治疗　发病早期可试用利巴韦林 1g/d,儿童 15mg/kg,静脉滴注,疗程 5~7 天。成人腮腺炎合并睾丸炎者,应用干扰素治疗后能使腮腺炎和睾丸炎症状较快消失。

3. 对症治疗　头痛和腮腺胀痛可应用镇痛药,或用青黛散等中药醋调局部外敷。若出现剧烈头痛、呕吐疑为颅内高压的患者,可应用 20% 甘露醇 1~2g/kg 静脉推注,每 4~6 小时一次,直至症状好转。对重症或并发脑膜脑炎、心肌炎患者,可酌情短期应用肾上腺皮质激素。睾丸胀痛可用棉花垫和丁字带托起。

【预防】

患者应尽早按呼吸道传染病隔离。流行期间对易感者多的场所应勤通风消毒。重点是应用疫苗对易感者进行主动免疫。

目前国内外应用腮腺炎减毒活疫苗主动免疫,可皮下接种,或喷鼻及气雾给药,90% 以上可产生抗体。潜伏期患者接种可以减轻发病症状,有免疫损害者和孕妇禁用。被动免疫可于接触后 5 日注射特异高价免疫球蛋白,肯定有效。

（谢志军）

学习小结

腮腺炎病毒为单股 RNA 病毒,人是唯一宿主,抵抗力差。患者和隐性感染者是传染源。主要通过飞沫传播。人群普遍易感,病后可获持久免疫力,本病呈世界流行,以冬春季为主,儿童多发。腮腺炎潜伏期约 2 周,典型症状以发热和腮腺肿大为主,可并发脑膜炎、脑炎、睾丸炎、卵巢炎、胰腺炎等内脏损害。外周血常规一般正常,大多数患者会出现血尿淀粉酶升高,有胰腺炎时血脂肪酶也会升高。血清抗原、抗体检测,基因检测和病毒分离为病原学确诊方法。急性期注意休息和低脂饮食,注意口腔卫生。早期可用利巴韦林抗病毒治疗,其次为对症治疗。尽早隔离患者,切断呼吸道传播途径,应用腮腺炎减毒活疫苗对易感者主动免疫。

复习参考题

1. 简述典型流行性腮腺炎。

2. 简述化脓性腮腺炎和流行性腮腺炎的鉴别。

3. 简述流行性腮腺炎可发生的并发症。

第九节 肾综合征出血热

学习目标

掌握	肾综合征出血热的发热期临床表现。
熟悉	肾综合征出血热的五期临床表现。
了解	肾综合征出血热的治疗原则。

肾综合征出血热(hemorrhagic fever with renal syndrome,HFRS)又称流行性出血热(epidemic hemorrhagic fever,EHF),是自然疫源性疾病,病原是汉坦病毒,鼠等啮齿类动物为主要传染源,主要临床表现为发热、出血、低血压休克和肾功能衰竭。

【病原学】

汉坦病毒(hantavirus,HV)为 RNA 病毒,1976 年由韩国人分离鉴定,属布尼亚病毒科汉坦病毒属。汉坦病毒通常用非洲绿猴肾(Vero)细胞进行分离培养。该属病毒直径 78~240nm,有囊膜呈球形,对热及脂性溶剂和一般消毒剂敏感。病毒基因组为单股负性 RNA,含大、中、小三个片段,分别编码病毒的 RNA 聚合酶、囊膜蛋白(GP1,GP2)及核衣壳蛋白(NP)。依据病毒抗原性和基因结构分为 20 余种血清型,40 余种基因型。我国主要流行的是血清Ⅰ型和Ⅱ型。

【流行病学】

(一)传染源

鼠是本病的主要传染源,包括黑线姬鼠、褐家鼠、大白鼠等。

(二)传播途径

多种途径传播。包括与含病毒的鼠尿、粪、呕吐物接触传播、带病毒排泄物形成气溶胶经呼吸道传播以及消化道传播。人与人之间传播(包括母婴垂直传播)极罕见。

(三)易感人群

人群普遍易感,青壮年多。感染后有免疫力,二次感染发病罕见。发病 3~5 日患者外周血中检出汉坦毒病 IgM 抗体,病程第 2 周达高峰。

(四)流行特征

本病世界性分布流行。我国是高发地区,主要分布在低海拔平原和丘陵地区,例如黑龙江省东北林区和山东、陕西、湖北、江西、安徽、江苏、湖南等省。流行类型分:

(1)姬鼠型(野鼠型):分布在农村、林区,散发流行于秋末和冬季。

(2)家鼠型(城市型):分布在城市,常暴发流行于 3~6 月份。

(3)混合型:上述两型并存,一年有两次发病高峰。

【发病机制与病理解剖】

(一)发病机制

1. 病毒直接作用　汉坦病毒对传代细胞具有细胞病变作用。可损伤微血管、血小板和肾脏。

2. 免疫病理反应　汉坦病毒引发人体产生强烈的免疫反应,包括体液免疫和细胞免疫异常,引起体液免疫反应亢进(Ⅰ型及Ⅱ型变态反应)、补体激活、促炎因子和细胞因子大量释放、异形淋巴细胞增生,以及免疫调控功能异常。导致微血管损伤、血浆渗出。

（二）病理解剖

全身毛细血管和小血管广泛损伤，引起血管活性物质和炎性介质释放，导致一系列病理生理过程。

1. 有效循环血量减少和休克 表现为发病初期，热退后表现更明显。由于血管壁损伤，血管通透性增加，血浆外渗，血容量骤减；血管壁损伤等原因激活凝血系统，引起不同程度的 DIC，加重出血和休克；病毒可直接引起心肌损伤，心排出量下降，也加重低血压休克。

2. 出血 全身小血管损伤及血小板数量和功能减低，以及 DIC 均造成本病的出血。

3. 急性肾衰竭 有效循环血量减少、肾血流量不足、肾素-血管紧张素增加、肾小球微血栓形成、抗原抗体复合物引起的基底膜损伤，导致肾小球滤过率下降。肾小管的变性坏死、肾间质出血水肿压迫及肾小管阻塞进一步加重少尿。

（三）病理改变

全身小血管和毛细血管广泛损伤，内脏毛细血管高度充血淤血，管腔内血栓，在肾脏、腺垂体、肾上腺皮质、右心房内膜下和皮肤黏膜等部位充血、出血、变性及坏死。多器官部位可见严重渗出和水肿。少尿期可并发肺水肿和脑水肿。

【临床表现】

潜伏期 7~46 天，一般为 2 周。典型病例表现为五期经过。非典型或轻症病人五期经过可不明显，重症病人前三期可以重叠。

（一）发热期

急起高热，持续时间一周内。伴"三红""三痛"表现。"三红"：颜面、颈部及上胸部皮肤潮红充血似醉酒貌；眼球结膜充血；以及软腭出血点，腋下、前胸点状搔抓样出血点。"三痛"：头痛、腰痛、眼眶痛。渗出水肿主要表现在球结膜水肿。该期可观察到肾损害，表现为蛋白尿、少尿，重者尿中可排出膜状物，镜检见各型管型。仅半数患者肝功能异常。

（二）低血压休克期

发热 4~6 日后体温退，其他症状反而加重，出现低血压或休克。主要表现为：①血压下降、脉搏快；②面色苍白或发绀；③意识障碍；④尿少或无尿；⑤中心静脉压（CVP）低。该期渗出和出血体征明显，常合并 DIC。该期多不超过 24 小时。休克出现越早、持续时间越长则病情越重。

（三）少尿期

为本病的极期，与低血压休克期可重叠。轻、中型者常无低血压期直接进入少尿期。本期出现在第 5~8 病日，一般持续 3~5 天，严重者持续 2 周以上。此期易合并大出血、严重感染、急性呼吸窘迫综合征（ARDS）、心衰、肺水肿和脑水肿。

1. 少尿和氮质血症 24 小时尿量少于 400ml 为少尿，小于 100ml 为无尿。伴不同程度酸中度、电解质紊乱、高血容量综合征。

2. 高血容量综合征 表现为颜面胀满，脉搏洪大，血压增高，脉压增大，血液稀释，易合并心衰、肺水肿和脑水肿。与发热期和低血压期外渗于组织间隙和浆膜腔内的液体大量回吸收于血管内有关，休克期输液过多更易发生高血容量。

3. 电解质和酸碱平衡紊乱 类似于其他疾病所致急性肾衰竭表现。代谢性酸中毒出现深大呼吸，心肌收缩无力，加重高血钾，诱发 DIC。低血钠、高血钾常见。

（四）多尿期

本期多出现于病程第 2 周，持续 1~2 周。是因肾小管重吸收功能恢复迟于肾小球滤过功能的修复，肾尿浓缩重吸收功能未恢复所致。少尿期后尿量逐渐增多，24 小时尿量多于 500~2000ml 称为移行期，每日尿量多于 3000ml 为多尿，重者每日尿量可达 5000~10 000ml。少尿期的各种表现在多尿期仍继续延续，例如电解质紊乱、感染和出血等。

（五）恢复期

病后3~4周开始恢复。尿量逐渐由多尿减少至每日2000ml左右。肾尿浓缩稀释功能逐渐恢复。少数重症者恢复时间需要1~3个月或更久。

【实验室检查】

（一）血常规

发病第4日开始外周血白细胞总数显著增多;异形淋巴细胞增高(5%~14%,15%以上多为重症者)在发病1~2天即出现,4~5日达高峰。血小板第2日即开始减少。红细胞和血红蛋白随着血液浓缩或稀释相应出现升高或降低。

（二）尿常规

肾损害是本病特征表现。第2~3日即开始出现蛋白尿,并迅速进展由(+)增至(+++~++++),恢复期后方转阴性。严重者见尿管型或膜状物。部分患者有血尿。

（三）血液生化检查

1. 肾功能检查　尿素氮和肌酐在低血压休克期即升高,少尿期和多尿期早期达高峰,以后逐渐下降。

2. 肝功能检查　近半数患者同时伴有血清转氨酶升高(ALT、AST),少部分出现总胆红素升高。

（四）凝血功能检查

出现DIC时血小板进行性下降(低于60g/L),纤维蛋白原降低,凝血酶原时间延长,3P试验阳性;纤维蛋白原定量、纤维蛋白降解产物、D-二聚体测定判定继发性纤溶是否存在。

（五）免疫学检查

1. 病毒抗体测定　发病4~5天即可检查出本病特异性IgM抗体,持续2个月以上。特异性IgG抗体需要急性期和恢复期双份血清,滴度4倍升高有诊断价值。

2. 非特异性免疫检查　$CD4^+/CD8^+$比值下降。血清Ig M、Ig G、Ig A、Ig E普遍升高,补体C3、C4和总补体下降。

（六）病毒学检测

从早期患者外周血的血清、血浆、白细胞中检测汉坦病毒RNA(逆转录聚合酶链式反应,RT-PCR技术),尚未开展临床常规应用。

【并发症】

1. 大出血　常见于皮肤黏膜出血、鼻出血、胃肠道及肺出血。

2. 继发感染　肺部感染为主,其次为尿路感染、腹腔感染、皮肤软组织感染和败血症。病原以细菌和真菌为主。

3. 肺部并发症　肺水肿、尿毒症肺、ARDS、继发性肺炎、肺出血等,总发生率约60%。

4. 心脏并发症　中型以上患者几乎均有心电图异常。轻者可无症状或轻度心悸、乏力,易被忽视;重者可出现心衰。

【诊断】

1. 流行病史　流行季节,有疫区野外作业史,或与鼠类或其排泄物有直接或间接接触。

2. 临床表现　具有发热期"三红、三痛"症状体征及五期临床经过即可临床诊断。不典型临床表现者需要实验室检查确定。

3. 实验室检查　发热期和少尿期典型的血象和尿常规变化(白细胞高、异形淋巴细胞升高、血小板低、尿蛋白或管型)。特异性Ig M抗体检测阳性或双份血清IgG抗体4倍滴度升高。

【鉴别诊断】

主要是发热期需与流行性感冒、流行性脑脊髓膜炎、败血症等发热疾病鉴别。以上疾病都不具备典型"三红、三痛"及渗出表现,也无热退病重特点。

【治疗】

本病无特效疗法,主要是针对不同病期进行综合性预防及对症支持治疗。按照"三早一就"原则(早发现、早休息、早治疗,就近治疗),把好"三关"(休克、少尿及出血),安渡五期(发热期、低血压休克期、少尿期、多尿期和恢复期)。

(一)发热期治疗

1. 一般治疗 早期卧床休息,易于消化饮食,补充平衡盐液,监测体温、血压及尿量变化。忌用发汗退热药物。

2. 抗渗出和出血治疗 可给予维生素C、肾上腺糖皮质激素(地塞米松等)、路丁等。

3. 抗病毒治疗 宜在发病早期给予利巴韦林800~1200mg(成人)或15~30mg/kg体重(儿童)静脉滴注,疗程3~5日。

(二)低血压休克期治疗

1. 扩容 以晶体液为主,平衡盐液为首选,辅以低分子右旋糖酐胶体液快速滴注。晶体液与胶体液一般3:1或6:1。由于微血管损伤渗出病理原因,应慎用血浆、白蛋白等胶体液,以免增加胶体外渗及增加日后重吸收困难并加重组织间隙水肿。扩容应把握维持血压稳定在正常低水平即可,液体量不宜过大。有条件用血流动力学监测,指导液体复苏;不具备血流动力学监测条件,可通过下列简易指标判定血容量是否充分:①收缩压达90~100mmHg;②脉压30mmHg以上;③心率100次/min左右;④尿量达25ml/h以上;⑤微循环障碍缓解。

2. 纠酸 纠正代谢性酸中毒,用5%碳酸氢钠静脉滴注,日用量不宜超过600ml。

3. 活血管 扩容、纠酸后血压回升仍不满意时,可应用血管活性药物和正性肌力药物,达到组织器官所需灌注压。首选去甲肾上腺素(2~200μg/min),心排出量低者加用多巴酚丁胺(每分钟2~20μg/kg)。

4. 其他 给予吸氧,氢化可的松静脉滴注,伴发DIC等并发症的治疗。

(三)少尿期治疗

采取"稳、促、导、透"基本措施。

1. 稳定内环境 水、电解质和酸碱平衡的稳定。限制入液量,日入量为前一日出量加500~800ml;输入高渗糖保证基本热量供应。重度酸中毒可用碳酸氢钠。

2. 促进利尿 血压稳定12小时后可用呋塞米(速尿)20~200mg推注,无效即放弃利尿。

3. 导泻 给予20%甘露醇口服,每次100~150ml,2~4次/d。或50%硫酸镁、番泻叶等。

4. 透析 对尿毒症、高血容量综合征、高钾血症等情况,有条件应积极进行血液透析、持续肾脏替代(CRRT)或腹膜透析治疗。

(四)多尿期治疗

随尿量增加,适时补足液体和电解质,加强支持治疗,预防出血、脱水、低钾低钠和继发感染。

(五)恢复期治疗

逐渐增加活动量和营养,辅以中药治疗。

【预防】

进入疫区应进行肾综合征出血热疫苗接种。

1. 控制传染源 在流行区采取多种方式的灭鼠措施。

2. 切断传播途径 野外防鼠防螨,避免裸手接触鼠类及其排泄物,灌木区作业,应避免皮肤暴露,防止叮咬。

3. 保护易感人群 接种汉坦病毒疫苗,2针接种可取得良好保护效果。

(郭亚兵)

肾综合征出血热由汉坦病毒感染所致,传染源为鼠等啮齿类。临床五期经过,主要表现为发热、渗出、出血、低血压或休克和肾功能损害。发热期具有特征性"三红"(面红、眼红、出血点)、"三痛"(头痛、眼眶痛、腰痛)及球结膜水肿渗出表现,外周血白细胞和异形淋巴细胞高、血小板低、尿蛋白(++),诊断不难。需早诊断发现、早休息、早治疗("三早"),采取就地治疗原则,根据病期采取综合预防性对症治疗。把好出血、休克、少尿、感染关,安全度过临床五期。过街老鼠不要打(避免接触老鼠及排泄物),接种汉坦病毒疫苗可用于预防。

1. 简述肾综合征出血热发热期主要临床表现。
2. 简述肾综合征出血热发热期与流行性感冒(流感)发热鉴别要点。
3. 简述肾综合征出血热少尿期治疗要点。

第十节 流行性乙型脑炎

掌握	乙脑的临床表现、诊断和鉴别诊断、实验室检查、治疗原则。
熟悉	乙脑的流行病学、发病机制和病理解剖、预防。
了解	乙脑病毒的生物学特性。

流行性乙型脑炎(epidemic encephalitis B)简称乙脑,国际上称日本脑炎,是由乙型脑炎病毒引起的以脑实质炎症为主的急性传染病。经蚊虫传播,夏秋季流行。临床上以高热、意识障碍、抽搐、病理反射及脑膜刺激征为特征,危重者有呼吸衰竭,病死率高,幸存者可留有神经系统后遗症。

【病原学】

乙型脑炎病毒属黄病毒科,呈球形,直径 40~50nm,核心含核心蛋白和单股正链 RNA,脂质包膜上有膜蛋白(M)和外膜蛋白(E)。外膜蛋白是主要抗原,具血凝活性,能凝集鸡、鸽、鹅红细胞;病毒抗原性稳定,人与动物感染乙脑病毒后,可产生补体结合抗体、中和抗体和血凝抑制抗体。该病毒能在乳鼠脑组织、鸡胚、猴肾细胞、Hela 细胞等多种动物细胞中传代增殖并引起细胞病变。抵抗力不强,不耐热,100℃ 2 分钟或56℃ 30 分钟可被灭活,对乙醚和消毒剂均很敏感,但耐低温和干燥。

【流行病学】

1. 传染源　乙脑是人畜共患的自然疫源性疾病。乙脑病毒可感染猪、牛、羊、马、鸭、鹅、鸡等多种家禽家畜,形成病毒血症而成为传染源,我国猪因饲养面广、更新率快、易感性强、血中病毒含量高,是最主要的传染源,在人群流行前 1~2 个月往往有猪乙脑病毒感染高峰期。人感染后病毒血症期短,血中病毒含量少,不是主要的传染源。

2. 传播途径　主要通过蚊虫叮咬人传播,国内传播乙脑病毒的蚊种有库蚊、伊蚊和按蚊,其中三带喙库蚊是主要传播媒介。蚊虫不仅在人或动物间传播病毒,还可带病毒越冬或经卵传代,成为乙脑病毒的长期储存宿主。受感染的蠛蠓、蝙蝠也是长期储存宿主。

3. 人群易感性　人对乙脑病毒普遍易感。显性感染与隐性感染者之比为 1∶1000~1∶2000。感染后可获持久的免疫力,母亲传递的抗体对婴儿有一定的保护作用。

4. 流行特征　乙脑主要在亚洲流行,我国除东北北部、青海省、新疆维吾尔自治区、西藏自治区外均有乙脑流行。热带地区乙脑全年均可发生,温带和亚热带地区乙脑发病集中在 7、8、9 月。患者大多数为 10 岁以下儿童,以 2~6 岁儿童发病率最高,近年由于广泛接种乙脑疫苗,成人和老年人的发病率相对增加,但总的发病率下降。乙脑集中暴发少,高度散发,同一家庭中少有多人同时发病。

【发病机制与病理解剖】

乙脑病毒经蚊虫叮咬进入人体,先在单核-巨噬细胞内繁殖,随后进入血流引起病毒血症。如机体免疫功能正常、病毒量少、毒力弱,病毒可迅速被清除,不进入中枢神经系统,仅引起隐性感染或轻型病例,通过特异性免疫形成获得终身免疫力。如机体免疫力低下、病毒量多、毒力强,乙脑病毒可突破血-脑屏障侵入中枢神经系统并大量增殖,引起脑炎。

乙脑病变范围可广泛累及脑和脊髓,以大脑皮质、间脑和中脑病变最为严重。肉眼观脑实质和脑膜有水肿、充血和出血,各部位可形成大小不等的散在坏死软化灶。显微镜下主要病理变化为:①神经细胞变性、肿胀及坏死,核溶解;②脑实质中血管周围有淋巴细胞和大单核细胞浸润,形成血管套;③胶质细胞弥漫性增生,聚集在坏死的神经细胞周围形成胶质小结;④脑实质及脑膜血管充血扩张,血管内皮细胞肿胀、坏死、脱落,产生附壁血栓,局部有淤血和出血、渗出。

【临床表现】

潜伏期 4~21 天,一般为 10~14 天。

(一) 典型临床经过可分为四期

1. 初期(病程 1~3 天)　起病急,体温在 1~2 天内高达 39~40℃,伴头痛、恶心和呕吐,精神差、嗜睡,可有颈部强直及抽搐,小儿可有上呼吸道和胃肠道症状。

2. 极期(病程第 4~10 天)　初期症状逐渐加重,主要表现为脑实质损害症状。

(1) 高热　为本病必有表现,体温高达 40℃ 或更高,呈稽留热,一般持续 7~10 天,重者可达 3 周。体温高低和热程长短与病情轻重呈正相关。

(2) 意识障碍　为本病主要表现,可表现为嗜睡、谵妄、昏睡直至昏迷,定向力障碍。昏迷最早见于病程第 1~2 天,多见于第 3~8 天,通常持续 1 周左右。昏迷的深浅,持续时间的长短与病情的严重性呈正相关。

(3) 惊厥或抽搐　是病情严重的表现,因高热、脑实质炎症及脑水肿所致。多见于病程第 2~5 天,可表现面部、眼肌、口唇等局部小抽搐和全身抽搐、强直性痉挛,持续数分钟至数十分钟不等,伴有意识障碍。频繁抽搐可导致发绀、呼吸暂停,加重脑缺氧和脑水肿。

(4) 呼吸衰竭　是本病的主要死亡原因,以中枢性呼吸衰竭为主,因脑桥以上病变抑制延脑呼吸中枢所致。表现为呼吸节律不规则、幅度不均、呼吸表浅,双吸气、叹息样呼吸、潮式呼吸、抽泣样呼吸等,最后呼吸停止,伴有瞳孔大小不等,对光反射迟钝。外周性呼吸衰竭因呼吸道痰阻、并发肺炎所致,表现为发绀,呼吸先快后慢,胸式或腹式呼吸减弱,但呼吸节律整齐。

(5) 神经系统症状和体征　乙脑的神经系统表现多在病程 10 天内出现,第 2 周后就较少出现新的症状和体征。表现浅反射减弱或消失,深反射如膝、跟腱反射等先亢进后消失,有病理反射和脑膜刺激征,肌张力增高,肢体强直性瘫痪、偏瘫或全瘫,呈上神经元性瘫痪。因脑神经损伤或自主神经功能紊乱可出现痰鸣、吞咽困难、语音障碍、大小便失禁或尿潴留等。

(6) 颅内压增高　表现为剧烈头痛、喷射状呕吐、血压升高、脉搏减慢,婴儿前囟隆起,可发生脑疝。

高热、抽搐和呼吸衰竭是乙脑极期的严重症状,三者相互影响,可致病情加重。循环衰竭少见,易并发支气管肺炎、尿路感染、压疮等。

3. 恢复期　极期过后,体温逐渐下降,神志逐日转清,各种症状逐渐缓解,一般于 2 周左右恢复。重症患者可有反应迟钝、痴呆、失语、多汗、吞咽困难、颜面瘫痪、四肢强直性瘫痪或扭转痉挛等症状,经积极治疗后大多数在6个月内恢复。

4. 后遗症期　患病6个月后仍有精神神经症状,主要有精神失常、智力障碍、失语、肢体瘫痪或强直性痉挛等。

(二)乙脑的临床类型

1. 轻型　发热38~39℃,神志清楚,无抽搐,脑膜刺激征不明显,病程5~7天。

2. 普通型　发热39~40℃,嗜睡或浅昏迷,偶有抽搐及病理反射阳性,脑膜刺激征明显,病程7~10天,多无恢复期症状及后遗症。

3. 重型　发热40℃以上,昏迷,反复或持续抽搐,浅反射消失,深反射先亢进后消失,病理反射阳性,脑膜刺激征明显,有神经定位症状和体征,可有肢体瘫痪和呼吸衰竭,病程多在2周以上,恢复期有精神异常、瘫痪、失语等症状,少数病人留有后遗症。

4. 极重型(暴发型)　起病急骤,体温于1~2天内升至40℃以上,反复或持续性强烈抽搐,深度昏迷,迅速出现中枢性呼吸衰竭及脑疝等,多在极期中死亡,幸存者常有严重后遗症。

【实验室检查】

1. 血常规　白细胞总数常在$(10~20)×10^9/L$,起病初中性粒细胞占80%以上,病后5~7日以淋巴细胞占优势。

2. 脑脊液　压力增高,外观无色透明或微混,白细胞计数多在$(50~500)×10^6/L$,个别可高达$1000×10^6/L$以上,分类早期以中性粒细胞稍多,后以淋巴细胞为主,蛋白轻度增高,糖和氯化物正常。

3. 血清学检查

(1) 乙脑特异性IgM抗体测定　检测方法有IgM抗体捕获酶联免疫吸附测定(ELISA)、间接免疫荧光法、2-巯基乙醇(2-ME)耐性试验。乙脑特异性IgM抗体病后3~4d血中阳性率达80%,只需单份血清即可诊断;脑脊液中最早在病程第2d可测到,两周达高峰,因血清中IgM抗体不能通过血-脑屏障,故脑脊液中检出乙脑特异性IgM抗体更有意义。

(2) 其他抗体的检测　补体结合试验、血凝抑制试验和中和试验均能检测到乙脑特异性抗体,这些试验主要用于乙脑的流行病学调查。

4. 病毒分离　病程第1周内死亡病例的脑组织中可分离到病毒,但脑脊液和血中不易分离到病毒。

【诊断与鉴别诊断】

(一)诊断

夏秋季节,10岁以下儿童急性起病,有高热、头痛、呕吐、意识障碍、抽搐、病理反射及脑膜刺激征等临床表现,血白细胞总数及中性粒细胞增高,脑脊液呈无菌性脑膜炎改变者可初步诊断。血清学检查有助确诊。

(二)鉴别诊断

1. 中毒性菌痢　起病较乙脑更急,常在发病24小时内出现高热、抽搐与昏迷、中毒性休克表现,无脑膜刺激征和神经定位体征,脑脊液无异常,肛拭子或生理盐水灌肠镜检有白细胞或脓细胞,抗菌、抗休克治疗有效。

2. 结核性脑膜炎　无季节性,常有结核病史;起病较缓,病程长,以脑膜刺激征为主,意识障碍较轻,脑脊液中氯化物与糖降低,蛋白增高,白细胞增多,以淋巴细胞为主,薄膜涂片或培养可检出结核分枝杆菌,X线胸片可发现结核病灶。

3. 化脓性脑膜炎　病情严重,脑膜刺激征显著,脑脊液浑浊,白细胞升高,以中性粒细胞为主,蛋白明显增高,糖和氯化物降低,涂片和培养可发现细菌。

4. 其他病毒性脑炎　临床表现与乙脑相似。确诊有赖于血清免疫学检查和病毒分离。

【治疗】

无特效治疗,以对症治疗为主,重点处理好高热、抽搐和呼吸衰竭等危重症状,降低病死率。

(一)一般治疗

病人住院隔离,病室应有防蚊和降温设备,室温控制在30℃以下。昏迷病人注意清洁口腔,定时翻身、拍背、吸痰,以防止继发性肺部感染;保持皮肤清洁,防止压疮发生;注意保护角膜。抽搐患者应设床栏以防坠床,并防止舌咬伤。注意水及电解质平衡,及时补充营养,昏迷者可予鼻饲。成人每日输液1500~2000ml,小儿每日输液量为50~80ml/kg,酌情补充钾盐,纠正酸中毒,注意输液量和速度,防止脑水肿。

(二)对症治疗

高热、抽搐及呼吸衰竭是危及患者生命的三种主要症状,且可互为因果,形成恶性循环。必须及时给予处理。

1. 高热　物理降温为主,药物降温为辅,同时降低室温,肛温控制在38℃左右。可采用冰敷额部、枕部和腋下、颈部及腹股沟处等体表大血管部位,酒精擦浴,冷盐水灌肠等方法。幼儿或年老体弱者可用50%安乃近滴鼻,高热伴抽搐者可用亚冬眠疗法,以氯丙嗪和异丙嗪每次各0.5~1mg/kg肌注,剂量为每次0.3~0.5mg/kg,每4~6小时1次,配合物理降温,疗程约3~5d。用药过程要注意呼吸道通畅,防止退热药物致大量出汗引起虚脱。

2. 惊厥或抽搐　应积极去除病因及镇静治疗。由脑水肿所致者,可用20%甘露醇静脉滴注或推注(20~30分钟内)脱水治疗,每次1~2g/kg,每4~6小时重复应用,可合用肾上腺皮质激素、呋塞米、50%葡萄糖静注。因呼吸道分泌物堵塞致脑细胞缺氧者,应以吸痰、给氧为主,保持呼吸道通畅,必要时行气管切开,或行辅助呼吸。因高热所致者则以降温为主。因脑实质病变引起的抽搐,可使用镇静剂,首选地西泮,成人每次10~20mg,小儿每次0.1~0.3mg/kg(每次不超过10mg),肌注或缓慢静注。或10%水合氯醛鼻饲或灌肠,成人每次1~2g,小儿每次100mg/kg(每次不超过1g)。必要时可用阿米妥钠,成人每次0.2~0.5g,小儿每次5~10mg/kg,稀释后肌注或缓慢静注,该药作用快而强,排泄亦快,但有抑制呼吸中枢的副作用,应慎用。也可用亚冬眠疗法。肌注巴比妥钠可预防抽搐,成人每次0.1~0.2g,小儿每次5~8mg/kg。

3. 呼吸衰竭　根据发生原因给予相应的治疗措施。由脑水肿所致者应极积脱水治疗,可加用血管扩张剂改善微循环,减轻脑水肿,如东莨菪碱,成人每次0.3~0.5mg,小儿每次0.02~0.03mg/kg,稀释于葡萄糖液静注或静滴,15~30分钟重复使用,疗程1~5日。或用酚妥拉明、山莨菪碱等。中枢性呼吸衰竭可用呼吸兴奋剂,首选山梗菜碱,成人每次3~6mg,小儿每次0.15~0.2mg/kg,静注或静滴,亦可用尼可刹米、二甲弗林交替使用。缺氧明显时,可用高频呼吸器给氧。呼吸道分泌物致梗阻者,应吸痰和翻身引流,痰液黏稠可雾化吸入α-糜蛋白酶5mg(小儿0.1mg),有支气管痉挛可用异丙肾上腺素0.25%~0.5%雾化吸入,可用抗生素防治细菌感染。必要时可行气管插管或气管切开。

4. 恢复期及后遗症处理　注意吞咽、语言和肢体功能恢复训练,可采用理疗、针灸、按摩、体疗、高压氧等治疗方法。

【预防】

1. 控制传染源　隔离患者至体温正常,加强家畜管理,搞好饲养场所的环境卫生,流行季节前给幼猪接种疫苗。

2. 切断传播途径　防蚊、灭蚊是关键,应杀灭越冬蚊和早春蚊,消灭蚊虫孳生地。防蚊用蚊帐、驱蚊剂等。

3. 保护易感人群　注射疫苗可提高人群的特异性免疫力。乙脑疫苗有鼠脑灭活疫苗、地鼠肾细胞灭活疫苗、地鼠肾细胞减毒活疫苗3种。6~12个月的婴幼儿为主要接种对象,初种2次,每次0.5ml,两次间隔1~2周,应在乙脑开始流行前1个月完成,接种后2年和6~10周岁时分别加强注射一次。凡过敏体质、严重心肾疾病、中枢神经系统疾患和发热者禁用。不能与伤寒三联菌苗同时注射。

(谢志军)

学习小结

乙脑是由乙型脑炎病毒引起的以脑实质炎症为主的急性传染病。猪是乙脑的主要传染源,人通过蚊虫叮咬被感染,普遍易感,而且以隐性感染为主,病后可获持久免疫力,本病夏秋季流行,儿童多发。乙脑病毒有嗜神经特性,感染人后主要在脑细胞内生长繁殖,引起脑细胞炎症、水肿、坏死。乙脑起病较缓,表现为高热、意识障碍、惊厥,有病理反射和脑膜刺激征,严重者出现中枢性呼吸衰竭,病死率高,存活者可留有后遗症。初期外周血白细胞升高,脑脊液呈病毒性改变。乙脑的治疗以对症治疗为主,帮助患者度过急性期,降低死亡率,减少后遗症。预防以灭蚊防蚊和注射乙脑疫苗为主。

复习参考题

1. 简述典型乙型脑炎极期的临床特征。
2. 简述乙型脑炎极期高热、惊厥、呼吸衰竭的处理原则。
3. 简述乙脑与中毒性菌痢的区别。

第十一节　登革热

学习目标

掌握	登革热的流行病学、临床表现、诊断和治疗原则。
熟悉	登革出血热的临床表现和诊断。
了解	登革热和登革出血热的病原学、发病机制。

登革热(dengue fever)是由登革病毒(dengue virus)引起的由伊蚊传播的急性传染病。临床特点为突起发热,全身肌肉、骨、关节痛,极度疲乏,皮疹,淋巴结肿大及白细胞减少。

登革热主要在热带和亚热带地区流行,全球每年约5000万人受到感染。我国首次经病原学证实的登革热流行发生于1978年的广东省佛山市。我国广东省、香港、澳门特别行政区、台湾地区是登革热流行区,随着气候变暖和交通便利,近年发现病例的省区有向北扩展的趋势。已知的4个血清型登革病毒均已在我国发现。

【病原学】

登革病毒归为黄病毒科(flaviviridae)中的黄病毒属(flavivirus)。病毒颗粒呈哑铃状、棒状或球形,直径40~50nm。基因组为单股正链RNA,长约11kb,编码3个结构蛋白和7个非结构蛋白,基因组与核心蛋白一起装配成20面对称体的核衣壳。外层为脂蛋白组成的包膜,包膜含有型和群特异性抗原。根据抗原性的差异,登革病毒可分为4个血清型,各型之间及与乙型脑炎病毒之间有部分交叉免疫反应。

登革病毒在伊蚊胸肌细胞、猴肾细胞及新生小白鼠脑中生长良好,病毒在细胞质中增殖,可产生恒定的细胞病变。目前最常用C6/36细胞株来分离登革病毒。

登革病毒不耐热,60℃ 30min或100℃ 2min即可灭活,但耐低温,在人血清中保存于-20℃可存活5年,-70℃存活8年以上。登革病毒对酸、洗涤剂、乙醚、紫外线、0.65%福尔马林敏感。

【流行病学】

（一）传染源

患者和隐性感染者是主要传染源。患者在潜伏期末及发热期内有传染性,主要局限于发病前6~18h至发病后第3日,少数患者在病程第6日仍可在血液中分离出病毒。在流行期间,轻型患者和隐性感染者占大多数,可能是更重要的传染源。本病尚未发现慢性患者和病毒携带者。

（二）传播途径

埃及伊蚊和白纹伊蚊是本病的主要传播媒介。在东南亚和我国海南省,以埃及伊蚊为主;在太平洋岛屿和我国广东省、广西壮族自治区,则以白纹伊蚊为主。伊蚊吸入带病毒血液后,病毒在唾腺和神经细胞内复制,吸血后10天伊蚊即有传播能力,传染期可长达174天。在非流行期间,伊蚊可能是病毒的储存宿主。

（三）易感人群

在新流行区,人群普遍易感,但发病以成人为主。在地方性流行区,当地成年居民,在血清中几乎都可检出抗登革病毒的中和抗体,故发病以儿童为主。

感染后对同型病毒有巩固免疫力,并可维持多年,对异型病毒也有一年以上的免疫力。对其他黄病毒属成员,如乙型脑炎病毒和圣路易脑炎病毒,有一定的交叉免疫力。

（四）流行特征

1. 地理分布　登革热主要在北纬25℃到南纬25℃的热带和亚热带地区流行,尤其是在东南亚、太平洋岛屿和加勒比海地区。在我国主要发生于海南省、台湾地区、香港、澳门特别行政区、广东省和广西壮族自治区。

2. 季节性　登革热流行与伊蚊孳生有关,主要发生于夏秋雨季。在广东省为5~11月,海南省为3~12月。

3. 周期性　在地方性流行区有隔年发病率升高的趋势,但近年来流行周期常表现为不规则性。

【发病机制与病理解剖】

登革病毒经伊蚊叮咬进入人体,在毛细血管内皮细胞和单核-吞噬细胞系统增殖后进入血液循环,形成第一次病毒血症。然后再定位于单核-吞噬细胞系统和淋巴组织中复制,再次释放进入血流形成第二次病毒血症,引起临床症状。机体产生的抗登革病毒抗体与登革病毒形成免疫复合物,激活补体系统,导致血管通透性增加。同时抑制骨髓中白细胞和血小板系统,导致白细胞、血小板减少和出血倾向。

病理改变表现为:肝、肾、心和脑的退行性变,心内膜、心包、胸膜、腹膜、胃肠黏膜、肌肉、皮肤及中枢神经系统不同程度的出血,皮疹活检见小血管内皮细胞肿胀、血管周围水肿及单核细胞浸润,淤斑中有广泛血管外溢血。脑型患者可见蛛网膜下腔和脑实质灶性出血,脑水肿及脑软化。重症患者可有肝小叶中央灶性坏死及淤胆,小叶性肺炎,肺小脓肿形成等。

【临床表现】

潜伏期3~15日,通常为5~8日。登革病毒感染后,可导致隐性感染、登革热、登革出血热,登革出血热我国少见,将在附后阐述。临床上将登革热分为典型、轻型与重型三型。

（一）典型登革热

1. 发热　成人病例通常起病急骤,畏寒、高热,24h内体温可达40℃,持续5~7日后骤退至正常。部分病例发热3~5日后体温降至正常,1日后再度上升,称为双峰或马鞍热(saddle fever)。发热时伴头痛,眼球后痛,骨、肌肉及关节痛,极度乏力,可有恶心、呕吐、腹痛、腹泻或便秘等胃肠道症状。脉搏早期加速,后期可有相对缓脉。早期体征有颜面潮红,眼结合膜充血及浅表淋巴结肿大。恢复期常因显著衰弱需数周后才能恢复健康。儿童病例起病较慢,体温较低,毒血症较轻,恢复较快。

2. 皮疹　于病程第3~6日出现,多为斑丘疹或麻疹样皮疹,也有猩红热样疹、红斑疹及出血点等,可同时有两种以上皮疹。皮疹分布于全身、四肢、躯干或头面部,多有痒感,大部分不脱屑,持续3~4日消退。

3. 出血 25%~50%病例有出血现象,如牙龈出血、鼻出血、呕血或黑便、皮下出血、咯血、血尿、阴道出血、腹腔或胸腔出血等,出血多发生在病程的第5~8日。

4. 其他 约1/4病例有轻度肝肿大,个别病例有黄疸,脾肿大少见。

(二)轻型登革热

症状体征较典型登革热轻,表现为:发热较低,全身疼痛较轻,皮疹稀少或不出疹,无出血倾向,浅表淋巴结常肿大,病程1~4日。流行期间此型病例甚多,由于其临床表现类似流行性感冒或不易鉴别的短期发热,常被忽视。

(三)重型登革热

早期临床表现类似典型登革热,发热3~5日后病情突然加重。表现为脑膜脑炎,出现剧烈头痛、呕吐、谵妄、狂躁、昏迷、抽搐、大量出汗、血压骤降、颈强直、瞳孔缩小等。有些病例表现为消化道大出血和出血性休克。此型病情凶险,进展迅速,多于24h内死于中枢性呼吸衰竭或出血性休克。本型罕见,但死亡率很高。

【并发症】

以急性血管内溶血为最常见,发生率约1%,多发生于G6-PD缺乏的患者。其他并发症包括精神异常、心肌炎、尿毒症、肝肾综合征、急性脊髓炎、格林-巴利综合征及眼部病变等。

【诊断与鉴别诊断】

(一)诊断

1. 流行病学资料 在登革热流行区,夏秋雨季,发生大量高热病例时,应想到本病。

2. 临床特征 起病急、高热、全身疼痛、明显乏力、皮疹、出血、淋巴结肿大、束臂试验阳性。

3. 实验室检查

(1)常规检查:白细胞总数减少,发病第2日开始下降,第4~5日降至最低点,可低至2×10^9/L,分类中性粒细胞减少。1/4~3/4病例血小板减少。部分病例有蛋白尿和血尿。约半数病例有轻度ALT升高。脑型病例脑脊液压力升高,白细胞和蛋白质正常或稍增加,糖和氯化物正常。

(2)血清学检查:单份血清补体结合试验滴度超过1/32,红细胞凝集抑制试验滴度超过1/1280有诊断意义。双份血清,恢复期抗体滴度比急性期升高4倍以上者,可以确诊。IgM抗体捕捉ELISA(IgM antibody capture ELISA,MAC-ELISA)法检测特异性IgM抗体有助登革热的早期诊断。

(3)病毒分离:将急性期患者血清接种于乳鼠脑内或C6/36细胞系可分离病毒。以C6/36细胞系常用,其分离阳性率约20%~65%。

(4)逆转录聚合酶链反应(RT-PCR):检测急性期血清,其敏感性高于病毒分离,可用于早期快速诊断及血清型鉴定,技术要求较高。

(二)鉴别诊断

本病应与流行性感冒、麻疹、猩红热、流行性出血热、钩端螺旋体病等疾病相鉴别。

【预后】

登革热通常预后良好,病死率为3/10 000,死亡病例绝大多数属于重型,主要死因为中枢性呼吸衰竭。

【治疗】

无特殊治疗药物,主要采取支持及对症治疗。

(一)一般治疗

急性期应卧床休息,流质或半流质饮食,防蚊隔离至完全退热。重型病例应加强护理,注意口腔和皮肤清洁,保持大便通畅。

（二）对症治疗

1. 高热时先用物理降温，慎用止痛退热药物，以防在 G6-PD 缺乏患者中诱发急性血管内溶血。高热不退及毒血症状严重者，可短期使用小剂量肾上腺皮质激素，如口服泼尼松 5mg，每日 3 次。

2. 出汗多，呕吐或腹泻者，应及时口服补液，非必要时不滥用静脉补液，以避免诱发脑水肿。

3. 有出血倾向者，可选用安络血、止血敏、维生素 C 及 K 等一般止血药物；出血量大时，可输新鲜全血或血小板；严重上消化道出血者，可口服冰盐水或去甲肾上腺素，静脉给予奥美拉唑。

4. 脑型病例应及早使用 20% 甘露醇 250~500ml 静脉注入脱水，同时静脉滴注地塞米松，呼吸中枢受抑制者应及时使用人工呼吸器。

【预防】

（一）控制传染源

地方性流行区或可能流行地区要做好登革热疫情监测预报工作，早发现，早诊断，及时隔离治疗。同时尽快进行特异性实验室检查，识别轻型患者。加强国境卫生检疫。

（二）切断传播途径

防蚊灭蚊是预防本病的根本措施。改善卫生环境，消灭伊蚊孳生地。喷洒杀蚊剂消灭成蚊。

疫苗预防接种处于研究试验阶段，尚未能推广应用。

附：登革出血热

登革出血热（DHF）是登革热的一种严重类型。起病类似典型登革热，发热 2~5 日后病情突然加重，多器官较大量出血和休克，血液浓缩，血小板减少，白细胞增多，肝肿大。多见于儿童，病死率高。

1950 年在泰国首先发现登革出血热，以后在东南亚、太平洋岛屿及加勒比海地区相继发生本病流行。

【病原学】

4 型登革热病毒均可引起登革出血热，而以第 2 型最常见。1985 年在我国海南省出现的登革出血热也是由第 2 型登革病毒所引起。

【流行病学】

登革出血热多发生于登革热地方性流行区的当地居民之中，外来人很少发生。可能由于多数当地居民血液中存在促进性抗体（enhancing antibody）之故。在东南亚，本病好发于 1~4 岁儿童，在我国海南省则以 15~30 岁青年占多数。

【发病机制与病理解剖】

发病机制尚未完全明了。机体感染登革病毒后可产生特异性抗体，婴儿则可通过胎盘获得抗体，这些抗体具有弱的中和作用和强的促进作用，故称为促进性抗体。它可促进登革病毒与单核细胞或吞噬细胞表面的 Fc 受体结合，使这些细胞释放活性因子，导致血管通透性增加，血浆蛋白从微血管中渗出，引起血液浓缩和休克。凝血系统被激活则可引起 DIC，加重休克，并与血小板减少一起导致各系统的出血。

病理变化主要是全身毛细血管内皮损伤，导致出血和血浆蛋白渗出。微血管周围出血、水肿及淋巴细胞浸润，单核-吞噬细胞系统增生。

【临床表现】

潜伏期同登革热，临床上可分为较轻的无休克的登革出血热（dengue hemorrhagic fever，DHF）及较重的登革休克综合征（dengue shock syndrome，DSS）两型。

前驱期 2~5 日，具有典型登革热临床表现。在发热过程中或热退后，病情突然加重，表现为皮肤变冷、脉速，昏睡或烦躁，出汗，淤斑，消化道或其他器官出血，肝肿大，束臂试验阳性。部分病例脉压进行性下降，如不治疗，即进入休克，可于 4~6h 内死亡。仅有出血者为登革出血热，同时有休克者为登革休克综合征。

实验室检查可发现血液白细胞总数和中性粒细胞均增加,血小板减少,可低至 $10 \times 10^9/L$ 以下。血液浓缩,血细胞容积增加。凝血因子减少,补体水平下降,纤维蛋白降解物升高。血浆蛋白降低,血清转氨酶升高,凝血酶原时间延长,纤维蛋白原下降。血清学检查和病毒分离同登革热。

【诊断与鉴别诊断】

登革出血热的诊断标准:①有典型登革热临床表现;②多器官较大量出血;③肝肿大。具备其中 2~3 项,同时血小板在 $100 \times 10^9/L$ 以下,血细胞容积增加 20% 以上者,为登革出血热。同时伴有休克者,为登革休克综合征。

登革出血热应与黄疸出血型钩端螺旋体病、败血症、流行性出血热等疾病鉴别。

【预后】

登革出血热病死率 1%~5%,登革休克综合征预后不良。

【治疗】

以支持疗法为主,注意水电解质平衡,纠正酸中毒。休克病例应尽快输液以扩张血容量,加用血浆或血浆代用品,但不宜输全血,以免加重血液浓缩。严重出血者,可输新鲜全血或血小板。中毒症状严重及休克病例,可用肾上腺皮质激素静脉滴注。有 DIC 证据者按 DIC 治疗。

【预防】

同登革热。

(李　刚)

学习小结

登革病毒是登革热的病原体,在患者及隐性感染者中可分离到登革病毒,它通过伊蚊叮咬传播,引起的疾病有地方性及季节性特点。

在流行地区,流行季节,病人出现急性起病,高热、全身骨、关节及肌肉疼痛、皮疹、出血、淋巴结肿大,白细胞及血小板减少,双份血清检查恢复期特异性抗体滴度有 4 倍或以上升高,可作出登革热的诊断。在此基础上,患者如果出现多器官较大量出血和肝肿大,则可作出登革出血热的诊断。确诊及分型须依靠病毒分离。

无特效治疗,主要措施为针对发热、出血及脑水肿的对症治疗。

复习参考题

试述登革热的诊断要点。

第十二节　传染性单核细胞增多症

学习目标

掌握	传染性单核细胞增多症的主要临床表现。
熟悉	传染性单核细胞增多症的病原学诊断方法。
了解	传染性单核细胞增多症的发病机制。

传染性单核细胞增多症(infectious mononucleosis, IM)是 EB 病毒感染引起的一种急性自限性疾病,临床表现为不规则发热、咽痛、淋巴结和肝脾肿大。

【病原学】

EB 病毒(Epstein-Barr virus,EBV)为双链 DNA 病毒,属于人类疱疹病毒,病毒大小 150~180nm,有囊膜呈球形,病毒基因组编码 5 个抗原:衣壳抗原(VCA)、膜抗原(MA)、早期抗原(EA)、核抗原(EB-NA)和淋巴细胞膜抗原(LYDMA)。VCA-IgM 抗体是 EBV 新近感染标志,EA-IgG 抗体是近期感染及病毒活跃复制标志。

【流行病学】

本病分布广泛,通常呈散发性,亦可引起流行,一年四季均可发病。

(一)传染源

患者和 EBV 携带者是本病的传染源。90% EBV 抗体阳性者唾液中及咽分泌物中可分离出病毒。EBV 感染后长期携带病毒可持续或间断排毒达数年之久。

(二)传播途径

主要经口密切接触(如接吻)而传播(口-口传播),偶可通过输血或骨髓移植传播。

(三)易感人群

传染性单核细胞增多症多见于 16~30 岁青年患者,35 岁以上患者少见。6 岁以下幼儿多呈隐性感染或表现为轻症咽炎或上呼吸道炎症,体内出现 EBV 抗体,但无嗜异性抗体。15 岁以上青年中部分呈现典型发病(临床病例与亚临床感染比例 1:2~4),EBV 病毒抗体和嗜异性抗体均阳性。10 岁以上 EBV 抗体阳性率 86%。发病后可获得持久免疫力。

【发病机制与病理解剖】

EBV 入口腔后先在咽部淋巴组织内增殖,导致渗出性咽扁桃体炎,局部淋巴管受累、淋巴结肿大,继而入血液循环产生病毒血症,进一步累及淋巴系统的各组织和脏器。因 B 细胞表面有 EBV 受体(CD21),故 EBV 主要感染 B 细胞,导致 B 细胞表面抗原性改变,继而引起 T 细胞防御反应,细胞毒性 T 细胞(Tc)可识别带有 LYDMA、LMP 等 EBV 抗原的 B 细胞,使 Tc 激活增殖,形成细胞毒性效应细胞而直接破坏感染 EBV 的 B 细胞。病人血中的大量异常淋巴细胞(又称异型淋巴细胞)就是这种具杀伤能力的细胞毒性 T 淋巴细胞(CTL)。EBV 可引起 B 细胞多克隆活化,产生非特异性多克隆免疫球蛋白,其中有些免疫球蛋白对本病具特征性,如 Paul-Bunnell 嗜异性抗体。本病发病机制除主要由于 B、T 淋巴细胞交互作用外,还有免疫复合物的沉积及病毒对细胞的直接损伤等因素。该病多为自限过程。

病理变化以单核-吞噬细胞系统为主要病变所在,其特征为淋巴组织良性增生。主要为异常的多形性淋巴细胞浸润,以淋巴结、扁桃体及肝、脾显著,肾、骨髓、中枢神经系统也可受累。淋巴结肿大,淋巴细胞及单核-吞噬细胞高度增生,胸腺依赖副皮质区的 T 细胞增生最为显著。

【临床表现】

潜伏期:儿童 9~11 天(5~15 天),成人通常为 4~7 周。起病急缓不一,约 40% 有前驱症状,为期不超过一周,表现为全身不适、头痛、头昏、畏寒、鼻塞、食欲缺乏、恶心、呕吐、轻度腹泻等。该病热程长短悬殊,伴随症状多样化,各次流行临床表现可迥然不同。典型表现为发热、咽痛、淋巴结肿大。本病病程一般约 1~3 周,少数可延缓至数月。多为自限性,死亡率 1%~2%,多死于脑炎、心肌炎、脾破裂等严重并发症。

(一)发热

体温 38.5~40.0℃不等,部分患者伴畏寒、寒战。病程早期可有相对缓脉。热型与热程无固定,数日至数周,也有长达 2~4 个月者,热渐退或骤退,多伴有出汗。

(二)淋巴结肿大

为本病特征性表现。在病程第 1 周内即可出现,浅表淋巴普遍受累,以颈后三角区最为常见,腋下、腹股沟次之。分布不对称,纵隔、肠系膜淋巴结偶可累及。肿大的淋巴结直径 0.5~4cm,多为 3cm 以下,中等硬度,无粘连,无明显压痛。肿大淋巴结常于热退后方徐缓消退。

（三）咽峡炎

咽部、扁桃体、悬雍垂充血肿胀，伴有咽痛，肿胀严重者可出现呼吸困难，但喉及气管阻塞罕见。扁桃体可有渗出物，少数有溃疡。

（四）脾肿大

半数患者有轻度脾肿大，有疼痛及压痛，偶可发生脾破裂。

（五）其他

可出现神经系统表现，如格林-巴利综合征、脑膜脑炎等。皮疹多见于4~6病日，持续一周左右，皮疹多样性，斑疹、丘疹、皮肤出血点或猩红热样红斑疹，常与药物性皮疹混存。软腭可有出血点。偶见心包炎、心肌炎、肾炎或肺炎。消化系统症状主要为腹痛、腹泻、恶心和呕吐。病程后期偶可发生免疫性血小板减少性紫癜和溶血性贫血。

【实验室检查】

（一）血常规

发病早期周围血白细胞总数可正常或偏低，第1周末逐渐升高至 $10 \times 10^9/L$，偶可达 $(30 \sim 60) \times 10^9/L$，分类以单核细胞为主，可达60%以上。病程1~3周异型淋巴细胞增多。异型淋巴细胞超过10%或其绝对数超过 $1.0 \times 10^9/L$ 具有诊断价值，因为其他病毒感染引起的异型淋巴细胞增高少有超过10%或其绝对数超过 $1.0 \times 10^9/L$。血小板减少常见（50%），可能与病毒直接损伤及免疫复合物作用有关。

（二）病原学检查

1. 嗜异性凝集试验　患者血清中出现一种 IgM 型嗜异性抗体，能凝集绵羊或马的红细胞，阳性率达80%~90%。嗜异性抗体在第1~2周上升，第4~6周达高峰，效价高于1：64方有诊断意义。本病的嗜异性凝集素可被牛红细胞吸附而不被豚鼠肾细胞吸附，而正常人及其他疾病时血中嗜异性凝集素则均可被牛细胞和豚鼠肾细胞吸附，故应做吸附试验以鉴别。

2. EBV 抗体检测　近年用免疫荧光法和 EIA 法可检测 EBV 特异性抗体，有助于嗜异性抗体阴性 EBV 感染的诊断。发病1周内出现 VCA-IgM 抗体，持续4~8周，是 IM 诊断的常用方法；VCA-IgG 抗体和 EBNA 抗体可持续终身。EA-IgG 抗体持续时间短暂，效价大于1：20为 EBV 近期感染。

3. EBV-DNA 检测　聚合酶链反应（PCR）可敏感、快速、特异地检测血液、脑脊液标本中的 EBV DNA。

4. 喉洗液和血液接种培养 EBV　对临床诊断帮助不大，因 EBV 通常在口咽部和 B 淋巴细胞中。

【诊断与鉴别诊断】

主要依据临床表现、特异血象、嗜异性凝集试验及 EBV 抗体、BEV DNA 检测进行诊断。当出现局部流行时，流行病学资料有重要参考价值。注意与巨细胞病毒、腺病毒、甲肝病毒感染、风疹、咽喉部感染所致的单核细胞增多相区别。其中巨细胞病毒（CMV）所致者最常见，有认为在嗜异性抗体阴性的传染性单核细胞增多症中，几乎半数与 CMV 有关。EBV 所致者淋巴结炎、咽扁桃体炎常见，CMV 所致者肝脾肿大、气管炎和皮疹多见，发病高峰年龄前者>4岁（66.3%），后者<4岁（70%）。明确鉴别依据血清学和病毒学检查。

【治疗】

本病多为自限性，预后良好，主要为对症治疗。急性期应卧床休息，发热、肝损伤时按相应对症治疗。抗菌药物仅用于咽或扁桃体继发链球菌感染时，慎用氨苄西林或阿莫西林，因易致皮疹。重症患者如咽喉严重病变或水肿者、有神经系统并发症、心肌炎、溶血性贫血及血小板减少性紫癜等并发症时，应用短疗程肾上皮质激素可明显减轻症状。脾破裂若能及时确诊，迅速处理常可获救。注射 IM 恢复后血清（含 EBV 特异性抗体）20~30ml 有一定疗效，抗病毒制剂，如阿糖腺苷、阿昔洛韦、干扰素等的确切疗效尚待证实。

【预防】

急性期病人应呼吸道隔离，鼻咽分泌物应消毒处理。正在研制 EBV 疫苗，除用以预防本病外，尚考虑用于 EBV 感染相关的儿童恶性淋巴瘤和鼻咽癌的免疫预防,EBV 膜抗 gp^{540} 的亚单位疫苗动物试验已获成功,能诱生中和抗体。

(郭亚兵)

学习小结

传染性单核细胞增多症由 EB 病毒经口-口接触感染,青年人感染出现典型临床症状,表现为发热、咽峡炎、表浅淋巴结肿大,多样性皮疹,脾大;血白细胞增高,异性淋巴细胞增高,嗜异性凝集试验阳性,EB 病毒 VCA-IgM 抗体阳性。该病多为自限性,预后良好。无特异性治疗,主要是对症治疗观察。

复习参考题

1. 简述传染性单核细胞增多症最常见的临床表现。

2. 简述传染性单核细胞增多症的诊疗措施。

第十三节　狂犬病

学习目标

掌握	狂犬病的临床表现、实验室检查、诊断和鉴别诊断、治疗,重点掌握病兽咬伤后的伤口处理和预防。
熟悉	狂犬病的流行病学、发病机制和病理改变。
了解	狂犬病毒的生物学特性。

狂犬病(rabies)是由狂犬病毒引起的人兽共患性急性中枢神经系统传染病。人由病兽咬伤而感染。临床表现为恐水怕风、惊惧不安、咽肌痉挛、进行性瘫痪等,病死率 100%。

【病原学】

狂犬病毒属弹状病毒科,形似子弹,大小约 75nm×180nm,病毒中心为单股负链 RNA,外绕以核衣壳和含脂蛋白及糖蛋白的包膜。狂犬病毒含 5 种主要蛋白,即糖蛋白(G)、核蛋白(N)、聚合酶(L)、磷蛋白(NS)和膜蛋白(M)。糖蛋白能与乙酰胆碱受体结合,决定了狂犬病毒的嗜神经特性,并能刺激机体产生保护性的中和抗体。核蛋白在体内可产生补体抗体和沉淀素,无中和病毒作用。乳鼠接种能分离病毒,用地鼠肾细胞、人二倍体细胞等细胞株可增殖、传代,从感染的人或动物体内分离到的病毒为野毒株或街毒株,毒力强,致病力强,可在唾液腺中繁殖,多条途径感染可使人和动物发病。街毒株经家兔脑内多次传代后获得固定毒株,毒力减弱,不能在唾液腺中繁殖,自然感染不能侵犯中枢神经系统,但仍有免疫原性,可供制备疫苗。病毒抵抗力弱,不耐热,易被紫外线、碘酒、高锰酸钾、酒精、甲醛等灭活,低温干燥条件下可长期保存。

【流行病学】

1. 传染源　主要传染源是病犬,尤其一些貌似健康的犬,唾液中可带病毒并能传播。其次为猫和野生动物如蝙蝠、狼、狐狸等。目前无人传播人的报道。

2. 传播途径　主要通过病兽咬伤、抓伤感染病毒,或带病毒犬的唾液经伤口侵入,少数可在宰杀病犬过程中被感染。蝙蝠群居洞穴中含病毒的气溶胶可经呼吸道传播。

3. 易感人群　人群普遍易感。人被病兽咬伤后是否发病与咬伤部位、咬伤程度、伤口处理、衣着厚薄、疫苗注射和免疫状态等有关。咬伤头面颈手指处、创口深而大、被咬者免疫功能低下或有免疫缺陷者，发病率更高，伤口迅速彻底清洗、及时全程足量注射狂犬疫苗者发病机会减少。

4. 流行特征　全世界流行，发病率与犬只管理和疫苗注射密切相关。

【发病机制与病理解剖】

狂犬病毒自破损的皮肤或黏膜侵入人体，主要侵犯神经组织，致病过程可分3期：①组织内病毒小量增殖期：病毒先在伤口附近的肌细胞内小量增殖，再侵入近处的末梢神经；②侵入中枢神经系统期：病毒沿末梢神经的轴索浆向中枢神经作向心性扩展，至脊髓的背根神经节大量繁殖，入侵脊髓并很快到达脑部，主要侵犯脑干、小脑等处的神经细胞；③向各器官扩散期：病毒从中枢神经向周围神经扩展，侵入各器官组织，尤以唾液腺、舌部味蕾、嗅神经上皮等处病毒量较多。由于迷走、舌咽及舌下脑神经核受损，致吞咽肌和呼吸肌痉挛，出现恐水、吞咽和呼吸困难，交感神经受累时出现唾液分泌和出汗增多，迷走神经节、交感神经节和心脏神经节受损时，可引起患者心血管功能紊乱或猝死。

病理变化主要为急性弥漫性脑脊髓炎，以大脑基底、海马回和脑干部位（中脑、脑桥和延髓）及小脑损害最为明显。外观脑组织有充血、水肿、微小出血等。镜下有神经细胞变性和炎性细胞浸润，特征性病变是神经细胞质内有圆形或椭圆形的嗜酸性包涵体（内格里小体），直径 $3 \sim 10\mu m$，染色后呈樱红色，系病毒集落，有特异诊断意义。

【临床表现】

潜伏期一般1~3个月，短者5日，长者可达19年。典型（狂躁型）临床经过分为3期。

1. 前驱期　初为低热、倦怠、头痛、恶心、全身不适，继而恐惧不安，烦躁失眠，对声、光、风等刺激敏感而有喉头紧缩感。在愈合的伤口及其神经支配区有痒、痛、麻及蚁行感。本期持续2~4天。

2. 兴奋期　逐渐进入高度亢奋状态，突出表现为极度恐惧、恐水、怕风。体温可达38~40℃。恐水为本病的特征表现，典型者渴极不敢饮，见水、闻流水声、饮水、或仅提及饮水即可引起咽喉肌严重痉挛，但不一定每例都有。外界多种刺激如风、光、声也可引起咽肌痉挛，因声带痉挛伴声嘶、说话吐词不清，严重发作时可出现全身肌肉阵发性抽搐，因呼吸肌痉挛致呼吸困难和发绀。交感神经功能亢进表现为大量流涎、乱吐唾液、大汗淋漓、心率加快、血压上升。患者神志大多清楚，部分可出现精神失常、幻视幻听等。持续1~3天。

3. 麻痹期　患者肌肉痉挛停止，进入全身弛缓性瘫痪，由安静进入昏迷状态，持续6~18小时后因呼吸、循环衰竭死亡。

全病程一般不超过6天。除狂躁型表现外，尚有以脊髓或延髓受损为主的麻痹型（静型）狂犬病，患者无兴奋期和恐水表现，常见高热、头痛、呕吐、腱反射消失、肢体软弱无力、共济失调和大、小便失禁，呈横断性脊髓炎或上行性麻痹等症状，最终因呼吸肌麻痹死亡。

【实验室检查】

1. 血常规　外周血白细胞总数轻至中度增多，中性粒细胞可占80%以上。

2. 脑脊液常规　细胞数及蛋白质可稍增多，糖及氯化物正常。

3. 病原学检查　取患者的唾液、脑脊液、泪液或脑组织接种鼠脑可分离病毒；取病兽或死者的脑组织作切片染色，镜检可找到内格里小体；RT-PCR法可检测狂犬病毒核酸；以上任一项阳性时可确诊。

4. 免疫学试验　取患者唾液、咽喉分泌物、角膜印片、皮肤肌肉检测病毒抗原，取血清或脑脊液行中和抗体检测，方法快捷，特异性和敏感性均较高。

【诊断与鉴别诊断】

依据病兽咬抓伤史和典型症状如恐水、怕风、咽喉痉挛、多汗、流涎和咬伤处麻木、感觉异常等可作出临床诊断。确诊有赖于病毒抗原、病毒核酸、尸检脑组织中的内格里小体或病毒分离等实验室检查。

本病需与破伤风、病毒性脑膜脑炎、脊髓灰质炎等鉴别。

【治疗】

无特效治疗,对症处理为主,病死率达100%

1. 隔离病人　保持患者安静,避免光、风、声等刺激。防止唾液污染,患者分泌物和排泄物应消毒处理。

2. 加强监护和对症治疗　维持心、肺功能,必要时气管切开,间隙正压给氧。纠正酸中毒,维持水电解质平衡。有心动过速、心律失常、高血压等可用β受体阻滞剂或强心剂。有脑水肿时给予脱水剂。狂躁时用镇静剂,恐水、多汗者及时补液。

【预防】

1. 管理传染源　捕杀病犬,管理和免疫家犬、家猫,病死动物应予焚毁或深埋。

2. 伤口处理　被病兽咬抓后尽快用20%肥皂水或0.1%新洁尔灭(季胺类消毒液)反复冲洗伤口至少半小时(季胺类与肥皂水不可合用),力求去除狗涎,挤出污血。冲洗后用70%酒精擦洗及浓碘酒反复涂拭,伤口数日内不予缝合、包扎,以便排血引流。皮试阴性则可在伤口底部和周围注射抗狂犬病免疫球蛋白或免疫血清。

3. 预防接种

(1) 疫苗接种:暴露前预防主要针对高危人群,如兽医、山洞探险者、从事狂犬病毒研究的实验人员和动物管理人员。凡被犬或其他可疑物咬伤、抓伤者、医务人员有皮肤破损处被病人唾液玷污时均需作暴露后预防接种。国内主要采用地鼠肾细胞疫苗,暴露前预防接种3次,每次2ml,肌注,于0、7、21日进行;2~3年加强注射一次。暴露后预防接种5次,每次2ml,肌注,于0、3、7、14和30日进行,如严重咬伤,可全程注射10针,于当日至第6日每日一针,随后于10、14、30、90日各注射一针。

(2) 免疫球蛋白注射:有马或人源性抗狂犬病毒免疫球蛋白,以人抗狂犬病毒免疫球蛋白为佳,用量为20IU/kg;马抗狂犬病毒免疫血清为40IU/kg,咬伤严重者应尽快注射,总量一半在伤口局部浸润注射,剩余剂量作臂部肌内注射。注射前应作皮肤过敏试验,过敏者行脱敏注射。

(谢志军)

学习小结

狂犬病毒是单股负链RNA病毒,有嗜神经特性,在体外抵抗力弱。传染源主要是病犬,主要通过病兽抓咬感染。人群普遍易感,是否发病与咬伤部位、程度、伤口处理、衣着厚薄、疫苗注射和免疫状态密切相关。潜伏期长短不一,典型病例可分3期:前驱期、兴奋期、麻痹期。血常规示白细胞总数和中性粒细胞升高,脑脊液常规提示病毒感染。依据病兽咬抓伤和典型恐水、怕风、咽喉痉挛、多汗等症状可作出临床诊断,确诊依赖病原学检测,应注意与破伤风、病毒性脑炎、脊髓灰质炎鉴别。病死率达100%,无特效治疗,以对症治疗为主。本病预防原则包括:①管理传染源:捕杀病犬,管理和免疫家犬、家猫。隔离病人。②伤口处理:被病兽咬伤后应尽快用肥皂水或新洁尔灭冲洗伤口、去除污血狗涎、反复用酒精和碘酒擦洗消毒、不予缝合包扎、伤口底部注射抗狂犬病免疫球蛋白或免疫血清。③预防接种:高危人群暴露前可预防接种狂犬疫苗3次,被病兽咬抓后视咬伤程度接种狂犬疫苗5~10次,严重者需注射抗狂犬病免疫球蛋白。

复习参考题

1. 简述人被可疑动物咬抓伤后的伤口处理方法。

2. 简述人被狗咬抓伤后影响发病的因素。

3. 试述狂犬病的临床诊断和确诊依据。

第十四节 艾滋病

学习目标	
掌握	**AIDS** 概念，**HIV** 传播途径和高危人群，艾滋病各分期临床表现。
熟悉	艾滋病的发病机制，**HIV** 攻击的主要靶细胞；病毒载量检测的意义；各种机会性感染临床表现，抗病毒治疗目标和方法。
了解	**HIV** 病原学、流行病学特征，预防感染的方法。

艾滋病是获得性免疫缺陷综合征(acquired immuno deficiency syndrome，AIDS)简称，是由人类免疫缺陷病毒(human immunodeficiency virus，HIV)引起的慢性、致死性传染病。本病主要经性接触、血液和母婴传播。HIV 主要侵犯、破坏 $CD4^+T$ 淋巴细胞、巨噬细胞和树突状细胞等，导致机体免疫细胞数量和功能受损甚至缺陷，最终并发各种严重机会性感染(opportunistic infection)和肿瘤(opportunistic malignancy)。该病传播迅速，发病缓慢，病死率高，目前尚无根治病毒的方法，切断传播途径是最有效的控制措施。

【病原学】

HIV 为单链 RNA 病毒，属于反转录病毒科慢病毒属中的人类慢病毒组。HIV 是一种直径为 100~200nm 颗粒，由核心和包膜两部分组成。核心包括两条单股正链 RNA，与核心蛋白 P7 结合在一起，核心结构蛋白和病毒复制所必需的酶类，含有反转录酶(RT，P51/P66)，整合酶(INT，P32)和蛋白酶(P1，P10)。核心外面为病毒衣壳蛋白(P24、P17)。病毒的最外层为包膜，其中嵌有外膜糖蛋白 gp120 和糖蛋白 gp41，还包含多种宿主蛋白，其中 MHC Ⅱ 类抗原和跨膜蛋白质 gp41 与 HIV 感染进入宿主细胞密切相关。HIV 既嗜淋巴细胞，又嗜神经细胞，主要感染 $CD4^+$ 细胞和单核-吞噬细胞、B 淋巴细胞、小神经胶质细胞和骨髓干细胞等。

根据 HIV 基因的差异，HIV 现可分为 HIV-1 和 HIV-2 两型，全球流行的主要毒株是 HIV-1。HIV-2 主要局限于西部非洲和西欧，北美洲也有报告，传染性和致病性均较低。HIV-1 和 HIV-2 的氨基酸序列同源性约 40%~60%。

HIV 是一种变异性很强的病毒，尤以 env 基因变异率最高，根据 env 基因核酸序列差异性，HIV-1 分为 3 个亚型组 13 个亚型。其中 M 亚型组包括 A、B、C、D、E、F、G、H、I、J 和 K 共 11 个亚型；N 亚型组只有 N 亚型；O 亚型组只有 O 亚型。各亚型 env 基因核酸序列差异性平均为 30%。HIV-2 至少有 A、B、C、D、E、F、G 7 个亚型，我国以 HIV-1 为主要流行株。已发现的有 A、B(欧美 B)、B'(泰国 B)、C、D、E、F 和 G 8 个亚型，还有不同的流行重组型。1999 年起在部分地区发现并证实我国有少数 HIV-2 型感染者。

HIV 发生变异的主要原因有反转录酶无校正功能而导致的随机变异、宿主的免疫选择压力、不同病毒之间、病毒与宿主之间的基因重组、以及药物选择的压力，其中不规范的抗病毒治疗是导致耐药变异的重要原因。HIV 变异株在细胞亲和性、复制效率、免疫逃逸、临床表现等方面均有明显变化。及时发现并鉴定 HIV 各种亚型对于追踪流行趋势、及时做出诊断、开发诊断试剂和新药研制、疫苗开发均具有重要意义。

HIV 需借助于易感细胞表面的受体进入细胞，包括第一受体(CD4，主要受体)和第二受体(CCR5 和CXCR4 等辅助受体)。根据 HIV 对辅助受体利用的特性可将 HIV 分为 X4 和 R5 毒株。R5 型病毒通常只利用 CCR5 受体，而 X4 型病毒常常同时利用 CXCR4、CCR5 和 CCR3 受体，有时还利用 CCR2b 受体。

HIV-1 基因组长 9181bp，HIV-2 基因组长 10359bp。HIV 基因除包括两端长末端重复序列（LTR）外，中间有 9 个开放读框（ORF），包括：组特异性抗原基因（group specific antigen gene，gag），多聚酶（polymerase，pol）基因，包膜蛋白（envelop gene，env）基因，反式激活（transactivator，tat）基因，病毒蛋白调节因子（regulator of virion proteins，rev）基因，病毒颗粒感染因子（virion infectivity factor，vif）基因，负调节因子（negative regulatory factor，nrf）基因，病毒蛋白 R（virion protein R，vrp）基因，HIV-1 病毒蛋白 U（virion protein U gene，vpu）基因。HIV-2 无 vpu 基因，但有 vpx（virion protein X，vpx）基因。HIV 抵抗力较弱，对热敏感，56℃ 30 分钟可使 HIV 在体外对人的 T 淋巴细胞失去感染性，但不能完全灭活血清中的 HIV；100℃ 20min 可将 HIV 完全灭活。常用的漂白粉、新鲜 2% 戊二醛溶液、4% 福尔马林溶液、2% 氯胺、6% 过氧化氢或 70% 酒精都能灭活病毒。HIV 对紫外线、γ 射线不敏感。人体感染 HIV 后数周至 6 个月产生抗体，但极少有中和抗体，同时存在抗体和病毒的血清仍具传染性。

【流行病学】

（一）传染源

AIDS 患者和无症状 HIV 感染者是本病的传染源。传染性强弱与传染源血中 HIV RNA 水平有关，无症状 HIV 感染者的流行病学意义更大。HIV 主要存在于感染者和患者的血液、精液、阴道分泌物、胸腹水、脑脊髓液和乳汁中。血清病毒阳性而 HIV 抗体阴性的这段时期称为窗口期（window phase），窗口期通常为 2~6 周，这样的感染者亦是重要的传染源。

（二）传播途径

1. 性接触传播　近年来为最重要的传播途径，包括同性、异性和双性性接触。HIV 存在于血液、精液和阴道分泌物中，唾液、眼泪和乳汁等体液也含低水平的 HIV。性接触摩擦所致细微破损即可侵入机体致病。精液含 HIV 量为（1~10）×10^6/ml，远高于阴道分泌物。男传女的概率高于女传男 2~3 倍，但在性传播疾病高发区，两者无显著差别。与发病率有关的因素包括性伴侣数量、性伴侣的感染阶段、性交方式和性交保护措施等。

2. 经血液和血制品传播　包括共用针具静脉注射毒品、介入性医疗操作等。医务人员被污染的针头刺伤或破损皮肤受污染也可能被传染，但感染率一般不超过 0.3%。

3. 母婴传播　包括经胎盘、分娩时和哺乳传播，目前认为 HIV 阳性孕妇约 11%~60% 会发生母婴传播。

4. 其他途径　接受 HIV 感染者的器官移植、人工授精或污染的器械等，医务人员被 HIV 污染的针头刺伤或破损皮肤受污染也可受染。

HIV 在离体的情况下抵抗力很弱，很快失去活性。握手拥抱、礼节性亲吻、同吃同饮等日常生活接触不会传播 HIV，目前无证据表明可经食物、水、昆虫或生活接触传播。

（三）人群易感性

人群普遍易感，15~49 岁发病者占 80%。HIV 感染高危人群有：男性同性恋、静脉药物依赖者、性乱者、血友病、多次接受输血或血制品者。儿童和妇女感染率逐年上升。

（四）流行特征

1981 年美国首先公布获得性免疫缺陷综合征，1983 年分离到病毒。截至 2011 年底，全球存活的艾滋病毒感染者和艾滋病病人估计为 3400 万人，14~59 岁人群 HIV 感染率约为 0.8%，2011 年新发感染 250 万人，比 10 年前下降约 20%，艾滋病相关死亡 170 万人。撒哈拉以南地区仍然是艾滋病疫情最为严重的地区，大约每 20 名成人中有 1 名感染 HIV（4.9%），其次为加勒比海、东欧和中亚地区。

我国于 1985 年报告首例艾滋病，目前已覆盖全国所有省、自治区、直辖市。我国艾滋病流行经历传入期（1985~1988），报告的患者主要为来华外国人、海外华人以及因血液病使用进口血制品感染的患者，主要分布在沿海城市;扩散期(1989~1993),在吸毒人员、归国劳务人员、性病患者和暗娼中发现 HIV 感染者,其中绝大多数为云南吸毒感染人员(146 例);1994 年(1994 年至今)进入增长期,HIV 感染者在云南以外更多的吸毒人员、职业献血员中发现,全国 HIV 感染报告急剧上升。疫情主要呈现四个特点:一是全国疫情整体保持低流行状态,但部分地区流行程度较高;二是经静脉吸毒和经母婴传播降至较低水平,经性传播成为主要传播途径;三是各地流行模式存在差异,中老年人、青年学生等重点人群疫情上升明显;四是存活的感染者和病人数明显增多,发病人数增加。截至 2014 年累计报告艾滋病毒感染者及病人(含死亡)超过 1 万例的省份有 15 个,分别是安徽省、上海市、湖北省、浙江省、江苏省、北京市、湖南省、贵州省、重庆市、新疆维吾尔自治区、广东省、河南省、广西壮族自治区、四川省、云南省。其中云南省病例最多,超过 10 万例。从地域上看,中国西南重点省份感染比较多,2014 年 12 月 1 日国家卫生计生委在线访谈透露,云南、广西、四川三个省份的感染者和病人占全国的 45%。2016 年 1~9 月,新发现 15~24 岁青年学生感染者和 60 岁以上老年男性感染者分别为 2321 例和 1.3 万例,分别是 2010 年同期的 4.1 倍和 3.6 倍。

【发病机制与病理解剖】

（一）发病机制

HIV 主要侵犯人体免疫系统,主要是 CD4$^+$淋巴细胞、巨噬细胞、NK 细胞、树突状细胞等,导致 CD4$^+$淋巴细胞数量不断减少,功能受损或缺失,引起各种机会感染和恶性肿瘤。影响 HIV 感染临床转归的主要因素有病毒、宿主免疫和遗传背景等。

1. HIV 感染与复制　　HIV 侵入人体后 24~48 小时内到达局部淋巴结,5 天后在外周血中可以检测到病毒成分。随后产生病毒血症,导致 CD4$^+$T 淋巴细胞一过性减少,即临床上的急性感染。大多数感染者未经特殊治疗 CD4$^+$T 淋巴细胞可以自行恢复至正常水平,但病毒并未被清除,形成慢性感染。HIV 通过各种途径进入人体后,首先附着于宿主细胞上,HIV 表面的 gp120 与 CD4$^+$T 细胞受体结合,在 gp41 协助下,HIV 的膜与 CD4$^+$T 细胞膜相融合,病毒核心蛋白及 RNA 进入细胞质。两条单股正链 RNA 在反转录酶作用下,反转录成两条负链 DNA,在细胞核内 DNAP 作用下形成环状 DNA,然后以此 DNA 为模板在 DNA 多聚酶作用下复制 DNA。新形成的双链 DNA 整合于宿主染色体作为前病毒,潜伏 2~10 年甚至更长时间后,经转录、翻译、装配成新的 HIV,并以芽生形式释出细胞膜,再感染其他细胞。HIV 感染宿主免疫细胞后每天可以产生 10^9~10^{10} 的病毒颗粒,HIV 在细胞核内大量复制、繁殖,直接导致 CD4$^+$T 细胞溶解或破坏。

2. CD4$^+$T 细胞间接受损　　除 HIV 病毒表面表达 gp120 外,已感染 HIV 的 CD4$^+$T 细胞表面也有 gp 120 表达。这些已感染的细胞可与未感染的 CD4$^+$T 细胞的 CD4 分子结合,从而导致细胞发生溶解破坏,并可引起机体免疫损伤。另一方面,HIV 可感染骨髓干细胞,使 CD4$^+$T 细胞产生减少。

3. 其他免疫细胞受损　　单核细胞、巨噬细胞表面均有 CD4 分子,HIV 可以感染单核-巨噬细胞系,从而损害了机体对抗 HIV-1 和其他病原体感染的能力。同时感染 HIV 的单核-巨噬细胞,也成为病毒的贮存所,并在病毒扩散中起重要作用,特别是携带病毒通过血-脑屏障,引起神经系统感染。另一方面,HIV 感染可导致 B 细胞、自然杀伤细胞(NK 细胞)功能异常,从而对新抗原的刺激反应性降低,对抗感染和肿瘤的免疫监督能力减弱。

4. HIV 感染后免疫系统可出现异常激活的 CD4$^+$、CD8$^+$细胞,表达 CD69、CD38 和 HLA-DR 等免疫激活标志物水平异常升高,而且与血浆 HIV 载量有很好的相关性,随着疾病的进展,细胞激活水平也不断升高。

5. HIV 感染后的免疫应答　　感染初期,机体各种免疫应答能抑制 HIV 复制,包括产生中和抗体及抗体依赖性补体、T 细胞、NK 细胞分别介导的细胞毒作用。但在病程中,HIV 不断变异,抗原和毒力也随之改变,导致不断产生复制快、毒力强的新变异株,抗原的变异还可以使 HIV 逃避机体的免疫攻击,使 CD4$^+$T 细胞不断减少至耗竭,加之各种细胞因子参与,最终免疫系统崩溃,数年后可进展为 AIDS。

（二）病理改变

AIDS 的病理特点是组织炎症反应少,机会感染病原体多。病变主要在淋巴结和胸腺等淋巴器官。病理变化复杂多样,呈非特异性。淋巴结病变可以为反应性,也可以为肿瘤性病变。胸腺可以萎缩、退行性或炎性病变。中枢神经系有神经胶质细胞灶性坏死、血管周围炎及脱髓鞘等。

【临床表现】

HIV 感染后潜伏期平均 2~10 年,平均 9 年,可长达 15 年。从初始感染 HIV 到艾滋病终末期机体经历漫长的过程。在不同阶段,与 HIV 相关的临床表现多种多样,参照中华医学会感染病学分会艾滋病学组《艾滋病诊疗指南(2011 版)》,艾滋病的全过程可分为急性期、无症状期和艾滋病期。

1. 急性期　通常发生在初次感染 HIV 后 2~4 周,50%~75% 的感染者出现 HIV 病毒血症和免疫系统急性损伤产生的临床症状。大多数患者临床症状轻微或缺如,通常持续 1~3 周。临床表现以发热为主,可伴全身不适、头痛、盗汗、恶心、呕吐、肌痛、淋巴结病、咽炎。超过 50% 患者出现皮疹。神经系统并发症包括急性脑炎、淋巴细胞脑膜炎、外周神经病变。此期有高病毒血症期,HIV RNA 及 P24 抗原阳性,而 HIV 抗体则在感染后数周才出现。CD4$^+$T 淋巴细胞一过性减少,同时 CD4/CD8 比例下降或倒置,部分患者可有轻度白细胞或血小板减少、肝功异常。此期不易发现,容易漏诊,但有传染性。如能及时诊断和积极抗病毒治疗理论上讲可改变它的自然病程。

2. 无症状期　可从急性期进入此期,或无明显的急性期症状而直接进入此期。此期持续时间一般为 6~8 年。其时间长短与感染病毒的数量、病毒型别、感染途径,机体免疫功能状况,营养条件和生活习惯等因素有关。感染者体内每天复制 10^9~10^{10} 病毒颗粒,免疫系统受损、CD4$^+$T 淋巴细胞计数逐渐下降,此期具有传染性。

3. 艾滋病期　为感染 HIV 后的最终阶段。患者 CD4$^+$T 淋巴细胞计数明显下降,多为 <200 个/μl,HIV 血浆病毒载量明显升高。此期主要临床表现为 HIV 相关症状、体征,包括各种机会性感染及肿瘤。主要累及呼吸系统、神经系统、消化系统、皮肤黏膜及眼部等。未经治疗的患者在进入此期后的平均生存期为 12~18 个月。

HIV 相关症状:部分患者可出现持续 1 个月以上的发热或间歇性发热、盗汗、腹泻,体重减轻 10% 以上,部分患者表现为神经精神症状,如记忆力减退、精神淡漠、性格改变、头痛、癫痫及痴呆等。另外还可出现持续性全身性淋巴结肿大(PGL),其特点为:①除腹股沟以外有两个或两个以上部位的淋巴结肿大;②淋巴结直径≥1cm,无压痛,无粘连;③持续时间 3 个月以上。

常见机会性感染和肿瘤临床表现:

(1) 卡氏肺孢子菌肺炎(pneumocystis pneumonia,PCP):是艾滋病患者肺部最常见的机会感染。起病隐匿或亚急性,干咳,气短和活动后加重,可有发热、发绀,严重者发生呼吸窘迫。肺部阳性体征少,或可闻及少量散在的干湿性音,体征与疾病症状的严重程度往往不成比例。胸部 X 线(最好 CT)检查可见双肺从肺门开始的弥漫性网状结节样间质浸润,有时呈毛玻璃状阴影,血气分析示低氧血症。严重病例动脉血氧分压(PaO$_2$)明显降低,常在 60mmHg 以下。血乳酸脱氢酶常升高;确诊依靠病原学检查如痰液或支气管肺泡灌洗/肺组织活检等发现肺孢子菌的包囊或滋养体。

(2) 结核病:艾滋病并发肺结核可发生在 HIV 感染的任何阶段,而且临床进展快,治疗效果差。在 HIV 感染晚期表现则不典型,可引起播散性肺外结核。不能将一般结核病的诊断方法简单地套用于艾滋病合并结核病的诊断中,在进行诊断时应注意患者的免疫功能状态。常见的为肺结核、结核性脑膜炎等。

(3) 非结核分枝杆菌感染:艾滋病患者可并发非结核分枝杆菌感染,其中主要为鸟分枝杆菌(MAC)感染。

(4) 各种病毒感染:①巨细胞病毒(CMV)视网膜脉络膜炎:CMV 感染是艾滋病患者最常见的疱疹病毒感染。可侵犯患者多个器官系统,其中视网膜脉络膜炎最常见,临床表现为快速视力下降。CMV 也可以损伤肝细胞,表现为肝脏酶学升高,甚至出现黄疸。②部分患者并发单纯疱疹病毒、带状疱疹病毒感染,导致皮肤、黏膜疱疹。也可侵犯中枢神经系统引起疱疹性脑炎。

（5）弓形虫脑病:临床表现为局灶或弥漫性中枢神经系统损害。头颅 CT 呈单个或多个低密度病灶,增强扫描呈环状或结节样增强,周围一般有水肿带。确诊依赖脑组织活检。

（6）真菌感染:临床上常见的是假丝酵母菌感染和新生隐球菌感染。引起消化道、泌尿生殖道、神经系统和呼吸系统等病变。

（7）艾滋病相关肿瘤:主要有淋巴瘤和卡波西肉瘤（KS）,可见于各个系统。KS 与人疱疹病毒 8 型感染有关,常侵犯下肢皮肤和口腔黏膜,表现为紫红色或深蓝色浸润斑或结节,可融合成大片状,压之不褪色,触之有橡皮感,表面出现溃疡并向四周扩散。肿瘤常迅速扩大,多分散存在。进展期出现疼痛,可转移到淋巴结和内脏,确诊依赖病理活检。

【实验室检查】

HIV/AIDS 的实验室检测主要包括 HIV 抗体、HIV 核酸、$CD4^+T$ 细胞、HIV 基因型耐药检测等。HIV 抗体检测是 HIV 感染诊断的金标准;HIV 核酸定量（病毒载量）检测和 $CD4^+T$ 细胞计数是判断疾病进展、临床用药、疗效和预后的两项重要指标;HIV 基因型耐药检测可为高效抗反转录病毒治疗（HAAART）方案的选择和更换提供科学指导。

（一）一般检查

血常规检查发现白细胞、血红蛋白、红细胞及血小板有不同程度减少。小便检查可能发现蛋白尿。

（二）HIV 相关检测

1. HIV 抗体检查　检测血清中 gp24 和 gp120 抗体,包括筛查试验（含初筛和复检）和确证试验,灵敏度可达 99%。HIV 抗体筛查方法包括 ELISA 法、化学发光法或免疫荧光试验、快速检测（斑点 ELISA 和斑点免疫胶体金或胶体硒快速试验、明胶颗粒凝集试验、免疫层析试验）等,注意存在假阳性,需要进行蛋白印迹试验（Western blot, WB）确证。本法分辨率高,特异性强。对 HIV 抗体不确定者,可每 3 个月随访复查一次,连续 2 次,共 6 个月。

2. P24 抗原检测　用 ELISA 法检测血清中 HIV p24 抗原,测定方法相对简单,但费用较高,敏感性不理想。HIV 感染人体后有一段窗口期,此期病毒抗体不能被检出,但可检测到病毒相关抗原或分离出病毒,称为"窗口期"。此方法有助于抗体产生窗口期和新生儿早期感染的诊断。

3. 病毒载量测定　实验室要求较高,费用昂贵。常用反转录 PCR（RT-PCR）、b 分枝 DNA 信号放大系统（bDNA）和实时荧光定量 PCR 扩增（real time PCR）。多中心 AIDS 队列研究表明病毒载量变化可预测疾病的进程、提供开始抗病毒治疗依据、评估治疗效果、指导治疗方案调整以及 HIV 感染早期诊断的参考指标,结合 CD4 细胞计数更有效。小于 18 月龄的婴幼儿 HIV 感染诊断可以采用核酸检测方法,以 2 次核酸检测阳性结果作为诊断的参考依据,18 月龄以后再经抗体检测确认。推荐病毒载量检测频率:对于已接受抗病毒治疗 6 个月以上、病毒持续抑制的患者,可每 6 个月检测 1 次。HAART 6 个月内或病毒载量抑制不理想或需调整治疗方案时病毒载量的检测频率需根据患者的具体情况由临床医师决定。如条件允许,建议未治疗的无症状 HIV 感染者每年检测 1 次,HAART 初始治疗或调整治疗方案前、初治或调整治疗方案初期每 4~8 周检测 1 次。病毒载量低于检测下限后,每 3~4 个月检测 1 次,对于依从性好、病毒持续抑制达 2~3 年以上、临床和免疫学状态平稳的患者可每 6 个月检测 1 次。

4. HIV 基因型耐药检测　耐药测定方法有基因型和表型,目前国内外多采用基因型检测,通过检测可以了解耐药情况。一般在病毒载量抑制不理想或需调整治疗方案时进行耐药性检测,如条件允许,在抗病毒治疗前,最好进行耐药性检测,有利于选择合理的抗病毒治疗方案。

5. 分离病毒　患者血液、单核细胞、脑脊液及其他体液或分泌物等可分离出病毒,因操作复杂,成本高,难以用于临床,主要用于科学研究。

6. 蛋白质芯片　近年来芯片技术发展较快,能同时检测多种病原体,如 HIV、HBV、HCV 等的核酸和相应抗体,有较好的应用前景。

（三）免疫学检查

CD4$^+$T 淋巴细胞检测　常用流式细胞仪测定。可发现血液中的 CD4$^+$T 细胞计数降低[正常值为（0.8~1.2）×10^9/L]，CD4$^+$/CD8$^+$<1.0（正常值为 1.75~2.1）。或通过 WBC 分类计数后换算为 CD4$^+$T 淋巴细胞绝对数。

CD4$^+$T 淋巴细胞计数的临床意义是为了解机体的免疫状态和病程进展、确定疾病分期和治疗时机、判断治疗效果和 HIV 感染者的临床合并症。CD4$^+$T 淋巴细胞计数的检测间隔时间需根据患者的具体情况由临床医师决定，建议对于 CD4$^+$T 淋巴细胞数>350 个/μl 的 HIV 无症状感染者，每 6 个月检测 1 次；对于已接受抗反转录病毒治疗的患者在治疗的第 1 年内每 3 个月检测 1 次，治疗 1 年以上且病情稳定的患者可改为每半年检测 1 次。

免疫球蛋白、β$_2$微球蛋白可升高。

（四）其他检查

胸部 CT 可以了解并发肺孢子菌、真菌、结核分枝杆菌感染及卡波西肉瘤等情况。痰、支气管分泌物或肺活检可找到肺孢子菌包囊、滋养体或真菌孢子。大便涂片可见隐孢子虫。隐球菌脑膜炎患者脑脊液中可以查到隐球菌。各种病毒感染、弓形虫等可用 ELISA 检查相应的抗原抗体。

【诊断和鉴别诊断】

（一）诊断原则

HIV 感染/AIDS 的诊断需结合流行病学史（包括不安全性生活史、静脉注射毒品史、输入未经抗 HIV 检测的血液或血液制品、抗 HIV 阳性者所生子女或职业暴露史等），临床表现和实验室检查等进行综合分析，慎重作出诊断。诊断 HIV 感染/AIDS 必须是抗 HIV 阳性（经确证试验证实），而 HIV RNA 和 P24 抗原的检测有助于 HIV 感染/AIDS 的诊断，尤其是能缩短抗体"窗口期"和帮助早期诊断新生儿的 HIV 感染。

1. 急性期　患者近期内有流行病学史和临床表现，结合实验室 HIV 抗体由阴性转为阳性即可诊断，或仅实验室检查 HIV 抗体由阴性转为阳性即可诊断。

2. 无症状期　有流行病学史，结合抗 HIV 阳性即可诊断，或仅实验室检查抗 HIV 阳性即可诊断。

3. 艾滋病期　有流行病学史、实验室检查 HIV 抗体阳性，加下述各项临床表现中的任何一项，即可诊断为艾滋病；或者 HIV 抗体阳性，而 CD4$^+$T 淋巴细胞计数<200 个/μl，也可诊断为艾滋病。

（1）原因不明的持续不规则发热 38℃以上，>1 个月；

（2）腹泻（大便次数多于 3 次/d），>1 个月；

（3）6 个月之内体质量下降 10%以上；

（4）反复发作的口腔假丝酵母菌感染；

（5）反复发作的单纯疱疹病毒感染或带状疱疹病毒感染；

（6）肺孢子菌肺炎（PCP）；

（7）反复发生的细菌性肺炎；

（8）活动性结核或非结核分枝杆菌病；

（9）深部真菌感染；

（10）中枢神经系统病变，约 10%~20%的患者以神经系统症状为首发症状；

（11）中青年人出现痴呆；

（12）活动性巨细胞病毒感染；

（13）弓形虫脑病；

（14）青霉菌感染；

（15）反复发生的败血症；

（16）皮肤黏膜或内脏的卡波西肉瘤、淋巴瘤；

（17）CD4+T 淋巴细胞计数<200 个/μl。

（二）鉴别诊断

本病临床表现复杂多样，易与许多疾病相混淆。

免疫缺陷改变须与先天性或继发性免疫缺陷病相鉴别。特发性 CD4+T 淋巴细胞减少症的鉴别主要依靠病原学检查；继发性 CD4+T 淋巴细胞减少主要见于肿瘤和自身免疫性疾病的化疗或免疫抑制治疗后，详细询问病史有助于鉴别。

急性感染期要与传染性单核细胞增多症、流行性感冒等相鉴别。全身淋巴结肿大要与淋巴瘤、白血病鉴别。进入艾滋病期后，由于各种机会性感染表现为白念珠菌感染、隐球菌感染、肺结核和 PCP 等，应进行鉴别诊断。PCP 要与 SARS 相鉴别。

【预后】

部分感染者无症状感染期可达 10 年以上，如早期进行合理有效的抗病毒治疗，多数患者可以获得免疫重建，减缓疾病进展，长期停留在无症状期或 PGL 期。如果发展至 AIDS 期，则预后凶险，若不进行抗病毒治疗，病死率极高，常在 6~18 个月内死于各种机会性感染。病程中 1 年死亡率为 50%，3 年为 80%，5 年几乎全部死亡。合并有基础疾病者，病情进展快，预后更差。

【治疗】

（一）治疗原则

对于 HIV 目前尚无特异的根治病毒的方法，对于艾滋病患者采取抗病毒治疗为主的综合治疗，包括及时、合理应用抗病毒药物治疗，最大限度地抑制病毒复制；维持健康和心理支持，提倡健康的生活方式，合理地营养；正规使用抗机会性感染和肿瘤的药物治疗；定期评估和监督患者临床情况和免疫状态。

（二）高效抗逆转录病毒治疗

1. 抗病毒治疗目标

（1）降低 HIV 相关的发病率和病死率，降低非艾滋病相关疾病的发病率和病死率，使患者获得正常的期望寿命，改善生活质量。

（2）抑制病毒复制，使病毒载量降低至检测下限。

（3）重建或者维持免疫功能。

（4）减少免疫重建炎性反应综合征。

（5）减少 HIV 的传播，预防母婴传播。

2. 抗病毒治疗指征　由于抗病毒治疗须终身维持，费用高，需要患者有很好的依从性。因此，前些年抗病毒治疗时必须结合感染者的病毒载量、CD4+ T 细胞计数和临床状况。最近新的观点是一经诊断 HIV 感染就可以开始抗病毒治疗，这是 HIV 感染抗病毒治疗认识的最大进步。

3. 抗病毒药物种类　目前国际上共有六大类 30 多种药物（包括复合制剂），根据作用机制的不同，抗病毒药物主要分为六类：

（1）核苷类逆转录酶抑制剂（nucleoside reverse transcriptase inhibitors，NRTIs）：此类药物选择性抑制 HIV 反转录酶，掺入正在延长的 DNA 链中，抑制 HIV 复制。常用药物有：

齐多夫定（ZDV，AZT）：成人每次 300mg，2 次/d，儿童 160mg/m² 体表面积，3 次/d。新生儿/婴幼儿 2mg/kg，4 次/d。该药不能与 d4T 联用。

去羟肌苷（DDI）：成人体重≥60kg 者，200mg，2 次/d；体重≤60kg 者，125mg，2 次/d，可诱发周围神经炎、腹泻、口腔炎或胰腺炎等。

拉米夫定（3TC）：150mg，2 次/d，与 AZT 有协同作用。

司他夫定（D4T）：成人用量为每次 30mg，2 次/d。

阿巴卡韦（ABC）：成人 300mg/d，2 次/d，可以抑制 HIV-1、HIV-2，对 AZT、LAM、DDI 和奈韦拉平耐药病

例也有效,与 AZT 有协同作用,HLA570I 阳性者不推荐使用。

替诺福韦(TDF):成人每次 300mg,1 次/d。

恩曲他滨:成人 0.2/次,1 次/d,与食物同服。

齐多拉米双夫定:1 片/次,2 次/d。

阿巴卡韦双夫定:1 片/次,2 次/d。

(2) 非核苷类逆转录酶抑制剂(non-nucleoside reverse transcriptase inhibitors,NNRTIs):作用于反转录酶某位点使其失去活性。主要药物有奈韦拉平(NVP)、依非韦伦(EFZ)和依曲韦林(ETV)。NVP 每次 200mg,2 次/d;EFZ 每天 600mg,1 次/d;ETV 每次 200mg,2 次/d,饭后服用。

(3) 蛋白酶抑制剂(protease inhitor,PIs):抑制蛋白酶,阻断 HIV 复制和成熟过程中必须的蛋白质合成。常用药物有利托那韦、茚地那韦(IDV)、阿扎那韦(ATV)、替拉那韦、克立芝(LPV/r)等。

(4) 融合抑制剂(FI):为恩夫韦地(T-20)。

(5) CCR5 拮抗剂:马拉维若(MVC)

(6) 整合酶抑制剂(INSTI):拉替拉韦(RAL),400mg/次,2 次/d。

国内的抗反转录病毒治疗药物有 NNRTIs、NRTIs、PIs 和整合酶抑制剂 4 类,共 12 种。由于单药应用易诱发 HIV 的突变,并产生耐药性,因而强调多种有效药物的联合应用,称为高效抗逆转录病毒治疗(high active-retroviral therapy,HAART),俗称"鸡尾酒疗法"。常用联合用药方案有:

2 种 NRTIs 加 1 种 NNRTIs,如 AZT/3TC/ EFV、TDF/3TC/ NVP;2 种 NRTIs 加 1 种 PI,如 AZT/3TC/IDV;AZT/3TC/LPV/r;2 种 NRTIs 加 1 种 INSTI,如 TDF/FTC/RAL;2 种 NRTIs 加 1 种 CCR5,如 AZT/3TC/MVC。

在服药过程中应注意药物配伍禁忌(如 AZT 和 D4T 有拮抗作用)、不良反应(如骨髓抑制、恶心、呕吐、外周神经炎等),同时应定期监测血常规、血生化、CD4$^+$T 细胞计数、病毒载量等,用于副作用监测、安全性评价及抗病毒治疗效果评估。

艾滋病的治疗发展迅速,新剂型不断产生使患者的服药方便性大大提高,从而更好地提高患者的服药依从性。我国目前将 AZT 或 TDF+3TC+NVP 或 EFV 作为一线治疗方案,TDF+3TCLPV/r 作为一线治疗失败后的二线方案。

4. 特殊人群的抗病毒治疗

(1) 合并 HBV 感染者:治疗方案中应至少两种对 HBV 亦有抑制作用的药物,推荐拉米夫定联合替诺福韦。

(2) 合并 HCV 感染者:抗 HIV 的治疗方案避免使用 NVP。

(3) 合并结核分枝杆菌感染的患者:应避免同时开始抗病毒和抗结核治疗,目前倾向于在抗结核治疗两周后开始抗病毒治疗。

(4) 静脉药物依赖者:与普通患者相同,但应注意依从性和抗病毒药物与美沙酮之间的相互作用。

(5) 儿童:一线治疗方案为 AZT 或 d4T+3TC+EFV,适用于 3 岁以上或体重大于 10kg 能够吞服胶囊的儿童,3 岁以下或体重小于 10kg 的儿童可用 AZT 或 d4T+3TC+NVP。

(6) 哺乳期妇女:如进行母乳喂养则必须坚持抗病毒治疗。

5. 抗病毒治疗监测　在抗病毒治疗过程中要定期进行临床评估和实验室检测,以评价治疗的效果,及时发现抗病毒药物的不良反应,以及病毒是否产生耐药性,必要时更换治疗方案以取得抗病毒治疗的成功。

(1) 病毒学指标:大多数患者在抗病毒治疗 4 周内病毒载量应下降 11g 以上,在治疗 3~6 个月后,病毒载量应达到低于检测水平。

(2) 免疫学指标:在抗病毒治疗 3 个月时,CD4$^+$淋巴细胞增加30%,或治疗 1 年后,CD4$^+$淋巴细胞增加

100/μ1,表明有效。

（三）免疫重建

经过抗病毒治疗和其他医疗方法使 HIV 感染者受损的免疫功能恢复或接近正常称为免疫重建,这是 HIV/AIDS 治疗的重要目标之一。在免疫重建的过程中,患者可能会出现一组临床综合征,临床表现为发热、潜伏感染的出现或原有感染的加重或恶化,称为免疫重建炎症反应综合征(IRSL)。多种潜伏或活动的机会性感染在抗病毒治疗后均可发生 IRSL。IRSI 发生时,应继续进行抗病毒治疗,根据情况对出现的潜伏性感染进行针对性的病原治疗,症状严重者可短期使用糖皮质激素。

（四）常见机会性感染的治疗

1. 卡氏肺孢子菌肺炎(PCP)　对症治疗包括卧床休息,吸氧,注意水和电解质平衡。病原治疗:首选复方磺胺甲噁唑(SMZ-TMP),轻至中度患者口服甲氧苄啶(TMP)20mg/(kg·d),磺胺甲噁唑(SMZ)100 mg/(kg·d),分 3~4 次用,疗程 2~3 周。重症患者给予静脉用药,剂量、疗程同口服。其他治疗方法:克林霉素 600~900mg,静脉滴注,每 6~8 小时 1 次,或 450mg 口服,每 6 小时 1 次;联合应用伯氨喹 15~30mg,口服,1 次/d,疗程 21 天。氨苯砜 100mg,口服,1 次/d;联合应用甲氧苄胺嘧啶 200~400mg,口服,2~3 次/d,疗程 21 天。或喷他脒,3~4mg/kg,1 次/d,缓慢静脉滴注,疗程 21 天。激素治疗:中重度患者 PaO_2<70mmHg 或肺泡动脉血氧分压差>35mmHg,早期可应用激素治疗,泼尼松 40mg,2 次/d,口服 5 天;改 20mg,2 次/d,口服 5 天;20mg,1 次/d,口服至疗程结束;静脉用甲基泼尼松龙剂量为上述泼尼松的 75%。人工辅助通气:如患者进行性呼吸困难明显,可给予人工辅助通气。

2. 结核和非结核分枝杆菌感染　结核病和非典型分枝杆菌感染发病率很高,且发展迅速,应尽早开始治疗。用药期间注意肝肾功能,并注意与抗病毒药物间的相互作用及配伍禁忌。艾滋病患者结核病的治疗原则与非艾滋病患者相同。

3. 巨细胞病毒(CMV)视网膜脉络膜炎　治疗主要采用膦甲酸钠,也可用更昔洛韦;皮肤带状疱疹可予口服阿昔洛韦。

4. 弓形虫脑病　弓形虫的治疗首选磺胺嘧啶加乙胺嘧啶加叶酸,也可用螺旋霉素或克林霉素联合乙胺嘧啶,疗程至少 6 周。

5. 真菌感染　根据病原菌种类、药物敏感性和患者的情况可以选用氟康唑、伏立康唑、两性霉素 B 及棘白菌素类等。口腔假丝酵母菌感染首选制霉菌素局部涂抹,加碳酸氢钠漱口水漱口,疗效不好可口服氟康唑。食管假丝酵母菌感染选氟康唑,不能耐受口服者静脉使用氟康唑。肺部假丝酵母菌感染首选两性霉素 B,也可选用氟康唑口服或静脉滴注,疗程通常为 3~6 个月,影像学上肺部病灶吸收或钙化可停药;重症患者氟康唑可增加剂量和延长疗程。非白色假丝酵母菌或耐药假丝酵母菌感染可选用卡泊芬净、伏立康唑、伊曲康唑或两性霉素 B。新型隐球菌脑膜炎治疗重点是降低颅内压。抗真菌药可用两性霉素 B 0.5~1.0mg/(kg·d)静脉滴注,并加 5-氟胞嘧啶口服 100mg/(kg·d)连用 14 天,随后氟康唑 400mg Qd 应用 8 周,再改为 200mg/d 直至脑脊液不能检测到隐球菌。

6. 艾滋病相关肿瘤　对发展较快的卡波西肉瘤可用长春新碱或长春花碱加博来霉素或阿霉素联合治疗。也可再加用干扰素,疗程半年至 1 年,效果较好。局部也可用化疗。

（五）支持及对症治疗

包括输血及营养支持疗法,补充维生素特别是 B_{12} 和叶酸。保持水、电解质平衡。对忧郁或绝望者应进行心理和精神治疗。

【预防】

HIV 感染目前没有根治的治疗措施,预防非常重要。健康促进、行为改变、倡导预防为主是预防和控制 HIV 感染/艾滋病的关键。同时医疗卫生机构要严格遵守各项操作规程,防止医源性传播。

（一）对传染源的管理

1. 疫情报告　艾滋病属乙类传染病，发现 HIV 感染者应向当地 CDC 报告，城市不超过 6 小时，农村不超过 12 小时。

2. HIV/AIDS 感染者和患者的医学管理　随访 HIV 感染者或患者的病情变化，为他们提供医学和心理咨询，对他们的配偶、性伴侣、共用注射吸毒者和他们的子女等进行医学观察，提供咨询和检测服务。同时应该教育患者，增强社会责任感，避免主动传染他人。

3. 消毒处理　感染者和患者的血液、体液、分泌物、排泄物等污染的医疗用品可采用2%漂白粉溶液或75%酒精等擦拭；日用家具和餐具一般可用清洁剂清洗，如被体液污染，可用新配制的2%漂白粉溶液或过氧乙酸清洗；使用的便盆要随时清洗，并用2%漂白粉溶液浸泡30分钟。

（二）有效阻断传播途径

切断传播途径是预防 HIV 感染最有效的措施，主要包括以下几方面。

1. 提倡安全性行为　洁身自好、遵守性道德是预防经性途径传染艾滋病的根本措施。加强 AIDS 的宣传教育，建立单一的、忠诚的性关系，提倡安全性行为。安全套的正确使用，可以使 HIV 的传播效率降低70%到87%。及早治疗并治愈性病也可减少感染艾滋病的危险。

2. 静脉吸毒者的行为干预　针具交换和美沙酮替代是控制静脉吸毒途径传播的重要措施。为吸毒者提供清洁针具交换，或采用美沙酮剂量的递减维持法，来代替吸毒者对海洛因或其他毒品的依赖，从而降低共用注射器传 HIV 的机会。

3. 阻断经血传播　取缔有偿献血、普及义务献血、科学合理用血是控制 HIV 经血传播的有效措施。对所有献血员都要进行严格的 HIV 筛查，确保安全的血液供应，提倡临床合理用血。

4. 控制母婴传播　对 HIV 阳性的育龄妇女做好咨询工作。对已经感染的孕妇，应在妊娠后期使用 HAART 药物阻断 HIV 经胎盘传给胎儿；尽量采用择期剖宫产；分娩后的母亲应采用人工喂养。做好随访工作，密切监测新生儿的感染情况。

5. 控制医源性传播　提高医务人员和实验室工作者安全操作的意识，严格执行消毒隔离和个人防护规范，正确处理污染物品、器械和标本。若发生针刺或其他意外事故时，应采取紧急措施，并报上级有关部门，进行危险评估。必要时可采用抗反转录病毒药物加以预防。原则上越早服药越好，一般应该要求在24小时内服用，采用联合疗法（2种或3种药物），疗程28天。

（三）保护易感人群

目前没有疫苗进行预防。对发生 HIV 感染/艾滋病危险行为的高危人群（卖淫、嫖娼、吸毒、男性同性恋、血友病等人群）进行艾滋病相关知识的宣传教育，让他们了解 HIV 感染的途径和感染后疾病的发生发展以及危害，要定期进行 HIV 的感染监测，并对其高危行为进行干预。

（周　智）

学习小结

HIV 属于反转录病毒科慢病毒属，是 RNA 病毒，分为 HIV-1 和 HIV-2 两个型。HIV 主要侵犯人体的免疫系统，包括 $CD4^+T$ 淋巴细胞、巨噬细胞和树突状细胞等，主要表现为 $CD4^+T$ 淋巴细胞数量不断减少，最终导致人体免疫功能缺陷，发生各种机会性感染和肿瘤。AIDS 患者和无症状 HIV 感染者是本病的传染源。主要通过性接触传播、血液传播和母婴传播。HIV 感染高危人群有：男性同性恋、静脉药物依赖者、性乱者、血友病、多次接受输血或血制品者。艾滋病的全过程可分为急性期、无症状期和艾滋病期。

诊断 HIV 感染必做 HIV 抗体检测的确证试验。病毒载量检测有重要意义，可预测疾病的进程、提供开始抗病毒治疗依据、评估治疗效果、指导治疗方案调整以及 HIV 感染早期诊断的参考指标等。单药应用易诱发 HIV 的突变,并产生耐药性,因而强调多种有效药物的联合应用,称为高效抗逆转录病毒治疗(HAART)。

复习参考题

1. 简述 AIDS 的主要表现。
2. 何谓 HIV 感染的高危人群?
3. 简述 HIV 病毒载量检测的意义。
4. HIV 抗病毒治疗为何联合用药?

第十五节　严重急性呼吸综合征

学习目标

掌握	SARS 的临床表现、诊断、治疗原则。
熟悉	SARS 的流行病学、鉴别诊断、实验室检查、预防。
了解	SARS 冠状病毒的生物学特性、发病机制和病理解剖。

严重急性呼吸综合征(severe acute respiratory syndrome,SARS)是由 SARS 冠状病毒引起的急性呼吸系统传染病,在我国又称为传染性非典型肺炎(infectious atypical pneumonia)。本病传染性强,临床上以起病急、发热、头痛、肌肉酸痛、乏力、干咳少痰、腹泻、白细胞减少等为特征,严重者出现气促、低氧血症或呼吸窘迫,病死率高。

【病原学】

SARS 的病原体为 SARS 冠状病毒(SARS coronavirus,SARS-CoV),是一种新的冠状病毒,归属冠状病毒科,但是否为冠状病毒属中的成员未有定论。SARS-CoV 是一种单股正链 RNA 病毒,基因组全长 29 206 个到 29 736 个核苷酸。基因组两侧为 5' 和 3' 端非编码区。中间为开放读码框架(ORF),编码突起蛋白(S)、包膜蛋白(E)、基质膜蛋白(M)、核衣壳蛋白(N)等结构蛋白和 RNA 依赖 RNA 聚合酶等一些非结构蛋白。

SARS-CoV 对外界的抵抗力和稳定性要强于其他人类冠状病毒。在干燥塑料表面最长可活 4 天,尿液中至少 1 天,腹泻患者粪便中至少 4 天以上。SARS-CoV 对温度敏感,随温度升高抵抗力下降,在 −80℃ 保存稳定性佳,4℃ 可存活 21 天,37℃ 可存活 4 天,56℃ 90 分钟或 75℃ 30 分钟可使病毒灭活。SARS-CoV 对乙醚、氯仿、甲醛、紫外线等敏感。

【流行病学】

(一)传染源

患者是本病传染源。潜伏期传染性低或无传染性,作为传染源意义不大;急性期患者症状明显,经呼吸道、消化道排出病毒;重症患者因为频繁咳嗽、呼吸道分泌物多或需要气管插管、呼吸机辅助呼吸等,传染性更强。个别患者可造成数十甚至成百人感染,呈现"超级传播者"(super-spreader)现象。康复患者无传染性。

隐性感染者是否存在及其作为传染源的意义,目前尚不清楚。

由于最初发病患者起病前有与动物接触史,而且从果子狸、貉、蝙蝠、蛇等动物体内可分离出与 SARS-CoV 基因序列高度同源的冠状病毒,提示这些动物可能是 SARS-CoV 的寄生宿主和本病的传染源,但有待进一步证实。

（二）传播途径

1. 呼吸道传播　是本病的主要传播途径,主要是通过短距离的飞沫传播。急性期患者咳嗽、打喷嚏或大声讲话时,含有 SARS-CoV 的呼吸道黏液或纤毛上皮脱落细胞在空气中形成气溶胶颗粒,被易感者吸入而感染。

2. 接触传播　易感者直接接触患者的呼吸道分泌物、消化道排泄物,或被病毒污染周围环境及物品,可导致感染。

（三）易感性和免疫力

人群普遍易感。患者家庭成员和接触患者的医务人员属高危人群。发病者以青壮年居多,儿童和老人较少见。康复后的患者是否会再感染,尚不清楚,但患病后机体产生的特异性 IgG 抗体是一种中和抗体,可持续 1 年以上,提示病后可能获得较持久的免疫力。

（四）流行特征

SARS 于 2002 年 11 月 16 日首先在广东省佛山市被报告,随后在广东省河源、中山、顺德等市出现。2003 年 1 月底开始在广州市流行,2 月底 3 月初达高峰,并蔓延到山西省、北京市、内蒙古自治区、天津市及河北省等地。中国香港特别行政区于 2003 年 2 月下旬开始流行,迅速波及越南、加拿大、新加坡、中国台湾地区等地。2003 年 7 月 5 日 WHO 宣布该次流行结束。全球约 32 个国家和地区出现疫情,以中国内地、香港特别行政区和台湾地区,加拿大及新加坡最为严重,全球累计 8422 例,死亡 916 例。2003 年 8 月原卫生部公布我国 24 个省、直辖市、自治区,266 个县、市有病例报告,全国共 5327 例,死亡 349 例。2004 年初广东省报告 4 例 SARS 散发病例。

【发病机制与病理解剖】

发病机制尚未阐明。SARS-CoV 侵入人体后,在细胞内繁殖,释放入血引起短暂病毒血症。从体外病毒培养分离过程中可观察到对细胞的致病性,推测在人体的 SARS-CoV 可能对肺组织细胞有直接的损害作用。但是,SARS 患者发病期间淋巴细胞减少,CD4$^+$ 和 CD8$^+$ T 淋巴细胞均明显下降,表明细胞免疫可能受损,细胞因子如 TNF-α、IL-6、IL-8、IL-16 等水平明显升高,且临床上应用肾上腺皮质激素可以改善肺部炎症反应,减轻临床症状,故目前认为免疫损伤可能是发病的主要原因。

肺部的病理改变明显,双肺明显肿胀,镜下以弥漫性肺泡损伤病变为主,早期有肺水肿及透明膜形成。病程 3 周后有肺泡内机化及肺间质纤维化,造成肺泡纤维闭塞。可见小血管内微血栓和肺出血、散在的小叶性肺炎、肺泡上皮脱落、增生等病变。肺门淋巴结多充血、出血及淋巴组织减少。肝、肾、心、胃肠道和肾上腺实质细胞可见退行性变和坏死。

【临床表现】

潜伏期为 1~16 天,常见为 3~6 天。潜伏期越短,病情越重。

1. 前驱期　以发热为首发症状,伴有畏寒、寒战,体温常超过 38℃,呈弛张热、不规则热或稽留热等;常伴有明显的头痛、肌肉酸痛、全身乏力,部分患者有腹泻,多为稀便或水样便。而鼻塞、流涕等上呼吸道卡他症状多不明显。

2. 极期　起病 3~7 天后发热、乏力等感染中毒症状加重,出现干咳,偶有血丝痰,可有胸痛,肺部体征多不明显,部分患者可闻及少许湿啰音。严重者可出现频繁咳嗽,气促、呼吸困难及低氧血症,略有活动则气喘、心悸、胸闷,被迫卧床休息。少数重症者因出现呼吸窘迫综合征需要机械通气。这个时期易发生呼吸道的继发细菌或真菌感染。

3. 恢复期　病程进入 2~3 周后,发热渐退,其他症状与体征减轻乃至消失。肺部炎症改变的吸收和恢复则较为缓慢,体温正常后仍需 2 周左右才能完全吸收恢复正常。

轻型患者临床症状轻,病程短。重症患者病情重,进展快,易出现呼吸窘迫综合征。儿童患者的病情似较成人轻。有少数患者不以发热为首发症状,尤其是有近期手术史或有基础疾病的患者。

【实验室检查】

1. 血常规　病程初期到中期白细胞计数正常或下降,淋巴细胞计数绝对值常减少,部分病例血小板减少。T淋巴细胞亚群中 CD3⁺、CD4⁺及 CD8⁺T 淋巴细胞均减少,尤以 CD4⁺亚群减低明显。疾病后期多能恢复正常。

2. 血液生化检查　丙氨酸氨基转移酶(ALT)、乳酸脱氢酶(LDH)及其同功酶等均有不同程度升高。血气分析可发现血氧饱和度降低。

3. 血清学检测　常用酶联免疫吸附试验(ELISA)和免疫荧光试验(IFA)检测血清中 SARS-CoV 特异性抗体。上述方法对 IgG 型抗体检测的敏感性和特异性均超过 90%。IgG 型抗体在起病后第 1 周检出率低或检不出,第 2 周末检出率 80% 以上,第 3 周末 95% 以上,且效价持续升高,在病后第 6 个月仍保持高滴度。IgM 型抗体发病 1 周后出现,在急性期和恢复早期达高峰,3 个月后消失。另外,亦可采用单克隆抗体技术检测样本中的 SARS-CoV 特异性抗原,其特异性和敏感性也超过 90%,且可用于早期诊断。

4. 分子生物学检测　以逆转录聚合酶链反应(RT-PCR)法,检查患者血液、呼吸道分泌物、大便等标本中 SARS-CoV RNA。

5. 细胞培养分离病毒　将患者标本接种到 Vero 细胞中进行培养,分离到病毒后,还应以 RT-PCR 法或免疫荧光法鉴定是否为 SARS-CoV。

6. 影像学检查　SARS 患者的 X 线和 CT 检查主要表现为磨玻璃样影像和肺实变影像。绝大部分患者在起病早期胸部即可发现异常,多呈斑片状或网状改变。起病初期常呈单灶病变,短期内病灶迅速增多,常累及双肺或单肺多叶。部分患者进展迅速,呈大片状阴影。部分重症患者 X 线胸片显示两侧肺野密度普遍增高,心影轮廓消失,仅在肺尖及肋膈角处有少量透光阴影,称为"白肺"。胸腔积液、空洞形成以及肺门淋巴结增大等表现则较少见。肺部阴影吸收、消散较慢;阴影改变与临床症状体征可不一致。

【并发症】

常见并发症包括肺部继发感染,肺间质改变,纵隔气肿、皮下气肿和气胸,胸膜病变,心肌病变,骨质缺血性改变等。

【诊断】

(一)诊断依据

1. 流行病学资料　①发病前 2 周内有与 SARS 患者接触史;或属受传染的群体发病者之一;或有明确传染他人的证据;②发病前 2 周内曾经前往或居住于 SARS 流行的疫区。

2. 症状与体征　起病急,以发热为首发症状,伴有畏寒、寒战;有头痛、关节酸痛、肌肉酸痛、乏力、腹泻;常无上呼吸道卡他症状;可有咳嗽,多为干咳、少痰,偶有血丝痰;可有胸闷,严重者出现呼吸加速,气促,或明显呼吸窘迫。肺部体征不明显,部分患者可闻及少许湿啰音,或有肺实变体征。

3. 实验室检查　外周血白细胞计数一般不升高或降低;淋巴细胞计数常减少;部分患者血小板减少。

4. 胸部影像检查　肺部有不同程度的片状、斑片状磨玻璃密度影,部分患者进展迅速,短期内融合成大片状阴影;常为多叶或双侧改变,阴影吸收消散较慢;肺部阴影与症状体征可不一致,必须动态观察肺部病变情况。若有条件,可安排胸部 CT 检查,有助于发现早期轻微病变或与心影和(或)大血管影重合的病变。如检查结果阴性,1~2d 后应予复查。

(二)诊断标准

1. 临床诊断病例　有 SARS 流行病学依据,有临床症状,有肺部 X 线影像改变,并能排除其他疾病诊断者。

2. 确诊病例　在临床诊断的基础上,若分泌物 SARS-CoV RNA 检测阳性,或血清 SARS-CoV 抗体阳转,或抗体滴度 4 倍及以上增高者。

3. 疑似病例　对于缺乏明确流行病学依据,但具备其他 SARS 支持证据者,可以作为疑似病例,需进一步进行流行病学追访,并安排病原学检查以求印证。

对于有流行病学依据,有临床症状,但尚无肺部 X 线影像学变化者,也应作为疑似病例。对此类病例,需动态复查 X 线胸片或胸部 CT,一旦肺部病变出现,在排除其他疾病的前提下,可以作出临床诊断。

4. 医学隔离观察病例　对于近 2 周内有与 SARS 患者或疑似 SARS 患者接触史,但无临床表现者,应进行医学隔离观察 2 周。

5. 重症 SARS 的诊断标准　具备以下三项之中的任何一项,均可以诊断为重症 SARS。

(1) 呼吸困难,呼吸频率≥30 次/min,且伴有下列情况之一。

1) 胸片显示多叶病变或病灶总面积占双肺总面积的 1/3 以上;

2) 病情进展,48 小时内病灶面积增大超过 50%且占双肺总面积的 1/4 以上。

(2) 出现明显的低氧血症,氧合指数低于 300 mmHg(39.9 kPa);

(3) 出现休克或多器官功能障碍综合征(MODS)。

(三)病原学检测的意义

1. 分离 SARS-CoV　通过细胞培养方法从患者临床标本中分离到 SARS-CoV,是感染的可靠证据,结合临床表现,可作出患病或病毒携带的诊断。但该法费时,无法用于快速诊断,对技术条件和设备的要求高,而且阴性结果不能排除本病的诊断,难以作为临床常规检查。

2. 检测 SARS-CoV RNA　用 RT-PCR 法检测患者血液、分泌物或排泄物中 SARS-CoV RNA,其敏感性尚需提高;如操作不当,易引起核酸污染,造成假阳性。当对患者同一标本重复检测均为阳性,或不同标本均检验为阳性时,可明确诊断为本病或病毒感染者。而检测结果阴性时,不能作为排除诊断的依据。

3. 检测特异性抗体　用 IFA 和 ELISA 法检测 SARS 患者血清特异性抗体,急性期阴性而恢复期阳性,或者恢复期抗体滴度比急性期升高 4 倍或以上时,可以作为确定诊断的依据。检测阴性的结果,不能作为排除本病诊断的依据。

4. 检测特异性抗原　采用单克隆抗体技术检测 SARS 患者血清特异性抗原,有较高的特异性和敏感性,可用于早期诊断,但其诊断价值尚须更多的临床验证。

【鉴别诊断】

临床上要注意排除上呼吸道感染、细菌性或真菌性肺炎、支原体或衣原体肺炎、获得性免疫缺陷综合征(AIDS)合并肺部感染、军团菌病、肺结核、流行性出血热、肺部肿瘤、非感染性间质性肺疾病、肺水肿、肺不张、肺栓塞症、肺嗜酸性粒细胞浸润症、肺血管炎等临床表现类似的呼吸系统疾患。

要特别注意与流行性感冒(流感)的鉴别诊断,流感主要根据当时、当地流感疫情及周围人群发病情况,无 SARS 流行病学依据,卡他症状较突出,外周血淋巴细胞常增加,发病早期给予奥司他韦有助于减轻发病和症状,必要时辅以流感和 SARS 的病原学检查,可以帮助作出鉴别。

【预后】

多数患者经综合性治疗后痊愈,少数因病重死亡。根据原卫生部公布的材料,我国患者的病死率 6.55%;根据 WHO 公布的材料,全球平均病死率 10.88%。重症患者、患有其他严重基础疾病以及年龄超过 50 岁的患者死亡率明显升高。少数重症病例出院后随访发现有不同程度的肺部纤维化表现。

【治疗】

本病是自限性疾病,目前尚缺少特异性治疗手段,强调早发现、早报告、早隔离、早治疗。

临床上以对症支持治疗为主。在目前疗效尚不明确的情况下,应尽量避免多种药物(如抗生素、抗病毒药、免疫调节剂、糖皮质激素等)长期、大剂量地联合应用。

1. 隔离和护理　严格按呼吸道传染病隔离和护理,有腹泻的患者应将排泄物消毒。疑似病例与临床诊断病例分开收治。必须密切观察病情变化,监测症状、体温、呼吸频率、SpO₂或动脉血气分析、血象、胸片(早期复查间隔时间不超过 2~3d),以及心、肝、肾功能等。提供足够的维生素和热量,维持水、电解质平衡。病人在隔离初期,往往有沮丧、绝望情绪,故关心安慰病人,多做解释,引导患者加深对本病的自限性和可治愈的认识等心理辅导尤为重要。

2. 一般治疗

（1）卧床休息。

（2）避免用力和剧烈咳嗽，咳嗽剧烈者给予镇咳，咳痰者给予祛痰药。

（3）发热超过38.5℃者，给予冰敷、酒精擦浴、降温毯等物理降温，也可使用解热镇痛药，儿童禁用水杨酸类解热镇痛药。

（4）注意水、电解质平衡，尤其有腹泻患者应补充液体及电解质。

（5）加强营养支持疗法。早期应鼓励患者进食易消化的食物，当病情恶化不能正常进食时，应及时给予临床营养支持，采用肠内营养与肠外营养相结合的途径，保持足量的热卡、蛋白和维生素供给。

（6）有心、肝、肾等器官功能损害，应该做相应的处理。

3. 氧疗　由于SARS导致肺部病变，患者常出现气促、呼吸困难、低氧血症等表现，即使无缺氧的表现，也应早期积极给予氧疗。通过氧疗可以增加未充分通气肺泡的血氧合，纠正通气/血流比例失调，也可以改善弥散功能降低引起的低氧血症，改善组织缺氧，缓解症状。根据患者病情轻重，可采用不同的氧疗方法，常用的方法包括：鼻导管或鼻塞给氧、面罩给氧、气管插管或切开给氧、呼吸机给氧。

4. 肾上腺糖皮质激素的应用　目的在于抑制异常的免疫病理反应，减轻全身炎症反应状态，从而改善机体的一般状况，减轻肺的渗出、损伤，防止或减轻后期的肺纤维化。有以下指征之一即可应用：①有严重的中毒症状，持续高热不退，经对症治疗3天以上最高体温仍超过39℃；②X线胸片显示多发或大片阴影，进展迅速，48小时之内病灶面积增大>50%且占双肺总面积的1/4以上；③达到急性肺损伤或ARDS的诊断标准。

成人推荐剂量相当于甲泼尼龙80~320mg/d，具体剂量可根据病情及个体差异进行调整。当临床表现改善或胸片阴影有所吸收时，逐渐减量停用。一般每3~5天减量1/3，通常静脉给药1~2周后可改为口服泼尼松或泼尼松龙。疗程一般不超过4周，不宜过大剂量或过长疗程，应同时应用制酸剂和胃黏膜保护剂，还应警惕继发感染，包括细菌和（或）真菌感染，也要注意潜在的结核病灶感染扩散。儿童慎用。

5. 抗菌药物的应用　主要用于治疗和控制继发细菌、真菌感染，亦可用于对疑似患者的试验治疗，以帮助鉴别诊断。应根据临床情况选用适当的抗感染药物。

6. 抗病毒治疗　目前尚无针对SARS-CoV的特异性药物。

7. 免疫治疗　重症患者可试用增强免疫功能的药物，如胸腺肽、干扰素、静脉用丙种球蛋白等，疗效尚未肯定。恢复期患者血清的临床疗效和风险尚有待评估。

8. 中医药治疗　本病属于中医学瘟疫、热病的范畴，应根据不同病情和病期进行辨证施治。

【预防】

（一）控制传染源

1. 疫情报告　2003年4月我国将其列入法定传染病管理范畴。2004年12月将SARS列为《传染病防治法》的乙类传染病，但其预防、控制措施采取甲类传染病的方法执行。发现或怀疑本病时，必须尽快向卫生防疫机构报告。

2. 隔离治疗患者　对临床诊断病例和疑似诊断病例应在指定的医院按呼吸道传染病进行单独的隔离观察和治疗。符合下列条件时可考虑解除隔离出院：①体温正常7天以上；②呼吸系统症状明显改善；③X线胸片显示肺部炎症有明显吸收。

3. 隔离观察密切接触者　对医学观察病例和密切接触者，如条件许可应在指定地点接受隔离观察，为期14天。在家中接受隔离观察时应注意通风，避免与家人密切接触，并由卫生防疫部门进行医学观察，每天测量体温。如发现符合疑似或临床诊断标准时，立即以专用的交通工具转往指定医院隔离治疗。

（二）切断传播途径

1. 社区综合性预防　开展本病的科普宣传；流行期间减少大型群众性集会或活动，保持公共场所通风换气、空气流通;排除住宅建筑污水排放系统淤阻隐患;对患者的物品、住所及逗留过的公共场所进行充分的消毒处理。如果出现 SARS 暴发或流行,并有进一步扩散趋势时,可以实施国境卫生检疫、国内交通检疫。

2. 注意个人卫生　保持良好的个人卫生习惯,不随地吐痰,避免在人前打喷嚏、咳嗽;勤洗手;确保住所或活动场所通风;避免去人多或相对密闭的地方。有咳嗽、咽痛等呼吸道症状或须外出到医院以及其他人多的场所时,应注意戴口罩;避免与病人近距离接触。

3. 严格隔离病人　医院应设立发热门诊,体温 ≥38℃ 的发热患者应戴口罩,建立专门通道。收治 SARS 的病区应设有无交叉的清洁区、半污染区和污染区;病房、办公室等均应通风良好。疑似患者与临床诊断患者应分开病房收治。住院患者应戴口罩,不得任意离开病房。患者不设陪护,不得探视。病区中病房、办公室等各种建筑空间、地面及物体表面、患者用过的物品、诊疗用品以及患者的排泄物、分泌物均须严格按照要求分别进行充分有效的消毒。医护人员及其他工作人员进入病区时,要切实做好个人防护工作,须戴 12 层棉纱口罩或 N95 口罩,戴帽子和眼防护罩以及手套、鞋套等,穿好隔离衣。

(三) 保护易感人群

保持乐观稳定的心态,均衡饮食,适当多饮水,注意保暖,避免疲劳,足够的睡眠以及在空旷场所作适量运动等。

尚无效果肯定的预防药物可供选择。恢复期患者的血清对本病的被动预防作用未见有报道。针对 SARS-CoV 感染的灭活疫苗正处于临床验证阶段。

(崇雨田)

学习小结

　　严重急性呼吸综合征是由 SARS 冠状病毒引起的急性呼吸系统传染病,传染性强。患者是本病传染源,传播途径是通过短距离的飞沫传播,人群普遍易感。免疫损伤可能是本病发病的主要机制。临床表现包括起病急、发热、干咳少痰、气促、低氧血症或呼吸窘迫、白细胞不升或减少、肺部有程度不同的片状、斑片状阴影而且肺部阴影与症状体征可不一致、抗生素治疗无效。目前无特异性治疗手段,强调早发现、早报告、早隔离、早对症支持治疗。控制传染源及切断传播途径是预防的重点。

复习参考题

1. 试述 SARS 的诊断依据。

2. 试述 SARS 的预防措施。

第十六节　手足口病

学习目标

掌握	手足口病的临床表现、诊断与鉴别诊断及治疗。
熟悉	手足口病的流行病学、发病机制与病理。
了解	手足口病的病原学、并发症与后遗症及预防措施。

手足口病(hand,food and mouth disease,HFMD)是由多种肠道病毒引起的急性传染病。多发生于学龄前儿童,尤以 3 岁以下年龄组发病率最高。主要症状表现为手、足、口腔、臀部等部位斑丘疹、疱疹,少数病

例可出现脑膜炎、脑炎、脑脊髓炎、肺水肿、循环障碍等,个别重症患儿病情发展快,可导致死亡。

手足口病是全球性传染病,我国手足口病在 2008 年呈现蔓延趋势,故 2008 年 5 月 2 日起,手足口病被我国纳入丙类传染病管理。

【病原学】

能引起手足口病的病毒有 20 多种(型),主要为小 RNA 病毒科肠道病毒属的柯萨奇病毒、埃可病毒和新肠道病毒。肠道病毒 71 型(EV71)以及柯萨奇病毒 A 组的 16、4、5、9、10 型,B 组的 2、5、13 型均为手足口病较常见的病原体,其中以肠道病毒 71 型和柯萨奇病毒 A16 型最为常见。

肠道病毒呈球形,直径 24~30nm,核衣壳呈二十面体对称,无包膜。基因组为单股正链 RNA,长度约为 7.4kb,两端为保守的非编码区,中间为连续开放读码框架,基因组 5′端与病毒 RNA 合成和基因组装配有关,基因组 3′端能增强病毒的感染性。

肠道病毒抵抗力强,适合在湿、热的环境下生存与传播,能抵抗胃酸、蛋白酶和胆汁的作用。对乙醚、去氯胆酸盐等不敏感,75% 酒精和 5% 来苏儿亦不能将其灭活,但在紫外线照射和干燥的环境中病毒极易失活。甲醛、碘酒、高锰酸钾、漂白粉能够迅速杀灭病毒。

【流行病学】

(一)传染源

人是肠道病毒唯一的宿主,患者、隐性感染者及带病毒者均为本病的传染源。发病前数日,感染者咽部和粪便就可检出病毒,但发病后 1 周内传染性最强。

(二)传播途径

肠道病毒主要经粪-口和呼吸道飞沫传播,亦可经接触患者皮肤、黏膜疱疹液而感染。因此,患者粪便、疱疹液和呼吸道分泌物及被其污染的手、毛巾、牙杯、玩具、奶具、床上用品、内衣及医疗器械等均可造成本病传播。

(三)人群易感性

人对肠道病毒普遍易感,显性感染和隐性感染后均可获得特异性免疫力,持续时间尚不明确。病毒的各型间无交叉免疫。各年龄组均可感染发病,但以婴幼儿发病率最高。

(四)流行特征

手足口病流行无明显的地区性。一年四季均可发病,以夏秋季多见。流行期间幼儿园、托儿所可有集体感染现象。肠道病毒传染性强、隐性感染比例大、传播途径复杂、传播速度快,在短时间内可造成较大范围的流行,疫情控制难度大。

【发病机制】

病毒常从上呼吸道或消化道侵入,于局部黏膜或淋巴组织中增殖,此时可出现局部症状;同时病毒一方面可从呼吸道和消化道排出,另一方面进入血液循环导致第一次病毒血症,病毒从血液循环侵入机体单核-吞噬细胞系统大量增殖导致第二次病毒血症。第二次病毒血症之后,病毒随血液循环流经全身各组织器官,如中枢神经系统、心脏、肺、肝、脾、肌肉、皮肤黏膜等处,并在这些部位进一步增殖引起相应病变。

【临床表现】

潜伏期多为 2~10 天,平均 3~5 天。

(一)普通病例表现

急性起病,约半数患者于发病前 1~2 天或发病的同时有发热,体温多在 38℃ 左右,皮疹主要侵犯手、足、口、臀四个部位。口腔黏膜疹出现比较早,为粟米样斑丘疹或水疱,周围有红晕。手、足和臀部出现斑丘疹、疱疹,疱疹周围有炎性红晕,不痒;疱疹呈圆形或椭圆形扁平凸起,内有较少混浊液体,主要发生在指(趾)的背面或侧缘。亦有发生在掌、跖及指的掌侧,长径与皮纹走向一致,如黄豆大小,一般无疼痛及痒感,愈合后不留痕迹。手、足、口病损害在同一患者不一定全部出现,水疱和皮疹通常在一周内消退。可伴有咳嗽、流涕、食欲减退、恶心、呕吐、头痛等症状。部分病例可仅表现为疱疹性咽峡炎。

（二）重症病例表现

少数病例（尤其是 3 岁以下者），病情进展迅速，在发病 1~5 天左右出现脑膜炎、脑炎、脑脊髓炎、脑水肿、循环衰竭等，极少数病例病情危重，可致死亡，存活病例可留有后遗症。

1. 神经系统表现　精神差、嗜睡、易惊、头痛、呕吐、谵妄甚至昏迷；肢体抖动，肌阵挛，眼球震颤，共济失调，眼球运动障碍；无力或急性弛缓性麻痹；惊厥。查体可见脑膜刺激征，腱反射减弱或消失，巴氏征等病理征阳性。危重病例可表现为频繁抽搐、昏迷、脑水肿、脑疝。

2. 呼吸系统表现　呼吸浅促、困难、呼吸节律改变，口唇发绀，咳嗽，咳白色、粉红色或血性泡沫痰，肺部可闻及痰鸣音或湿性啰音。

3. 循环系统表现　面色苍白、皮肤花纹、四肢发凉、指（趾）发绀；出冷汗；心率增快或减慢，脉搏细数或减弱，甚至消失；血压升高或下降。

【实验室检查】

（一）血常规

一般病例白细胞计数正常，重症病例白细胞计数可明显升高。

（二）脑脊液

外观清亮，压力增高，白细胞增多，蛋白正常或轻度增多，糖和氯化物正常。

（三）病原学检查

1. 病毒分离　自患者咽拭子、粪便或肛门拭子、脑脊液、疱疹液及脑、肺、脾、淋巴结等标本中可分离到肠道病毒。

2. 病毒核酸试验　自患者血清、脑脊液、粪便、疱疹液及肺、脑、脾、淋巴结等标本中可检出病原体核酸。

（四）血清学检查

患者血清中特异性 IgM 抗体阳性，或急性期与恢复期血清 IgG 抗体有 4 倍以上升高。

（五）其他检查

胸部 X 线可表现为双肺纹理增多，点状、片状阴影，部分病例以单侧为主，快速进展可为双肺大片阴影。磁共振可见脑干、脊髓灰质损害为主。脑电图部分病例可出现弥漫性慢波，少数可出现尖慢波。心电图无特异性改变。部分病例可见窦性心动过缓或过速，ST-T 改变。

【诊断】

（一）临床诊断

手足口病流行期间有接触史的易感者，出现发热，手、足、口、臀部出现斑丘疹、疱疹，伴有上呼吸道感染症状；部分病例仅表现为手、足、臀部皮疹或疱疹性咽峡炎；重症病例可出现神经系统损害、呼吸及循环衰竭，血白细胞增高、脑脊液改变，脑电图、磁共振、胸部 X 线检查可见异常，可临床诊断。

（二）确定诊断

在临床诊断的基础上，呼吸道、消化道分泌物分离出肠道病毒、查到肠道病毒核酸或肠道病毒特异性 IgM 抗体阳性，IgG 抗体增高 4 倍以上。

【鉴别诊断】

应与发疹性疾病，如麻疹、水痘、风疹、幼儿急诊、猩红热、药物疹等鉴别。

【预后】

肠道病毒感染一般较轻，一般可顺利恢复，严重感染影响到脑、心、肝等重要器官时，病情危重，预后差。

【治疗】

按临床表现分为4个阶段进行治疗。

（一）普通病例

1. 一般治疗　注意隔离,避免交叉感染,适当休息,给予营养丰富、易消化、清淡的食物,注意口腔和皮肤护理。

2. 对症治疗　发热、呕吐、腹泻等给予相应处理。

3. 病因治疗　可适当选用抗病毒药物。

（二）重症病例

1. 神经系统受累治疗

（1）控制颅内压:限制液体入量,给予甘露醇0.5~1.0g/kg,每4~8小时一次,20~30分钟快速静脉注射,必要时加用呋塞米。

（2）静脉注射丙种球蛋白:总量2g/kg,分2~5天给予。

（3）可酌情使用肾上腺皮质激素治疗:参考剂量:甲强龙1~2mg/(kg·d);氢化可的松3~5mg/(kg·d);地塞米松0.2~0.5mg/(kg·d),分1~2次,病情稳定后,尽早减量或停用。重症病例可给予短期大剂量冲击疗法。

（4）其他对症治疗:如降温、镇静、止惊。

（5）严密观察病情变化:密切监护,注意严重并发症。

2. 呼吸、循环衰竭治疗

（1）保持呼吸道通畅、吸氧。

（2）立即建立两条静脉通道,监测呼吸、心率、血压和血氧饱和度。

（3）呼吸功能障碍时,及时气管插管使用呼吸机正压机械通气。

（4）在维持血压稳定的情况下,限制液体入量。

（5）头肩部抬高15~30°,保持中立位,留置胃管、导尿等。

（6）药物治疗:①继续使用降颅压药物;②根据血压、循环的变化可选用多巴胺、多巴酚丁胺、米力农等药物,酌情应用强心、利尿药物治疗;③应用糖皮质激素治疗,必要时给予冲击疗法;④静脉注射丙种球蛋白;⑤抑制胃酸分泌,静脉应用西咪替丁、奥美拉唑等;⑥退热处理:可用物理降温和药物降温;⑦监测血糖变化,必要时可注射胰岛素;⑧烦躁:给予镇静药物治疗;⑨有效抗生素防治继发肺部细菌感染;⑩保护心、脑、肝等重要脏器功能。

3. 恢复期治疗　做好呼吸道管理,避免并发呼吸道感染;支持疗法和促进各脏器功能恢复的药物;功能康复治疗或中西医结合治疗。

【预防】

（一）个人预防措施

1. 饭前便后要用肥皂或洗手液给儿童洗手,不要让儿童吃生冷食物,喝生水,避免接触患病儿童。

2. 看护人接触儿童前,换儿童尿布、处理粪便后均要洗手,并妥善处理污物。

3. 婴幼儿使用的奶瓶、奶嘴使用前后要充分清洗、消毒。

4. 本病流行期间不宜带儿童到人多、空气不流通的公共场所,居室要空气新鲜、阳光充足,勤晒衣被。

5. 儿童出现相关症状要及时到医疗机构就诊。轻症儿童不必住院,可在家治疗、休息,以减少交叉感染的机会。在家治疗的儿童,不要接触其他儿童,父母要对儿童的衣被进行暴晒或消毒,患儿粪便应及时消毒。

（二）托幼机构及小学等集体单位的预防控制措施

1. 本病流行期间,教室、宿舍等场所要保持良好通风。

2. 每日对玩具、个人卫生用具、餐具等物品进行消毒。

3. 进行清洗或消毒工作时，工作人员应戴手套。清洗工作结束后应立即洗手。

4. 每日对门把手、楼梯扶手、桌面等物体表面进行消毒。

5. 教育、指导儿童养成正确洗手的习惯。

6. 每日进行晨检，发现可疑患儿时，要对患儿采取送诊、居家休息的措施；对患儿的物品要立即进行消毒。

7. 患儿增多时，要及时向卫生和教育部门报告。根据疫情控制需要，教育和卫生部门可决定采取托幼机构或小学放假措施。

（三）医疗机构的预防控制措施

1. 疾病流行期间，医院应实行预检分诊，并专辟手足口病诊室（台）接诊疑似手足口病患者，引导发热出疹患儿到手足口病专门诊室（台）就诊，候诊及就诊等区域应增加清洁消毒次数，室内清扫时应采用湿式清洁方式。

2. 医务人员在诊断、治疗、护理每个患者前后，均应认真洗手或对双手消毒。

3. 诊疗、护理患者过程中所使用的非一次性的仪器、物品等要擦拭消毒。

4. 同一间病房内不应收治其他非肠道病毒感染的患儿。重症患儿应单独隔离治疗。

5. 对住院患儿使用过的病床及桌椅等设施和物品必须消毒后才能继续使用。

6. 患儿的呼吸道分泌物、粪便及其污染物品要及时进行消毒处理。

7. 医疗机构发现手足口病患者增多或肠道病毒感染相关死亡病例时，要立即向当地卫生行政部门和疾控机构报告。

（王福祥）

学习小结

手足口病是由多种肠道病毒引起的急性传染病。病原以肠道病毒 71 型和柯萨奇病毒 A16 型最为常见。 患者、隐性感染者及带病毒者均为传染源；主要经粪-口和呼吸道飞沫传播，亦可经接触患者皮肤、黏膜疱疹液而感染。 人对肠道病毒普遍易感，以婴幼儿发病率最高。 普通病例：急性起病，发热，手、足、口和臀部出现斑丘疹、疱疹，无疼痛及痒感，愈合后不留痕迹。 重症病例：少数病例（尤其是 3 岁以下者），病情进展迅速，可出现脑膜炎、脑炎、脑脊髓炎、脑水肿、循环衰竭等，极少数病例病情危重，可致死亡，存活病例可留有后遗症。 根据流行病学史及临床表现可临床诊断，确诊需在临床诊断的基础上，呼吸道、消化道分泌物分离出肠道病毒、肠道病毒核酸阳性或肠道病毒特异性 IgM 抗体阳性，IgG 抗体增高 4 倍以上。 普通病例治疗：隔离、休息、易消化饮食，注意口腔和皮肤护理；发热、呕吐、腹泻等给予相应处理；可适当选用抗病毒药物。 重症病例治疗：包括神经系统受累治疗，呼吸、循环衰竭治疗，恢复期治疗。 预防措施：饭前便后洗手，避免接触患病儿童；流行期间不宜带儿童到公共场所；出现相关症状要及时到医疗机构就诊。轻症儿童可在家治疗、休息，减少交叉感染的机会。

复习参考题

1. 简述手足口病普通病例的主要临床表现。

2. 简述手足口病的诊断依据。

第四章　　立克次体病

第一节　流行性斑疹伤寒

学习目标	
掌握	流行性斑疹伤寒的临床表现，诊断、鉴别诊断及治疗。
熟悉	流行性斑疹伤寒的病原，流行病学及预防措施。
了解	流行性斑疹伤寒的发病机制及病理解剖。

流行性斑疹伤寒（epidemic typhus）又称虱传斑疹伤寒（louse-borne typhus），是由普氏立克次体引起，通过人虱传播的急性传染病。其临床特点为高热、头痛、皮疹及中枢神经系统症状。

【病原学】

普氏立克次体呈多形性，为 1μm 左右的微小球杆状或丝状菌，在人虱肠壁细胞内呈多形性。Gram 染色阴性，Giemsa 染色呈淡紫红色。体外只能在活细胞培养基上生长，可用鸡胚卵黄囊做组织培养，也可做动物接种，接种雄性豚鼠腹腔，可引起发热和血管炎，但不引起阴囊的红肿，借此可与地方性斑疹伤寒的病原体莫氏立克次体鉴别。普氏立克次体具有两种抗原，一种是特异性不耐热颗粒抗原，可用来区分莫氏立克次体所致的地方性斑疹伤寒；另一种是可溶性耐热性特异性抗原，可区分斑疹伤寒与其他立克次体病。由于其与变形杆菌 OX_{19} 有部分共同抗原，故可与病人血清发生凝集反应（即外-斐反应）而用于诊断。普氏立克次体能耐低温及干燥，但对热、紫外线及一般消毒剂均敏感。

【流行病学】

（一）传染源

病人是主要传染源，潜伏期末即有传染性，发病后第 1 周传染性最强，一般不超过 3 周。

（二）传播途径

人虱是本病唯一的传播媒介，其中以体虱为主，头虱次之，阴虱一般不传播。此外，干燥虱粪内立克次体，偶可通过呼吸道或眼结膜感染人体。

（三）易感性

人群普遍易感，病后可获较持久的免疫力。

（四）流行特征

本病多发生在寒冷地区，冬春季节发病较多。战争、饥荒、贫困和不良的卫生条件及习惯，均易引起本病的发生和流行。

【发病机制与病理解剖】

（一）发病机制

本病的发生主要是由病原体引起的血管病变（小血管炎）、毒素引起的毒血症及病原体诱导的变态反应所致。普氏立克次体侵入人体后，主要在小血管和毛细血管内皮细胞内繁殖，引起血管病变，并进入血流引起立克次体血症，进一步繁殖并释放内毒素样的毒性物质，引起发热及全身毒血症状。并可随血流侵入多个脏器的血管内皮细胞，引起脏器病变。病程第二周出现的变态反应可加重病变。

（二）病理解剖

本病的基本病变是小血管炎，典型病变为增生性、血栓性、坏死性血管炎及其周围的炎性细胞浸润而形成的立克次体肉芽肿，称为斑疹伤寒结节。该病变可遍及全身，尤以皮肤、心脏、脑及脑膜、肺、肾、肾上腺及睾丸等部位明显。

【临床表现】

潜伏期一般为 10~14d（5~23d）。分为以下类型：

（一）典型斑疹伤寒

1. 发热　起病多急骤，体温在 1~2d 内迅速上升至 39℃ 以上，多为稽留热，少数呈不规则热或弛张热，可伴有寒战。高热持续 2~3 周后，体温于 3~4d 内迅速下降至正常。伴乏力、剧烈头痛、全身肌肉酸痛、面部及眼结膜充血等全身毒血症症状。

2. 皮疹　为本病的重要体征，见于 90% 以上病例。多于第 4~5 病日开始出现皮疹，先见于躯干部，1~2d 内遍及全身，但面部通常无疹。皮疹大小形态不一，初起常为鲜红色充血性斑丘疹，继之转为暗红色，亦可为出血性皮疹。皮疹持续 1 周左右消退，常留有棕褐色色素沉着。

3. 中枢神经系统症状　剧烈头痛是本病突出的症状，出现早且持续时间长，伴头晕、耳鸣及听力下降，严重者可出现反应迟钝、谵妄、狂躁、甚至昏迷或精神错乱，上肢震颤及脑膜刺激征。但脑脊液检查除蛋白质及压力轻度增高外其余多正常。

4. 肝脾大　约 90% 患者出现脾大，肝肿大见于少数患者。

5. 其他　可有食欲减退、恶心、呕吐、腹胀、便秘或腹泻等消化道系统症状。严重者可出现中毒性心肌炎，循环衰竭和肾功能衰竭等症状。

（二）轻型斑疹伤寒

其特点为：①热度低，体温一般在 39℃ 以下，呈弛张热。②热程短，平均 8~9d。③全身中毒症状轻，头痛和全身酸痛仍较明显，但很少出现意识障碍和其他神经系统症状。④无皮疹或仅有少量充血性皮疹，持续时间短，1~2d 即消退。⑤肝、脾肿大少见。近年来国内所见散发病例多为此型。

（三）复发型斑疹伤寒

又称布-津（Brill-Zinsser）病，国内少见报道。

本型主要是由于第一次感染或发病后，立克次体未完全清除，长期潜伏在人体内可达数年至数十年，当机体的免疫力下降，立克次体可再繁殖而引起复发。该型多发生于成年人，散发，无季节性。病情常较轻、病程短、并发症少、病死率低。临床表现：①低热，多为不规则热型，热程短，仅 7~10d。②症状轻，可有明显头痛，但无其他神经系统症状。③无皮疹或仅有稀少丘疹。④外斐反应常为阴性，但补体结合试验常阳性且效价高。

【实验室检查】

（一）血常规

白细胞计数多在正常范围，中性粒细胞常增高，嗜酸性粒细胞可减少或消失，血小板也可减少。

（二）血清学检查

1. 外-斐反应（Weil-Felix test，变形杆菌 OX$_{19}$ 凝集试验）　多在第 1 周出现阳性，第 2~3 周达高峰，持续数周至 3 个月。效价≥1∶160 或病程中有 4 倍以上增高有诊断价值。阳性率为 70%~85%，因其操作简便而常用于诊断，但特异性差，故其结果须结合临床判断。

2. 特异性抗体检测　常采用间接免疫荧光试验（IFA）及酶联免疫吸附试验（ELISA）检测特异性抗体。补体结合试验（CF）和乳胶凝聚试验（LG）也用于普氏立克次体的检测。

（三）病原体分离

通过动物接种或接种鸡胚卵黄囊分离立克次体费时费力，且可引起动物间的扩散和实验室工作人员受染，故一般不用于临床诊断。

（四）核酸检测

分子杂交法或 PCR 法检测普氏立克次体核酸，具有快速、敏感及特异性好等优点，有助于早期诊断。

【诊断与鉴别诊断】

（一）诊断

流行病学资料如当地流行情况、发病季节、疫区旅行史、被虱叮咬史等有重要参考价值；临床症状如高热，第 4~5 病日出现的充血性或出血性斑丘疹，明显的中枢神经系统症状如剧烈头痛及意识障碍等有助于诊断。实验室诊断方法目前仍多采用外-斐反应，其滴度≥1∶160 或病程中有 4 倍以上增高者有诊断意义。有条件也可加做其他血清学试验。

（二）鉴别诊断

常需与下列疾病鉴别：地方性斑疹伤寒、恙虫病、Q 热、伤寒、回归热、肾综合征出血热等。

【治疗】

1. 一般治疗　卧床休息，供给足够的水分和热量，做好护理，防止并发症。

2. 病原治疗　多西环素疗效优于四环素。常规剂量给药，疗程至体温正常后继续 3~5 天。如多西环素，成人每日 0.2~0.3g，顿服或分 2 次服。喹诺酮类药物也有效，但儿童、孕妇及哺乳期妇女禁用。

3. 对症治疗　剧烈头痛者可予以止痛镇静剂。毒血症状严重者可用肾上腺皮质激素。慎用退热剂，以防大汗虚脱。

【预防】

采用以灭虱为中心的综合措施。

1. 管理传染源　早期隔离病人，并对其予以灭虱处理。密切接触者医学观察 21 天。

2. 切断传播途径　防虱、灭虱是关键。加强卫生宣教，勤沐浴及更衣。

3. 保护易感者　对疫区居民及新入疫区人员进行疫苗接种，但免疫接种只能减轻病情，而发病率并无明显降低，故不能代替灭虱。

（蔺淑梅）

学习小结

流行性斑疹伤寒是由普氏立克次体引起，通过人虱传播的急性传染病。诊断依据包括发病季节、疫区旅行史、被虱叮咬史等流行病学资料。临床特点为高热、头痛、皮疹、中枢神经系统症状及肝脾肿大等，外-斐反应阳性有辅助诊断价值。多西环素治疗有效。

复习参考题

1. 简述流行性斑疹伤寒的典型临床表现。　　　　2. 简述流行性斑疹伤寒的病原治疗。

第二节 地方性斑疹伤寒

学习目标	
掌握	地方性斑疹伤寒的临床表现，诊断及治疗。
熟悉	地方性斑疹伤寒的传染源、传播途径及预防措施。
了解	地方性斑疹伤寒病原及发病机制。

地方性斑疹伤寒（endemic typhus）又称蚤传斑疹伤寒（flea-borne typhus），或鼠型斑疹伤寒（murine typhus），是由莫氏立克次体引起，以鼠蚤为传播媒介的急性传染病。其临床表现与流行性斑疹伤寒相似，但症状轻，病程短，病死率低。

【病原学】

莫氏立克次体的形态特征、染色特点及理化性质与普氏立克次体相似，但具有以下不同点：①莫氏立克次体形态上的多形性不明显，多为短丝状；②两者有相同的耐热可溶性抗原，故有交叉反应，均能与变形杆菌 OX_{19} 发生凝集反应。但二者不耐热的颗粒性抗原不同，用立克次体凝集试验和补体结合试验可将其区别；③莫氏立克次体接种雄性豚鼠腹腔，可引起阴囊明显肿胀，称之为"豚鼠阴囊现象"，是与普氏立克次体的重要鉴别点。④除豚鼠外，莫氏立克次体对大鼠和小鼠均有明显的致病性，故可用来分离及保存病原体，而普氏立克次体对大鼠和小鼠均无致病性。

【流行病学】

1. 传染源　家鼠为本病的主要传染源，莫氏立克次体通过鼠蚤在鼠间传播。鼠感染后不立即死亡，而鼠蚤只在鼠死后才离开鼠体叮咬人而使人受感染。此外，病人及牛、羊、猪、马、骡等也可能作为传染源。

2. 传播途径　主要通过鼠蚤叮咬传播。干蚤粪内的病原体偶可经呼吸道和眼结膜使人受染。如有人虱寄生人体，亦可作为传播媒介，此时患者为传染源。

3. 易感性　人群普遍易感，感染后可获持久免疫力，与流行性斑疹伤寒有交叉免疫。

【发病机制与病理解剖】

与流行性斑疹伤寒相似，但病变较轻，小血管中血栓形成较少见。

【临床表现】

潜伏期1~2周，临床表现与流行性斑疹伤寒相似，但症状轻，病程短。

1. 发热　起病多急骤，体温多在39℃左右，多为稽留热或弛张热，持续6~14天后体温逐渐恢复正常。可伴有发冷、头痛、全身酸痛及眼结膜充血等。

2. 皮疹　50%~80%的患者有皮疹，皮疹出现时间及特点与流行性斑疹伤寒相似，但皮疹数量少，足底和手掌有时可见，多为充血性，出血性皮疹少见。持续数日皮疹消退，一般不留痕迹。部分病例可无皮疹。

3. 中枢神经系统症状　常较轻，大多仅有头晕、头痛、部分可有失眠、听力减退等。但烦躁不安、谵妄或昏睡、昏迷等意识障碍少见。

4. 其他　约50%患者有轻度脾大，肝大少见。其他脏器很少受累，并发症少。

【实验室检查】

1. 血常规　白细胞总数及分类多在正常范围。

2. 血清学检查　外-斐反应亦阳性，但效价较流行性斑疹伤寒低。须依赖莫氏立克次体特异性抗原作补体结合试验和凝集试验等来鉴别流行性及地方性斑疹伤寒。

3. 核酸检测　可用于本病的早期诊断。

4. 病原体分离　一般实验室不宜进行动物接种分离病原体。

【诊断与鉴别诊断】

（一）诊断

本病临床表现无特异性，且病情较轻，容易漏诊。流行病学资料对诊断有帮助，居住地有本病发生或发病前1~2周，有地方性斑疹伤寒疫区旅居史，尤其有被鼠蚤叮咬史。其临床特点与流行性斑疹伤寒相似，但症状轻，病程短，皮疹数量少且多为充血性。外-斐反应阳性有助于诊断。进一步诊断依赖于补体结合试验和立克次体凝集试验等。

（二）鉴别诊断

同流行性斑疹伤寒的鉴别诊断。尤其应注意与肾综合征出血热鉴别。

【治疗】

同流行性斑疹伤寒，国内报道多西环素疗效优于四环素，疗程5~7天。近来使用氟喹诺酮类，如环丙沙星、氧氟沙星等对本病治疗也有效。

【预防】

1. 主要是灭鼠灭蚤，对病人及早隔离治疗。

2. 因本病多散发，故一般不用预防注射。但对从事动物实验的人员和灭鼠人员可用灭活鼠肺疫苗或减毒活疫苗接种。

（蔺淑梅）

学习小结

地方性斑疹伤寒是由莫氏立克次体引起，以鼠蚤为传播媒介。临床表现与流行性斑疹伤寒相似（发热、皮疹、中枢神经系统症状及脾肿大等），但症状轻，病程短。外-斐反应阳性有助于诊断。流行病学资料对诊断有帮助，居住地有本病发生或发病前1~2周，有地方性斑疹伤寒疫区旅居史，尤其有被鼠蚤叮咬史。

多西环素、四环素及氟喹诺酮类药物治疗均有效。

复习参考题

流行性斑疹伤寒与地方性斑疹伤寒如何鉴别？

第三节　恙虫病

学习目标

掌握	恙虫病的临床表现和病原治疗。
熟悉	恙虫病的流行病学，诊断。
了解	恙虫病的病原学，发病机制和预防。

恙虫病（tsutsugamushi disease）又名丛林斑疹伤寒（scrub typhus），是由恙虫病东方体（orientia tsutsugamushi）引起的一种急性自然疫源性传染病。鼠类是主要的传染源。本病通过恙螨幼虫（chigger）叮咬传播

给人。临床上以叮咬部位焦痂(eschar)或溃疡形成、发热、皮疹、淋巴结肿大、肝脾肿大以及周围血液白细胞数减少等为特征。

1927年日本学者首先从病人血液中分离出病原体,并命名为恙虫病立克次体(Rickettsia tsutsugamushi),也称恙虫病东方体。我国也于1948年在广东省广州市成功地从病人的血液中分离出恙虫病东方体,证明我国是恙虫病流行区。

【病原学】

恙虫病东方体呈球形或球杆状,大小为(0.3~0.6)μm×(0.5~1.5)μm。专性细胞内寄生,在细胞质内靠近细胞核旁成堆排列。革兰氏染色呈阴性,但以吉姆萨染色显色较好,呈紫蓝色。恙虫病东方体呈二分裂方式进行繁殖,在原代鼠肾细胞、原代鸡胚细胞、Hela细胞中生长良好,用鸡胚卵黄囊接种可分离本病病原体,亦可通过动物实验如小鼠腹腔内接种来分离病原体。

恙虫病东方体较易出现遗传基因突变,导致各株间的抗原性有所不同,根据抗原性的差异,可将恙虫病东方体分为10个血清型,不同血清型的致病力、病情严重程度和病死率可出现较大的差异,但感染不同血清型后有一定的交叉免疫作用。恙虫病东方体与变形杆菌OX$_K$株有交叉免疫原性,临床上利用变形杆菌OX$_K$的抗原与病人的血清进行凝集反应,有助于本病的诊断。

恙虫病东方体抵抗力弱,有自然失活、裂解倾向,不易保存,即使在液氮中亦仅存活1年左右。对各种消毒方法都很敏感,如在0.5%苯酚溶液中或加热至56℃,10min即死亡。对氯霉素、四环素类和红霉素类均极敏感,但能耐受青霉素类、头孢菌素类及氨基糖苷类抗生素。

【流行病学】

本病主要流行于亚洲太平洋地区,尤以东南亚多见。在日本、朝鲜、缅甸、斯里兰卡、越南、泰国、柬埔寨、菲律宾、马来西亚、印度、澳大利亚及新西兰等国家流行,俄罗斯东南部也有本病发生。在我国,本病流行区包括广东省、福建省、广西壮族自治区、江西省、湖南省、云南省、四川省、贵州省、西藏自治区、安徽省、陕西省、江苏省、浙江省、山东省、海南省和台湾地区等地,以东南沿海地区为多发。

1. 传染源　鼠类是主要传染源。此外,兔、猪、猫和鸡等也能感染本病。恙螨被恙虫病东方体感染后,可经卵传给后代,故亦能起到传染源的作用。人患本病后,虽然血液中也有恙虫病东方体,但被恙螨幼虫叮咬的可能性极小,故患者作为传染源的意义不大。

2. 传播途径　恙螨(mite)是本病的传播媒介。能传播本病的恙螨有数十种,在我国最主要的是地里纤恙螨和红纤恙螨。恙螨的生活周期包括卵、幼虫、蛹、稚虫和成虫5期,其中只有幼虫是寄生性,需吸吮动物或人体的组织液。当幼虫叮咬带有恙虫病东方体的鼠时,则幼虫受感染,经过蛹、稚虫、成虫、卵,到第二代幼虫,仍带有该病原体。如果该幼虫再叮咬鼠类时,又可将病原体传染给鼠。如此在鼠类中不断循环,形成自然疫源性。当人在疫区的草地上工作、活动或坐卧时,被带有病原体的幼虫叮咬而得病。

3. 人群易感性　人对本病普遍易感。从事野外劳动、较多接触丛林杂草的青壮年因暴露机会多而发病率较高。病后对同一血清型的病原体有较持久的免疫力。对不同血清型的免疫力较弱,仅能维持数月,故可再次感染发病。

4. 流行特征　本病一般为散发,但亦可发生流行。我国南北流行的季节有差异,南方省区多发生于夏秋季,见于5~11月,以6~8月为高峰,与此期间降雨集中引起地面恙螨扩散有关。但北方省份多发于秋冬季,发病以9~12月为多,流行高峰出现在10月,与恙螨及野鼠的密度增加有关。本病多分布于热带及亚热带的河溪两岸,且多见于灌木、杂草丛生的平坦地带。

【发病机制】

病原体从恙螨幼虫叮咬处侵入人体,先在叮咬局部组织细胞内繁殖,引起局部的皮肤损害,继而直接或经淋巴系统进入血流,形成恙虫病东方体血症,血流中的病原体到达身体各器官组织,侵入血管内皮细胞和单核吞噬细胞内生长繁殖。恙虫病东方体死亡后所释放的毒素是引起全身毒血症状和多脏器病变的主要因素。

本病的基本病理变化为全身小血管炎、血管周围炎及单核吞噬细胞增生。被恙螨叮咬的局部皮肤先有充血、水肿,形成小丘疹,继成小水疱,水疱中央坏死、出血,形成圆形或椭圆的黑色痂皮,称为焦痂。痂皮脱落可呈溃疡。焦痂或溃疡附近的淋巴结显著肿大,并可伴全身淋巴结肿大。浆膜腔,如胸腔、腹腔、心包中可见黄绿色渗出液。血管周围可见单核细胞、淋巴细胞、浆细胞浸润,重型患者可见血管内皮细胞水肿及血管壁坏死、破裂。内脏普遍充血,肝脾因充血及单核吞噬细胞增生而肿大,可出现局灶性或弥漫性心肌炎、出血性肺炎、间质性肾炎及淋巴细胞性脑膜炎等。

【临床表现】

潜伏期4~20天,常为10~14天。一般无前驱症状,起病急骤,体温迅速上升,1~2天内达39~41℃,多呈弛张热型,亦可呈持续热型或不规则热型,持续1~3周。常伴有寒战、剧烈头痛、全身酸痛、疲乏、嗜睡、食欲下降、恶心、呕吐等,体征可有颜面及颈胸部潮红、结膜充血、焦痂或溃疡、淋巴结肿大、皮疹、肝脾肿大等。病程进入第2周后,病情常加重,神经系统的表现可有神情淡漠、重听、烦躁、谵妄,甚至抽搐或昏迷,可出现脑膜刺激征;循环系统可有心率快、心音弱、心律失常等心肌炎表现;呼吸系统可出现咳嗽、气促、胸痛、两肺啰音等肺炎表现。少数患者可有广泛的出血现象,如鼻出血、胃肠道出血等。危重病例呈严重的多器官损害,出现心、肝、肾功能衰竭及循环衰竭,还可发生播散性血管内凝血(disseminated intravascular coagulation)。第3周后,患者体温渐降至正常,症状减轻至消失,并逐渐康复。但如未及时得到有效的病原治疗,部分患者可病重死亡。

恙虫病具有一些特征性体征,对于诊断有重要价值,分述如下:

（一）焦痂与溃疡

为本病之特征,对临床诊断最具意义。可见于70%~100%的患者。人被受感染的恙螨幼虫叮咬后,局部随即出现红色丘疹,继成水疱,然后发生坏死和出血,随后结成黑色痂皮,形成焦痂。焦痂呈圆形或椭圆形,大小不等,直径可为2~15mm,多为4~10mm。其边缘突起,如堤围状,周围有红晕,如无继发感染,则不痛不痒,也无渗液。痂皮脱落后即成溃疡,其基底部为淡红色肉芽创面,起初常有血清样渗出液,尔后逐渐减少,形成一个光洁的凹陷面,偶有继发性化脓现象。多数患者仅有1个焦痂或溃疡,偶见2~3个。焦痂可见于体表任何部位,但由于恙螨幼虫喜好叮咬人体湿润、气味较浓以及被压迫的部位,故焦痂多见于腋窝、外生殖器、腹股沟、会阴、肛周和腰背等处。患者发病时通常已有焦痂,因此查体时应细致,以免遗漏。

（二）淋巴结肿大

焦痂附近的局部淋巴结常明显肿大(可因此寻找焦痂),大者如核桃,小者如蚕豆,可移动,常伴疼痛和压痛,不化脓,多见于腹股沟、腋下、耳后等处,消退较慢,在疾病的恢复期仍可扪及。全身表浅淋巴结常轻度肿大。

（三）皮疹

多出现于病程的第4~6天,少数病例可于发病时即出现,或迟至第14天才出现。发生率各地报道差别较大(35.34%~100%)。皮疹常为暗红色充血性斑丘疹,少数呈出血性,不痒,大小不一,直径为2~5mm,多散在分布于躯干和四肢,面部很少,手掌和脚底部更少,极少数可融合呈麻疹样皮疹。皮疹持续3~7天后消退,不脱屑,可遗留少许色素沉着。有些患者于病程第7~10天可在口腔软、硬腭及颊部黏膜上发现黏膜疹或出血点。

（四）肝脾肿大

肝肿大约占10%~30%,脾肿大约占30%~50%,质软,表面平滑,可有轻微触痛。

【并发症】

较常见的并发症是中毒性肝炎、支气管肺炎、心肌炎、脑膜脑炎、消化道出血和急性肾功能衰竭等。

【诊断】

（一）流行病学资料

发病前 3 周内是否到过恙虫病流行区，在流行季节有无户外工作、露天野营或在林地草丛上坐、卧等。

（二）临床表现

起病急、高热、颜面潮红、焦痂或溃疡、皮疹、浅表淋巴结肿大、肝脾肿大。尤以发现焦痂或特异性溃疡最具临床诊断价值。对怀疑患本病的患者应仔细寻找焦痂或溃疡，它多位于肿大、压痛的淋巴结附近。

（三）实验室检查

1. 血象　周围血白细胞数多减少或正常，重型患者或有并发症时可增多，分类常有中性粒细胞核左移、淋巴细胞数相对增多。

2. 血清学检查

（1）变形杆菌 OX_K 凝集试验（外-斐反应 Weil-Felix reaction）：患者血清中的特异性抗体能与变形杆菌 OX_K 抗原起凝集反应，为诊断提供依据。外-斐反应最早可于第 4 病日出现阳性，到病程第 1 周末约 30% 阳性，第 2 周末约为 75%，第 3 周可达 90% 左右，效价自 1∶160～1∶1280 不等。第 4 周阳性率开始下降，至第 8～9 周多转为阴性。效价在 1∶160 或以上有诊断意义。若在病程中隔周进行检查，如效价升高 4 倍以上，则诊断意义更大。本试验的特异性较低，其他疾病如钩端螺旋体病也可出现阳性。

（2）补体结合试验：阳性率较高，特异性较强。补体结合抗体在体内的持续时间较长，可达 5 年左右。

（3）免疫荧光试验：用间接免疫荧光试验检测血清中特异性抗体，在病程的第 1 周末开始出现阳性，第 2～3 周末达高峰，2 个月后效价逐渐下降，但可持续数年。

（4）斑点免疫测定（dot immunoassay）：用各种血清型的恙虫病东方体或其蛋白作为抗原，吸附在硝酸纤维膜上，检测患者血清中各血清型的特异性 IgM 或 IgG 抗体，其中特异性 IgM 抗体的检测有早期诊断价值。该法敏感性高，特异性强，可区分各种血清型。

（5）酶联免疫吸附试验（ELISA）与酶免疫测定（EIA）：可作各种血清型恙虫病东方体的特异性 IgM 或 IgG 抗体检测，敏感度和特异性与斑点免疫测定相仿，亦可用于血清分型，但操作更简便。

3. 病原学检查

（1）病原体分离：可采用动物实验、鸡胚卵黄囊接种或 HeLa 细胞培养等方法分离恙虫病东方体。临床上常用小鼠作病原体分离，取患者全血 0.5ml 接种小鼠腹腔，小鼠多在接种后第 7～9 天发病，解剖濒死的小鼠可发现双肺充血、水肿，肝、脾、淋巴结充血肿胀，出现胸水和腹水。取腹水涂片，腹膜、肠系膜、肝、脾或肾印片，干后用吉姆萨染色镜检，可在单核细胞质内，靠近核旁发现紫蓝色、团状分布的恙虫病东方体。若用特异性抗体作直接免疫荧光试验，在荧光显微镜下可见细胞内有黄绿色的荧光。

（2）分子生物学检查：采用聚合酶链反应（PCR）技术可检测细胞、血液等标本中的恙虫病东方体基因，具有敏感度高、特异性强的特点，对于本病诊断及血清型的鉴定有一定价值。

【鉴别诊断】

（一）钩端螺旋体病

恙虫病流行区亦常有钩端螺旋体病存在。两者均多见于夏秋季节，均有发热、眼结膜充血、淋巴结肿大、多器官损害等，故应注意鉴别。钩端螺旋体病常有腓肠肌痛，而无皮疹、焦痂或溃疡。必要时可作血清学与病原学检查。

（二）斑疹伤寒

多见于冬春季节及寒冷地区，有虱寄生或叮咬史，无焦痂或溃疡。血清变形杆菌凝集反应 OX_{19} 株为阳性，而对 OX_K 株则为阴性。

（三）伤寒

起病较缓，有持续高热、神情淡漠、相对缓脉、玫瑰疹，常有消化道症状，无焦痂或溃疡，周围血液嗜酸性粒细胞减少,肥达试验阳性,血培养可获伤寒杆菌。

(四)其他

如流行性感冒、疟疾、败血症、登革热和肾综合征出血热等均应注意鉴别。

【预后】

若能早期诊断及有效的病原治疗,绝大部分患者预后良好。老年人、孕妇、有并发症者预后较差。病死率自应用有效抗生素治疗后已降低至 1%~5%。病死率除与恙虫病东方体的株间毒力强弱差异有关外,还与病程的长短有关。进入病程的第 3 周后,患者常因心、肾、肺功能衰竭、肺或消化道大出血而死亡。

【治疗】

(一)一般治疗

宜卧床休息,进食易于消化的食物,加强护理,注意口腔卫生,定时翻身。重症患者应加强观察,及时发现各种并发症和合并症,采取适当的治疗措施。高热可用冰敷、乙醇拭浴等物理降温,酌情使用解热药物,但慎用大量发汗的解热药。烦躁不安时可适量应用镇静药物。

(二)病原治疗

氯霉素(chloramphenicol)、四环素和红霉素对本病有良好疗效,用药后大多在 1~3 天内退热。氯霉素剂量,成人 2g/d,儿童 25~40mg/(kg·d),4 次分服,口服困难者可静脉滴注给药。热退后剂量减半,再用 7~10 天,以防复发。四环素的剂量与氯霉素相同,但四环素对儿童的不良反应较多,宜慎用。红霉素的成人剂量为 1g/d。

此外,强力霉素(doxycycline)、罗红霉素(roxithromycin)、阿奇霉素(azithromycin)、诺氟沙星(norfloxacin)、甲氧苄氨嘧啶(TMP)等,对本病亦有疗效。然而,青霉素类、头孢菌素类和氨基糖苷类抗生素对本病无治疗作用。

少数病人可出现复发,用相同的抗生素治疗同样有效。

【预防】

(一)控制传染源

主要是灭鼠。应采取综合措施,用各种捕鼠器与药物灭鼠相结合。常用的灭鼠药物有磷化锌、安妥和敌鼠等。患者不必隔离,接触者不检疫。

(二)切断传播途径

关键是避免恙螨幼虫叮咬。不要在草地上坐卧,在野外工作活动时,必须扎紧衣袖口和裤脚口,并可涂上防虫剂,如邻苯二甲酸二苯酯或苯甲酸苄酯等。此外,应改善环境卫生,除杂草,消除恙螨孳生地,或在丛林草地喷洒杀虫剂消灭恙螨。

(三)保护易感人群

目前恙虫病疫苗尚处于实验研究阶段。

(李　刚)

学习小结

恙虫病的病原的病原体是恙虫病东方体,它具有与变形杆菌 OX_K 的交叉免疫原性。利用病原体的抗原或变形杆菌 OX_K 的抗原作血清学检查,有助于临床诊断。鼠类是本病的主要传染源,恙螨为本病的传播媒介。

典型病例表现为弛张热型高热,偶有畏寒或寒战,常伴有头痛、全身酸痛、疲乏、食欲减退等全身中毒症状。体征可有颜面及颈胸部潮红、结膜充血、焦痂或溃疡、淋巴结肿大、皮疹、肝脾肿大等。严重病例可出现神经系统、循环系统、呼吸系统的症状。

少数患者可有广泛的出血现象。其中焦痂与溃疡对于诊断有重要价值，可见于大部分恙虫病患者，多数患者只有一个焦痂，焦痂多见于腹股沟、肛周、会阴、外生殖器、腋窝及腰背等处。周围血液白细胞数常减少，变形杆菌 OX_K 凝集反应（外-斐试验）阳性。

氯霉素对本病有特效，口服困难者也可静脉滴注给药。四环素族也可获满意治疗效果，可选用多西环素。不宜使用四环素族的儿童可选用罗红霉素。

复习参考题

试述恙虫病的诊断。

第五章　　细菌感染

第一节　伤寒与副伤寒

一、伤寒

伤寒(typhoid fever)是由伤寒沙门菌(*Salmonella typhi*)感染而引起的急性消化道传染病。临床特征为持续发热、表情淡漠、相对缓脉、玫瑰疹、肝脾肿大和白细胞减少等,可出现肠出血、肠穿孔等严重并发症。

【病原学】

伤寒沙门菌又称伤寒杆菌,属沙门菌属 D 群,革兰氏染色阴性,短杆状,周边有鞭毛和菌毛,有活动力,不产生芽孢,无荚膜。在普通培养基上能生长,在含有胆汁的培养基上生长更好。伤寒沙门菌含有菌体(O)抗原、鞭毛(H)抗原和表面(Vi)抗原。应用血清凝集试验检测患者血清中"O"和"H"抗体可辅助临床诊断。Vi 抗体的检测有助于伤寒沙门菌带菌者的筛查。伤寒沙门菌不产生外毒素,其菌体裂解时释放内毒素,并在发病过程中起重要作用。

伤寒沙门菌在自然界中生命力较强,在水中存活 2~3 周,在粪便中存活 1~2 个月,耐低温,冷冻环境中可存活数月,但对光、热、干燥及消毒剂抵抗力弱,加热 60℃ 15 分钟或煮沸后立即死亡。

【流行病学】

(一)传染源

患者和带菌者均为传染源。患者整个病程均有传染性,以病程 2~4 周传染性最强。排菌期在 3 个月以内者称为暂时性带菌者,持续排菌 3 个月以上者称为慢性带菌者。原先有胆石症或慢性胆囊炎等胆道系统疾病的女性或老年患者容易变为慢性带菌者,慢性带菌者是引起伤寒不断传播或流行的主要传染源。

(二)传播途径

通过粪-口途径传播。水源污染是本病传播的重要途径,也是伤寒暴发流行的主要原因。食物污染也可引起本病流行。散发病例以日常生活密切接触传播多见;苍蝇和蟑螂等媒介可机械性携带伤寒沙门菌引起散发。

(三)人群易感性

人群普遍易感,病后可获得持久性免疫,再次发病者极少。伤寒与副伤寒之间无交叉免疫。

（四）流行特征

世界各地均有发病,以热带和亚热带地区多见,在发展中国家主要因水源污染而暴发流行,发达国家则以国际旅游感染为主。伤寒可发生于任何季节,但以夏秋季多见。发病以儿童和青壮年多见。

【发病机制与病理解剖】

伤寒的发病与否主要取决于所摄入伤寒沙门菌的数量、毒力以及人体的免疫力。伤寒沙门菌随污染的水或食物进入消化道后,未被胃酸杀灭的细菌进入回肠下段,穿过肠黏膜上皮屏障,侵入回肠集合淋巴结,在单核吞噬细胞内繁殖形成初发病灶,进一步侵犯肠系膜淋巴结,经胸导管进入血液循环,引起第一次菌血症,此阶段患者无症状,临床上处于潜伏期。伤寒沙门菌随血流进入肝、脾、胆囊、肾、骨髓等组织器官内,继续大量繁殖后再次进入血液循环引起第二次菌血症,并释放内毒素脂多糖可激活单核-巨噬细胞释放白介素-1和肿瘤坏死因子等细胞因子,引起持续发热、表情淡漠、相对缓脉、白细胞减少等表现。此阶段相当于发病初期和极期(病程第1~3周)。伤寒沙门菌继续随血流播散至全身,并经胆管进入肠道,一部分随粪便排出体外,一部分穿过小肠黏膜再次侵入肠壁淋巴结,使原先致敏的肠道淋巴组织产生严重炎症反应,导致肠壁坏死或溃疡形成,临床上相当于缓解期(病程第3~4周)。在极期和缓解期,当坏死或溃疡的病变累及血管时,可引起肠出血;当溃疡侵犯小肠的肌层和浆膜层时,可引起肠穿孔。病程第4周开始,机体免疫力逐渐增强,血流和脏器中的伤寒沙门菌逐渐被清除,肠壁溃疡逐渐愈合,不留瘢痕,也不引起肠道狭窄,临床上处于恢复期。

伤寒的主要病理特点是全身单核-巨噬细胞系统的增生性反应,以回肠下段集合淋巴结与孤立淋巴滤泡的病变最具有特征性。镜下见淋巴组织内有大量巨噬细胞增生,胞质内常见被巨噬细胞吞噬的伤寒沙门菌、红细胞、淋巴细胞及细胞碎片,称为"伤寒细胞"(typhoid cell)。伤寒细胞聚集成团,形成小结节,称为"伤寒小结"(typhoid nodule)或"伤寒肉芽肿"(typhoid granuloma),具有病理诊断意义。

【临床表现】

潜伏期2~30天,平均7~14天。

（一）典型伤寒

自然病程约4周,可分为4期。

1. 初期　发病第1周。多数起病缓慢,发热是最早出现的症状,体温呈阶梯形上升,5~7日内达39~40℃。发热前可有畏寒,少有寒战,热退时出汗不多。常伴有全身乏力、食欲减退、呕吐、腹痛、腹泻等。

2. 极期　病程第2~3周,出现伤寒特征性表现。

（1）持续高热:多呈稽留热型,少数呈弛张热型或不规则热型,一般持续10~14天,长者可达3~4周。

（2）消化系统症状:食欲明显下降,腹部不适,腹胀,可有便秘或腹泻,右下腹有轻压痛。

（3）神经系统症状:患者可有表情淡漠、反应迟钝、耳鸣、重听或听力减退。重症患者可有谵妄、抽搐、昏迷、脑膜刺激征(虚性脑膜炎)等。

（4）相对缓脉:稽留热期间成人常见,儿童或并发心肌炎者相对缓脉不明显。

（5）肝脾肿大:多数患者有脾肿大,质软,可有触痛。少数患者有肝脏肿大。并发中毒性肝炎时,可出现 ALT 升高或黄疸。

（6）玫瑰疹:于病程的第6~14日,患者皮肤可出现淡红色小斑丘疹,颜色呈玫瑰色,故称玫瑰疹(rose spots)。直径2~4mm,压之褪色,一般在10个以内,主要分布在下胸部、上腹部,偶见肩背部及四肢,2~4日内消退,可分批出现。

3. 缓解期　病程第3~4周,体温开始下降,食欲逐渐好转,腹胀消失,脾开始回缩。但本期仍有可能出现肠出血、肠穿孔等并发症。

4. 恢复期　病程第5周左右,体温恢复正常,症状消失,食欲恢复,一般在1个月左右完全康复。体弱、原有慢性疾病或出现严重并发症者,病程往往较长。

（二）其他临床类型

1. 轻型　发热38℃左右，全身毒血症状轻，病程短，1~3周即可恢复。多见于儿童或有伤寒菌苗预防接种及早期应用有效抗菌治疗者。

2. 迁延型　起病与典型伤寒相似，由于机体免疫力低下或合并有胆石症、慢性血吸虫病等基础性疾病，发热可持续5周以上至数月之久。

3. 逍遥型　起病初期症状轻，可正常工作与生活，部分患者因肠出血或肠穿孔才被诊断。

4. 暴发型　起病急，全身毒血症状严重，有畏寒、高热、肠麻痹、心肌炎、中毒性脑病、中毒性肝炎或休克等，病死率高。

（三）特殊临床背景下伤寒的特点

1. 小儿伤寒　临床表现不典型，随年龄增长，其临床表现越类似成人。常急性起病，弛张热多见，呕吐、腹泻等胃肠道症状明显，玫瑰疹少见，多数患儿无相对缓脉，肝、脾肿大明显，外周血白细胞计数可不减少。易并发支气管炎或肺炎，肠出血及肠穿孔少见，病死率较低。

2. 老年伤寒　临床表现不典型，通常体温不高，但易出现虚脱，常合并支气管肺炎和心力衰竭，病程迁延，恢复慢，病死率较高。

3. 复发　复发(relapse)是指患者热退后1~3周再次出现临床症状和体征，血培养可再度呈阳性。原因是机体免疫力降低，病灶内的细菌未被完全清除，再次侵入血流而致。多见于抗菌治疗不彻底的患者。

4. 再燃　再燃(recrudescence)是指患者在缓解期体温逐渐下降而未至正常时，又重新升高，此时血培养可再次出现阳性。原因与伤寒沙门菌菌血症未得到完全控制有关，有效和足量的抗菌药物治疗可减少和杜绝再燃。

【并发症】

（一）肠出血

为较常见的严重并发症，发生率约为2%~8%，多见于病程第2~4周。饮食不当、因便秘而过度用力排便、治疗性灌肠等常为诱因。根据出血量多少可表现为大便潜血阳性、黑便或暗红色血便，大量出血者可出现头晕、面色苍白、冷汗、脉细速、血压下降等休克表现。

（二）肠穿孔

为最严重的并发症，发生率约为1%~4%，多见于病程第2~4周，好发于回肠末端。穿孔发生时，患者突然腹部剧烈疼痛，右下腹为甚，伴有恶心、呕吐、冷汗、脉搏细速、体温和血压下降，随后出现体温再度升高，腹部压痛、反跳痛、腹肌紧张等急性腹膜炎征象，肝浊音界缩小或消失，腹部X线检查可见游离气体，外周血白细胞升高并伴核左移。

（三）中毒性肝炎

发生率为10%~50%，多见于病程第1~3周，表现为肝肿大、压痛，ALT升高或有黄疸，随病情好转肝损害恢复。

（四）中毒性心肌炎

多发生于病程第2~3周。有严重毒血症者，表现为心率加快、第一心音低钝、心律失常、血压下降等。心电图呈低电压、S-T段下降或平坦、T波改变等。

（五）支气管炎及肺炎

病程第1周大多由伤寒沙门菌引起，病程极期或后期多为继发其他细菌或病毒感染，极少由伤寒沙门菌引起。

（六）溶血性尿毒综合征

一般发生于病程第1~3周，第1周常见。可能为伤寒沙门菌的内毒素诱发肾小球微血管内凝血所致，主要表现为溶血性贫血和急性肾功能衰竭。

（七）其他

其他并发症包括急性胆囊炎、肾盂肾炎、骨髓炎、脑膜炎和血栓性静脉炎等。

【实验室检查】

（一）常规检查

1. 血常规　白细胞计数一般为$(3\sim5)\times10^9$/L，中性粒细胞减少；嗜酸性粒细胞减少或消失，随病情好转而逐渐上升，复发者再度减少，对伤寒的诊断与病情的评估有重要的参考意义。

2. 尿常规　从病程第2周开始可有轻度蛋白尿或偶见少量管型。

3. 粪便常规　在肠出血时有潜血试验阳性或肉眼血便。

（二）细菌学检查

1. 血培养　病程第1~2周阳性率可达80%~90%，第3周下降至50%左右，第4周不易检出，复发和再燃者可再度呈阳性。

2. 骨髓培养　较血培养阳性率高，可达90%以上，阳性持续时间较长，适用于血培养阴性或使用过抗菌药物的疑似患者。

3. 粪便培养　第3~4周阳性率较高，可达75%左右。慢性带菌者可持续阳性1年。

4. 尿培养　早期多为阴性，第3~4周阳性率仅为25%左右。

5. 其他　玫瑰疹刮取物或活检切片可培养出伤寒杆菌。

（三）肥达试验（Widal test）

肥达试验即伤寒血清凝集试验，是指应用已知的伤寒沙门菌菌体抗原（O）、鞭毛抗原（H）及副伤寒沙门菌甲（A）、乙（B）、丙（C）型的鞭毛抗原与患者血清做凝集反应，检测其相应抗体的效价。肥达试验对伤寒与副伤寒有辅助诊断价值。通常在病后第1周开始产生抗体，第2周逐渐增高，第3~4周达高峰，阳性率高达70%~90%，病愈后可维持数月。肥达试验在临床中可出现假阳性或假阴性反应，评价结果应注意以下特点：

1. O抗体凝集效价在1∶80以上，H抗体效价在1∶160以上；或者O抗体效价呈4倍以上升高，才有辅助诊断意义。

2. 因伤寒和副伤寒甲、乙、丙沙门菌之间有部分O抗原相同，O抗体升高只能支持沙门菌感染，不能区分伤寒或副伤寒。

3. 接种伤寒疫苗后，H抗体效价明显上升，并可持续数年。并且既往感染者及其他发热性疾病出现的回忆反应也可有较高滴度，而O抗体不受影响，故仅H抗体升高，对伤寒诊断帮助不大。

4. 某些疾病如风湿病、败血症、结核病、血吸虫病、溃疡性结肠炎等可出现假阳性反应。部分免疫功能低下、早期应用抗菌药物的患者可出现假阴性反应。

5. Vi抗体效价在伤寒和副伤寒患者中一般不高；主要用于慢性带菌者的调查，效价在1∶40以上有诊断参考价值。

（四）其他检查

近年来建立了酶联免疫吸附试验、被动血凝试验、对流免疫电泳、免疫荧光试验等新的免疫学诊断方法检测伤寒沙门菌的抗原和抗体，以及利用DNA探针或PCR技术等分子生物学方法检测伤寒沙门菌基因组特异性靶序列，提高了沙门氏菌早期诊断的敏感性和特异性，但临床常规应用尚有许多问题有待解决。

【诊断】

（一）流行病学资料

当地伤寒疫情和流行季节，有不洁饮食史，是否有伤寒既往史、预防接种史以及与患者接触史。

（二）临床表现

持续发热1周以上，腹胀、腹泻或便秘，表情淡漠、相对缓脉、玫瑰疹、脾肿大等，并发肠出血或肠穿孔者更有助于诊断。

（三）实验室检查

外周血白细胞总数减少，嗜酸性粒细胞减少或消失，肥达试验阳性有辅助诊断意义。伤寒沙门菌培养阳性为确诊依据。

【鉴别诊断】

（一）病毒感染

呼吸道病毒和肠道病毒感染均可引起发热、头痛及白细胞减少与伤寒相似，但起病较急，多伴上呼吸道症状，无相对缓脉、玫瑰疹等，病程一般为1周左右。

（二）疟疾

有发热、肝脾肿大、白细胞减少与伤寒相似，但起病急，体温每天波动大，寒战明显，出汗后体温骤降，热退后一般情况好，红细胞和血红蛋白降低，外周血或骨髓涂片可找到疟原虫。

（三）革兰氏阴性杆菌败血症

患者高热、畏寒、脾肿大、白细胞计数可不升高与伤寒相似，但患者常有胆道、泌尿系统或腹腔内感染等原发病灶，寒战明显，弛张热多见，可有皮肤出血点，甚至早期出现中毒性休克，血培养可检出相应致病菌等。

（四）恶性组织细胞病

患者长期发热、肝脾肿大、白细胞降低与伤寒相似。但患者多为不规则高热，进行性贫血，淋巴结肿大，外周血常规全血细胞减少，骨髓检查可见恶性组织细胞。

（五）血行播散性结核病

患者有长期发热、白细胞减少与伤寒相似，但患者常有结核病史或结核接触史，发热不规则，伴有盗汗，胸部X线或CT检查可见粟粒性结核病灶等，可与伤寒鉴别。

【预后】

病死率约1%左右。并发肠穿孔、肠出血、心肌炎、严重毒血症表现者，病死率较高。婴幼儿、年老体弱及免疫功能低下者预后较差。

【治疗】

（一）一般治疗与对症处理

1. 休息与隔离　按消化道传染病消毒隔离，发热期患者绝对卧床休息。临床症状消失后每隔5~7日送检粪便培养，连续2次阴性才可解除隔离。

2. 护理与饮食　应给予高热量、高营养、易消化的饮食，供给必要的维生素。发热期间给予流质或细软无渣半流质饮食，少量多餐。退热后，可从软食逐渐过渡，热退2周后才能恢复正常饮食。注意观察患者的体温、脉搏、血压及粪便性状等的变化，保持口腔及皮肤清洁，预防压疮和肺病感染。

3. 对症处理　高热者可给予物理降温等，慎用退热药，以免出汗过多，引起虚脱。便秘者可用开塞露入肛或生理盐水低压灌肠，禁用高压灌肠和泻药。腹胀者给予低糖低脂肪饮食，可用松节油腹部涂擦或肛管排气，禁用新斯的明等促进肠蠕动药物。中毒症状重者，可在足量有效抗菌药物治疗的同时，选择地塞米松2~5mg或者氢化可的松50~100mg静脉滴注，每日1次，疗程不超过3日。有明显鼓肠和腹胀的患者慎用糖皮质激素，以免诱发肠出血和肠穿孔。

（二）病原治疗

1. 喹诺酮类药物　是治疗伤寒的首选药物，但因可能影响骨骼发育，孕妇、哺乳期妇女及儿童不宜选用。

（1）左旋氧氟沙星：每次 0.2~0.4g，口服，每日 2~3 次，疗程 14 天。

（2）环丙沙星：每次 0.5g，口服，每日 2 次，疗程 14 天。

重型或有并发症者，可静脉滴注，症状控制后改为口服，疗程 14 天。

2. 第三代头孢菌素　是孕妇、哺乳期妇女及儿童首选药物，也适用于氯霉素耐药菌所致伤寒。

（1）头孢噻肟：每次 2g，儿童每次 50mg/kg，每 8~12 小时静脉滴注 1 次，疗程 14 天。

（2）头孢哌酮：每次 2g，儿童每次 50mg/kg，每 12 小时静脉滴注 1 次，疗程 14 天。

（3）头孢曲松：每次 1~2g，儿童每次 50mg/kg，每天静脉滴注 1 次，疗程 14 天。

（4）头孢他啶：每次 1~2g，儿童每次 50mg/kg，每 12 小时静脉滴注 1 次，疗程 14 天。

（三）带菌者的治疗

根据药敏试验选择治疗药物：

1. 氧氟沙星　每次 0.3g，口服，每日 2 次，疗程 4~6 周。

2. 环丙沙星　每次 0.5g，口服，每日 2 次，疗程 4~6 周。

（四）并发症的治疗

1. 肠出血　禁食，绝对卧床休息，密切监测血压、脉搏、神志变化及粪便出血量。烦躁不安可予以地西泮或者苯巴比妥镇静；补充血容量及维持水、电解质和酸碱平衡；使用止血药，必要时输血。大量出血经内科积极治疗无效者，应考虑手术治疗。

2. 肠穿孔　局限性穿孔者给予禁食，胃肠减压，选择有效的抗菌药物控制腹膜炎；肠穿孔并发腹膜炎者应及早手术治疗。

3. 中毒性肝炎　在抗病原治疗的基础上给予保肝支持治疗，避免使用损害肝脏的药物。

4. 中毒性心肌炎　绝对卧床休息，应用改善心肌营养的药物，必要时可加用肾上腺皮质激素及应用小剂量洋地黄制剂控制心力衰竭。

5. 溶血性尿毒综合征　有效控制伤寒沙门菌原发感染；输血、补液，碱化尿液；使用糖皮质激素如地塞米松、泼尼松龙等；小剂量肝素和（或）低分子右旋糖酐进行抗凝；必要时行腹膜或血液透析，促进肾功能恢复。

【预防】

（一）控制传染源

及时发现患者及带菌者，及早隔离治疗，患者体温正常后 2 周或粪便培养连续 2 次阴性（2 次间隔 5~7 日），可解除隔离。患者大小便等排泄物、便器、餐具、生活用品均需消毒处理。对密切接触者医学观察 3 周。

（二）切断传播途径

是预防和控制本病的关键。做好水源、饮食、粪便管理和消灭苍蝇等卫生工作，养成良好的个人卫生和饮食习惯。

（三）保护易感人群

对易感人群可进行预防接种。口服的伤寒沙门菌 Ty21A 减毒活菌苗，保护率可达 50%~96%；注射用伤寒 Vi 多糖疫苗，保护率可达 70% 左右。有与患者密切接触等，需急性预防用药者，可予复方磺胺甲基异噁唑每次 2 片，每日 2 次，口服 3~5 天。

二、副伤寒

副伤寒（paratyphoid fever）是由副伤寒沙门菌甲、乙、丙型引起的一组细菌性传染病。副伤寒的流行病学、发病机制及病理变化、临床表现、诊断、治疗及预防与伤寒相似，但也有与伤寒不同的临床特点。

（一）副伤寒甲、乙

我国成人副伤寒以副伤寒甲为主，儿童以副伤寒乙常见。潜伏期一般为 8~10 天；起病常有腹痛、腹泻、呕吐等急性胃肠炎症状,2~3天后出现发热,以弛张热或不规则热多见,稽留热少见,热程较短,大约2~3周;全身中毒症状轻,相对缓脉少见;玫瑰疹出现较早而多,颜色较深;肠穿孔、肠出血等并发症少见,病死率较低。

(二)副伤寒丙

副伤寒丙的临床表现比较复杂,可表现为败血症型、伤寒型或急性胃肠炎型,以败血症型多见。败血症型患者起病急,体温迅速上升,不规则热型,常伴寒战,可并发肺部、骨及关节的化脓性病灶,偶可并发化脓性脑膜炎、心内膜炎、肾盂肾炎、胆囊炎、皮下脓肿、肝脓肿等。伤寒型与副伤寒甲、乙类同。急性胃肠炎型主要表现为发热、呕吐、腹痛、腹泻,病程短,一般2~5天恢复。

副伤寒甲、乙、丙的治疗与伤寒相同。有化脓性病灶者,脓肿一旦形成,应在有效抗菌治疗的同时进行外科手术处理。

(王勤英)

学习小结

伤寒是由伤寒杆菌引起的急性肠道传染病,临床特征为持续发热、相对缓脉、全身中毒症状与消化道症状、玫瑰疹、肝脾肿大与白细胞减少等,以夏秋季为多。伤寒的主要病理特点为全身单核-巨噬细胞系统的增生性反应,尤以回肠末段的集合淋巴结和孤立淋巴结最为显著。伤寒的传染源为带菌者或患者,包括潜伏期带菌者、暂时带菌者及慢性带菌者,通过粪-口途径传播。

肠出血为常见并发症,肠穿孔为最严重的并发症,均多见于病程第2~3周。细菌学检查是确诊的主要依据:血培养病程第1周阳性率可达90%,骨髓培养阳性率较血培养高,全病程均可获较高的阳性率。疑似病例如有以下项目之一者即可确诊:①从血、骨髓、玫瑰疹刮取物等标本中分离到伤寒杆菌;②肥达反应"O"抗体及"H"抗体凝集效价恢复期增高4倍以上者。喹诺酮类药物为治疗首选,第二、三代头孢菌素在体外对伤寒杆菌有强大抗菌活性,毒副反应低,尤其适用于孕妇,儿童,哺乳期妇女以及氯霉素耐药菌所致的伤寒。切断传播途径是预防和控制本病的关键。

复习参考题

1. 伤寒最严重的并发症是什么?

2. 确诊伤寒最可靠的依据是什么?

3. 试述肥达反应的临床意义?

第二节 细菌性食物中毒

学习目标	
掌握	细菌性食物中毒的临床表现、诊断、鉴别诊断及治疗。
熟悉	细菌性食物中毒的病原学、流行病学及发病机制。
了解	细菌性食物中毒的预防措施。

细菌性食物中毒(bacterial food poisoning)系指进食被细菌或细菌毒素污染的食物而引起的急性感染中毒性疾病。其特征为常突然暴发,潜伏期短,多发生于夏秋季,易集体发病以及发病者均与食入污染食物有明确的关系等。根据临床表现的不同,分为胃肠型和神经型两大类。

一、胃肠型食物中毒

本型临床上最为多见,主要发生于夏秋季,常为集体发病,以急性胃肠炎为主要表现。

【病原学】

多种细菌均可引起胃肠型食物中毒。

1. 沙门菌属　胃肠型食物中毒的最常见病原菌之一,其中以猪霍乱沙门菌、鼠伤寒沙门菌和肠炎沙门菌等较为多见。该菌为革兰氏阴性杆菌,对外界的抵抗力较强。人因进食未煮熟受污染的肉类、内脏、蛋及乳类后引起感染。

2. 副溶血性弧菌　为革兰氏阴性、椭圆形、荚膜球杆菌,嗜盐生长,对酸及热极为敏感。根据其菌体抗原 O 及鞭毛抗原 H 的不同,可分为 25 个血清型,B、E、H 是引起食物中毒的主要血清型。海产品带菌率极高,其他含盐量较高的食物如咸菜、咸肉、咸蛋亦可带菌。

3. 大肠埃希菌　革兰氏阴性短杆菌,在体外的抵抗力较强。本菌为人和动物肠道正常寄居菌,一般不致病,但某些类型的大肠埃希菌可引起腹泻。根据其致病机制不同可分为:①产肠毒素大肠埃希菌,是旅游者及婴幼儿腹泻的重要病原;②致病性大肠埃希菌,主要引起婴幼儿腹泻;③侵袭性大肠埃希菌,通常在较大的儿童和成人中引起腹泻,类似菌痢的表现;④肠出血性大肠埃希菌,表现为出血性肠炎。

4. 变形杆菌　属肠杆菌科的革兰氏阴性小杆菌,有时可呈丝状或球状。引起食物中毒的主要为普通变形杆菌、奇异变形杆菌和摩根变形杆菌等。本菌广泛存在于水、土壤、腐败的有机物及人和家畜、家禽的肠道中。此菌在食物中能产生肠毒素。摩根变形杆菌并可使蛋白质中的组氨酸脱羧成组织胺,从而引起过敏反应。引起中毒的食品以动物性食品为主,尤其以水产类食品更为多见。也见于凉拌菜、剩饭菜和豆制品。

5. 金黄色葡萄球菌　只有能产生肠毒素的金黄色葡萄球菌才能引起食物中毒。肠毒素属于一种低分子量可溶性蛋白质,对热的抵抗力很强,经加热煮沸 30min 仍能致病。本菌存在于人体皮肤、鼻咽部、指甲及化脓性感染灶中,因而可污染各种食物。

【流行病学】

1. 传染源　被致病菌感染的动物或人。

2. 传播途径　通过进食被细菌及其毒素污染的食物而传播。

3. 人群易感性　普遍易感,病后无明显免疫力,可重复感染。

4. 流行特征　夏秋季多发。

【发病机制与病理解剖】

细菌在被污染的食物中大量繁殖,产生大量毒素(肠毒素或细菌裂解释放的内毒素等)是发生食物中毒的基本条件。根据其发病机制可将细菌性食物中毒分为毒素型、感染型和混合型三类。细菌在食物中繁殖并产生毒素,食入这种食物而引起的中毒,其致病主要是由于毒素的作用,表现为无发热而有急性胃肠炎症状,称为毒素型食物中毒(如金黄色葡萄球菌食物中毒);病原菌污染食物后,在食物中大量繁殖,食入这种含有大量活菌的食物后引起的中毒,表现为发热和急性胃肠炎症状,细菌在肠道繁殖,并向外排菌造成传染,称为感染型食物中毒(如沙门菌食物中毒);由毒素型和感染型两种协同作用所致的食物中毒称为混合型食物中毒。

患者发病与否及病情轻重,与细菌或其毒素污染的程度,进食量的多少,人体的抵抗力强弱等因素有关。

由于发病后吐泻症状显著,细菌和毒素大多能被迅速排出体外,故较少引起败血症或严重的毒血症,病程较短。重症病例可有胃、小肠充血、糜烂、出血;部分病例有结肠炎症及出血;肝、肾、肺等有中毒性病变。

【临床表现】

潜伏期短,常于进食后数小时发病,超过72h的病例可基本排除食物中毒。

临床表现以急性胃肠炎为主,如恶心、呕吐、腹痛、腹泻等。金黄色葡萄球菌食物中毒呕吐较明显,呕吐物含胆汁,有时带血和黏液。腹痛以上腹部及脐周多见。腹泻每天数次至数十次,多为黄色稀便和水样便。侵袭性细菌引起的食物中毒,可有发热、腹部阵发性绞痛和黏液脓血便。肠出血性大肠埃希菌和副溶血弧菌食物中毒的部分病例大便呈血水样。变形杆菌还可发生颜面潮红、头痛、荨麻疹等过敏症状。腹泻严重者可导致脱水、酸中毒、甚至休克。病程多在1~3天内。

【诊断与鉴别诊断】

(一)诊断

1. 流行病学资料　有可疑饮食史,结合流行季节及饮食卫生条件等。尤其共餐者短期内集体发病,有重要诊断参考价值。

2. 临床表现　潜伏期短,突然发病,主要表现为急性胃肠炎的症状,病程较短,多数在2~3日内痊愈。

3. 实验室检查

(1)细菌学及血清学检查:对进食的可疑食物及患者的吐、泻物进行细菌培养,如能获得相同病原菌有利于确诊;留取早期及病后2周的双份血清与培养分离所得可疑细菌进行血清凝集试验,双份血清凝集效价递增者有诊断价值。

(2)动物试验:怀疑细菌毒素中毒者,可做动物试验,以检测细菌毒素的存在。

(二)鉴别诊断

1. 非细菌性食物中毒　包括化学性食物中毒(砷、升汞、有机磷农药等)和生物性食物中毒(发芽马铃薯、生鱼胆、苦杏仁、河豚鱼或毒蕈等),这类中毒的潜伏期更短,仅数分钟至数小时。除胃肠炎症状外,常伴有肝肾功能损害和神经系统症状,病死率较高。应详细询问进食毒物史,对可疑食物、排泄物等进行分析鉴定可确定病因。

2. 霍乱　重点结合疾病流行病学线索。多为先泻后吐,腹泻剧烈且常为无痛性,不伴里急后重,吐泻物呈米泔水样。患者常出现不同程度脱水、酸中毒、周围循环障碍。粪便悬滴镜检及培养可找到霍乱弧菌。

3. 急性细菌性痢疾　腹泻为黏液脓血便,量少,伴里急后重,左下腹压痛明显。常有发热等全身感染中毒症状。本病一般呕吐少见。大便镜检有红细胞、脓细胞及巨噬细胞,粪便培养见痢疾杆菌生长。

4. 急性出血性坏死性肠炎　本病起病急骤,突然出现剧烈腹痛,暗红色大便伴坏死组织。全身中毒症状严重,发病早期常易出现休克。重症者可有肠麻痹及腹膜刺激征等。

【治疗】

1. 一般治疗　卧床休息。流食或半流食,宜清淡,多饮盐糖水。沙门氏菌食物中毒者应床旁隔离。

2. 对症治疗　呕吐、腹痛、腹泻严重者可暂禁食,给普鲁本辛15~30mg口服,或阿托品0.5mg肌内注射,或山莨菪碱10mg肌内注射。高热者用物理降温或药物降温,精神紧张不安时应给镇静剂。积极纠正水与电解质紊乱及酸中毒。脱水严重甚至休克者,积极补充液体及抗休克处理。变形杆菌食物中毒过敏型以抗组织胺药物治疗为主,如苯海拉明等,必要时加用肾上腺皮质激素。

3. 抗菌治疗　本病多为自限性,一般不用抗菌药物。但病情严重者应及时选用有效的抗菌药物,如喹诺酮类药物、氨基糖苷类药物或根据细菌培养及药物敏感试验选用抗生素。

【预防】

认真贯彻《食品卫生法》,加强饮食卫生监督及管理。对炊事人员定期进行健康检查。做好饮食卫生的宣传教育,不吃不洁、腐败、变质或未经煮熟的肉类食品。

二、神经型食物中毒

神经型食物中毒(neurotoxic food poisoning)又称肉毒中毒(botulism),是因进食含有肉毒杆菌外毒素的食物而引起的中毒性疾病。临床上以眼肌及咽肌瘫痪等神经系统受损的体征为主要表现。如抢救不及时,病死率较高。

【病原学】

肉毒杆菌属革兰氏阳性厌氧梭状芽孢杆菌,有周鞭毛,能运动。本菌芽孢体外抵抗力极强。该菌生长繁殖时产生一种外毒素(肉毒杆菌外毒素),是一种嗜神经毒素,毒力极强,对胃酸有抵抗力,但不耐热,煮沸10min即被破坏。本菌按外毒素抗原性不同,可分为A~G七型。外毒素经甲醛处理后注射动物体内产生抗毒素,不同型的外毒素只能被相应的抗毒素中和。

【流行病学】

1. 传染源　家畜、家禽及鱼类为传染源。病菌由动物肠道排出,芽孢污染食品,在缺氧环境下肉毒杆菌繁殖,产生大量外毒素。

2. 传播途径　主要通过被肉毒杆菌外毒素污染的食物传播,多见于腊肉、罐头等腌制食品或发酵的豆、面制品。偶可因伤口感染肉毒杆菌发生中毒。

3. 易感性　普遍易感,无病后免疫力。

【发病机制与病理改变】

肉毒杆菌外毒素由消化道食入后,胃酸及消化酶均不能将其破坏,经过肠黏膜吸收入血液循环。该外毒素是一种嗜神经毒素,吸收后主要作用于脑神经核、外周神经、肌肉接头处及自主神经末梢,抑制神经传导递质乙酰胆碱的释放,使肌肉收缩运动障碍,发生软瘫。静脉注射乙酰胆碱能使瘫痪的肌肉恢复功能。

病理变化主要是脑神经核及脊髓前角产生退行性变,使其所支配的相应肌群发生瘫痪。脑及脑膜显著充血、水肿,并有广泛的点状出血和血栓形成。镜下可见神经细胞变性,脑神经根水肿。

【临床表现】

潜伏期长短与毒素数量有关,多为12~36小时,最短为2~6小时,长者可达8~10天。吸收毒素量愈大,则潜伏期愈短,病情愈重。

起病突然,以神经系统症状为主。起病早期可有恶心、呕吐等症状,继之出现全身乏力、头痛、头晕或眩晕。眼内外肌瘫痪可出现眼部症状,如视力模糊、复视、眼睑下垂、瞳孔散大,对光反射消失。重者出现吞咽、咀嚼、发音困难,甚至呼吸困难。肌力低下主要见于颈部及肢体近端,腱反射可呈对称性减弱。由于颈肌无力,头向前倾或倾向一侧。常有顽固性便秘、腹胀、尿潴留等。患者一般体温正常,神志始终清楚,感觉正常。

病程长短不一,轻者5~9天内逐渐恢复,但全身乏力及眼肌瘫痪可持续数月之久。重症患者病死率30%~60%,死亡原因多为延髓麻痹所致呼吸衰竭,心功能不全及误吸肺炎所致继发性感染。

婴儿患者首发症状常为便秘,迅速出现脑神经麻痹,可因骤发中枢性呼吸衰竭而猝死(the sudden infant death syndrome,SIDS 婴儿猝死综合征)。

【诊断与鉴别诊断】

(一)诊断依据

1. 流行病学资料　有进食可疑食物,特别是腊肉、罐头等腌制食品或发酵的豆、面制品史,同餐者集体发病。

2. 临床表现　有典型的神经系统症状与体征,如眼肌瘫痪,吞咽、咀嚼、发音困难,呼吸困难等。

3. 实验室检查　用可疑食物进行厌氧菌培养,分离病原菌。或用动物试验查患者血清及可疑食物中的肉毒毒素。

（二）鉴别诊断

与毒蕈或河豚致食物中毒、脊髓灰质炎、流行性乙型脑炎、急性多发性神经根炎等相鉴别。

【治疗】

（一）抗毒素治疗

尽早足量应用多价抗毒血清(A、B、E型),对本病有特效。力争在起病后24h内或瘫痪发生前注射最为有效,剂量每次5万~10万单位,静脉及肌内注射各半量(用药前须做皮肤敏感试验,过敏者先行脱敏处理),必要时6h后重复给予同样剂量1次。病程已过2天者,抗毒素效果较差,但由于肉毒杆菌外毒素在患者血中可存留很长时间(有报道可达30天),因此发病即使超过24h也应予抗毒素治疗。如果已知毒素型别,则可应用单价抗毒素血清。大剂量青霉素可消灭肠道内的肉毒杆菌,以防其继续产生毒素。

（二）一般及对症治疗

1. 清除胃肠道内的毒素　应尽早(在进食可疑食物4小时内)用1:4000高锰酸钾或5%碳酸氢钠溶液洗胃,同时口服泻药并予清洁灌肠,尽可能清除肠道内的外毒素。

2. 吞咽困难者宜用鼻饲及静脉输液　补充每日必须的液体、电解质及其他营养。

3. 保持呼吸道通畅及氧的供给　呼吸困难者应予吸氧,必要时及早气管切开,人工呼吸。

4. 加强护理　患者应严格卧床休息。密切观察病情变化,防治继发性细菌感染。

【预防】

同胃肠型食物中毒。严格管理与检查食品,特别是腊肉、罐头等腌制食品或发酵的豆、面制品制作和保存。禁止出售与食用变质食物。遇有同食者发生肉毒素中毒时,其余人员应立即给予多价抗毒血清预防,1000U~2000U皮下注射,每周1次,共3次。

（蔺淑梅）

学习小结

细菌性食物中毒系指进食被细菌或细菌毒素污染的食物而引起,分为胃肠型和神经型两大类。胃肠型临床上最为多见,主要发生于夏秋季,常为集体发病,以急性胃肠炎为主要表现。本病多为自限性,主要是对症治疗,一般不用抗菌药物,但病情严重者应及时选用有效的抗菌药物。神经型食物中毒又称肉毒中毒,是因进食含有肉毒杆菌外毒素的食物而引起的中毒性疾病,临床上以眼肌及咽肌瘫痪等神经系统受损的症状体征为主要表现,尽早足量应用多价抗毒血清,对本病有效。如抢救不及时,病死率较高。

复习参考题

1. 细菌性胃肠型食物中毒如何与急性菌痢鉴别诊断?

2. 神经型食物中毒诊断要点是什么?

第三节 细菌感染性腹泻

学习目标

掌握	常见细菌感染性腹泻的临床表现和临床类型,诊断与鉴别诊断,治疗原则。
熟悉	细菌感染性腹泻的发病机制及病理改变,预防措施。
了解	导致细菌感染性腹泻的常见病原体。

细菌感染性腹泻(bacterialinfection diarrhea)是指由各种细菌感染引起的,以腹泻为主要表现的一组常见肠道传染病(本节主要概述除霍乱、细菌性痢疾等疾病以外的细菌感染性腹泻)。该病广泛存在并流行于世界各地,是当今全球重要的公共卫生问题之一。临床表现轻者可自愈,重者可发生严重并发症并危及生命。

【病原学】

细菌感染性腹泻中常见细菌有沙门菌属、志贺菌属、副溶血性弧菌、大肠埃希菌、金黄色葡萄球菌、弯曲菌属、厌氧芽孢梭菌属、耶尔森菌属、芽孢杆菌及其他菌属如变形杆菌、亲水气单胞菌、土拉弗菌等。

(一)**大肠埃希菌**

肠杆菌科,为两端圆钝,无芽孢能运动的革兰氏染色阴性短杆菌。多数菌株有鞭毛,可运动。体外抵抗力较强,在水和土壤中可存活数月。室内阴凉处可存活 1 月,含余氯 0.2mg/L 的水中不能存活。对高温和化学消毒剂敏感,加热 75℃以上 1 分钟死亡。可引起感染性腹泻的大肠埃希菌有产肠毒素大肠埃希菌(ETEC)、致病性大肠埃希菌(EPEC)、侵袭性大肠埃希菌(EIEC)、肠出血性大肠埃希菌(EHEC)。可分别导致旅行者腹泻及幼儿腹泻、婴儿腹泻、痢疾样腹泻、出血性肠炎等疾病。

(二)**耶尔森菌**

耶尔森菌属中的小肠结肠炎耶尔森菌是重要的肠道致病菌,该菌为革兰氏阴性杆菌,可产生耐热肠毒素,是引起侵袭性腹泻及假膜性肠炎的主要因素,并可侵入血流引起败血症。该菌在野生动物、家畜(猪、狗和猫)、牡蛎和水中存在,是能在低温下(4℃)生长繁殖的少数致病菌之一。因此,食品冷藏保存时,应防止被该菌污染。

(三)**沙门菌属**

为需氧的革兰氏阴性肠道杆菌,无芽孢及荚膜。沙门菌在水中不宜繁殖,但可生存 2~3 周,冰箱中可存活 3 到 4 个月,自然环境的粪便中可存活 1~2 个月。其最适宜繁殖温度为 37℃,不耐热,60℃,15~30 分钟即可被杀灭。此类细菌广泛存在于家畜等动物肠道内,可由粪便排出,污染饮水、食物、餐具等造成感染。

(四)**副溶血性弧菌**

革兰氏阴性椭圆形荚膜球杆菌。本菌嗜盐,广泛存在于海水中,亦偶见于淡水。带鱼、黄鱼、梭子蟹、乌贼等海产品带菌率极高,被海水污染的食物、某些地区的淡水产品及其他含盐量较高的食物如咸菜、咸肉等亦可带菌。海水中存活可达 47 日以上,淡水中生存 1~2 日。对酸敏感,不耐热,90℃ 1 分钟即可灭活。

【流行病学】

1. 传染源　带菌的动物如家畜、鱼类及野生动物为主要传染源,患者带菌时间较短,为次要传染源。

2. 传播途径　被细菌污染的食物或器具经口进入消化道感染。

3. 人群易感性　普遍易感,感染后可获得一定程度的特异性免疫力;但对于不同的病原体,人体获得的免疫力持续时间不同,一般为几个月到数年。

4. 流行特征　常年散发,夏秋季多发。部分感染如耶尔森菌肠炎等则发生于寒冷季节,与进食被污染的未熟肉类食物有关。艰难梭菌与使用抗菌药物有关,主要发生于医院。

【发病机制与病理解剖】

（一）发病机制

细菌感染性腹泻主要有两种不同的发病机制,即细菌毒素介导分泌性腹泻和细胞毒素及侵袭作用引起的侵袭性腹泻。某些细菌既可引起侵袭性腹泻,也可引起分泌性腹泻。

1. 毒素介导分泌性腹泻不同细菌产生的肠毒素不同,其导致分泌性腹泻的机制也不同。如大肠埃希菌的不耐热肠毒素、沙门菌属及亲水气单胞菌的肠毒素与肠上皮细胞刷状缘的受体结合,刺激腺苷酸环化酶活化,使胞内产生大量 cAMP 并积聚,刺激隐窝细胞大量分泌,抑制绒毛细胞吸收而导致腹泻;而大肠埃希菌的耐热肠毒素及耶尔森菌肠毒素则活化鸟苷酸环化酶,使胞内 cGMP 浓度增高引起分泌性腹泻;艰难梭菌通过使钙离子增加引起分泌性腹泻。

2. 侵袭性腹泻主要通过细胞毒素和侵袭作用使黏膜细胞破坏、相关炎症产生而导致腹泻。炎症的严重程度由菌体的侵袭力决定。主要感染部位为结肠,常有腹痛、血便,便中可检出脓细胞。黏液脓血便为其特征表现。沙门菌、空肠弯曲菌、侵袭性大肠埃希菌、肠出血性大肠埃希菌等均可引起此类腹泻。

（二）病理解剖

引起分泌性腹泻的病因主要是病原菌产生的肠毒素作用于空肠和十二指肠,而肠黏膜病变轻微。分泌性腹泻的病理生理特点为:①排出大量水样便,无脓血,一般不出现腹痛;②粪便中含大量电解质,主要的阳离子为钠和钾。③禁食后腹泻不缓解甚或加重;④肠黏膜组织学病变轻微或正常。

侵袭性腹泻的主要病变部位在结肠黏膜,也可见于小肠末端,在电镜下可见肠上皮细胞表面肿胀、线粒体消失、内积脂质的膜样囊泡增多及核固缩等。上皮细胞内可见病原菌,部分细菌可侵入固有层和肠系膜淋巴结内繁殖引起炎症病变。其病理生理特点为粪便含有渗出液和血,结肠尤其是左半结肠炎症多,肉眼可见黏液、脓血等,大便镜检可见多量红细胞、白细胞。

EHEC O157：H7 除作用于肠上皮细胞外,还可作用于血管内皮细胞、肾脏、脾脏和神经组织细胞等,引起溶血尿毒综合征等。

【临床表现】

潜伏期有数小时至数周不等。常表现为急性起病,临床症状轻重不一,有隐性感染或病原携带者甚至暴发型。胃肠道表现明显,大便性状异常,呈水样便或黏液、脓血便。常伴有畏寒、发热、乏力、头晕、全身不适等表现。病程自数天至 1~2 周不等,常为自限性,少数可复发。不同种类细菌所致腹泻的临床类型不同,常见如下:

（一）肠出血性大肠埃希菌感染

潜伏期为 2~7 天。发病前有生食、半生食肉类制品、生乳等不洁饮食史。根据病情轻重可分为无症状感染、轻度腹泻、出血性肠炎三种类型。典型表现为急性起病,常突然发生剧烈腹痛和水样便,数天后出现血性腹泻,可伴低热。大多数患者具有自限性,一般病程为 2~9 天。感染严重者一周后可发生溶血性尿毒综合征(HUS),表现为血尿、少尿或无尿,继发黄疸、昏迷、惊厥等,多见于老人、儿童及免疫力低下者,病死率较高。

（二）耶尔森菌感染

本病多发生于冬春季节,为自限性的轻型急性胃肠炎,可散发或暴发流行。潜伏期约为 3~7 天,起病后表现为腹泻、发热和腹痛，大便多为水样，可带黏液，少见脓血便，每日数次到 10 余次不等。腹泻一般 1~3 天，重者持续 5~14 天。可伴多种肠外表现，如反应性关节炎、败血症等。感染后可获得牢固免疫。

（三）抗生素相关性腹泻

此处主要是指应用抗生素后继发与肠道菌群紊乱有关的腹泻。轻者仅表现为稀便，每天约 2~3 次，持续时间短。重型患者往往继发特殊条件致病菌感染（如艰难梭菌、金黄色葡萄球菌等），可表现为假膜性肠炎，伴发热，少数极严重患者还可出现水、电解质紊乱、败血症甚至中毒性巨结肠表现。

（四）旅游者腹泻

常发生于抵达旅游地的 1~3 周内，潜伏期为 1~2 天。多数为产毒性大肠埃希菌、沙门菌属和志贺菌属等所致。急性起病，为稀便或水样便，腹泻次数可达每日 10 次，伴有腹痛、恶心、呕吐等症状，一般病程在 4~7 天。腹泻持续 2~5 天后逐渐恢复。

【实验室检查】

（一）外周血常规检查

大肠埃希菌、沙门菌感染血白细胞计数多在正常范围，副溶血弧菌及金黄葡萄球菌感染血白细胞可增高伴中性粒细胞比例增高。

（二）大便常规检查

稀水样便镜检可有少量白细胞；血水样便镜检可见多量红细胞；脓血便中可见多量红细胞及白细胞。

（三）大便致病菌培养

致病菌的培养分离是诊断细菌感染性腹泻的主要方法，须在疾病的早期应用抗菌药物之前采取大便的脓血及黏液部分，或在结肠镜检时采取标本送检。根据可疑致病菌选用相应的选择性培养基与培养条件，针对弯曲菌、产气荚膜杆菌等的厌氧培养、针对弯曲菌的含有抗生素的选择性培养基培养、针对弧菌的碱性或含盐培养基培养，以及冷增菌及碱化处理后双硫平板检测耶尔森菌。

（四）免疫学检测

最常见的有乳胶凝集试验、酶标免疫吸附技术、被动血凝集试验、免疫荧光法、免疫磁球法、酶免疫荧光法等，用于大便中细菌及其毒素、血清中特异性抗原抗体的检测。

（五）核酸检测

近年来利用基因探针及 PCR 技术检测病原菌特异性基因片段可提高阳性率。

【并发症】

（一）水、电解质酸碱平衡紊乱

是腹泻时常发生的并发症，严重者可致命。

（二）溶血性尿毒综合征（HUS）

可以由多种病原引起，以肠出血性大肠埃希菌 O157：H7 为多见。临床症状为少尿、血尿、无尿及皮下黏膜出血等。儿童、老人易患，病死率较高。

（三）格林-巴利综合征（GBS）

见于多种细菌性疾病和病毒性疾病之后，可能与体液免疫相关。表现为胃肠道、呼吸道感染后出现的运动障碍、感觉障碍、反射障碍及自主神经功能障碍等。此综合征病情重、后遗症多、病死率高。

（四）其他

肠穿孔、中毒性巨结肠、脑水肿、败血症、感染性休克、心包炎、反应性关节炎、血栓性血小板减少性紫癜等。

【诊断】

根据流行病学资料，包括发病地区、年龄、季节、有无不洁饮食史、动物接触史、集体发病史、疫水接触史等,结合临床资料如发病情况、既往病史、抗生素应用史、此次发病的症状、体征、病程以及腹泻的次数、性状等考虑可能的病原菌。确诊仍有赖于粪便病原菌的分离培养及特异性检查。

【鉴别诊断】

应与其他原因导致的腹泻如病毒感染性腹泻、寄生虫性腹泻、真菌性腹泻相鉴别;还应与一些非感染性腹泻,如溃疡性结肠炎、克隆病、肿瘤性及功能异常引起的腹泻等相鉴别。

【预后】

多数预后较好,但全世界每天约500万~1000万病例因严重腹泻而死亡,儿童所占比例特别突出,是发展中国家婴幼儿患病和死亡的主要原因之一。也可引起严重局部并发症,如中毒性巨结肠和肠穿孔。幼儿或老年人、有严重基础疾病等是预后不良的危险因素。

【治疗】

治疗的总原则是预防和纠正脱水、对症治疗及合理用抗菌药物。

(一)补液支持治疗,纠正水、电解质酸碱平衡紊乱

口服补液盐(ORS液)疗法适用于腹泻脱水的预防和轻中度脱水的治疗,服用剂量和次数根据患者腹泻次数和脱水程度掌握。

对于重度脱水、电解质紊乱、酸中毒或休克者需要给予静脉补液纠正脱水,同时补充必要的电解质和纠正酸碱平衡紊乱。补液推荐用乳酸格林液,最初应快速静脉补液,遵循补液的基本原则,继发酸中毒可给予碳酸氢钠或乳酸钠纠正,及时根据血气分析结果调整用药。注意钾、钙等元素的补充。

(二)合理使用抗菌药物

不同病原菌所使用抗菌药物有所不同。①艰难梭菌性肠炎:先停用原抗菌药物,予万古霉素或甲硝唑;②耶尔森菌感染:轻症患者多为自限性,一般不必应用抗菌药物治疗;③侵袭性、致病性或产肠毒素性大肠埃希菌感染:可选用氟喹诺酮类药物或磺胺类药物口服,疗程3~5天;④肠出血性大肠埃希菌 O157:H7 感染:由于有报道使用抗生素对病程无明显影响,且部分患者还会发生溶血性尿毒综合征,故目前不主张使用;⑤亲水气单胞菌感染:可选用氟喹诺酮类、氯霉素、第三代头孢菌素等;⑥类志贺邻单胞菌感染:重症病人可选用氟喹诺酮类、氯霉素及庆大霉素治疗;⑦旅游者腹泻:经验性使用抗菌药物治疗,能缩短病程。成人可服氟喹诺酮类抗生素,儿童采用 SMZco 治疗。

一般不使用止泻药和止吐药,尤其是儿童禁用此类药物。

【预防】

(一)管理传染源

设置肠道专科门诊,对病人及部分感染者做到早期发现、早期隔离与治疗;对餐饮业从业人员定期体检,以检出慢性患者及带菌者;对餐具严格消毒;感染动物及时处理。对于暴发疫情及时隔离,阻止疫情发展。

(二)切断传播途径

是预防感染性腹泻的主要措施。养成良好个人卫生习惯,加强饮食、饮水卫生管理以及对虫媒的控制。处理好污水、污物及病人的排泄物,对重点人群加强防控。

(三)保护易感人群

提倡母乳喂养。部分口服疫苗可在肠道局部起到保护性免疫作用。

(王 凯)

学习小结

细菌感染性腹泻由多种细菌及其毒素引起的以急性胃肠炎为主要表现的一组肠道传染病。致病菌可侵袭肠道致炎症坏死而引起侵袭性腹泻,以黏液脓血便为特征;或因细菌产生肠毒素介导的分泌性腹泻,以水样泻为特点。排菌的人或动物是主要传染源，经粪口途径传播，水或食物污染可引起散发或暴发流行，夏秋季多见。细菌感染性腹泻疾病的确诊依赖病原学检查，流行病学史及临床表现有助于鉴别诊断。治疗以预防和纠正脱水、对症治疗及合理使用抗菌药物治疗为原则。切断传播途径是预防细菌感染性腹泻的主要措施。

复习参考题

1. 如何鉴别细菌感染性腹泻与病毒感染性腹泻？

2. 细菌感染性腹泻的治疗原则及如何做到合理使用抗菌药物。

第四节　霍乱

学习目标

掌握	霍乱的流行病学特征、临床表现、诊断与鉴别诊断、治疗。
熟悉	霍乱的致病机制和病理生理改变、预防措施。
了解	霍乱弧菌的病原学特点。

霍乱(cholera)是由霍乱弧菌引起烈性肠道传染病。夏秋季流行,四季散发。是我国法定甲类传染病,也是三大国际检疫传染病之一。霍乱弧菌通过污染的水或食物感染人体,其病理变化主要由霍乱弧菌肠毒素(CT)所致。典型霍乱表现为发病急骤,以剧烈的腹泻、呕吐、脱水及肌肉痉挛、循环衰竭伴严重电解质紊乱与酸碱失衡,甚至急性肾衰竭为临床特征。本病一般以轻症多见,带菌者亦较多,重症者病死率高。治疗关键为补液,纠正水、电解质紊乱。

【病原学】

霍乱弧菌(*Vibrio cholerae*)根据其细胞壁表面抗原分为 139 个血清群,但仅发现 O1 和 O139 群霍乱弧菌能引发霍乱流行。WHO 腹泻控制中心根据霍乱弧菌的菌体(O)抗原特异性、生化性状、致病性不同将霍乱弧菌分为 O1 群霍乱弧菌、非 O1 群霍乱弧菌、O139 群霍乱弧菌,其中 O1 群霍乱弧菌又可分古典生物型和埃尔托生物型。

（一）形态及培养特性

霍乱弧菌为革兰氏阴性弧状或逗点状杆菌,尾端有鞭毛,活动活泼,暗视野悬滴镜检可见穿梭状运动,患者粪便直接涂片可见弧菌纵列呈鱼群样。O139 霍乱弧菌有荚膜。

霍乱弧菌兼性厌氧,对营养要求不高,可在普通培养基中生长,碱性环境生长繁殖快,在 pH 8.4~8.6 的 1% 碱性蛋白胨水中生长迅速,故临床上常用其增菌。霍乱弧菌可在无盐或 30g/L 氯化钠蛋白胨培养基中生长,而其他弧菌则不能生长,可借此特性鉴别。

（二）抗原结构

霍乱弧菌具有耐热的(O)抗原和不耐热的鞭毛(H)抗原。H 抗原为霍乱弧菌所共有;O 抗原特异性高,有群特异性和型特异性两种抗原,是霍乱弧菌分群、分型的基础。O1 群霍乱弧菌的特异性抗原有 A、B、C 三种,根据 O 抗原成分的不同,又可将 O1 血清群分为稻叶型(Inaba,含 A、C 抗原),小川型(Ogawa,含 A、B 抗原),彦岛型(Hikojima,含 A、B、C 抗原)。O139 群和 O1 群霍乱弧菌的多价血清不发生交叉凝集,与 O1 群特异性的 ABC 因子单克隆抗体也不发生反应。

（三）致病力

霍乱弧菌致病力包括鞭毛运动、黏蛋白溶解酶、霍乱肠毒素（CT）、内毒素、黏附素、弧菌代谢产物及其他毒素。并且霍乱弧菌产生的小带联结毒素可破坏肠黏膜上皮细胞的紧密连接，使液体漏出引起腹泻；辅助霍乱肠毒素有类似霍乱肠毒素的作用。

（四）抵抗力

霍乱弧菌在自然环境中存活时间较长，但古典生物型抵抗力较弱，埃尔托生物型抵抗力较强，在条件适宜的环境中可存活较长时间。霍乱弧菌对干燥、加热及一般消毒剂均敏感，煮沸1~2分钟即可杀灭，干热则需2小时。在正常胃酸中仅能存活5分钟。自来水和深井水中加0.5ppm的氯15分钟或0.1%高锰酸钾浸泡蔬菜、水果30min即可杀灭。

（五）免疫性

感染霍乱弧菌数日血液中即可出现特异性抗体，7~14天抗体滴度达高峰，随后逐渐下降，持续约3~6个月。小肠内可出现分泌型lgA（SlgA）。肠道局部的SlgA有抑制细菌的运动和繁殖及阻断黏附和中和毒素的作用，可在肠黏膜与病菌之间形成免疫屏障，是主要的保护性免疫。在老流行区，因常接触霍乱弧菌可获得持久免疫力。在新流行区，很少两次患病，但在以后的流行中仍可被感染。O1群霍乱弧菌与非O1群霍乱弧菌之间无交叉免疫力。

【流行病学】

1. 传染源　患者和带菌者是主要传染源。发病期可连续排菌5~14天，患者吐泻物带大量霍乱弧菌，是重要的传染源。轻型患者和无症状带菌者不易确诊，仍呈排菌状态，作为传染源的意义更大。

2. 传播途径　主要通过水、食物、日常生活接触、苍蝇媒介甚至污染鱼虾等水产品进行传播，尤其经水传播易引起暴发流行。

3. 人群易感性　人群普遍易感。病后短期内可获一定的免疫力，但仍可再次感染。本病隐匿性感染较多见，显性感染较少。

4. 流行特征　目前散发病例常有，也可有流行高峰，新传入地常呈暴发流行。霍乱的流行病原学变迁都伴随着大流行，部分也与环境因素相关，由于季节气候的变化，休眠菌株活化，可发生毒素和毒素调节因子的变化。在我国，霍乱流行季节为夏、秋季，7~10月多发。O139群感染病例无家族聚集性，以成人为主，男多于女，与O1群不能交叉免疫。

【发病机制与病理解剖】

机体免疫力、菌量及致病力与食入霍乱弧菌后是否发病密切相关。人体正常分泌胃酸可杀灭一定数量霍乱弧菌从而不引起发病。但因某些原因造成的胃酸分泌减少、胃液稀释或食入弧菌数量过多均可引起发病。

霍乱弧菌经口摄入进入小肠后，依靠鞭毛运动、蛋白酶、霍乱弧菌血凝素及毒素等协同作用，黏附于肠黏膜上皮细胞刷状缘。不侵入黏膜下层，在小肠碱性环境中大量繁殖，产生霍乱肠毒素，也称霍乱原。霍乱肠毒素由2个A亚单位和5个B亚单位组成的多聚体。A亚单位为毒性部分，B亚单位为结合部分。CT与肠黏膜接触后，B亚单位识别肠黏膜受体并与之结合，释放具有酶活性的A亚单位进入肠黏膜细胞内。其中A1使GTP酶活性受限，导致腺苷酸环化酶持续活化，使cAMP持续生成并在细胞内浓度升高，刺激肠黏膜隐窝细胞过度分泌水、氯化物、碳酸盐。同时绒毛细胞对钠离子、氯离子的吸收受到抑制，使水、氯化钠在肠腔聚集，引起本病特征性的剧烈水样泻。CT也能促使杯状细胞大量分泌黏液，出现在水样便中。

由于吐泻致大量脱水和电解质丢失，可引起代谢性酸中毒、血液循环衰竭，或急性肾衰。因丢失液体中含钾量是血清钾的数倍，故有尿时应及时补钾，否则严重低血钾可致心律失常。脏器多无炎性损伤，组织脏器因脱水而萎缩，尤其是脱水致胆汁分泌减少，吐泻物呈清水样或"米泔水样"。脱水致使心、肝、脾等脏器缩小。肾小管可有变性、坏死。

【临床表现】

潜伏期数小时至 6 天,平均 2~3 天。古典生物型和 O139 型引起者症状较重。急起发病,部分患者病前 1~2 天有头昏、乏力、腹胀及轻度腹泻等前驱症状。

(一)临床分期

病程分为 3 期。

1. 泻吐期　以剧烈腹泻开始,继而出现呕吐,多无腹痛、里急后重及发热,少数可有腹部隐痛或低热。腹泻始为黄色糊状或稀水便,重者为白色浑浊米泔水样便或因肠道出血导致的洗肉水样便。无粪臭,可有淡甜味或鱼腥味。腹泻为每日十余次至数十次。呕吐多在腹泻后,无恶心感,为喷射性、连续性,呕吐物始为胃内容物,后为清水样或米泔水样。

2. 脱水期　大量泻吐后出现大量水分和电解质丢失的症状,严重者出现周围循环衰竭。轻者表现为口渴、皮肤黏膜干燥、皮肤弹性下降、手指皱瘪似"洗衣工手"等。中度脱水可出现眼窝凹陷、声音轻度嘶哑、血压下降及尿量减少。脱水严重者表现为神志淡漠、烦躁不安或两颊深凹、低钠血症引起的腓肠肌、腹直肌痉挛、尿毒症酸中毒甚至昏迷及循环衰竭等症状。若不及时抢救可能危及生命(表 5-4-1)。

表 5-4-1　脱水程度分级

特征	轻度	中度	重度
失水	< 5%	5%~10%	> 10%
神志	无改变	躁动或呆滞	嗜睡或昏迷
脉搏	正常	加快	细速或测不到
血压	正常	降低	很低或测不到
皮肤弹性	恢复快	恢复慢	恢复很慢
眼窝	正常或稍凹陷	明显凹陷	深度凹陷,无法紧闭眼睛
声音	正常	轻度嘶哑	嘶哑或失声
尿量	正常	减少	无尿

3. 恢复期　患者脱水纠正后,多数症状消失。约 1/3 患者有反应性发热,体温 38~39℃,儿童多见,可自行消退。

(二)临床类型

根据脱水程度、血压、尿量等表现分为 3 型:

1. 轻型　每日腹泻数次,大便呈稀糊状,多无呕吐,无脱水表现,血压、脉搏正常,尿量无明显减少。

2. 中型　吐泻次数较多,10~20 次/d,泻吐物呈清水样或米泔水样,有明显脱水症状,血压下降,脉细速,少尿。

3. 重型　吐泻频繁,脱水严重,血压低,甚至测不出,脉速弱,血液浓缩,尿极少或无尿。O139 型霍乱弧菌多引起重型。

个别患者起病急骤,未出现泻吐症状即因循环衰竭而死亡,称为暴发型,亦称干性霍乱。为罕见的临床类型。

【并发症】

1. 急性肾功能衰竭　主要因脱水导致肾前性少尿未及时纠正所致,继发肾小管缺血性坏死。表现为少尿或无尿、氮质血症甚至尿毒症,重者可导致死亡。

2. 急性肺水肿　代谢性酸中毒可致肺循环高压,或因补充大量生理盐水而未及时补碱性液体纠正酸中毒而加重肺水肿。表现为呼吸急促、口唇发绀,满肺湿啰音。

【辅助检查】

(一)常规及生化检查

1. 外周血常规　因脱水致血液浓缩,红细胞数、血红蛋白、白细胞计数及中性粒细胞均增高。

2. 尿检查　肾功能不全时尿中可有少量蛋白,红细胞、白细胞及管型。

3. 大便常规　镜检可见少量白细胞或红细胞。

4. 生化检查　血清钾、钠、氯化物和碳酸盐降低。治疗前因细胞内钾离子外移,血清钾可在正常范围内,当酸中毒纠正后,钾离子移入细胞内而出现低钾血症。酸中毒时动脉血 pH 下降。尿少或无尿时,尿素氮、肌酐升高。

(二)病原菌检查

1. 涂片染色　取吐泻物或培养物涂片作革兰氏染色镜检,见革兰氏染色阴性弧菌呈鱼群样排列。

2. 悬滴检查及制动试验　取新鲜吐泻物标本作悬滴置暗视野下镜检,见呈穿梭状或流星样运动活泼的弧菌;加入 O1 群抗血清,若细菌运动停止则提示标本中含 O1 群霍乱弧菌;若细菌继续活动,加入 O139 群霍乱多价血清,弧菌运动消失则为制动抑制试验阳性,证明为 O139 霍乱弧菌。此试验有诊断价值。

3. 细菌培养　取应用抗菌药物之前的吐泻物或食物残渣接种于碱性蛋白胨水中增菌,37℃培养数小时后转至碱性琼脂平板培养基或庆大霉素琼脂、四号琼脂等适合霍乱弧菌生长的选择性培养基中,进一步培养作细菌分离鉴定及制动试验。

4. PCR 检测　使用 *ctxA* 基因和外膜蛋白 Ompw 相应基因为引物,用于检测低浓度标本中的霍乱弧菌,主要用于检测水源和研究用途。

5. 快速辅助检测　检测标本中 O1 群或 O139 群霍乱弧菌抗原成分,检出限为 10^5 个菌/毫升,对轻症病人和带菌者有漏检的可能,需增菌培养后检测,以提高检出率。较多应用霍乱弧菌胶体金快速检测法。

(三)双份血清抗体效价测定

测定血清中的杀弧菌抗体,呈 8 倍以上增长为阳性,但此方法一般不用作早期、快速诊断的依据,常用作流行病学调查或回顾性诊断。

【诊断与鉴别诊断】

(一)诊断

依据流行病学史、临床表现及实验室检测结果进行综合判断。

1. 带菌者　无霍乱临床表现,但粪便、呕吐物或肛拭子细菌培养分离到 O1 群或 O139 群霍乱弧菌。

2. 疑似病例　(符合以下两点之一即可诊断)

(1) 霍乱流行期有确切接触史,有呕吐腹泻等临床表现,无法用其他原因解释者。

(2) 具备剧烈腹泻水样便、呕吐、快速出现的严重脱水、循环衰竭、肌肉痉挛等临床症状的首发病例,病原学检测尚未报告。

3. 确诊病例　(符合以下三点之一即可诊断)

(1) 有腹泻症状,粪培养 O1 或 O139 群霍乱弧菌阳性者。

(2) 霍乱流行疫区内凡有霍乱典型症状者,但粪培养霍乱弧菌阴性,双份血清抗体凝集试验效价增高 4 倍以上或杀弧菌抗体增高 8 倍以上,可确诊。

(3) 首次粪便培养出 O1 或 O139 群霍乱弧菌前后各 5 日内有腹泻症状及接触史,可诊为轻型霍乱。

(二)鉴别诊断

1. 一般细菌性感染性腹泻　许多肠道细菌可产生肠毒素而表现为毒素介导性腹泻,临床表现类似于霍乱,亦可引起脱水及电解质紊乱的症状。产肠毒素大肠埃希菌、副溶血性弧菌、非凝集性弧菌、金黄色葡萄球菌、变形杆菌等均可引起腹泻、呕吐等急性胃肠炎表现。患者有不洁饮食(水)史,起病急,有呕吐或腹泻,伴阵发性腹部剧痛,大便为稀糊状或水样,或少数有黏液血便等。大便镜检多正常,吐泻物菌培养分离到致病菌可确诊。

2. **急性细菌性痢疾**　有不洁食物史或接触史,急起发热,腹痛、腹泻,黏液脓血便,伴有腹痛及里急后重,镜检粪便中见大量白细胞、红细胞或脓细胞,粪便菌培养出志贺痢疾杆菌可确诊。

3. **病毒性感染性腹泻**　诺如病毒、轮状病毒引起急性胃肠炎表现,腹泻以水样便为多,注意与霍乱鉴别。病毒性感染性腹泻好发于秋冬季,多见于婴幼儿,可伴肌痛及上呼吸道感染症状。大便为稀糊状或水样便,镜检无红细胞、白细胞及脓细胞,菌培养阴性。免疫电镜检查发现肠道病毒可确诊。

【预后】

霍乱弧菌生物型、治疗及时合理与否与预后密切相关。未治疗的霍乱病死率高达50%~60%,及时获得补液治疗的患者病死率低于1%,但老人、幼儿、孕妇及有并发症者的预后仍较差。主要死亡原因为循环衰竭和急性肾功能衰竭。

【治疗】

严格隔离,及时补液,辅助抗菌治疗和对症治疗。重症者加强监测与护理。

1. **严格隔离**　霍乱患者或疑似患者须按甲类传染病严格隔离。疑似病例应与确诊病例分别隔离,对吐泻物应彻底消毒。症状消失后,隔日粪便培养连续3次阴性可解除隔离。

2. **补液**　及时正确补充液体及电解质是治疗关键,可使病死率大大降低。

(1) 口服补液:对于霍乱病例的治疗,现代医学倡导口服补液,因为其安全、有效、经济、简便。轻度脱水病人以口服补液为主,呕吐并非口服补液禁忌;重度脱水病人、小儿或激烈呕吐不能口服补液者需立即行静脉补液抢救,待病情稳定或呕吐症状缓解后改为口服补液。只有当休克持续长时间,内脏器官损伤严重时才完全依赖静脉补液,一旦病情好转,需尽快改为口服补液,静脉补液只起辅助作用。

WHO推荐口服补液盐(ORS)进行口服补液。配方:葡萄糖20g,氯化钠3.5g,碳酸氢钠2.5g,氯化钾1.5g溶于1000ml饮用水中。口服补液亦适用于重度脱水者,其既能防止静脉补液不足或过多引起的心肺功能紊乱,又能减少重度脱水者静脉补液量,从而减少输液不良反应及医源性电解质紊乱。

(2) 静脉补液:注意早期、迅速、足量补液,先盐后糖,先快后慢,纠酸补钙,见尿补钾。

补液常选用541液:1000ml水中加氯化钠5g,碳酸氢钠4g,氯化钾1g,此为等渗液。541液用时每100ml再加50%葡萄糖20ml防止低血糖。轻度脱水但因剧烈呕吐难以口服补液者,每日静脉输液3000~4000ml,成人开始1~2小时补液速度为5~10ml每分钟。儿童24小时补液100~150ml/kg;中度脱水每日静脉输液4000~8000ml,成人开始2小时快速静脉输入2000~3000ml,待血压脉搏恢复正常后减慢为5~10ml每分钟。入院8~12小时内静脉补充入院前累计损失量及入院后继续损失量和每日需要量,随后以排多少补多少为原则行口服补液。儿童24小时补液150~200ml/kg;重度脱水每日输液量8000~12 000ml,一般建立多条静脉通道。先按每分钟40~80ml速度输液,半小时后改为每分钟20~30ml直至休克纠正。随后减慢速度补足入院前后累计损失量。此后按每日生理需要量及排出量补液。儿童24小时补液200~250ml/kg。儿童补液时,开始15min内4岁以上补液速度为20~30ml/min,4岁以下10ml/min。

3. **抗菌治疗**　抗菌药物仅作为辅助治疗措施。给霍乱中、重度脱水病人抗菌药物治疗,可缩短腹泻时间,减少吐泻量,缩短病程,但不能替代补液治疗。常用抗菌药物包括:多西环素300mg,一次口服;诺氟沙星200mg,每日三次;环丙沙星250~500mg,每日两次,用3天。阿奇霉素适用于儿童和孕妇,成人1g,小儿20mg/kg,一次口服。复方新诺明2片bid,用3天。可选择其中一种抗菌药物治疗。已报道有耐药菌株出现,且O139血清型霍乱弧菌常对复方磺胺甲基异噁唑及链霉素耐药,也可根据当地药物敏感试验选择用药。

【预防】

1. 控制传染源　对患者和疑似者及时隔离治疗,确定好疫情源头,建立肠道传染病门诊,做好疫情报告。对密切接触者做粪培养及预防性治疗:多西环素200mg顿服,次日改为100mg。对病人进行隔离治疗,直至症状消失后6日;或隔日粪培养连续三次阴性。做好国境检疫工作,一旦发现患者或带菌者,立即进行隔离治疗,并对交通工具进行彻底消毒。

2. 切断传播途径　加强饮水消毒和食品卫生管理,提供安全饮用水是预防霍乱的最有效措施。严格粪便排泄物的消毒处理,改善环境卫生。积极杀蛆灭蝇。

3. 提高人群免疫力　目前有减毒口服活疫苗、亚单位-全菌体菌苗、O139疫苗等。口服菌苗可使肠道产生特异性抗体,并且阻止霍乱弧菌黏附肠壁从而免于发病。主要用于保护地方性流行区的高危人群。O139疫苗的研究仍处于试验阶段。

（王　凯）

学习小结

霍乱弧菌为革兰氏染色阴性,暗视野下可见活泼穿梭状运动,涂片呈鱼群样排列,在碱性培养基生长良好。O1群和O139群霍乱弧菌是引起霍乱的致病菌,O1群霍乱弧菌又分为古典生物型和埃尔托生物型。霍乱患者和带菌者是主要传染源,主要经粪-口传播,人群普遍易感。夏秋季节高发,与饮水卫生条件密切相关。能产生霍乱肠毒素作用于肠道黏膜细胞,引起剧烈水样泻。

感染霍乱弧菌后潜伏期短,以无痛性的清水样或米泔水样吐泻为典型症状,并引起不同程度的脱水及电解质紊乱。常见的并发症有急性肾功能衰竭、急性肺水肿等。吐泻物经碱性蛋白胨水增菌后用选择性培养基培养并经血清学鉴定是确诊的主要依据。须与急性胃肠炎、急性菌痢、病毒性感染性腹泻等疾病鉴别。对霍乱采取严格隔离、及时补液和辅助抗菌治疗措施。补充水和电解质是治疗关键。抗菌药物有利于减少排菌量、吐泻量和缩短病程,但不能替代补液治疗。预防霍乱采取以控制传染源和切断传播途径为主要措施,患者和带菌者须严格隔离,隔日连续3次粪便培养阴性方可解除隔离。加强饮水、饮食卫生,切断传播途径是最有效的预防措施。

复习参考题

1. 试述霍乱的临床表现及诊断。

2. 试述霍乱的治疗原则。

第五节　弯曲菌感染

学习目标

掌握	弯曲菌感染和幽门螺杆菌感染的临床表现、诊断与治疗。
熟悉	弯曲菌感染和幽门螺杆菌感染的流行病学特点和发病机制。
了解	弯曲菌感染和幽门螺杆菌感染的病原学及预防。

弯曲菌感染(campylobacter infection)是由弯曲菌属细菌所致的感染性疾病。1972年首次成功地分离出弯曲菌。弯曲菌感染主要引起人类急性腹泻、肠道外器官感染和菌血症。幽门螺杆菌是消化性溃疡、慢

性胃炎及胃癌等疾病的重要病原,也可能与一些原因不明的全身性疾病有关。

一、弯曲菌感染

引起人类感染的弯曲菌属主要有空肠弯曲菌(*C.jejuni*)、结肠弯曲菌(*C.Coli*)和胎儿弯曲菌(*C.fetus*)。空肠弯曲菌和结肠弯曲菌主要引起急性肠炎;胎儿弯曲菌多引起机会性感染,可引发败血症等全身性感染。

【病原学】

弯曲菌属细菌为革兰氏阴性微需氧菌,呈弧形、螺旋形、S形等形态,有鞭毛,运动活泼,无芽孢及荚膜。已发现13种弯曲菌,有些弯曲菌,如胎儿弯曲菌、唾液弯曲菌(*C.sputorum*)还可分出亚种。本菌抗原结构复杂,有O、H和K抗原。在含5%氧气、10%二氧化碳和85%氮气的环境中生长良好。所有弯曲菌能在37℃生长,但空肠弯曲菌的最适生长温度为42℃。弯曲菌的抵抗力较强,在4℃牛奶中可存活160天,在室温内细菌可生存2个月以上。但易被干燥、直射阳光及常用消毒剂所杀灭。

【流行病学】

1. 传染源　患者和带菌者是本病的传染源;家禽、家畜、鸟类、大多数野生动物也是弯曲菌感染的重要传染源。

2. 传播途径　主要通过污染食物或水经消化道传播;也可通过人与人,人与动物等接触传播。

3. 易感人群　普遍易感,儿童和青年的发病率较高。

4. 流行特征　弯曲菌感染全年均有发病,夏秋季为感染高峰。胎儿弯曲菌感染主要发生在免疫力低下患者,如慢性肝病、糖尿病、恶性肿瘤、艾滋病等。

【发病机制与病理解剖】

细菌经口感染后经胃到小肠,小肠上部微氧环境适宜空肠弯曲菌增殖,并产生细胞毒素和肠毒素。细菌借助于本身的侵袭力引起肠黏膜损伤,从而引起腹泻。空肠弯曲菌主要引起肠黏膜局部病变,一般不侵入血流。胎儿弯曲菌感染易引起菌血症和肠道外器官感染。也易转为慢性或反复发作。

病理变化主要在空肠、回肠和结肠。结肠镜检见肠黏膜水肿、点状出血、浅表溃疡、隐窝脓肿等。黏膜下层镜检中性粒细胞、浆细胞和淋巴细胞浸润。

【临床表现】

(一)空肠弯曲菌感染

潜伏期3~5天,病情轻重不一,可为无症状的带菌者或轻症、重症肠炎病人。典型病人有发热,体温38~40℃,腹痛、腹泻,水样或黏液样便,2~10次/d。重型病例有黏液血便,每日20余次,伴里急后重,全身不适、乏力、肌肉关节酸痛、头痛甚至谵妄等感染中毒症状。病程一般7~10天,少数病人腹泻迁延不愈发展为慢性腹泻。

少数严重病例可出现腹膜炎、胆囊炎、关节炎、阑尾炎,甚至败血症等。也可合并溶血尿毒综合征、多发性神经炎、吉兰-巴雷综合征、脑膜炎、心内膜炎、血栓性静脉炎、泌尿系统感染等。

(二)胎儿弯曲菌感染

为肠道外感染,常引起败血症或菌血症及心内膜炎、心包炎、肺部感染、关节炎等局部感染。新生儿和老年人易出现脑膜炎、脑炎、硬脑膜下积液、脑脓肿等表现。

【实验室检查】

(一)常规检查

粪便为水样便或黏液血便,镜检可见少量白细胞和红细胞、脓细胞等。血常规检查白细胞总数和中性粒细胞轻度增高。

（二）病原学检查

1. 涂片检查　取新鲜粪便涂片革兰氏染色，可见革兰氏阴性弧形、螺旋形、S形等多形态小杆菌，也可采用粪便悬滴，暗视野显微镜下观察细菌动力。

2. 细菌培养　将粪便接种于选择性培养基上，在42℃微氧环境下培养48小时可获得病原菌。

（三）血清学检查

可用试管凝集法、间接荧光法、ELISA法或被动血凝法测定病人血清中O、H、K抗体。病后数日就可检测到阳性结果，恢复期血清抗体效价较急性期有4倍以上增高者亦有诊断价值。

【诊断与鉴别诊断】

根据有与感染动物或病人接触史，或进食污染的食物、水等流行病学史，临床表现为发热、腹痛、腹泻、血便等，确诊有赖于病原学检查阳性，或血清学检查阳性。

本病应与急性细菌性痢疾、肠套叠、溃疡性结肠炎、沙门菌肠炎及其他细菌性感染性腹泻相鉴别。

【治疗】

（一）一般治疗

执行接触隔离措施，防止经消化道和生活接触途径的传播。卧床休息，半流质饮食，降温，维持水和电解质平衡等。

（二）抗菌治疗

1. 空肠弯曲菌感染　空肠弯曲菌的肠道感染大多能自愈，因此轻症病人不需抗生素治疗。对于中、重症病人尽早应用抗菌药物治疗，常首选红霉素口服，成人每日0.9~1.2g，小儿每日40~50mg/kg，分3~4次口服，疗程5~7天。新的大环内酯类可减少给药次数，降低不良反应，如罗红霉素、阿奇霉素等。也可选用喹诺酮类、磷霉素、氨基糖苷类抗生素等。

2. 胎儿弯曲菌感染　用氨基糖苷类或氨苄西林等药物治疗。败血症患者疗程需4周，中枢神经系统感染者也可用氯霉素治疗，疗程2~3周。

【预防】

加强食品、饮用水的卫生管理，做好病人排泄物的严格消毒。

二、幽门螺杆菌感染

【病原学】

幽门螺杆菌（*helicobacter pylori*，Hp），属弧菌科、螺旋菌属，革兰氏染色阴性，呈S形或螺旋形，微需氧，有鞭毛。37℃培养3天可见针尖状透明无色菌落生长。该菌生化反应不活跃。过氧化氢酶或氧化酶阳性。尿素酶丰富，能分解尿素。细菌在4℃水中可存活1年，但在室温空气中只能存活数小时。

【流行病学】

Hp感染分布世界各地，在经济不发达和卫生状况差的地区，Hp感染率较高。病人是主要传染源，Hp感染有家庭内聚集现象，主要经消化道传播。

【发病机制】

Hp经口进入机体后，先黏附在胃黏膜黏液层的表面，借助Hp螺旋状结构和鞭毛运动穿过黏液层，在胃黏膜上皮细胞表层定植，Hp能分泌多种酶，如尿素酶、蛋白酶、过氧化氢酶和酯酶等，使胃的内环境发生改变，利于Hp的生存，同时也可引起胃黏膜上皮细胞的炎症损伤。大约60%的Hp可产生细胞毒素，使胃黏膜上皮细胞发生空泡样变。此外，Hp还可通过引起炎症介质（如TNF-α、IL-1、IL-6、IL-8、IL-10等）的分泌增加，导致胃黏膜炎症病变。Hp感染也可通过胃肠激素的变化而损伤胃黏膜上皮细胞。

【临床表现】

目前认为 Hp 是慢性胃炎、消化性溃疡、胃淋巴瘤和胃癌的致病因子;Hp 感染与黏膜相关性淋巴组织淋巴瘤密切相关;Hp 感染还与一些胃外疾病的发生有关,如动脉粥样硬化相关性疾病(冠心病、缺血性脑血管病)、原发性雷诺现象、原发性头痛、胆道感染、慢性肝病、原发性血小板减少性紫癜、干燥综合征、桥本甲状腺炎、糖尿病、荨麻疹、斑秃等。

【诊断】

我国对 Hp 感染的临床诊断达成共识,即下述二项检查中任一项阳性者即可诊断:①Hp 涂片或组织学染色;②尿素酶依赖试验。

【治疗】

现尚无单一药物可有效根除 Hp,因此必须联合用药治疗。目前推荐的治疗方案常采用三联疗法,即质子泵抑制剂(PPI)或胶体铋剂加上二种抗菌药物的联合应用,也可采用 PPI+胶体铋剂+二种抗菌药物联合用药的四联疗法,疗程均为 1~2 周(表 5-5-1)。

表 5-5-1　根除 Hp 的三联疗法方案

PPI 或胶体铋剂	抗菌药物
PPI 标准剂量(20mg),q12h	克拉霉素 0.25~0.5g,q12h
(奥美拉唑 20mg,q12h)	阿莫西林 0.5~1.0g,q12h
铋剂(220mg,q12h 胶体次枸橼酸铋)	甲硝唑 0.4g,q12h
	呋喃唑酮 0.1g,q12h

【预防】

治疗患者和带菌者,做好内镜等器械消毒,注意饮食卫生。

（王福祥）

学习小结

弯曲菌感染主要引起人类急性腹泻,肠道外器官感染和菌血症。幽门螺杆菌是消化性溃疡、慢性胃炎及胃癌等疾病的重要病原。患者和带菌者是本病的传染源;家禽,家畜,鸟类,大多数野生动物也是弯曲菌感染的重要传染源。通过污染食物或水经消化道传播;也可通过人与人,人与动物等接触传播。人群普遍易感,儿童和青年的发病率较高。空肠弯曲菌感染病情轻重不一,可为无症状的带菌者或轻症、重症肠炎患者。治疗包括一般治疗,抗菌治疗。对于中、重症患者尽早应用抗菌药物治疗,首选红霉素。也可选用喹诺酮类、磷霉素、氨基糖苷类等。胎儿弯曲菌感染用氨基糖苷类或氨苄青霉素等药物治疗。

Hp 感染分布世界各地,患者是主要传染源,Hp 是慢性胃炎、消化性溃疡、胃淋巴瘤和胃癌的致病因子。目前推荐治疗方案为三联疗法,即质子泵抑制剂(PPI)或胶体铋剂加上二种抗菌药物的联合应用,也可用 PPI+胶体铋剂+二种抗菌药物联合用药的四联疗法,疗程为 1~2 周。

复习参考题

1. 简述空肠弯曲菌感染的临床特点。

2. 简述目前治疗 HP 三联疗法。

第六节 细菌性痢疾

学习目标

掌握	细菌性痢疾的临床表现、诊断与鉴别诊断及治疗。
熟悉	细菌性痢疾的流行病学、发病机制与病理。
了解	细菌性痢疾的病原学、并发症与后遗症及预防措施。

细菌性痢疾(bacillary dysentery)简称菌痢,是由志贺菌属(*Shigella*)痢疾杆菌引起的肠道传染病。痢疾杆菌主要经消化道传播。主要临床表现为腹痛、腹泻、里急后重和排黏液脓血便,可伴有发热及全身毒血症症状,严重者出现感染性休克。

【病原学】

志贺菌属亦称痢疾杆菌,属肠杆菌科,革兰氏阴性杆菌,该菌属有菌毛,无鞭毛及荚膜,在普通培养基上即可生长。根据抗原结构分为 4 群 47 型,见表 5-6-1。

表 5-6-1 志贺菌属的分型

菌名	群别	甘露糖	鸟氨酸脱羧酶	血清型
痢疾志贺菌(*S.dysenteriae*)	A	-	-	1~12
福氏志贺菌(*S.flexneri*)	B	+	-	1a、b、c, 2a、b, 3a、b、c, 4a、b、c, 5a、b, 6, x, y
鲍氏志贺菌(*S.boydii*)	C	+	-	1~18
宋内志贺菌(*S.sonnei*)	D	+	+	1

目前我国以福氏志贺菌的流行占居首位,且以 2a 型为多;其次为宋内志贺菌;再次为鲍氏志贺菌。近几年我国少数地区有痢疾志贺菌的流行趋势。

四群志贺菌均可产生内毒素,是引起全身反应如发热、毒血症、休克等的重要因素。痢疾志贺菌还可产生外毒素又称为志贺毒素(Shigatoxin),有肠毒性、神经毒性和细胞毒性,分别导致相应的临床症状。

志贺菌在体外生存力较强,通常温度越低,生存时间越长。宋内志贺菌抵抗力最强,其次为福氏志贺菌,痢疾志贺菌抵抗力最弱。它们对热和常用的消毒剂均敏感,如 60℃ 10 分钟死亡;阳光直射 30 分钟死亡;室温可存活 10 天;在瓜果、蔬菜及污染物上可生存 11~24 天。人类进食 10 个痢疾志贺菌即可引起发病。

【流行病学】

1. 传染源 为急性、慢性菌痢病人和带菌者。轻型病人、慢性病人及带菌者由于症状不典型且管理困难,故在流行中更具有重要作用。

2. 传播途径 通过消化道传播。志贺菌随粪便排出体外,污染食物、水及手,经口使人感染;苍蝇具有粪、食兼食习性,可通过污染食物引起传播。如食物或饮用水被污染,可引起食物型或水型的暴发流行。

3. 易感人群 人群普遍易感。病后可获得一定的免疫力,但持续时间较短,且不同菌群和血清型之间无交叉免疫,但有交叉耐药性,故易于重复感染。

4. 流行特征 菌痢易发生在亚热带及温带地区。全年均有散发病例报告,但有明显夏秋季流行高峰。菌痢病人的年龄分布有 2 个高峰,第 1 个高峰为学龄前儿童,第 2 个高峰为青壮年期,与他们在日常生活中接触病原菌机会较多有关。

【发病机制与病理解剖】

（一）发病机制

志贺菌进入人体后是否发病，取决于细菌的致病能力与人体的免疫功能相互作用的过程。志贺菌的致病能力包括：有介导细菌吸附的不光滑型 O 抗原；有侵袭结肠上皮细胞并在其中繁殖的能力；有产生毒素的能力。

志贺菌进入消化道后，大部分被胃酸杀灭，少量未被杀灭的细菌进入小肠，也可因肠道正常菌群的拮抗作用，或由于分泌型 IgA 阻断其对肠黏膜的吸附。但如人体因营养不良、胃酸缺乏等导致人体抵抗力低下，则细菌可侵入结肠上皮细胞，经基底膜进入固有层，并在其中繁殖、释放毒素，致使肠黏膜固有层小血管循环障碍，引起肠黏膜出现炎症、坏死及溃疡。临床上病人表现为腹痛、腹泻和黏液脓血便。因细菌可被固有层吞噬细胞吞噬，故细菌很少侵入黏膜下层，也极少进入血流引起菌血症和（或）败血症，只有在免疫力低下的人群，如儿童、老年人及 HIV 感染者，才会发生菌血症和（或）败血症。

志贺菌内毒素入血后，不但引起发热及毒血症症状，而且可直接作用于肾上腺髓质、刺激交感神经系统和单核-吞噬细胞系统释放肾上腺素、去甲肾上腺素、组氨酸脱羧酶、溶酶体酶等血管活性物质，引起微循环障碍，进而引起感染性休克、DIC 及重要脏器衰竭，临床上表现为中毒型菌痢（休克型）；脑组织病变严重者，可因脑水肿和（或）脑疝，而出现昏迷、抽搐及呼吸衰竭等中毒型菌痢（脑型）的表现。一般中毒型菌痢以儿童多见，其发生还与患者的特异性体质有关。此外，内毒素也是引起溶血性尿毒综合征的重要因素之一。

（二）病理解剖

病变部位主要在结肠，以乙状结肠和直肠最为显著，重者累及整段结肠，甚至盲肠及回肠下段。急性菌痢的基本病变是肠黏膜弥漫性纤维蛋白渗出性炎症。肠黏膜表面有大量黏液脓性渗出物覆盖，严重者肠黏膜上皮细胞大片坏死、脱落，由坏死的肠上皮细胞、中性粒细胞、纤维蛋白及黏液脓性渗出物等形成灰白色假膜，假膜脱落后形成溃疡，由于病变局限于固有层，故肠穿孔少见。轻型病人肠黏膜仅见弥漫性充血水肿，肠腔内可见黏液血性渗出物。慢性菌痢肠黏膜充血、水肿和肠壁增厚，因肠黏膜溃疡不断形成与修复，导致瘢痕与息肉形成，少数病例出现肠腔狭窄。中毒型菌痢肠道病变轻微，多数仅见黏膜充血水肿，少有溃疡，突出病变为全身多脏器微血管通透性增加，大脑及脑干水肿、点状出血及神经细胞变性。部分病例有肾上腺充血、出血及肾上腺皮质萎缩。

【临床表现】

潜伏期 1~3 天（数小时~7 天）。痢疾志贺菌感染临床表现较重，但预后大多良好；宋内志贺菌感染症状较轻，轻型病例多；福氏志贺菌感染病情介于两者之间，但排菌时间较长，易转为慢性。

（一）急性菌痢

1. 普通型（典型）　急起病，有畏寒、发热，体温可达 39℃，伴头痛、乏力、食欲减退，并出现腹痛、腹泻，每日排便十余次至数十次，初为稀便或水样便，1~2 天后转为黏液脓血便，里急后重感明显，左下腹压痛和肠鸣音亢进。急性菌痢自然病程为 1~2 周，多数病人经治疗可痊愈，少数病程迁延转为慢性。

2. 轻型（非典型）　无发热或有低热，腹泻每日不超过 10 次，大便有黏液但无脓血，里急后重感较轻，有腹痛及左下腹压痛。病程 3~7 天可自愈，少数亦可转为慢性。

3. 中毒型　以 2~7 岁儿童多见，成人偶有发生。起病急骤，突起畏寒、高热，体温达 40℃ 以上，病人精神萎靡、四肢厥冷、嗜睡、昏迷及抽搐等，迅速发生循环衰竭和（或）呼吸衰竭。临床主要表现为严重毒血症、休克和（或）中毒性脑病，而肠道症状很轻或缺如，病初可无腹痛、腹泻，但于病后 24 小时内出现腹痛、腹泻。按其临床表现可分为三型：

（1）休克型（周围循环衰竭型）：此型多见，主要表现为感染性休克。因微血管痉挛，病人表现面色苍白、四肢厥冷、发绀、脉搏细速、血压下降、皮肤大理石样花纹,进而引发心、脑、肾功能不全等表现。

（2）脑型(呼吸衰竭型)：是中毒型菌痢最严重的一种类型。由于脑血管痉挛导致脑缺血、缺氧,脑水肿,甚至脑疝。病人表现烦躁不安、昏迷、惊厥、瞳孔不等大、对光反射迟钝或消失等,严重者出现中枢性呼吸衰竭而死亡。

（3）混合型：具有以上两型的临床表现,此型最为凶险,病死率极高。

（二）慢性菌痢

菌痢反复发作或迁延不愈,病程超过 2 个月以上者,即为慢性菌痢。慢性菌痢的发生原因包括两个因素,一是人体因素,如原有营养不良、胃肠道慢性疾病、肠道分泌性 IgA 减少或急性期未获有效治疗者;另一为细菌因素,如福氏志贺菌易导致慢性感染,一些耐药菌株感染亦可引起慢性菌痢。

1. 慢性迁延型　急性菌痢发病后,迁延不愈,常有腹痛、腹泻、黏液便或脓血便,或便秘和腹泻交替出现者,左下腹压痛,部分患者可扪及增生的乙状结肠。长期腹泻者可导致营养不良、贫血等。

2. 急性发作型　有慢性菌痢病史,常因进食生冷食物、受凉或劳累等因素而诱发腹痛、腹泻、黏液脓血便,但发热及全身毒血症症状不明显。

3. 慢性隐匿型　1 年内有急性菌痢病史,无明显临床症状,但乙状结肠镜检查有黏膜炎症甚至溃疡等病变,大便培养可检出志贺菌。

【实验室检查】

（一）一般检查

1. 血常规　急性菌痢白细胞总数增高,可达($10 \sim 20$) $\times 10^9$/L,以中性粒细胞增高为主;慢性菌痢可有血红蛋白降低。

2. 大便常规　多为黏液脓血便,粪质少。镜下见白细胞($\geqslant 15$/HP)、脓细胞及红细胞,如有巨噬细胞则有助于诊断。

（二）病原学检查

1. 便培养　培养出痢疾杆菌即可确诊。并应做药敏试验以指导临床用药。为提高便培养的阳性率,应在使用抗菌药物前采样,取脓血部分及时多次送检。

2. 特异性核酸检测　采用核酸杂交或聚合酶链反应(PCR)检测志贺菌的核酸,具有灵敏度高、特异性强、快速等优点。

（三）血清学检查

可检测志贺菌抗原,具有早期、快速的优点。但因粪便中抗原成分复杂,易出现假阳性,故目前尚未推广应用。

【并发症及后遗症】

1. 志贺菌败血症　多发生在病后 $1 \sim 2$ 天,血培养志贺菌阳性可确诊。多发生于儿童、老年人及 HIV 感染者。病人症状重,病死率高。

2. 溶血性尿毒综合征　多见于痢疾志贺菌感染。病人早期有类白血病表现,继而出现溶血性贫血及DIC,甚至出现急性肾功能衰竭。此类病人预后较差。

3. 关节炎　急性期或恢复期偶可并发大关节渗出性炎症,为变态反应所致。

4. 瑞特(Reiter)综合征　青年男性多见。关节炎、尿道炎、眼炎为主要临床表现,其中关节炎可长达数年。

5. 神经系统后遗症　极少数小儿脑型中毒型菌痢后可有耳聋、失语及肢体瘫痪等后遗症。

【诊断与鉴别诊断】

（一）诊断

多发于夏秋季,病人有不洁饮食或与菌痢病人接触史。急性菌痢表现为急起发热、腹泻、腹痛、黏液脓血便及里急后重,左下腹部压痛。慢性菌痢病人有急性菌痢病史,病情迁延不愈,病程超过 2 个月。中毒型菌痢儿童多见,有高热、惊厥、意识障碍及呼吸、循环衰竭,而无明显腹痛腹泻症状,常需盐水灌肠或肛拭子取样送检。便常规白细胞(≥15/HP)、脓细胞及红细胞即可临床诊断。确诊有赖于便培养检出痢疾杆菌。

（二）鉴别诊断

1. 急性菌痢　须与下列疾病相鉴别:

（1）急性阿米巴痢疾:鉴别要点见表 5-6-2。

表 5-6-2　急性菌痢与急性阿米巴痢疾的鉴别要点

	急 性 菌 痢	急性阿米巴痢疾
病原及流行病学	志贺菌;散发,可引起流行	阿米巴原虫;散发性
全身症状	较重,多有发热,毒血症状明显	轻微,多不发热,毒血症状少见
胃肠道症状	腹痛重,有里急后重,腹泻每日十余次或数十次,左下腹压痛	腹痛轻,无里急后重,腹泻每日数次,右下腹压痛
粪便检查	量少,为黏液脓血便,镜检可见红细胞及大量白细胞和少量巨噬细胞,便培养志贺菌阳性	量多,暗红色果酱样便,有腥臭,镜检可见少量白细胞、成串红细胞,常有夏科-莱登晶体,有阿米巴滋养体,便培养志贺菌阴性
乙状结肠镜检查	肠黏膜弥漫性充血、水肿及浅表溃疡	肠黏膜多正常,散在溃疡,边缘隆起,周围有红晕

（2）其他细菌引起的肠道感染:侵袭性大肠埃希菌、空肠弯曲菌及气单胞菌等也可引起肠道感染表现痢疾样症状,鉴别有赖于便培养检出病原菌。

（3）细菌性胃肠型食物中毒:进食被鼠伤寒沙门菌、金葡菌、副溶血弧菌、大肠埃希菌等污染的食物引起。进食同一食物后集体发病,潜伏期短,有腹痛、腹泻、恶心、呕吐、水样便,黏液脓血便及里急后重少见,脐周压痛。确诊有赖于从可疑食物及病人呕吐物、粪便中检出同一细菌或毒素。

（4）肠套叠:多见于婴幼儿。首发症状为腹痛,数小时后排出果酱样血便,可扪及触痛性包块,便检见较多红细胞。

（5）急性坏死性出血性小肠炎:急起病,有发热、腹痛、腹泻及血便,毒血症状重,全腹压痛及严重腹胀,很快发生循环衰竭。

2. 慢性菌痢　应与下列疾病相鉴别:

（1）结肠癌及直肠癌:如患者继发肠道感染亦可出现腹痛、腹泻及脓血便,故对慢性腹泻患者应行直肠指检、乙状结肠镜及病理活检等检查。

（2）慢性血吸虫病:患者可有腹泻及脓血便,但有血吸虫病疫水接触史,肝、脾肿大,嗜酸性粒细胞增多,大便孵化沉淀检查或肠黏膜活检阳性。

（3）非特异性溃疡性结肠炎:病程长,有腹痛及脓血便。乙状结肠镜检查见肠黏膜充血、水肿及溃疡,黏膜易出血。X 线检查示结肠袋消失,呈铅管样改变。

3. 中毒型菌痢

（1）休克型:须与其他细菌引起的败血症或感染性休克相鉴别。

（2）脑型:须与乙脑鉴别。乙脑起病慢,循环衰竭少见,乙脑病毒特异性 IgM 阳性可资鉴别。

【预后】

与机体免疫功能、菌型、临床类型及病后是否及时治疗等因素密切相关。急性菌痢多于 1~2 周内痊愈,少数转为慢性或带菌者,中毒型菌痢预后差,尤其脑型和混合型病死率较高。

【治疗】

（一）急性菌痢

1. 一般治疗及对症治疗　执行接触隔离措施,防止经消化道和生活接触途径的传播。毒血症状重者须卧床休息,进食少渣易消化的流质或半流质食物,忌生冷、油腻及刺激性食物。注意水、电解质及酸碱平衡,可予口服补液盐(ORS)冲服,重者可予静脉输液。有发热,腹痛及呕吐者可予相应处理。高热物理降温为主,必要时适当使用退热药;腹痛剧烈者可用颠茄浸膏片或阿托品;毒血症状严重者,在强有力抗菌治疗基础上,可予小剂量肾上腺皮质激素。

2. 病原治疗 志贺菌存在耐药趋势,部分菌株呈多重耐药,故须根据当地当时细菌耐药情况选用抗菌药物。

(1)喹诺酮类:为首选抗菌药物,其活性强,口服吸收好,耐药菌株相对较少,毒副作用小。环丙沙星0.2g,8~12小时口服一次;诺氟沙星0.2g,6~8小时口服一次;疗程3~5天。其他喹诺酮类,如左氧氟沙星、加替沙星等亦可选用,不能口服者可静脉滴注,但该类药影响骨骺发育,故儿童、孕妇及哺乳期妇女不宜使用。

(2)氨基糖苷类:庆大霉素8万U,12小时肌内注射一次,注意其不良反应。

(3)复方磺胺甲基异噁唑(SMZ-TMP):成人2片,12小时口服一次,小儿减量,疗程3~5天。磺胺类药物过敏、白细胞减少及严重肝、肾功能不全忌用。

(二)中毒型菌痢

1. 病原治疗 选用有效抗菌药物静脉给药,成人选用环丙沙星、左氧氟沙星等喹诺酮类药物;儿童选用头孢曲松、头孢噻肟等药物治疗。

2. 对症治疗

(1)降温止惊:高热应物理降温,必要时予药物降温,将体温控制在38.5℃以下;高热伴烦躁、惊厥者,可采用亚冬眠疗法,予氯丙嗪和异丙嗪各1~2mg/kg肌内注射;反复惊厥者可予安定、苯巴比妥钠肌内注射或水合氯醛灌肠。

(2)抗休克治疗:①补充血容量,纠正酸中毒:快速静脉输注葡萄糖盐水、5%碳酸氢钠(3~5ml/kg)及低分子右旋糖酐(10~15ml/kg)等液体,休克好转后则继续静脉输液维持;②解除血管痉挛:本病为低排高阻性休克,宜予抗胆碱类药物山莨菪碱(654-2)成人每次20~40mg(儿童0.5~1mg/kg),每5~15分钟一次,静脉推注。直至患者面色红润、肢体转暖、尿量增多及血压回升。如经上述治疗效果不佳,可改用酚妥拉明加去甲肾上腺素静脉滴注,或用异丙肾上腺素0.1~0.2mg加入葡萄糖液200ml静脉滴注,可以加强心肌收缩力;③保护重要器官功能:有心力衰竭者可给予毛花苷丙;④其他:短期用肾上腺皮质激素。有DIC早期表现者可予肝素抗凝治疗。

(3)脑型治疗:①20%甘露醇1~2g/kg,快速静注,每4~6小时一次,同时予肾上腺皮质激素减轻脑水肿;②保持呼吸道通畅、吸氧,出现呼吸衰竭可应用人工呼吸机。

(三)慢性菌痢

因慢性菌痢病因复杂,一般采用全身与局部治疗相结合。

1. 一般治疗 生活有规律,易消化饮食,忌食生冷、油腻及刺激性食物。

2. 病原治疗 根据病原菌药敏结果选用有效抗菌药物,可采用联合或交叉用药连续治疗2个疗程,必要时可多个疗程。亦可用药物保留灌肠疗法,选用5%~10%大蒜素液200ml或加泼尼松20mg及0.25%普鲁卡因10ml每晚一次,10~14天为一疗程。

3. 对症治疗 有肠道功能紊乱者可用镇静或解痉药物,如异丙嗪、颠茄浸膏片等。抗菌药物使用后,菌群失调可予微生态制剂治疗。

【预防】

1. 管理传染源 对急、慢性病人和带菌者应隔离并给予彻底治疗,隔离至临床症状消失,粪便培养连续2次阴性。对从事饮食服务行业,炊管人员、水源管理人员、托幼机构保教人员等,必须定期进行大便培养检查。

2. 切断传播途径 搞好个人及环境卫生,注意饮食及饮水卫生,消灭苍蝇。

3. 保护易感人群　口服含福氏和宋内志贺菌"依链"株的 F2a 活菌苗可刺激肠黏膜产生特异性分泌型 IgA。对同型志贺菌保护率约 80%，可维持 6~12 个月，但与其他菌型间无交差免疫。

（王福祥）

学习小结

细菌性痢疾是由志贺菌属痢疾杆菌引起的肠道传染病。主要临床表现为腹痛、腹泻、里急后重和排黏液脓血便，可伴有发热及全身毒血症症状，严重者出现感染性休克，甚至中毒性脑病。

诊断依据流行病学资料，临床表现及便常规白细胞（≥15/HP）、脓细胞及红细胞即可临床诊断。确诊有赖于大便培养检出痢疾杆菌。

急性菌痢包括一般治疗、对症治疗、病原治疗。病原治疗首选抗菌药物为喹诺酮类。中毒型菌痢包括病原治疗及对症治疗。慢性菌痢一般采用全身与局部治疗相结合。对急、慢性病人和带菌者应隔离并给予彻底治疗，隔离至临床症状消失，大便培养连续 2 次阴性。

复习参考题

1. 细菌性痢疾的基本病变和主要病变部位有哪些？

2. 典型菌痢的主要临床表现和诊断依据分别是什么？

第七节　布鲁菌病

学习目标

掌握	布鲁菌病的传播途径、临床表现、诊断及治疗。
熟悉	布鲁菌病传染源及预防措施。
了解	布鲁菌病的病原学特点及发病机制。

布鲁菌病（brucellosis，简称布病），是由布鲁杆菌引起的一种人畜共患传染病，属自然疫源性疾病。急性期以发热、乏力、多汗、肌肉、关节疼痛和肝、脾、淋巴结肿大为主要表现。慢性期多表现为关节损害等。

【病原学】

布鲁杆菌为革兰氏染色阴性的短小球杆菌，无鞭毛及荚膜，不形成芽孢。根据储存宿主和生化反应的不同，布鲁菌属可分为 6 个种，即羊种菌、牛种菌、猪种菌、犬种菌、绵羊附睾种菌及沙林鼠种菌。临床上以羊、牛、猪三种意义最大，其中羊种菌致病力最强，猪种菌次之。

布鲁杆菌含有 20 余种蛋白抗原和脂多糖，其中脂多糖（内毒素）在致病中起重要作用。对常用的物理消毒方法及化学消毒剂均敏感。但在自然环境中生活力较强，在乳及乳制品、皮毛中能长时间存活。

【流行病学】

本病为全球性疾病。我国主要流行于西北、东北、青藏高原及其周围等地区。国内流行主要为羊种菌，其次为牛种菌。

1. 传染源　主要为病畜。国内以羊（绵羊、山羊）为主，其次为牛，猪仅在个别地区有意义。其他动物如狗、鹿、马、骆驼等亦可作为传染源。

2. 传播途径　传播途径多样：①经受损皮肤（外伤、擦伤等）及黏膜的直接接触进入人体，如接产羊羔、屠宰病畜、剥皮、挤奶等接触；②经呼吸道，如吸入含布鲁杆菌的气溶胶等；③消化道，如进食含布鲁杆菌的生奶、奶制品或食用未经彻底灭菌的含布鲁杆菌奶类、肉类等。

3. **易感性** 人群普遍易感，病后有一定的免疫力。其高危人群主要包括畜牧工作者，屠宰场工人，动物产品加工者和进食被污染的动物产品或制品者。

【发病机制与病理改变】

本病发病机制较为复杂，细菌、毒素、以及不同抗原组分的变态反应均不同程度地参与疾病的发生和发展过程。

本病的病理变化极为广泛，几乎所有组织器官均可被侵犯。其中以单核-巨噬细胞系统最为常见，骨关节系统、神经系统及生殖系统等均有轻重不等的病变。其病理改变初期为炎性细胞渗出，组织细胞变性、坏死。慢性期以组织细胞增生和肉芽肿形成为特点。部分慢性期病人肉芽组织发生纤维硬化性改变，临床则可出现后遗症。

【临床表现】

潜伏期一般 1~3 周，平均为 2 周，部分病例潜伏期更长。临床上可分为急性期和慢性期。

（一）急性期

多缓慢起病，少数突然发病。主要表现：

1. **发热** 典型病例表现为波浪热，其特征为发热 2~3 周后，间歇数日至 2 周，发热再起，反复多次。常伴有寒战、头痛等症状。部分病例可表现为低热和不规则热型，且多发生在午后或夜间。此外可有相对缓脉现象。

2. **多汗** 亦为本病突出症状之一，患者在发热或不发热时均可出现多汗。

3. **肌肉和关节疼痛** 为全身肌肉和多发性、游走性大关节疼痛。有些病例可出现滑膜炎、腱鞘炎及下肢肌肉和臀部肌肉疼痛等。

4. **乏力** 几乎全部病例都有此表现。

5. **肝、脾及淋巴结肿大** 约半数患者可出现肝脾肿大和肝区疼痛。淋巴结肿大的位置与感染方式有关，经口感染者以颈部、咽后壁和颌下淋巴结肿大为主，接触性感染者则多以腋下或腹股沟淋巴结肿大为主。

6. **其他** 男性病例可伴有睾丸炎，女性病例可见卵巢炎；少数病例可有心、肾及神经系统受累表现。

近年来非典型病例逐渐增多，其特点是病程短、症状轻，表现为乏力、低热、关节痛等症状，某些患者甚至出现少见的胃肠道和呼吸道症状，需引起注意。

急性期布鲁菌病患者经抗菌治疗后约有 10% 复发。复发时间可在初次治疗后数月，也可在多年后发生。其机制可能与布鲁杆菌可在细胞内寄生，逃脱了抗生素和宿主免疫功能的清除有关。

（二）慢性期

病程超过 6 个月仍未痊愈者称为慢性期。可由急性期发展而来，也可缺乏急性病史而直接表现为慢性。本期症状多不典型，主要表现为疲乏无力，有固定的或反复发作的关节和肌肉疼痛，常有精神抑郁、失眠、注意力不集中等精神症状，可有长期低热也可不发热，少数患者有骨和关节的器质性损害。

【实验室检查】

（一）一般实验室检查

1. **血常规** 白细胞计数正常或减少，淋巴细胞相对增多。有时可出现异常淋巴细胞，少数病例红细胞、血小板减少。

2. **血沉** 急性期可出现血沉加快，慢性期多正常。

（二）病原菌培养

主要取患者血液或骨髓做细菌培养，后者阳性率高于前者。

淋巴腺组织、脓性分泌物或脑膜炎患者的脑脊液培养亦常有阳性结果。本菌培养需特殊培养基。此外细菌生长缓慢,需 10 日以上方可获阳性结果。

(三)血清学检查

1. 凝集试验　试管凝集试验(SAT)　抗体滴度在 1∶100 以上有诊断意义;虎红平板(RBPT)或平板凝集试验(PAT)常用于初筛。

2. 酶联免疫吸附试验(ELISA)　主要检测特异性 IgM 和 IgG 抗体,灵敏性高,特异性强,抗体滴度在 1∶320 以上为阳性。

3. 其他免疫学试验　包括补体结合试验(CFT),布病抗-人免疫球蛋白试验(Coombs test)、RIA 等均可采用。

(四)分子生物学检查

近年来开展了用 PCR 检测布鲁杆菌 DNA,能快速、准确地做出诊断,但尚未推广使用。

【诊断与鉴别诊断】

应结合流行病学史、临床表现和实验室检查进行诊断。急性典型病例诊断较容易,慢性患者诊断较为困难。

1. 流行病学史　流行病学资料对诊断有重要参考意义,特别注意地区、职业及与羊、牛、猪等家畜或其皮毛接触史,有进食未经消毒的牛、羊奶或未煮熟的畜肉史等。

2. 临床表现　急性期表现为反复发作的发热,伴有多汗、游走性关节痛及肝脾大、淋巴结肿大,也可有泌尿生殖系统及神经系统的表现。慢性期常有神经、精神症状,以及骨、关节系统损害症状。

3. 实验室检查　血、骨髓或其他体液等培养阳性或 PCR 阳性可以确诊。血清学检查结果阳性,结合病史和体征亦可作出诊断。

急性期需与风湿热、伤寒、结核、败血症及疟疾等鉴别。慢性期主要与骨、关节损害疾病及神经官能症等鉴别。

【治疗】

(一)急性期

以抗菌治疗为主。

1. 一般治疗和对症治疗　包括注意休息,补充营养,高热量、多维生素、易消化饮食,维持水及电解质平衡。高热患者应用物理降温,持续不退者可用退热剂等对症治疗。头痛、关节疼痛剧烈者应用镇痛剂。中毒症状严重、睾丸显著肿痛及心脑重要脏器有并发症患者,可应用肾上腺皮质激素。

2. 病原治疗　治疗原则为早期、联合、足量、足疗程用药,必要时延长疗程,以防止复发及慢性化。常用四环素类、利福霉素类药物,亦可使用喹诺酮类、磺胺类、氨基糖苷类及三代头孢类药物。治疗过程中注意监测血常规、肝肾功能等。

布鲁菌病诊疗指南推荐:一线药物为多西环素联合利福平或链霉素。具体用法:①多西环素 100mg/次,2 次/d,6 周,联合利福平 600~900mg/次,1 次/d,6 周;②多西环素(用法疗程同前)+链霉素肌注 15mg/kg,1 次/d,2~3 周。

不能使用一线药物或效果不佳的病例可酌情选用以下方案(二线药物):多西环素合用复方新诺明或妥布霉素;利福平联合氟喹诺酮类。具体用法:①多西环素(用法疗程同前)合用复方新诺明(2 片/次,2 次/d,6 周);②多西环素(用法疗程同前)合用妥布霉素(肌注,1~1.5mg/kg,8 小时 1 次,1~2 周);③利福平(600~900mg/次,1 次/d,6 周)合用左氧氟沙星(200mg/次,2 次/d,6 周);④利福平(用法疗程同前)联合环丙沙星(750mg/次,2 次/d,6 周)。难治性病例采用一线药物+氟喹诺酮类或三代头孢菌素类。

(二)慢性期

治疗较为复杂,应包括病原治疗、脱敏治疗及对症治疗。

1. 病原治疗　急性发作或病情仍活动均需抗菌治疗。方法同急性期。部分病例需要 2~3 个疗程的治疗。

2. 脱敏疗法(菌苗疗法)　是通过少量多次注射布鲁杆菌抗原(如菌苗、水解素和溶菌素)使致敏 T 细胞少量多次释放细胞因子,避免激烈的组织损伤而又消耗致敏 T 细胞,减轻变态反应,从而起减轻症状的作用。因该疗法副反应较大,故已很少用。

3. 对症治疗　包括理疗和中医中药治疗等。

（三）并发症治疗

1. 合并睾丸炎病例抗菌治疗同上,可短期加用小剂量糖皮质激素。

2. 合并脑膜炎病例在上述抗菌治疗基础上加用三代头孢类药物,并给予脱水等对症治疗。

3. 合并心内膜炎、血管炎、脊椎炎、其他器官或组织脓肿病例,在上述抗菌药物应用的同时加用三代头孢菌素类药物;必要时给予外科治疗。

【预防】

1. 管理传染源　加强病畜管理,对家畜定期检疫、对病畜应屠宰或隔离。对流行区家畜普遍进行菌苗接种可防止本病流行。对患者隔离治疗。

2. 切断传播途径　加强畜产品的卫生监督,做好个人防护和职业人群防护。

3. 保护易感人群　对密切接触本病疫区的家畜和畜产品的人员,以及其他可能受本病威胁的易感者均应进行菌苗预防接种。

（蔺淑梅）

学习小结

布鲁菌病是由布鲁杆菌引起的一种人畜共患传染病。临床分为急性期和慢性期,急性期典型病例热型呈波浪热,伴有多汗、乏力、肌肉、关节疼痛,肝脾及淋巴结肿大。病程超过 6 个月仍未痊愈者称为慢性期,症状多样。诊断应结合流行病学史、临床表现和实验室检查进行,流行病学资料有重要参考意义,血、骨髓或其他体液等培养阳性或 PCR 阳性可以确诊。主要应与伤寒、副伤寒、风湿热,肺结核,疟疾等相鉴别。以早期、联合、足量、足疗程抗菌治疗为主。

复习参考题

1. 简述布鲁菌病急性期的主要临床表现。

2. 简述布鲁菌病的传播途径。

第八节　鼠疫

学习目标

掌握	鼠疫的临床表现、诊断和治疗。
熟悉	鼠疫的病原学、传播途径及预防措施。
了解	鼠疫的发病机制。

鼠疫(plague)是由鼠疫耶尔森菌引起的烈性传染病,主要流行于鼠类、旱獭及其他啮齿类动物,属于自然疫源性疾病。人间主要通过带菌的鼠蚤为媒介,经人的皮肤传入引起腺鼠疫;或经呼吸道传入发生肺鼠疫,均可发展为败血症。临床主要表现为高热、严重毒血症症状、淋巴结肿痛、出血倾向、肺部炎症等。由于其传染性强,病死率高,属国际检疫的传染病和我国法定的甲类传染病。

【病原学】

鼠疫耶尔森菌(*Yersinia pestis*)亦称鼠疫杆菌,为肠杆菌科的耶尔森菌属。为革兰氏染色阴性短小杆菌。无鞭毛,不能活动,不形成芽孢,有荚膜。在普通培养基上生长缓慢。在陈旧培养基及化脓病灶中呈多形性。荚膜是该菌能在细胞内生存和繁殖的原因之一。

鼠疫杆菌含多种抗原,已证实的有 19 种,主要为荚膜 FI 抗原和与毒力有关的 V/W 抗原。荚膜 FI 抗原分为两种,一种为多糖蛋白质(F-I),另一种为蛋白质(F-IB)。抗原性较强,特异性高,有白细胞吞噬作用,可通过凝集试验、补体结合试验或间接血凝试验检测。毒力 V/W 抗原为菌体表面抗原,V 抗原为蛋白质,可使机体产生保护性抗体,W 抗原是类脂蛋白,不能使机体产生保护性抗体。V/W 抗原结合物有促使产生荚膜,抑制吞噬作用,与细菌的侵袭力相关。

鼠疫耶尔森菌产生两种毒素,一种为鼠毒素或外毒素(毒性蛋白质),主要作用于末梢血管,引起血液浓缩、休克、肝脏脂肪变性、局部出血坏死性病变,对大鼠和小鼠有很强的毒性。另一种为内毒素(脂多糖),能引起发热、弥散性血管内凝血、中毒性休克、局部及全身施瓦茨曼反应,较其他革兰氏阴性菌内毒素毒性强。

该菌对外界抵抗力较弱,对光、热、干燥及一般消毒剂均敏感。日光照射 4~5 小时即死,加热 55℃ 15 分钟或 100℃ 1 分钟、5%苯酚、5%甲酚皂、0.1%升汞、5%~10%氯胺均可将病菌杀死。但在潮湿、低温与有机物内存活时间则较久,在痰和脓液中可存活 10~20 天,在蚤粪中可存活 1 个月,在尸体中可存活数周至数月。

【流行病学】

1. 传染源　鼠疫为典型的自然疫源性疾病,自然感染鼠疫的动物都可作为鼠疫的传染源,主要是鼠类和其他啮齿动物。旱獭属和黄鼠属是主要的储存宿主,是鼠间鼠疫的重要传染源。褐家鼠和黄胸鼠是次要储存宿主,但却是人间鼠疫的主要传染源。其他如猫、羊、兔、骆驼、狼、狐等也可能成为传染源。

各型患者均为传染源,以肺型鼠疫最为重要,是人间鼠疫的重要传染源。败血症型鼠疫早期的血液有传染性。腺鼠疫仅在脓肿破溃后或被蚤叮咬时才起传染源作用。

2. 传播途径

(1) 经鼠蚤传播:鼠蚤为传播媒介,构成"啮齿动物→鼠蚤→啮齿动物或人"的传播方式。鼠蚤叮咬是主要传播方式,蚤类含病原菌,可通过搔抓受损部位侵入人体。

(2) 经皮肤传播:可因剥食患病啮齿类动物的皮、血、肉或直播接触患者的脓血或痰液经皮肤伤口感染。

(3) 经呼吸道飞沫传播:肺鼠疫患者痰中的鼠疫耶尔森菌可借飞沫构成"人→人"之间的的传播,并可引起人间的大流行。

3. 人群易感性　人对鼠疫耶尔森菌普遍易感,无性别年龄差异,病后可获得持久的免疫力。预防接种可获得一定免疫力,使易感性降低。有一定数量隐性感染存在。

4. 流行特征　世界各地存在许多自然疫源地,野鼠鼠疫长期持续存在。人间鼠疫以非洲、亚洲、美洲发病最多。亚洲主要在越南、尼泊尔、缅甸、印度、俄罗斯和蒙古有流行或病例发生。我国主要发生在云南省和青藏高原。发病最多是云南西部黄胸鼠疫源地和青藏高原喜马拉雅旱獭疫源地。近几十年来人间鼠疫未发生过大流行,但有局部暴发流行报告。人间鼠疫多由野鼠传至家鼠,由家鼠传染于人引起,故人间鼠疫流行均发生于动物间鼠疫之后。偶因狩猎(捕捉旱獭)、考查、施工、军事活动进入疫区而被感染。人间鼠疫多发生在夏秋季(6~9 月),这与鼠类活动、繁殖有关。肺鼠疫则多在 10 月以后流行。

【发病机制与病理解剖】

鼠疫耶尔森菌经皮肤侵入后,首先在局部被中性粒细胞和单核-巨噬细胞吞噬,迅速经由淋巴管至局部淋巴结繁殖,引起原发性淋巴结炎,此即"腺鼠疫"。鼠疫耶尔森菌的组织破坏性和抗吞噬作用使其易进入血液循环,形成败血症。鼠疫耶尔森菌经血液循环进入肺组织,则引起"继发性肺鼠疫"。由呼吸道排出的鼠疫耶尔森菌通过飞沫传入其他人体内,则可引起"原发性肺鼠疫"。

鼠疫的基本病理改变为淋巴管、血管内皮细胞损害和急性出血坏死性炎症。腺鼠疫表现为淋巴结的出血性炎症和凝固性坏死;肺鼠疫肺部病变以充血、水肿、出血为主,呈支气管或大叶性肺炎,支气管及肺泡有出血性浆液性渗出以及散在细菌栓塞引起的坏死性结节;发生鼠疫败血症时,全身各组织、脏器均可有充血、水肿、出血及坏死改变,多浆膜腔发生血性渗出物。

【临床表现】

潜伏期:腺鼠疫多为2~5天(1~8天),原发性肺鼠疫数小时至3天,曾接受预防接种者,可长达9~12天。根据病理过程,临床上将鼠疫分为腺型、肺型、败血症型及轻型等。鼠疫的主要表现为发病急剧,寒战、高热、体温骤升至39~41℃,呈稽留热。剧烈头痛,有时出现中枢性呕吐、呼吸急促、心动过速、血压下降。重症患者早期即出现血压下降、意识不清、谵妄等。

1. 腺鼠疫　最为常见,占85%~90%。除具有鼠疫的全身表现以外,受侵部位所属淋巴结肿大为其主要特点。好发部位依次为腹股沟淋巴结、腋下、颈部及颌下淋巴结,多为单侧,也可几个部位淋巴结同时受累。淋巴结肿大出现于发热的同时,表现为迅速的弥漫性肿胀,典型的表现为淋巴结明显触痛而坚硬,与皮下组织粘连,失去移动性,周围组织显著水肿,可有充血和出血。由于疼痛剧烈,患者常呈被动体位。

2. 肺鼠疫　较少见,根据传播途径不同,肺鼠疫可分为原发性和继发性两种类型。原发性肺鼠疫起病急骤,寒战高热,在起病24~36小时内可发生剧烈胸痛、咳嗽、咯大量泡沫粉红色或鲜红色血痰,呼吸急促,并迅速呈现呼吸困难和发绀。肺部可闻及散在湿啰音或轻微的胸膜摩擦音,也可无明显的肺部体征。较少的肺部体征与严重的全身症状常极不相称。X线胸片检查呈支气管肺炎改变。继发性肺鼠疫是在腺鼠疫或败血症型鼠疫症状基础上,病情突然加剧,出现原发性肺鼠疫的呼吸系统表现。

3. 败血症型鼠疫　亦称暴发型鼠疫。为最凶险的一型,病死率极高。亦可分为原发性和继发性两种类型。多继发于肺鼠疫或腺鼠疫。继发性者病初有肺鼠疫、腺鼠疫或其他类型鼠疫的相应表现而病情进一步加重。主要表现为寒战高热或体温不升,神志不清,谵妄或昏迷,进而发生感染性休克,病情进展迅速,常于1~3天死亡。因皮肤广泛出血、瘀斑、发绀、坏死,故死后尸体呈紫黑色,故有"黑死病"之称。原发败血症型鼠疫较少见。

4. 轻型鼠疫　又称小鼠疫,发热轻,局部淋巴结肿大,轻度压痛,偶见化脓。血培养可阳性。多见于流行初期、末期或预防接种者。

5. 其他类型鼠疫　如皮肤鼠疫、肠鼠疫、眼鼠疫、脑膜炎型鼠疫、扁桃体鼠疫等,均少见。多为败血症型鼠疫基础上发生,病程一般1周左右。

【实验室检查】

(一)常规检查

1. 血常规　白细胞总数明显升高,可达(20~30)×10⁹/L或更高,初为淋巴细胞增高,以后中性粒细胞显著增高。个别病例可呈类白血病反应。红细胞、血红蛋白与血小板减少。

2. 尿常规　有蛋白尿及血尿,尿沉渣中可见红细胞、白细胞和细胞管型。

3. 粪常规　粪便潜血可阳性。

4. 凝血功能　肺鼠疫和败血症型鼠疫患者在短期即可出现弥散性血管内凝血,表现为纤维蛋白原浓度减少(小于200mg/dl),凝血酶原时间和部分凝血活酶时间明显延长,D-二聚体和纤维蛋白降解产物明显增加。

5. 脑脊液　脑膜炎型病例可表现为压力升高,外观混浊,白细胞数升高,中性粒细胞为主,蛋白明显增加,葡萄糖和氯化物明显下降,脑脊液鲎试验阳性。

（二）细菌学检查

是确诊本病最重要的依据。

1. 涂片检查　用血、尿、粪及脑脊液作涂片或印片，革兰氏染色，可找到革兰氏染色阴性的两端浓染的短杆菌，阳性率约为 50~80%。

2. 细菌培养　根据不同临床类型可取动物的脾、肝等脏器或患者的淋巴结穿刺液、脓、痰、血、脑脊液等，接种于普通琼脂或肉汤培养基可分离出鼠疫耶尔森菌。

（三）血清学检查：以双份血清升高 4 倍以上为诊断依据。

1. 间接血凝法（IHA）　以鼠疫耶尔森菌 FI 抗原检测血中 FI 抗体，感染后 5~7 天出现阳性，2~4 周达高峰，此后逐渐下降。FI 抗体持续 1~4 年，故常用于回顾性诊断和流行病学调查。

2. 荧光抗体法（FA）　用荧光标记的特异性抗血清检测可疑标本，特异性、灵敏性较高，可快速准确诊断。

3. 其他　酶联免疫吸附试验（ELISA），放射免疫沉淀试验（RIP）可测定 FI 抗体，灵敏性高，适合大规模流行病学调查。

（四）分子生物学检测

主要有 DNA 探针和聚合酶链反应（PCR），检测鼠疫的特异性基因。环介导等温扩增技术（LAMP）作为一种新型基因检测方法，具有更简便、快速、特异的优点，为鼠疫耶尔森菌的检测提供了新的检测技术。

【诊断】

诊断依据包括流行病学资料、临床表现，对可疑病人均需病原学检查。对 10 天内曾到过动物鼠疫流行区，与可疑鼠疫动物或病人有接触史。突然发病，高热，白细胞剧增，在未用抗菌药物或仅使用青霉素族抗菌药物情况下，病情迅速恶化，在 48h 内进入休克或更严重的状态，且具有下列临床表现之一者，应作出鼠疫的疑似诊断。

1. 急性淋巴结炎，淋巴结肿胀，剧烈疼痛，出现强迫体位。

2. 伴有严重毒血症的临床表现，休克综合征而无明显淋巴结肿胀。

3. 咳嗽、胸痛、呼吸急促，咯血性痰或咯血。

4. 重症结膜炎伴有严重上下眼睑水肿。

5. 血性腹泻并有重症腹痛、高热及休克综合征。

6. 皮肤出现剧痛性红色丘疹，其后逐渐隆起，形成血性水疱，周边呈灰黑色，基底坚硬。水疱破溃后创面也呈灰黑色。

7. 剧烈头痛、昏睡、颈部强直、谵语妄动、脑压高、脑脊液混浊。

8. 未接种过鼠疫疫苗，F1 抗体效价在 1：20 以上者。

对疑似诊断病例在获得明确病原学诊断依据前或该区域有人间鼠疫流行，亦可对继发病例作出疑似鼠疫的诊断。对一切可疑患者均需作细菌学检查，对疑似鼠疫尸体，应争取病解或穿刺取材进行细菌学检查。血清学应以双份血清升高 4 倍以上作为诊断依据。

【鉴别诊断】

（一）腺鼠疫

1. 急性淋巴结炎　常继发于其他感染病灶，受累区域的淋巴结肿大、压痛，常有淋巴管炎，一般全身症状较轻；

2. 丝虫病　本病急性期，淋巴结炎与淋巴管炎常同时发生，数天后可自行消退，全身症状轻微，夜间血涂片检测可找到微丝蚴。

（二）肺鼠疫

1. 大叶性肺炎　临床特点为咳铁锈色痰，肺部可有肺实变体征，痰液培养可获相应病原体诊断。

2. 肺型炭疽　发病后多出现低热、疲劳和心前区压迫感等，持续2~3天后突然加重，而肺鼠疫病例则临床表现重，进展快。

（三）败血症型鼠疫

应及时检测疾病的病原或抗体，并根据流行病学、症状体征与其他原因所致的败血症、钩端螺旋体病、肾综合征出血热、流行性脑脊髓膜炎等相鉴别。

【预后】

以往的病死率极高，鼠疫败血症与肺鼠疫几乎无幸存者，腺鼠疫病死率亦达50%~90%，近年来，由于抗生素的及时应用，病死率降至5%~10%。

【治疗】

治疗的目的除挽救患者生命外，更重要的是控制该病的流行。因此患者应严格隔离于隔离病院或隔离病区。凡是确诊或疑似鼠疫患者，均应迅速组织严密的隔离，就地治疗，不宜转送。

（一）一般治疗及护理

1. 严密的隔离消毒　病区内必须做到无鼠无蚤。入院时对患者做好卫生处理（更衣、灭蚤及消毒）。病区、室内定期进行消毒，患者排泄物和分泌物应用含氯石灰或甲酚皂液彻底消毒。

2. 饮食与补液　急性期应卧床休息，给予流质饮食，或葡萄糖和生理盐水静脉滴注，保证热量供应，补给充足的液体，维持水、电解质平衡。

（二）病原治疗

早期应用抗生素治疗是降低病死率的关键。治疗原则是早期、足量、联合、应用敏感的抗菌药物。可选用下列抗生素联合应用。

1. 链霉素　对各型鼠疫有效。常用每次0.5g，每6小时1次，肌内注射，好转后改为0.5g，每12小时一次，疗程7~10天。链霉素可与磺胺类或四环素等联合应用，以提高疗效。

2. 庆大霉素　每次8万U，每日3~4次，肌内注射，亦可静脉滴注，疗程7~10天。

3. 四环素　每日2g，分4次口服或静脉滴注，好转后减量，疗程7~10天。

4. 氯霉素　同四环素。对脑膜型鼠疫尤为适宜。

5. 磺胺嘧啶　首剂5g，4小时后2g，以后每4小时1g，与等量碳酸氢钠同服，用至体温正常3日为止。不能口服者，可静脉注射。磺胺只对腺鼠疫有效，严重病例不宜单独使用。

亦可选用第三代头孢菌素。但应注意青霉素和第一代头孢菌素对鼠疫杆菌无效。

（三）对症治疗

高热者给予冰敷、酒精擦浴等物理降温措施。体温>38.5℃，或全身酸痛明显者，可使用解热镇痛药。儿童禁用水杨酸类解热镇痛药。烦躁不安及局部疼痛者可给镇静剂及止痛剂。注意保护重要脏器功能，有心衰、休克及DIC者予以积极治疗。中毒症状严重者可适当使用肾上腺皮质激素。

（四）局部治疗

1. 腺鼠疫淋巴结切忌挤压，以防导致败血症发生，可予以湿敷至软化后方可切开引流。亦可用0.1%雷佛奴尔等外敷。早期在淋巴结周围注射链霉素0.5~1.0g，亦有一定疗效。

2. 皮肤病灶可涂0.5%~1%链霉素软膏或四环素软膏。

3. 眼鼠疫可用0.25%氯霉素眼药水。

【预防】

（一）管理传染源

1. 灭鼠、灭蚤，监测和控制鼠间鼠疫。

2. 加强疫情报告。严格隔离患者，患者和疑似患者应分别隔离。腺鼠疫隔离至淋巴结肿大完全消散后再观察7天。肺鼠疫隔离至痰培养6次阴性。接触者医学观察9天，曾接受预防接种者应检疫12天。

3. 病人的分泌物与排泄物应彻底消毒或焚烧。死于鼠疫者的尸体应用尸袋严密包扎后焚烧。

（二）切断传播途径

加强国际检疫与交通检疫,加强从流行区到非流行区的检疫工作,对来自疫区的车、船、飞机等运输工具和货物进行严格检疫,并灭鼠灭蚤。对可疑旅客应隔离检疫。

（三）保护易感者

1. 加强个人防护　参与治疗或进入疫区的医护人员必须加强个人防护,穿防护服和高简靴、戴面罩、防护口罩、防护眼镜、橡皮手套等。

2. 预防性服药　可口服磺胺嘧啶,每次 1.0g,每日 2 次。亦可用四环素,每次 0.5g,每日 4 次口服,均连用 6 天。

3. 预防接种　采用鼠疫活菌苗皮下注射。主要对象是疫区及其周围的人群,参加防疫工作人员及进入疫区的医务工作者。非流行区人员应在鼠疫菌苗接种 10 天后方可进入疫区。通常于接种后 10 天产生抗体,1 个月后达高峰,免疫期 1 年,需每年加强接种 1 次。

（蔺淑梅）

学习小结

鼠疫是由鼠疫耶尔森菌引起的自然疫源性烈性传染病。人类主要是通过染菌的鼠蚤叮咬,或经呼吸道而被感染。病死率极高。临床上将鼠疫分为腺型、肺型、败血症型、轻型及其他类型鼠疫,各型各具其特征性表现。诊断根据流行病学资料、临床表现,对可疑患者均需病原学检查。病原学检查是确定本病最重要的依据,根据不同的临床类型分别取材行涂片检查、细菌培养或动物接种。早期应用抗生素治疗是降低病死率的关键。

复习参考题

1. 简述鼠疫的局部治疗。

2. 简述什么是原发性和继发性肺鼠疫。

第九节　炭疽

学习目标

掌握	炭疽的流行病学、临床表现、诊断、鉴别诊断、治疗及预防措施。
熟悉	炭疽的病原学、实验室检查及预后。
了解	炭疽的发病机制、病理解剖。

炭疽(anthrax)为炭疽杆菌感染引起的动物传染病,牛、羊、猪、犬等家畜极易受染。通过接触受染的动物及污染的畜产品和从外周污染环境吸入而传染人类。经接触、吸入、食入等方式发生皮肤炭疽、肺炭疽和肠炭疽。皮肤炭疽最常见。肺炭疽虽较罕见,但病情严重,病死率高。

【病原学】

炭疽杆菌为粗大的革兰氏染色阳性杆菌,长 5~10μm,宽 1~3μm,无鞭毛,可形成荚膜,镜下形态呈竹节状,在体外环境下形成芽孢,并可在土壤及畜产品中存活数年。炭疽杆菌具有毒力很强的外毒素,可引起组织水肿和出血,亦可导致全身毒血症。本菌在体内形成荚膜后,亦可受保护而不被机体的吞噬细胞所吞噬。

【流行病学】

1. 传染源　主要为牛、羊、猪、犬等受染的家畜。人与人间的传播尚未确定。

2. 传播途径　直接接触病畜和污染的皮、毛、肉等畜产品,可感染皮肤炭疽。肺炭疽多在接触皮毛或灰尘时吸入炭疽杆菌的芽孢所致。而进食未充分烹饪的带菌肉食可引起肠炭疽。

3. 人群易感性　人群普遍易感。感染后可获较持久的免疫力。

4. 流行特征　由于人类对炭疽杆菌感染的敏感性较低,故尚未发现本病的流行,而多为散发病例报道。感染多发生于牧民、农民、兽医、屠宰及皮毛加工工人等特定职业人群。

【发病机制】

炭疽杆菌的毒力取决于其产生的外毒素和其形成的抗吞噬作用的多聚二谷氨酸荚膜。已克隆出3种炭疽杆菌的外毒素,即蛋白抗原、水肿因子、坏死因子。蛋白抗原与水肿因子联合作用可降低中性粒细胞的功能,使人体对炭疽杆菌更加敏感,可造成局部受染和发生水肿。蛋白抗原与坏死因子联合,可迅速引起细胞坏死,但分别单独给予动物则不引起反应。

炭疽杆菌不能侵入完整的皮肤。但当炭疽杆菌侵入伤口及破损皮肤后,芽孢即复苏繁殖,产生外毒素和形成抗吞噬的荚膜。外毒素直接引起局部组织水肿、出血、坏死,并可同时引起全身毒血症状。细菌可进而扩散全身,引起各组织器官的炎症,其中最重要的为脑膜炎、血源性肺炎、出血性心包炎及胸膜炎,严重者可并发感染性休克。

炭疽感染的组织病理特征为出血性浸润、坏死和周围水肿,血性渗出物与坏死组织在局部形成特征性的焦痂。肺炭疽的病理改变为出血性小叶性肺炎,肠炭疽的病变多发生于回盲部,肠壁发生出血性炎症,极度水肿,最终形成溃疡。上述病变部位均可查见炭疽杆菌。

【临床表现】

潜伏期1~5天。肺炭疽可短至12小时,肠炭疽亦可于24小时内发病。

(一)皮肤炭疽

约占炭疽病例的95%。多发生于暴露的皮肤,如面、颈、肩、上下肢等。起始在皮肤破损处出现小的丘疹,瘙痒明显,数日后发展为含有血性液体的水疱,内含大量的炭疽杆菌,周围组织明显肿胀。水疱破溃后形成溃疡,在坏死溃疡周围有水疱围绕,血性分泌物在溃疡表面形成数厘米的黑色结痂。除感觉微痒外,无明显疼痛及触痛。黑痂经1~2周后脱落,留下肉芽组织形成瘢痕。全身症状有发热、不适、肌痛、头痛,局部淋巴结经常肿大。重症病例可并发败血症,进而侵犯脑膜引起脑膜炎。

(二)肺炭疽

吸入性肺炭疽极为罕见,临床亦较难诊断。通常起病较急,出现低热、干咳、全身疼痛、乏力等流感样症状。经2~4天后症状加重,出现高热、咳嗽加重、痰呈血性,同时伴胸痛、呼吸困难、发绀和大汗。肺部出现啰音及喘鸣。X线胸片显示纵隔增宽,支气管肺炎和胸腔积液。患者常并发败血症、休克、脑膜炎,在出现呼吸困难后1~2天内死亡。虽经积极治疗,病死率仍高达80%~100%。

(三)肠炭疽

起病为剧烈腹痛、腹泻、呕吐,大便为水样。严重病例出现高热,血性大便,可有腹膜刺激征及腹水。本型亦常并发败血症,因中毒性休克死亡。病死率为25%~75%。

(四)口咽部感染

当口咽部感染炭疽,出现严重的咽喉部疼痛,颈部明显水肿,局部淋巴结肿大。水肿可压迫食管引起吞咽困难,压迫气道可出现呼吸困难。

肺炭疽、肠炭疽及严重皮肤炭疽常侵入血液循环引起败血症。此时除局部症状加重外,患者全身中毒症状加重,并因细菌全身扩散,引起血源性炭疽肺炎、炭疽脑膜炎等严重并发症,病情迅速恶化而死亡。

【诊断】

（一）流行病学史

仔细询问接触史对临床诊断炭疽十分重要。重点询问患者的职业和新近有无接触病畜及畜产品。

（二）临床表现

皮肤炭疽的特征性黑色焦痂对临床诊断有较大的特异性。但肺炭疽及肠炭疽罕有生前获得诊断者。如临床发现有纵隔增宽,血性胸腔积液,出血性肺炎,或剧烈腹痛、腹泻血性水样便、血性腹水,应注意追询病史以协助诊断。

（三）实验室检查

炭疽患者外周血白细胞数明显增高,一般为$(10~20)×10^9/L$,可高达$(60~80)×10^9/L$。分类中性粒细胞增高。确诊炭疽依靠从临床标本中直接涂片查炭疽杆菌或直接培养分离炭疽杆菌。

【治疗】

（一）病原治疗

炭疽杆菌仍对青霉素敏感,临床常作为首选药物。常用剂量为青霉素240万~320万 U/d,分3~4次肌内注射,疗程5~7天。对青霉素过敏者可换用四环素或氯霉素,1.5g/d,分3次口服。对严重炭疽(包括肺炭疽、肠炭疽、炭疽败血症),则青霉素应加大到800万~1000万 U/d,分3~4次静脉滴注,疗程需延至2周以上。

皮肤炭疽在用药后数小时,即可清除细菌。但应特别注意,虽然细菌被快速清除,其外毒素尚可残留而继续引起病理效应。此时临床症状仍继续发展,直至毒素被完全代谢清除。

（二）对症治疗

严重炭疽病例,可用皮质激素缓解其中毒症状。常用氢化可的松100~300mg静脉滴注。皮肤炭疽的局部处理可用1/2000的高锰酸钾湿敷,涂以1%龙胆紫等。处理时应注意避免感染扩散。

【预防】

炭疽的预防应首先作好动物炭疽的预防,以减少传染源。病畜应及时焚毁后深埋。虽未确定人间的传播,炭疽患者仍应严格隔离,尤其肺炭疽等严重病例,隔离至临床痊愈。

个人的卫生防护,对职业性接触家畜及畜产品者十分重要。在可能有恐怖主义者进行生物武器袭击的特殊情况下,邮政工作人员分理邮件时要求穿工作服及戴口罩手套。炭疽菌苗有一定预防效果。此种减毒活菌苗不能注射,用0.1ml皮肤划痕接种,每年接种一次,主要针对易感的有关职业人员,新一代的炭疽菌疫苗正在研制中。

（王勤英）

学习小结

炭疽是由炭疽杆菌所致的动物源性传染病。人通过接触受染的动物及污染的畜产品和从外周污染的环境吸入而发生感染。经接触、吸入、食入等方式发生皮肤炭疽、肺炭疽和肠炭疽。特征性的病理改变为受侵袭组织和脏器的出血性浸润、坏死和周围水肿。皮肤炭疽呈痈样肿胀,焦痂溃疡,周围凝固性坏死区。肺炭疽的病理改变为出血性小叶性肺炎。

肠炭疽的病变主要在回盲部,肠壁发生出血性炎症,极度水肿,最终形成溃疡。流行病学资料对诊断有重要意义,应仔细询问患者职业及接触史,结合临床各型的特征,作出临床诊断。确诊炭疽则依靠从临床标本中(分泌物、水疱液、痰、血液、脑脊液等)直接涂片查炭疽杆菌或直接培养分离病原菌。治疗包括以青霉素为首选抗生素的病原治疗及对症治疗。

1. 炭疽的传播方式有哪些?
3. 简述炭疽的诊断要点。
2. 直接引起肺炭疽的传播途径是什么?

第十节 白喉

白喉(diphtheria)是由白喉棒状杆菌引起的急性呼吸道传染病。临床特征为咽、喉、鼻等处假膜形成和全身中毒症状,如发热、乏力、恶心、呕吐、头痛等,严重者可并发中毒性心肌炎或神经瘫痪。

【病原学】

白喉棒状杆菌(*Corynebacterium diphtheriae*)具明显多形性,呈杆状或稍弯曲,一端或两端稍肥大,两端常见异染颗粒,革兰氏染色阳性。该菌侵袭力较弱,但能产生强烈外毒素,是致病主要因素。白喉棒状杆菌对热、化学药品抵抗力弱,对干燥、寒冷的抵抗力较强,在各种物品、食品、衣服上可存活数日,在干燥的假膜中可生存 3 个月,加热 58℃ 10 分钟,直射阳光下数小时即可灭菌。

【流行病学】

世界各地均有白喉发生,温带较多见,热带较少见。通常散发,偶可流行或暴发。全年均有发病,以秋、冬和初春多见。

1. 传染源 白喉杆菌仅寄生侵袭人类,病人和带菌者是唯一传染源,潜伏期末即有传染性。不典型和轻症患者及健康带菌者,因未能早期诊断和隔离治疗,传播白喉的危险性更大。带菌者可分为恢复期带菌者和健康带菌者,恢复期带菌多不超过 12 天,带菌率与白喉的类型及抗毒素、抗生素的应用有关。健康带菌者一般占总人群 1% 左右,流行时可达 10%～20%,带菌率与年龄及与白喉患者接触的密切程度有关。

2. 传播途径 飞沫传播为主,亦可经玩具、衣物、用具间接传播,或通过污染的牛奶和食物引起暴发流行,偶可经破损的皮肤、黏膜而感染。

3. 易感人群 人对白喉普遍易感,但不同年龄组差异较大。6 个月以下婴儿有来自母体的免疫力,较少发病,2～10 岁发病率最高,但近年因计划免疫发病年龄推迟,成人发病明显增多。我国白喉已属少见,在少数地区性流行中,15 岁以上青少年患者占 85.71%。这是因为儿童中广泛开展计划免疫,对该病有较强免疫力,而成人因多年来白喉发病甚少,几乎无隐性感染,又缺乏人工免疫机会,故对白喉的免疫水平低,易感染而发病。病后有较持久免疫力,可用锡克(Schick)试验判定,阴性者有免疫力,阳性者易感。近年应用间接血凝或 EIA 测血清抗毒素水平以替代锡克试验。

【发病机制与病理解剖】

白喉杆菌侵入上呼吸道,在黏膜表层组织内繁殖,分泌特殊的外毒素,使局部和周围组织坏死,形成急性假膜性炎症。渗出液富含易凝固的纤维蛋白,将炎症细胞、坏死黏膜组织和白喉杆菌凝固在一起,形成本病的特征性损害——假膜。假膜呈灰白色,有混合感染时呈黄色,伴出血时呈黑色。假膜质地致密,与黏膜下组织紧密粘连,难拭去,勉强剥离可致出血。假膜多见于扁桃腺、咽、喉、鼻腔,可下延至气管和支气管,引起不同程度呼吸道阻塞。假膜脱落亦能使气管、支气管发生梗阻。

白喉外毒素自局部吸收后,经淋巴和血液到达全身,导致毒血症,并与组织细胞结合,引起多脏器病理变化,其中以心肌、末梢神经最敏感,肾及肾上腺等处病变也较显著。心肌早期呈水肿、混浊肿胀及脂肪变性,继而有多发性灶性坏死,炎性细胞浸润及肌纤维断裂,心肌传导组织亦可受累。末梢神经呈中毒性神经炎改变,神经髓鞘脂肪变性,随之神经轴断裂,以眼、腭、咽、喉及心脏等神经受损为最常见。肾呈混浊肿胀等间质性肾炎改变,肾上腺混浊肿胀、充血、退行性变,偶可见小出血点,肝可呈脂肪浸润及肝细胞坏死。外毒素吸收量与假膜部位和广泛程度有关。

【临床表现】

潜伏期1~7天,多为2~4天。根据假膜部位不同白喉可分为四种类型,发病率依次为咽白喉、喉白喉、鼻白喉和其他部位白喉,成人和年长儿以咽白喉居多,其他类型白喉较多见于幼儿。

(一)咽白喉

为最常见类型,占80%,毒血症轻重与假膜大小、治疗早晚及人体的免疫状态密切相关。

1. 轻型 发热及全身症状轻微,局部仅有轻度咽痛,扁桃体稍红,假膜呈点状和小片状局限于扁桃体上,有时无假膜形成,但白喉杆菌培养阳性,流行时此型多见,易漏诊或误诊,应加以注意。

2. 普通型 起病缓慢,有乏力、食欲缺乏、恶心、呕吐、头痛、咽痛,轻至中度发热,婴幼儿可出现烦躁、哭闹及流泪。扁桃体中度红肿,其上可见乳白色或灰色片状假膜,或逐渐扩大,延及腭弓、悬雍垂和咽后壁,可伴有颌下淋巴结肿大及压痛。

3. 重型 全身症状严重,高热、面色苍白、极度乏力,恶心呕吐、脉搏增快,严重者出现血压下降。局部假膜迅速扩大,延及腭弓、上腭、悬雍垂、咽后壁及鼻咽部,甚至口腔黏膜。假膜呈大片状,厚,呈灰色、黄色、污秽色,甚至出血而呈黑色。口有腐臭味,颈淋巴结肿大。

4. 极重型 起病急,假膜范围广泛,多呈黑色,扁桃体和咽部高度肿胀,影响呼吸和吞咽,口有腐臭味,颈淋巴结肿大,出现淋巴结周围炎,颈部至锁骨上窝软组织明显水肿,呈现所谓"牛颈"。全身中毒症状严重,高热或体温不升,烦躁不安,呼吸急促,面色苍白,唇指发绀,脉搏细速,血压下降,可有心脏扩大,心律失常或奔马律等,亦可见出血及血小板减少等危重表现。

(二)喉白喉

多为咽白喉向下扩散所致,少数为原发性。原发性者外毒素吸收少,中毒症状轻。起病时呈犬吠样咳嗽,声音嘶哑,甚至失音,吸气性呼吸困难进行性加重,可见鼻翼煽动、三凹征、口唇发绀,烦躁不安。

(三)鼻白喉

继发者多,由咽白喉扩展而来。原发性鼻白喉少见,因外毒素吸收少全身症状轻,可有张口呼吸、哺乳困难等,局部表现为鼻塞、流浆液血性鼻涕,鼻孔周围皮肤受侵而发红、糜烂或结痂,鼻前庭处可见假膜。

(四)其他部位白喉

其他部位白喉少见,皮肤白喉多见于热带。眼结膜、耳、口腔、外阴、新生儿脐带、食管等处偶可发生白喉,均有局部炎症、假膜形成,但全身症状轻。

【实验室检查】

(一)血象

白细胞总数多为(10~20)×10^9/L,中性粒细胞升高。

(二)细菌学检查

于假膜与黏膜交界处取材,涂片染色后镜检可查获白喉棒状杆菌,但与非致病的类白喉杆菌鉴别需行细菌培养和毒力试验。用荧光素标记白喉抗体染色，荧光显微镜下检出白喉棒状杆菌即可作出诊断，特异性强，阳性率高，可作为早期诊断手段。

（三）尿常规

可有蛋白尿，中毒症状重者可有红、白细胞及管型。

【并发症】

多为白喉杆菌外毒素引起，最常见为中毒性心肌炎，为本病主要死亡原因。可分为早期（第3~5天）和晚期（第5~14天）两型。周围神经麻痹多发于病程3~4周，以软腭麻痹最常见，其次为眼肌、颜面肌、四肢肌麻痹。另外，可并发其他化脓感染、中毒性肾病、中毒性脑病等。

【诊断与鉴别诊断】

依流行病学资料和临床典型表现，可作出临床诊断，经病原学检测可确诊。咽白喉应与急性扁桃体炎、奋森（Vincent）咽峡炎、鹅口疮及传染性单核细胞增多症时的扁桃体白膜相鉴别。喉白喉应与急性喉炎、变态反应性喉水肿及气管异物鉴别。

【治疗】

使用抗毒素和抗生素治疗后，病死率迅速降低，近年在5%以下。

（一）一般治疗

必须卧床休息三周以上，重者需4~6周。合并心肌炎者绝对卧床，过早活动极易猝死。供给足够热量，保持水、电解质平衡，注意口腔护理、室内通气，相对湿度60%为宜。

（二）病原治疗

可有效缩短带菌时间，控制病情，减少并发症，应合用抗毒素和抗生素。

1. 抗毒素　为本病特异治疗手段，应早期应用。用量按假膜范围大小、中毒症状轻重及治疗早晚而定。轻、中型患者用3万~5万U，重型者6万~10万U。病后3~4天为治疗早晚分界，治疗晚者剂量相应加大。喉白喉时剂量适当减少，并应注意抗毒素治疗后假膜很快脱落堵塞气道而窒息的危险。抗毒素肌注后24小时达血峰浓度，而静脉注射仅需30分钟。抗毒素用前应做皮肤过敏试验，过敏者需脱敏后再注射。

2. 抗生素　可抑制白喉棒状杆菌生长，缩短病程和带菌时间，首选青霉素G肌内注射，80万~160万U，每日2~4次，疗程7~10天。红霉素每日40~50mg/kg也有效。头孢菌素亦可用于治疗本病。

（三）对症治疗

中毒症状重或并发心肌炎者可给予肾上腺皮质激素，必要时用镇痛剂。喉白喉有梗阻或抗毒素应用后假膜脱落堵塞气道者，应行气管切开。

【预防】

（一）管理传染源

隔离病人，病愈后两次咽拭子培养阴性方可解除隔离，不得早于治疗后7天。接触者检疫7天，带菌者可用青霉素或红霉素隔离治疗7天，无效可考虑扁桃体切除。

（二）切断传播途径

病人的鼻咽分泌物及所用物品应进行消毒。

（三）保护易感人群

最重要的环节，按计划免疫程序，3、5、6月龄注射百白破混合制剂。7岁以上儿童首次免疫或保护流行时的易感人群时，可用吸附精制白喉和破伤风类毒素。密切接触的易感者可应用抗毒素1000~2000U，儿童1000U肌注行被动免疫，保护期2~3周，一月后再行类毒素全程免疫。

（王勤英）

白喉是由白喉杆菌引起的急性呼吸道传染病。以患者及带菌者为传染源，主要通过呼吸道飞沫传播。临床特征为咽、喉、鼻部黏膜充血、肿胀并有不易脱落的灰白色假膜形成。根据假膜所在部位不同白喉分为：咽白喉、喉白喉、鼻白喉及其他部位白喉。在假膜与黏膜交界处取标本涂片染色镜检或荧光素标记白喉抗毒素染色，荧光显微镜下检出白喉杆菌均可作为早期诊断手段。临床诊断需结合流行病学资料和典型临床表现，经病原学检测可确诊。青霉素为首选抗生素，抗毒素为白喉特异的治疗手段，只能中和血液循环中的游离毒素，故应早期足量注射白喉抗毒素。白喉患者应卧床休息，防止并发症发生。该病预防的重要环节是按计划程序注射百白破混合疫苗。

1. 根据假膜部位不同，白喉可分为不同的类型，发病率最高的是什么？

2. 试述引起白喉死亡的主要原因。
3. 简述白喉的治疗原则。

第十一节　百日咳

掌握　百日咳的临床表现、诊断、并发症、治疗及预防。

熟悉　百日咳的流行病学、发病机制、病理解剖及实验室检查。

了解　百日咳病原学及预后。

百日咳（pertussis，whooping cough）是由百日咳杆菌所引起的急性呼吸道传染病，以阵发性痉挛性咳嗽，以及咳嗽终止时伴有鸡鸣样吸气吼声为特征。多发生于儿童，病程较长，咳嗽症状可持续 2~3 个月，故名"百日咳"。

【病原学】

病原体是鲍特菌属（*Bordetella*）的百日咳杆菌，为革兰氏染色阴性和两端着色较深的短杆菌。根据其菌落形态、毒力和抗原性的强弱以及侵袭力的不同，可分为四相：Ⅰ相，菌落光滑，能溶血，有荚膜，毒力强，抗原性亦强；Ⅳ相，菌落大而粗糙，没有荚膜，毒力和抗原性消失，没有致病力；Ⅱ相和Ⅲ相为过渡型。由于不同相的抗原性不同，故只有Ⅰ相菌适于制备百日咳全细胞菌苗。

本菌对理化因素抵抗力弱，56℃ 30 分钟或干燥数小时可死亡。对紫外线和一般消毒剂敏感。

【流行病学】

百日咳在世界范围内均有报道，多见于温带和寒带。一般为散发，亦可引起流行。

1. 传染源　该病的传染源为患者，包括非典型患者和轻型患者。潜伏期末已从呼吸道排菌，传染期主要是病初的第 1~3 周。尤以发病第 1 周卡他期传染性最强。

2. 传播途径　百日咳杆菌主要通过患者咳嗽时喷出的飞沫传播，家庭内传播较为多见。

3. 易感性　人群对百日咳普遍易感，但以幼儿易感性最强，病后不能获得终生免疫，目前不少儿童时期的百日咳患者发生第二次感染，但症状较轻。由于母体缺乏足够的保护性抗体传递给胎儿，所以 6 个月以下婴儿发病率较高。儿童经菌苗接种若超过 12 年，其发病率仍可达 50% 以上。近年来国外报告为数不少的成人百日咳患者。

【发病机制与病理解剖】

百日咳杆菌侵入易感者呼吸道后，首先黏附于呼吸道上皮细胞纤毛上，细菌在纤毛上繁殖并产生毒素和毒素性物质，引起上皮细胞纤毛的麻痹和细胞变性坏死，以及全身反应，外毒素在致细胞病变中起重要作用。

由于呼吸道上皮细胞纤毛的麻痹和细胞的破坏，使呼吸道炎症所产生的黏稠分泌物排出障碍，潴留的分泌物不断刺激呼吸道神经末梢，通过咳嗽中枢引起痉挛性咳嗽，直至分泌物排出为止。疾病恢复期或病愈后一段时间内可因哭泣或其他病因引起的上呼吸道感染，诱发百日咳样痉咳。

百日咳杆菌主要引起支气管和细支气管黏膜的损害，但鼻咽部、喉和气管亦可看到病变。主要是黏膜上皮细胞基底部有中性粒细胞和单核细胞浸润，并可见细胞坏死。并发脑病者脑组织可有水肿、充血或弥散性出血点、神经细胞变性等。

【临床表现】

潜伏期2~20天，平均7~10天。临床过程可分三期。

1. 卡他期　从起病至阵发性痉咳的出现，约7~10天。此期可有低热、咳嗽、喷嚏、流泪和乏力等。2~3天后热退，咳嗽加剧，尤以夜晚为甚。此期传染性最强，若能及时治疗，可有效控制病情进展。

2. 痉咳期　病期2~4周或更长。此期患者体温已恢复正常，但有特征性的阵发性、痉挛性咳嗽。阵咳发作时连续10余声至20~30声短促的咳嗽，继而深长的吸气，吸气时由于声带仍处于紧张状态，空气通过狭窄的声带而发出鸡鸣样吸气声。紧接着又是一连串阵咳，如此反复，直至排出大量黏稠痰液及吐出胃内容物为止。痉咳一般以夜间为多，情绪波动、进食等可诱发。

痉咳频繁者可出现颜面水肿，因毛细血管压力增高破裂可引起球结膜下出血或鼻出血。由于痉咳时舌向外伸，舌系带与下门齿摩擦而引起系带溃疡。无并发症者肺部无阳性体征。

婴幼儿和新生儿由于声门较小，痉咳后，甚至不发生痉咳就可因声带痉挛使声门完全关闭，加以黏稠分泌物的堵塞而发生窒息，出现深度发绀。亦可因脑部缺氧而发生抽搐，称为窒息性发作。

3. 恢复期　本期持续约2~3周。阵发性痉咳次数减少，鸡鸣样吸气声消失，咳嗽终止时不伴呕吐。若有并发症病程相应延长。

【实验室检查】

1. 血象检查　发病第一周末白细胞计数开始升高，痉咳期白细胞一般为(20~40)×10⁹/L，最高可达100×10⁹/L。淋巴细胞分类一般60%以上，继发感染者中性粒细胞增高。

2. 血清学检查　ELISA法检测特异性抗体IgM，可作为早期诊断。

3. 细菌学检查　目前常用鼻咽拭子培养法，培养越早阳性率越高，卡他期培养阳性率可达90%，发病第3~4周，阳性率仅50%。

4. 分子杂交与PCR检查　应用百日咳杆菌克隆的基因片段或百日咳杆菌部分序列，对百日咳患者的鼻咽吸出物进行分子杂交或PCR检查，特异性和敏感性均很高，且可作快速诊断，但有假阳性者，应注意。

【并发症】

1. 支气管肺炎　这是最常见并发症，为继发感染所致。患儿持续高热、呼吸浅而快，肺部出现固定的中细湿啰音。

2. 肺不张　常发生于病情较重者，多见于肺中叶和下叶，诊断主要依靠X线检查。

3. 肺气肿　由于支气管或细支气管被黏稠分泌物部分堵塞以及痉咳所致的肺泡内高压，可导致肺气肿。

4. 百日咳脑病　为最严重的并发症，因痉咳导致脑缺氧或颅内出血所致。表现为惊厥或反复抽搐，亦可出现高热、昏迷或脑水肿，处理不及时常危及生命。

【诊断与鉴别诊断】

卡他期应注意询问接触史，若体温下降后咳嗽反而加剧，尤以夜间为甚且无明显肺部体征者应考虑为百日咳,结合白细胞计数和淋巴细胞分类明显增高可以作出临床诊断。确诊需靠细菌学或血清检查。痉咳期患者诊断一般无困难,但需与以下疾病进行鉴别。

1. 百日咳综合征　由副百日咳杆菌、腺病毒或呼吸道合胞病毒,沙眼衣原体等均可引起类似百日咳的咳嗽,主要依靠病原体分离或血清学进行鉴别。

2. 肺门淋巴结核、胸腺肥大等　压迫气管或支气管引起阵咳,鉴别依靠 X 线片检查。

3. 痉挛性支气管炎和喉、气管异物等　可发生阵咳,需注意鉴别。

【预后】

1 岁以下婴儿,特别是 3 个月以下婴儿以及并发百日咳脑病、支气管肺炎者预后差。

【治疗】

1. 一般治疗和对症治疗　按呼吸道传染病隔离,保持室内安静、空气流通和温度、湿度适宜。半岁以下婴儿常突然发生窒息,应有专人守护。痉咳剧烈者可给镇静剂,如苯巴比妥纳、地西泮(安定)等。

2. 抗菌治疗　卡他期应用抗生素治疗可以减轻或阻断痉咳。首选为红霉素,每天 30~50mg/kg。复方磺胺甲噁唑亦可选用(每天 TMP 8mg/kg 及 SMZ 40mg/kg)。疗程 14~21 天。

3. 肾上腺皮质激素与高效价免疫球蛋白治疗　重症幼婴儿可应用强的松每日 1~2mg/kg,能减轻症状,疗程 3~5 天。亦可应用高效价免疫球蛋白,能减少痉咳次数和缩短痉咳期。

4. 并发症的治疗　肺不张并发感染给予抗生素治疗。单纯肺不张可采取体位引流,必要时用纤维支气管镜排除堵塞的分泌物。百日咳脑病发生惊厥时可应用苯巴比妥纳每次 5mg/kg 肌注或地西泮每次 0.1~0.3mg/kg 静脉注射。出现脑水肿时静脉注射甘露醇每次 1~2g/kg。

【预防】

(一)管理传染源

在流行季节,确诊的患者应立即隔离至病后 40 天,对密切接触者应至少观察 3 周,若有前驱症状应尽早治疗。

(二)切断传播途径

保持室内通风,对痰液及口鼻分泌物进行消毒处理。

(三)提高人群免疫力

目前常用白喉、百日咳、破伤风三联制剂,按照"国家疫苗使用和管理规范"提供的免疫程序进行基础免疫和加强免疫。基础免疫 3、4、5 月龄,加强免疫 1 岁半。每月注射 1 次,共 3 次。如百日咳流行时,可提前至出生后 1 月龄注射。菌苗接种后有效免疫期为 4~5 年,因此对密切接触的曾注射过菌苗的 7 岁以下儿童,可以加强注射一次疫苗。

(王勤英)

学习小结

百日咳是由百日咳杆菌所引起的急性呼吸道传染病,多发生于儿童。临床上以阵发性痉挛性咳嗽、以及咳嗽终止时伴有鸡鸣样吸气吼声为特征。痉咳一般以夜间为多,情绪波动、进食等可诱发。因咳嗽可持续 2~3 个月,故名"百日咳"。患者是本病唯一的传染源,主要通过空气飞沫传播。典型临床经过分三期:①卡他期:此期传染性最强,及时治疗可控制疾病进展;②痉咳期:此期出现本病特征性的阵发性、痉挛性咳嗽伴鸡鸣样吸气吼声;③恢复期:阵发性痉咳逐渐减少至停止,鸡鸣样吸气声消失。支气管肺炎为最常见并发症,百日咳脑病是本病最严重的并发症。早期鼻咽拭子行细菌培养阳性率高。酶联免疫吸附试验测定本病特异性抗体 IgM 可做早期诊断。治疗首选红霉素,疗程 14~21 天。国内目前常用百白破(百日咳、白喉、破伤风)三联疫苗预防接种,有效免疫期为 4~5 年。

1. 百日咳的临床过程可分为几期？各有何临床特点？

2. 百日咳的并发症主要有哪些？

3. 简述百日咳的治疗原则及预防。

第十二节　猩红热

猩红热(scarlet fever)是由 A 组 β 型溶血性链球菌引起的急性呼吸道传染病。其临床特征为急性起病、高热、咽峡炎、全身弥漫性鲜红色皮疹和疹后脱屑。少数患者病后可出现变态反应性心、肾、关节并发症。

链球菌感染后，可因机体免疫水平的差异而致猩红热、咽峡炎、丹毒等不同表现。猩红热为其中一种特殊表现型，即对红疹毒素不具免疫力者则发生皮疹，否则仍为咽峡炎表现。

【病原学】

A 组链球菌为球形或卵圆形革兰氏染色阳性菌，也称化脓性链球菌，直径为 $0.5 \sim 1.0 \mu m$，在临床分离标本中常成对或呈短至中等长度链状排列。刚从体内检出时常有荚膜，无鞭毛、芽胞，易在含血的培养基上生长，并产生完全(β型)溶血。链球菌抗原结构复杂，A 组链球菌的抗原主要有 3 种：①组特异性抗原：简称"C"抗原，为细胞壁多糖成分，根据其不同，用血清学方法可分为 A~U(无 I、J)19 个组，猩红热主要由 A 组引起。②型特异抗原：又称表面抗原，是链球菌细胞壁的蛋白质，位于"C"抗原的外层，其中又分 M、T、R、S 等 4 种抗原成分。M 抗原主要见于 A 组链球菌，近期根据 M 抗原的不同，基于 emm 基因编码核苷酸的区别，将 A 组链球菌分为 100 多个型，M 抗原与致病力有关，有 M 抗原的菌株不易被白细胞吞噬。T、R、S 蛋白作用不明。③核蛋白抗原：又称"P"抗原，无属、组、型的特异性，各种链球菌的 P 抗原皆相同。脂壁酸(lipoteichoic acid,LTA)对生物膜有较高的亲和力，有助于链球菌黏附于人的上皮细胞。

A 组 β 型溶血性链球菌的致病力来源于细菌本身及其产生的毒素和蛋白酶类。链球菌产生的毒素和酶有：①溶血素(streptolysin)有 O 和 S 两种，O 溶血素具有抗原性，再感染后 2~3 周可查到抗溶血素 O 抗体。S 溶血素可在血琼脂平板上产生溶血作用，两种溶血素对白细胞和血小板均有损伤作用。②致热性外毒素(pyrogenic exotoxin)，以前称之为红疹毒素(erythrogenic toxins)，可致发热和猩红热样皮疹，致热外毒素有抑制单核吞噬细胞作用，并可影响 T 细胞功能，尚可增强机体对内毒素的敏感性。③链激酶(streptokinase)，又称溶纤维蛋白酶，可使血浆蛋白酶原变为血浆蛋白酶，然后可溶解血块并阻止血浆凝固，有利于细菌在组织内扩散。④链道酶(streptodornase)，又称为脱氧核糖核酸酶(DNase)，能裂解具有高黏稠度的 DNA，从而破坏宿主的组织和细胞。⑤透明质酸酶(hyaluronidase)，又称扩散因子，可溶解组织间的透明质酸，使细菌易于在组织内扩散。此外，尚有烟酰胺腺嘌呤二核苷酸酶、血清混浊因子等，均与细菌致病有关。

该细菌对外界的抵抗力较弱，56℃ 30 分钟及一般消毒剂均可将其杀灭，在痰液和脓液中可存活较长时间。

【流行病学】

1. 传染源　主要是病人和带菌者。A 组 β 型溶血性链球菌引起的咽峡炎,排菌量大,是重要的传染源。

2. 传播途径　主要经空气飞沫传播,亦可经皮肤伤口或产道等处感染,后者称为"外科型猩红热"或"产科型猩红热"。

3. 人群易感性　普遍易感,感染后人体可产生抗菌免疫和抗毒免疫。由于红疹毒素有 5 种血清型,其间无交叉免疫,而且近年猩红热轻型较多,早期应用抗生素使病后免疫不充分,故患猩红热后仍可再次患病。

4. 流行特点　全年均可发病,但以温带冬春季节发病较多。5~15 岁为好发年龄。

近数十年来,猩红热的临床表现渐趋轻症化,可能与下列因素有关:①敏感的抗生素广泛应用及长时间外界环境作用下,引起链球菌变异;②早期应用抗生素致使链球菌很快被抑制或杀灭,控制了症状的进一步加重。

【发病机制与病理解剖】

病原体侵入人体后,主要产生三种病变。

（一）化脓性病变

A 组 β 型溶血性链球菌借助 LTA 黏附于黏膜上皮细胞,进入组织引起炎症,通过 M 蛋白保护细菌不被吞噬,在透明质酸酶、链激酶及溶血素作用下,使炎症扩散和引起组织坏死。

（二）中毒性病变

链球菌产生的红疹毒素自局部进入血液循环后,引起发热、头痛、食欲缺乏等全身中毒症状。皮肤充血、水肿,上皮细胞增殖,白细胞浸润,形成典型的猩红热样皮疹。最后表皮死亡脱落,形成"脱屑"。黏膜充血,有时呈点状出血,形成黏膜疹。肝、脾、淋巴结等有不同程度的单核细胞浸润、充血及脂肪变性。心肌混浊肿胀和变性,严重者有坏死。肾脏呈间质性炎症。偶见中枢神经系统有营养不良变化。

（三）变态反应性病变

仅发生于个别病例。可能系因 A 组链球菌某些型与被感染者的心肌、心瓣膜、肾小球基底膜的抗原相似,当产生特异免疫后引起的交叉免疫反应;或可能因抗原抗体复合物沉积而致。

【临床表现】

潜伏期 1~7 天,通常为 2~3 天。典型病例起病急骤,表现为发热、咽峡炎,第 2 病日出现典型的皮疹等,此构成猩红热三大特征性表现。

（一）发热

多为持续性,可达 39℃ 左右,伴有头痛、全身不适、食欲缺乏等一般中毒症状。发热的高低及热程均与皮疹的多寡及其消长相一致,自然病程约 1 周。

（二）咽峡炎

表现有咽痛、吞咽痛,局部充血并可覆有脓性渗出物。腭部可见有充血或出血性黏膜疹,可先于皮疹出现。

（三）皮疹

发热后第 2 日开始发疹,始于耳后、颈及上胸部,24 小时内迅速蔓及全身。典型皮疹是在弥漫性充血的皮肤上出现分布均匀的针尖大小的丘疹,疹间无正常皮肤存在,压之褪色,伴有痒感。少数患者可见有带黄白色脓头且不易破溃的皮疹,称为"粟粒疹",此与皮肤营养及卫生状况有关,严重者可见出血性皮疹。在皮肤皱褶处,皮疹密集或因摩擦出血而呈紫红色线状,称为"线状疹"(亦称 Pastia 线)。在颜面部却仅有充血而无皮疹。口鼻周围充血不明显,与面部充血相比之下显得发白,称为"口周苍白圈"。皮疹多于 48 小时达高峰,继之依出疹顺序 2~3 天内消退,重者可持续 1 周。疹退后开始皮肤脱屑,皮疹越多越密脱屑越明显,常为糠屑状,有时呈手、足指或趾套状。

皮疹同时出现舌乳头肿胀,肿胀的舌乳头凸出覆以白苔的舌面,称为"草莓舌",2~3 天后舌苔脱落舌面光滑呈绛红色,舌乳头凸起,称为"杨梅舌"。此可作为猩红热的辅助诊断条件。

除上述典型表现外,尚有其他临床类型:

(1) 轻型:近年多见,表现为轻至中等度发热,咽峡炎轻微,皮疹少,疹退后脱屑不明显,病程短,但仍有发生变态反应并发症的可能。

(2) 中毒型:中毒症状明显,可出现中毒性心肌炎、中毒性肝炎及中毒性休克等。近年少见。

(3) 脓毒型:罕见。主要表现为咽部严重的化脓性炎症、坏死及溃疡,常可波及邻近组织引起颈淋巴结炎、中耳炎、鼻窦炎等。亦可侵入血液循环引起败血症及迁徙性化脓性病灶。

(4) 外科型或产科型:病原菌经伤口或产道侵入而致病,咽峡炎缺如,皮疹始于伤口或产道周围,然后延及全身,中毒症状较轻。

【实验室检查】

(一) 血象

白细胞总数增高,多在(10~20)×10⁹/L,中性粒细胞常在 80% 以上,严重病人可出现中毒颗粒。

(二) 尿液

常规检查无明显异常改变,若发生肾脏变态反应并发症时,则尿蛋白增加并出现红、白细胞和管型。

(三) 细菌学检查

咽拭子或其他病灶分泌物培养可有 β 型溶血性链球菌生长。

【并发症】

初期可发生化脓性和中毒性并发症,如化脓性淋巴结炎、中耳炎及中毒性心肌炎、中毒性肝炎等。在病程 2~3 周,主要有风湿病、肾小球肾炎和关节炎,为变态反应所致。近年由于早期应用抗生素使病情得以控制,故并发症少见。

【诊断与鉴别诊断】

(一) 诊断

1. 流行病学资料　当地是否有本病流行,有无与猩红热或咽峡炎患者的接触史。

2. 临床表现　骤起发热、咽峡炎、口周苍白圈、草莓舌、病后 2 日内典型皮疹。若疹退后皮肤有脱屑,则临床诊断可能性更大。

3. 实验室检查

(1) 上述病人咽拭子或脓液培养分离出 A 组溶血性链球菌,或上述标本涂片用免疫荧光法有 A 组溶血性链球菌则可确定诊断。

(2) 多价红疹毒素试验在发病早期呈阳性,而恢复期转为阴性者。红疹毒素又称狄克(Dick)毒素,以其 0.1ml 作皮内注射,24 小时后局部红肿直径逾 1cm 者为阳性,提示无抗毒免疫力,对猩红热易感;如为阴性,则表示有抗毒免疫力,此称为狄克试验(Dick test)。

(二) 鉴别诊断

金黄色葡萄球菌感染、药疹等,也能引起猩红热样皮疹,其他如麻疹、风疹等发疹性疾病,均需与猩红热鉴别。

【治疗】

(一) 病原治疗

目前多数 A 组链球菌对青霉素仍较敏感,因此可列为首选。青霉素每次 80 万 U,2~3 次/d,肌内注射,连用 5~7 天。80% 的患者 24 小时之内即可退热,4 天左右咽炎消失,皮疹消退。脓毒型患者应加大剂量到 800 万~2000 万 U/d,分 2~3 次静脉滴入,儿童 20 万 U/(kg·d),分 2~3 次静脉滴入,连用 10 天,或热退后

3 天。对青霉素过敏者,可选用红霉素,成人剂量为 1.5~2g/d,分 4 次静脉滴入,儿童剂量为 30~50mg/(kg·d),分 4 次静脉滴入。也可用复方磺胺甲噁唑(SMZ-TMP),成人每天 4 片,分两次口服,小儿酌减。还可用头孢菌素类药物治疗。

对带菌者可用常规治疗剂量青霉素连续用药 7 天,一般均可转阴。

(二)对症治疗

中毒型或脓毒型猩红热,中毒症状明显者,除应用大剂量青霉素外,可予肾上腺皮质激素,发生休克者,给予抗休克治疗。

(三)并发症治疗

除针对风湿病、肾小球肾炎和关节炎的相应治疗外,尚应给予抗生素进行病原治疗。

【预防】

患者应隔离至咽峡炎治愈,或咽拭子培养 3 次阴性,或从治疗日起隔离 7 天。对接触者医学观察 7 日,并可用苄星青霉素 120 万 U 肌注一次进行预防。儿童机构内有本病流行时,对咽峡炎或扁桃体炎患者,亦应按猩红热隔离治疗。流行期间应避免到人群密集的公共场所,接触病人应戴口罩。

(王勤英)

学习小结

猩红热是由 A 组 β 型溶血性链球菌引起的急性呼吸道传染病。患者和带菌者是本病的传染源,经空气飞沫传播。病原菌侵入人体主要产生 3 种病变:化脓性病变、中毒性病变和变态反应性病变。临床特征为发热、咽峡炎、全身弥漫性鲜红色皮疹和疹后脱屑,出现"草莓舌"、"杨梅舌"、口周苍白圈等。少数患者病后出现变态反应性心、肾、关节病变。咽拭子或脓液培养分离出 A 组溶血性链球菌,或涂片证实有 A 组溶血性链球菌者可确诊。病原治疗首选青霉素,疗程 5~7 天,耐药者选用第一代头孢菌素,对青霉素过敏者改用红霉素。呼吸道隔离是本病的主要预防措施。

复习参考题

1. 引起猩红热的病原体是什么?

2. 猩红热的主要临床特征是什么?

3. 简述猩红热的诊断要点及治疗原则。

第十三节 流行性脑脊髓膜炎

学习目标

掌握	流行性脑脊髓膜炎的流行病学、临床特征、并发症、诊断、鉴别诊断、治疗原则及预防措施。
熟悉	流行性脑脊髓膜炎的病原学、实验室检查及预后。
了解	流行性脑脊髓膜炎的发病机制、病理解剖。

流行性脑脊髓膜炎(epidemic cerebrospinal meningitis,meningo-coccal meningitis,简称流脑)是由脑膜炎奈瑟菌(*Neisseria meningitidis*,又称脑膜炎球菌,*meningococcus*)引起的一种化脓性脑膜炎。其主要临床表现

是突发高热、剧烈头痛、频繁呕吐、皮肤黏膜瘀点或瘀斑及脑膜刺激征,严重者可有败血症休克和脑实质损害,脑脊液呈化脓性改变。冬春季节多见,儿童易患。

【病原学】

脑膜炎奈瑟菌属奈瑟菌属,为革兰氏染色阴性双球菌,呈肾形或卵圆形,直径 $0.6 \sim 1.0 \mu m$,凹面相对成双排列或四联排列,具有多糖荚膜,可自带菌者的鼻咽部及患者血液、脑脊液和皮肤瘀点、瘀斑中检出。脑脊液和瘀点、瘀斑中的细菌多见于中性粒细胞内,仅少数在细胞外。根据脑膜炎奈瑟菌表面荚膜多糖抗原的不同将本菌分为 A、B、C、D、X、Y、Z、29E、W135、H、I、K 和 L 共 13 个血清群。在不同的血清群中,又可根据细胞外膜抗原的差别而分为不同的血清型。据流行病学调查,引起流行的菌株以 A、B、C 三群最常见,占流行病例的 90% 以上。A 群引起大流行,B、C 群引起散发和小流行。

细菌裂解可释放内毒素,为其致病的重要因素。该菌抵抗力弱,对干燥、寒(低于 30℃)、热(高于 50℃)及一般消毒剂和常用抗生素极为敏感,也可产生自溶酶,在体外易自溶而死亡;故标本采集后必须立即送检。

【流行病学】

1. 传染源 人是本菌的唯一宿主。带菌者和流脑患者是本病的传染源。本病隐性感染率高,感染后细菌寄生于鼻咽部,不引起症状而成为带菌者。流行期间人群带菌率高达 50%,作为传染源的意义更重要。

2. 传播途径 病原菌主要经咳嗽、打喷嚏借飞沫由呼吸道直接传播。因本菌在外界生活力极弱,故间接传播的机会较少,但密切接触如同睡、怀抱、接吻等对 2 岁以下婴幼儿的发病有重要意义。

3. 人群易感性 人群普遍易感,与其免疫水平密切相关。新生儿自母体获得杀菌抗体而很少发病,其后体内抗体水平逐渐降低,在 6 个月至 2 岁时降到最低水平,以后因户外活动增加,因隐性感染而逐渐获得免疫,至 20 岁时达最高峰。故该病以 5 岁以下儿童尤其是 6 个月至 2 岁的婴幼儿的发生率最高。

4. 流行特征 本病全年均可发病,但有明显季节性,多发生于 11 月至次年 5 月,而 3、4 月为高峰。人体感染后可产生特异性抗体,但随着人群免疫力下降和易感者逐渐增加,使本病呈周期性流行,一般每 3 ~ 5 年小流行,7 ~ 10 年大流行。在易感者中普遍接种特异疫苗,可打破此周期性流行。

【发病机制与病理解剖】

(一)发病机制

脑膜炎奈瑟菌自鼻咽部侵入脑脊髓膜分三个步骤:细菌黏附并透过黏膜(上呼吸道感染期)、进入血流(败血症期)、侵犯脑膜(脑膜炎期)。脑膜炎奈瑟菌不同菌株的侵袭力不同,细菌与宿主免疫力之间相互作用最终决定是否发病以及疾病的轻重。

细菌释放的内毒素是本病致病的重要因素。内毒素引起全身非特异性细胞免疫反应,即施瓦茨曼反应(Shwartzman reaction),产生循环障碍和休克。脑膜炎奈瑟菌的内毒素相比其他内毒素更易激活凝血系统,临床上在休克早期便出现弥散性血管内凝血(disseminated intravascular coagulation,DIC)及继发性纤溶亢进,进一步加重微循环障碍、出血和休克,最终造成多器官功能衰竭。

细菌侵犯脑膜,释放内毒素,破坏血-脑屏障,并进入蛛网膜下腔,引起脑膜和脊髓膜化脓性炎症及颅内压增高,患者出现惊厥、昏迷等症状,脑水肿严重时形成脑疝而迅速死亡。

(二)病理解剖

败血症期主要病变是血管内皮损害,血管壁炎症、坏死和血栓形成,血管周围出血。皮肤黏膜局灶性出血,肺、心、胃肠道及肾上腺皮质亦可有广泛出血。也常见心肌炎和肺水肿。

脑膜炎期主要病变部位在软脑膜和蛛网膜,表现为血管充血、出血、炎症和水肿,引起颅内高压;大量纤维蛋白、中性粒细胞及血浆外渗,引起脑脊液混浊。颅底部由于化脓性炎症的直接侵袭和炎症后粘连,可引起视神经、展神经、动眼神经或听神经等脑神经损害,并出现相应的症状。暴发型脑膜脑炎病变主要在脑实质,引起脑组织坏死、充血、出血及水肿。颅内压显著升高,严重者发生脑疝。少数患者由于脑室孔阻塞,造成脑脊液循环障碍,可引起脑积水。

【临床表现】

脑膜炎球菌主要引起隐性感染,据统计,60%~70%为无症状带菌者,约30%为上呼吸道感染型和出血型,仅约1%为典型流脑患者。潜伏期为1~10天,一般为2~3天。

(一)普通型

最常见,占全部病例的90%以上。

1. 前驱期(上呼吸道感染期) 约为1~2天,可有低热、咽痛、咳嗽等上呼吸道感染症状。多数患者无此期表现。

2. 败血症期 突发或前驱期后,患者突然寒战高热,体温39~40℃,伴头痛、肌肉酸痛、食欲减退及精神萎靡等毒血症症状。幼儿则有哭闹不安,因皮肤感觉过敏而拒抱,以及惊厥等。70%~90%患者有皮肤或黏膜瘀点或瘀斑,直径1mm~2cm,开始为鲜红色,后为紫红色,严重者瘀斑迅速扩大,其中央因血栓形成而坏死。少数患者伴有关节痛、脾肿大。多数病例于1~2天后进入脑膜炎期。

3. 脑膜炎期 脑膜炎症状多与败血症期症状同时出现。在前驱期症状基础上出现剧烈头痛、频繁呕吐、狂躁以及脑膜刺激症状,血压可升高而脉搏减慢,重者有谵妄、神志障碍及抽搐。通常在2~5天后进入恢复期。

4. 恢复期 经治疗后体温逐渐降至正常,皮肤瘀点、瘀斑消失。大瘀斑中央坏死部位可形成溃疡,后结痂而愈;症状逐渐好转,神经系统检查正常,约10%患者出现口唇疱疹。患者一般在1~3周内痊愈。

(二)暴发型

少数患者起病急骤、病情凶险,如得不到及时治疗可在24小时内死亡,分型如下:

1. 败血症休克型 除普通型败血症期表现外,短期内出现广泛皮肤黏膜瘀点或瘀斑,且迅速扩大融合成大片,伴中央坏死。循环衰竭是本型的特征,表现为面色苍白、四肢末端厥冷、发绀、皮肤呈花斑状,脉搏细速,血压下降。可有呼吸急促,易并发DIC,但脑膜刺激征大都缺如,脑脊液大多澄清,细胞数正常或轻度升高。

2. 脑膜脑炎型 主要以脑实质严重损害为特征。除高热、皮肤瘀斑外,患者意识障碍加深,并迅速进入昏迷;频繁惊厥,锥体束征阳性。血压升高,心率减慢,瞳孔忽大忽小或一大一小,眼底检查见静脉迂曲及视乳头水肿等脑水肿表现。严重者可发生脑疝,常见的是枕骨大孔疝,系因小脑扁桃体嵌入枕骨大孔压迫延髓,表现为昏迷加深,瞳孔散大,肌张力增高,上肢多呈内旋,下肢强直;并迅速出现呼吸衰竭。少数为天幕裂孔疝,为颞叶海马回或钩回嵌入天幕裂孔,致脑干和动眼神经受压,表现为昏迷,同侧瞳孔散大及对光反射消失,眼球固定或外展,对侧肢体瘫痪,均可因呼吸衰竭而死亡。

3. 混合型 兼有上述两型的临床表现,同时或先后出现,病情极为严重,病死率高。

(三)轻型

多见于流脑流行后期,病变轻微,临床表现为低热、轻微头痛及咽痛等上呼吸道症状,皮肤可有少数细小出血点和脑膜刺激征。脑脊液多无明显变化,咽拭子培养可有病原菌。

婴幼儿流脑的特点:临床表现常不典型,除高热、拒食、吐奶、烦躁和啼哭不安外,惊厥、腹泻和咳嗽较成人为多见,而脑膜刺激征可缺如。前囟未闭者大多突出,少数患儿因频繁呕吐、出汗致失水反可出现前囟下陷。

老年人流脑的特点:①老年人免疫功能低下,对内毒素敏感性增加,故暴发型发病率高;②临床表现上呼吸道感染症状多见,意识障碍明显,皮肤黏膜瘀点或瘀斑发生率高;③病程长,并发症多,预后差,病死率高;④实验室检查白细胞数可能不高,示病情重,机体反应差。

【实验室检查】

（一）血常规

白细胞总数明显升高,多在$20×10^9$/L左右,中性粒细胞在80%以上。并发DIC者血小板减少。

（二）脑脊液检查

是明确诊断的重要方法,颅内压增高,脑脊液外观混浊,白细胞数明显升高,在$1000×10^6$/L以上,以分叶核升高为主。蛋白增高,糖及氯化物明显降低。但发病开始1~2天或败血症休克型患者,脑脊液检查除颅压增高外,其他检查均可无明显改变。如临床上表现为脑膜炎,而病程早期脑脊液检查正常,则应于12~24小时后复查,以免漏诊。

对颅内压明显增高者,腰穿要小心,以防止发生脑疝。先静脉滴注甘露醇降低颅内压后再操作。放脑脊液时不宜将针芯全部拔出,应边拔针芯边观察脑脊液流出量以控制脑脊液流出速度,放液量不宜过多,操作后患者应去枕平卧6~8小时。

（三）细菌学检查

是确定诊断的重要方法。

1. 涂片　取瘀斑处组织液涂片染色镜检,简便易行,阳性率高达80%。脑脊液沉淀后涂片的阳性率为60%~70%,脑脊液不宜搁置太久,否则因细菌自溶而影响检出的阳性率。

2. 细菌培养　是临床诊断的金标准。应在使用抗生素前进行,取患者血液或脑脊液培养。若阳性应进行菌株分型和药敏试验。

（四）免疫学检查

可协助诊断,多应用于已使用抗生素而细菌学检查阴性者。

1. 特异性抗原检测　用对流免疫电泳法、乳胶凝聚试验、反向间接血凝试验、菌体蛋白协同凝聚试验、ELISA或免疫荧光法检测患者早期血液和脑脊液中的特异性抗原,可用于早期诊断。方法灵敏、特异、快速。

2. 抗体检测　间接血凝法、杀菌抗体试验、ELISA、RIA和固相放射免疫测定法可进行特异性抗体的检测,但敏感性和特异性均较差,且不能作为早期诊断,目前应用日渐减少。

（五）其他

1. 核酸检测　可检测早期血清和脑脊液中A、B、C群细菌DNA,脑脊液的阳性率约为92%,血清的阳性率约为86%。本方法具有敏感性高、特异性强及快速的特点,且不受抗生素的影响,还可对细菌进行分型。

2. RIA法检测脑脊液$β_2$微球蛋白　流脑患者脑脊液此蛋白明显升高,并与脑脊液中的蛋白含量及白细胞数平行,甚至早期脑脊液尚正常时即已升高,恢复期降至正常。因此该项检测更敏感,有助于早期诊断、鉴别诊断、病情监测和预后判断。

【并发症和后遗症】

早期应用抗生素治疗,并发症和后遗症均已少见。

（一）并发症

主要是因菌血症或败血症期间细菌播散所致的继发感染,如支气管肺炎、中耳炎、化脓性关节炎、心内膜炎、心包炎、脓胸等。

此外,还会出现因脑膜炎本身对脑实质及其周围组织所造成的损害和变态反应性疾病。

（二）后遗症

硬膜下积液、脑积水、动眼神经麻痹、耳聋及失明等,亦可有肢体瘫痪、癫痫和精神障碍。

【诊断与鉴别诊断】

（一）诊断

凡在流行季节突起高热、头痛、呕吐,伴神志改变,体检发现皮肤、黏膜有瘀点、瘀斑,脑膜刺激征阳性者,即可作出初步临床诊断。脑脊液检查可进一步明确诊断,确诊有赖于细菌学检查。免疫学检查有利于早期诊断。

（二）鉴别诊断

1. 其他细菌引起的化脓性脑膜炎、败血症或感染性休克

（1）肺炎链球菌感染多见于成年人,大多继发于肺炎、中耳炎和颅脑外伤。

（2）流感嗜血杆菌感染多见于婴幼儿。

（3）金黄色葡萄球菌引起的多继发于皮肤感染。

（4）铜绿假单胞菌脑膜炎常继发于腰穿、麻醉、造影或手术后。

（5）革兰氏阴性杆菌感染易发生于颅脑手术后。

此外,上述细菌感染的发病均无明显季节性,以散发为主,无皮肤瘀点、瘀斑。确诊有赖于脑脊液与血液的细菌学检查。

2. 结核性脑膜炎多有结核病史或密切接触史,起病缓慢,病程较长,有低热、盗汗、消瘦等结核毒血症状,神经系统症状出现晚,无皮肤黏膜瘀点、瘀斑,脑脊液外观呈毛玻璃状,白细胞数较少且以单核细胞为主,蛋白质增加,糖和氯化物减少;脑脊液涂片抗酸染色阳性可确定诊断。

【预后】

本病普通型如及时诊断,并予以合理治疗则预后良好,多能治愈,并发症和后遗症少见。暴发型病死率较高,其中脑膜脑炎型及混合型预后更差,小于1岁的婴幼儿及老年人预后差。如能早期诊断,及时予以综合治疗,病死率可显著下降。

【治疗】

（一）普通型

1. 一般治疗　强调早期诊断,就地住院隔离治疗,密切监护,及时发现病情变化。做好护理,预防并发症,补充足够热量,维持水及电解质平衡。

2. 病原治疗　尽早、足量应用细菌敏感并能透过血-脑屏障的抗菌药物。

（1）青霉素:至目前,青霉素对脑膜炎双球菌仍为高度敏感的杀菌药物,尚未出现明显的耐药。虽然青霉素不易透过血-脑屏障,即使在脑膜炎时也仅为血中的10%~30%,但加大剂量能在脑脊液中达到治疗有效浓度,治疗效果满意。剂量成人每天20万U/kg,儿童20万~40万U/kg,分次置5%葡萄糖液内静滴,疗程5~7天。

（2）头孢菌素:第三代头孢菌素对脑膜炎球菌抗菌活性强,易透过血-脑屏障,且毒性低。头孢噻肟:每次成人2g,儿童50mg/kg,每6小时静滴1次;头孢曲松:每次成人2g,儿童50~100mg/kg,每12小时静滴1次,疗程7天。

（3）氯霉素:易透过血-脑屏障,脑脊液浓度为血浓度的30%~50%,除对脑膜炎球菌有良好的抗菌活性外,对肺炎球菌和流感杆菌也敏感,但需警惕其对骨髓造血功能的抑制,故用于不能使用青霉素或病原不明患者。剂量成人每日2g~3g,儿童50mg/kg,分次加入葡萄糖液内静滴,症状好转后改为肌注或口服,疗程7天。

3. 对症治疗　高热时物理降温及应用退热药物;如有颅内压升高,可用20%甘露醇1~2g/kg,儿童每次0.25g/kg,脱水降颅压,每4~6小时一次,静脉快速滴注。

（二）暴发型

1. 休克型

（1）应尽早使用有效抗菌药物:青霉素每日20万~40万U/kg,用法同前。

（2）迅速纠正休克(参见第五章第十七节感染性休克):在纠正血容量和酸中毒的基础上,如休克仍无明显好转,应选用血管活性药物。首选副作用较小的山莨菪碱(654-2),每次0.3~0.5mg/kg,重者

可用 1mg/kg，每 10~15 分钟静注 1 次，见面色转红，四肢温暖，血压上升后，减少剂量，延长给药时间而逐渐停药，阿托品可替代山莨菪碱，亦可使用多巴胺，剂量每分钟 2~6μg/kg，根据治疗反应调整浓度和速度。如休克仍未纠正，且中心静脉压反有升高，或肺底出现湿啰音等淤血体征时可考虑应用酚妥拉明（苄胺唑啉）治疗，剂量 5~10mg/次，以葡萄糖液 500~1000ml 稀释后静滴，开始宜慢，以后根据治疗反应调整滴速。

（3）肾上腺皮质激素：短期应用，减轻毒血症状，稳定溶酶体，也可解痉、增强心肌收缩力及抑制血小板凝聚，有利于抗休克。氢化可的松成人每日 100~500mg，儿童 8~10mg/kg，休克纠正即停用，一般应用不超过 3 天。

（4）抗 DIC 治疗：如皮肤瘀点、瘀斑不断增加，且融合成片，并有血小板明显减少者，应及早应用肝素治疗，剂量每次 0.5~1mg/kg 加入 10% 葡萄糖 100ml 内静脉滴注，4~6 小时可重复一次，多数患者应用 1~2 次即可见效而停用。高凝状态纠正后，应输入新鲜血液、血浆及应用维生素 K，以补充被消耗的凝血因子。

（5）保护重要脏器功能：如心率明显增快时用强心剂等。

2. 脑膜脑炎型

（1）应尽早使用有效抗菌药物：用法同休克型。

（2）减轻脑水肿及防止脑疝：本型患者治疗的关键是早期发现颅压升高，及时脱水治疗，防止脑疝及呼吸衰竭。20% 甘露醇，用法同前，同时注意电解质的平衡。

（3）肾上腺皮质激素：除上述作用外，并有减轻脑水肿降颅压作用，常用地塞米松，成人每日 10~20mg，儿童 0.2~0.5mg/kg，分 1~2 次静脉滴注。

（4）防治呼吸衰竭：对呼吸衰竭患者，予以吸痰、保持呼吸道通畅，并吸氧。在应用脱水剂同时，应用山梗菜碱、回苏林等呼吸兴奋剂。如呼吸衰竭仍不见好转反而加重，则应尽早气管切开及应用人工呼吸机。

（5）对症治疗：有高热及惊厥者应用物理及药物降温，尽早应用镇静剂，必要时行亚冬眠疗法。

【预防】

（一）管理传染源

及早发现就地隔离治疗患者，隔离至症状消失后 3 天，一般不少于病后 7 天。密切接触者医学观察 7 天。

（二）切断传播途径

流行期间避免大型集会，不带儿童去公共场所，外出戴口罩。加强健康宣教，保持室内通风。

（三）保护易感人群

1. 疫苗预防　多年来国内应用脑膜炎奈瑟菌 A 群多糖疫苗，保护率达 90% 以上，近年由于 C 群流行，我国开始接种 A+C 群多糖疫苗，也有很好疗效。

2. 药物预防　密切接触者可服用磺胺甲噁唑，剂量为每天成人 2g，儿童 50~100mg/kg，连用 3 天。此外，头孢曲松、氧氟沙星也有良好的预防作用。

（王勤英）

学习小结

流行性脑脊髓膜炎是由脑膜炎奈瑟菌（脑膜炎球菌）引起的一种化脓性脑膜炎。带菌者和流脑患者是本病的传染源，主要经呼吸道传播，婴幼儿发病率高。其主要临床表现是突发高热、剧烈头痛、频繁呕吐、皮肤黏膜瘀点、瘀斑及脑膜刺激征，严重者可有败血症休克和脑实质损害，脑脊液呈化脓性改变。

病原菌可自带菌者的鼻咽部及患者血液、脑脊液和皮肤瘀点、瘀斑中检出，内毒素是主要致病因素。细菌学检查是确定诊断的重要手段：取皮肤瘀斑处组织液涂片染色镜检病原体，简便易行，阳性率高达80%；细菌培养是临床诊断的金标准，应在使用抗生素前进行，取患者血液或脑脊液培养，阳性率较低。治疗方面要强调早诊断、早治疗和就地治疗，病原治疗首选青霉素，疗程5~7天。应用脑膜炎球菌A群多糖菌苗进行预防接种，保护率可达90%以上。

第十四节 结核病

结核病（tuberculosis）是由结核分枝杆菌引起的慢性感染性疾病，可累及全身多器官系统，以肺结核最常见，占约80%~90%。主要病变为结核结节、浸润、干酪样坏死和空洞形成。临床表现为长期低热、咳痰、咯血等。还可以累及浆膜腔、淋巴结、肠道、骨关节、泌尿生殖道、皮肤以及中枢神经系统等。

【病原学】

结核分枝杆菌属放线菌目、分枝杆菌科、分枝杆菌属，包括人型分枝杆菌、牛型分枝杆菌、鸟型分枝杆菌和鼠型分枝杆菌，其中人型分枝杆菌是主要的病原体，牛型少见。形态上呈小的、杆状或弧形杆菌，具有独特的脂质和糖脂构成的厚细胞壁。脂质约占细胞壁的60%，主要的成分是分枝菌酸和酸化海藻糖。前者是抗酸着色反应的物质基础；后者包括海藻糖双分枝菌酸和硫甘酸，分别具有介导肉芽肿形成和促进细菌在吞噬细胞内存活的作用。细胞壁中尚含有脂多糖，其中脂阿拉伯甘露聚糖具有广泛的免疫原性，生长中的结核分枝杆菌能大量产生，是血清学诊断中应用较多的一类抗原物质。

结核分枝杆菌生长缓慢，繁殖一代需要20~24小时，至少培养4~6周才有可见菌落。经抗结核药物作用细菌活力显著减弱，需要6~8周，甚至更长时间才出现菌落。结核分枝杆菌也可以休眠菌的形式在细胞内或肉芽肿内长期存在，保持其可复制及致病能力，几十年后重新激活而发病。结核菌对理化因子的抗力介于细菌繁殖体与细菌芽孢之间，不仅能在阴湿处存活半年之久，同时对低温、干燥亦具较强耐受力。能在干燥的痰中存活6~8个月，飘浮在空气微滴核内8~10日仍有传染性。日光暴晒10分钟可杀死痰薄涂片内结核菌，暴晒2小时可将痰块中结核菌杀死。对热、紫外线、乙醇比较敏感。

耐药性为结核分枝杆菌重要生物学特性，主要与基因突变等多因素有关。耐药性按其产生机制有选择性突变耐药、适应性耐药、质粒介导耐药和交叉耐药等。根据耐药性的获得方式可分为自然耐药和获得性耐药。从细菌流行病学角度则可以分为原发耐药和继发耐药,前者指从未接触过药物治疗的病人其野生结核分枝杆菌株对该药的不敏感,后者则指接受过药物治疗的结核病病人出现的结核分枝杆菌耐药。耐药的发生常由不合理的抗菌治疗引起,和患者的依从性差、药物的质量差以及免疫功能状态差等有关。耐药结核可分为单耐药、多耐药、耐多药和广泛耐药。

【流行病学】

结核迄今仍然是人类健康的巨大威胁,近年来,HIV 相关结核以及多重耐药结核的疫情加重,结核病的全球控制愈加困难。根据世界卫生组织的统计,我国是全球 22 个结核病流行严重的国家之一,同时也是全球 27 个耐多药结核病流行严重的国家之一。目前我国结核病年发病人数约为 130 万,占全球发病的 14.3%,位居全球第 2 位。

1. 传染源　开放性肺结核患者和动物(主要是牛)是结核病的主要传染源,经正规治疗后,随着痰菌排量减少传染性降低。

2. 传播途径　主要经空气传播。病人咳嗽排出的结核分枝杆菌悬浮在飞沫核中,当被人吸入后即可引起感染。排菌量愈多,接触时间愈长,危害愈大。患者污染物传播机会甚少,其他途径如饮用带菌牛奶经消化道感染,患病孕妇经胎盘引起母婴间传播,经皮肤伤口感染和上呼吸道直接接种均极罕见。

3. 易感人群　人群普遍易感,婴幼儿、青春后期及老年体弱者发病率高,可能与宿主免疫功能不全或改变有关。处于免疫抑制状态的患者更容易感染结核。与无 HIV 感染的人相比,HIV 感染者结核感染的相对风险增加 200~1000 倍。结核病常和一些特殊人群(尤其是贫穷群体、疾病患者、乙醇和药物滥用者)相关。在贫穷群体,高发原因是多方面的,包括感染的风险增加(如居住拥挤,社区中基础流行水平较高)和感染后发病率增加(如存在营养不良)。

4. 流行病学　近年来,由于流动人口增加、耐药结核菌增多及结核菌与艾滋病合并感染等因素,结核病在全球呈上升趋势。WHO 估计有 20 亿人感染过结核菌,耐多药肺结核(MDR-TB)年发病数约 50 万,每年约有 300 万人死于结核病。2016 年 10 月 14 日,WHO 发布了 2016 年全球结核病报告,数据涵盖了 202 个国家和地区的 99% 的人口和结核病病例。2015 年,世界范围内估计有 1040 万新发病例,其中男性 590 万(56%),女性 350 万(34%),儿童 100 万(34%)。新发病例中有 120 万(11%)HIV 患者。印度、印度尼西亚、中国、尼日利亚、巴基斯坦和南非这六个国家占了新发病例总数的 60%。结核病发病率在 2014~2015 年期间仍以 1.5% 的速度缓慢下降。2015 年全球估计有 48 万新发的 MDR-TB 病例和 10 万耐利福平结核病(RR-TB)病例。印度、中国和俄罗斯三个国家占所有这 58 万病例的 45%。2015 年有 140 万人死于结核病,另外 40 万是 TB/HIV 双重感染人群死亡。虽然在 2000 到 2015 年间,结核病死亡以 22% 的速度在下降,但 2015 年结核病仍然排在全部死亡原因中的前十名。

为加强结核病防控,自 20 世纪 80 年代以来我国政府先后制定了四个全国结核病防治规划。2010 年全国第五次结核病流行病学抽样调查报告提示,与 2000 年相比,全国肺结核患病率继续呈现下降趋势。15 岁以上人群肺结核的患病率由 466/10 万降至 459/10 万,其中传染性肺结核患病率下降尤为明显,由 169/10 万下降到 66/10 万,10 年降幅约为 61%,年递降率约为 9%。当前,我国结核病疫情形势依然严峻,防治工作仍面临诸多挑战。

【发病机制及病理解剖】

(一)发病机制

一般情况下吸入肺泡的结核分枝杆菌被吞噬细胞吞噬后可被杀灭。当结核分枝杆菌数量多或毒力强时,可因其大量繁殖导致肺泡吞噬细胞溶解、破裂,释放出的结核分枝杆菌可再感染其他吞噬细胞。经吞噬细胞处理的结核分枝杆菌特异性抗原传递给 T 淋巴细胞使之致敏,机体可产生两种形式的免疫反应,即细胞介导的免疫反应(cell mediated immunity,CMI)和迟发型超敏反应(delay type hypersensitivity,DTH),此免疫反应对结核病的发生发展及转归起着决定性的作用。

1. 细胞介导免疫反应（CMI） CMI是机体获得性抗结核免疫力最主要的免疫反应。当致敏的 CD4$^+$T 细胞再次受到抗原刺激而激活，产生、释放氧化酶和多种细胞因子，如 IL-2、IL-6、INF-γ 等，与 TNF-α 共同作用加强对病灶中结核分枝杆菌的杀灭作用。当 CD8$^+$T 细胞溶解已吞噬结核分枝杆菌和受抗原作用的吞噬细胞时，可导致宿主细胞和组织破坏，可同时伴有结核分枝杆菌的释放与扩散。

2. 迟发型超敏反应（DTH） DTH是机体再次感染结核分枝杆菌后对细菌及其产物（结核蛋白及脂质D）产生的一种超常免疫反应。大剂量结核分枝杆菌注入未受染的豚鼠，10~14天注射局部形成结节、溃疡、淋巴结肿大，周身血行播散而死亡；少量结核分枝杆菌感染豚鼠后 3~6 周，再注射等量的结核分枝杆菌，2~3 天局部迅速形成溃疡，随后较快愈合，无淋巴结肿大与全身播散，豚鼠存活，此即为 Koch 现象。前者为初次感染，后者为再次感染，局部剧烈反应说明超敏反应参与，但因获得免疫力病灶趋于局限。Koch 现象可解释原发型结核和继发型结核的不同发病机制。人体感染结核分枝杆菌后仅 5% 发病为原发型肺结核，5% 的人在免疫力低时发病称为继发型肺结核，90% 的人终身不发病。初次感染的结核分枝杆菌潜伏于淋巴结处，或随菌血症到全身脏器潜伏，成为肺外结核发病的来源。

（二）病理解剖

1. 基本病变 有渗出、变质和增生三种基本病变。渗出型病变往往出现在机体免疫力弱、致敏淋巴细胞活性高时，表现为组织充血、水肿，中性粒细胞、淋巴细胞及单核细胞浸润，纤维蛋白渗出等。当结核分枝杆菌数量少而致敏淋巴细胞增多时则形成增生型病变，即结核结节形成。结节中央为郎罕巨细胞（Langhans giant cell），周围是类上皮细胞及淋巴细胞、浆细胞。结核性肉芽肿是增生型病变的另一种表现，多见于空洞壁、窦道及干酪坏死灶周围。当病变恶化变质时则表现为干酪性坏死。镜下组织细胞混浊肿胀、胞质脂肪变性、胞核碎裂溶解；肉眼观坏死组织呈黄色乳酪样。三种病变常以某种病变为主，可相互转化、交错存在。

2. 病理演变 渗出型病变组织结构大体完整。机体免疫力提高或经有效化疗后病变可吸收。随着炎性成分吸收，结节性病灶中成纤维细胞和嗜银细胞增生，形成纤维化。轻微干酪型坏死可经过治疗吸收，遗留细小纤维瘢痕。局限的干酪病灶可脱水形成钙化灶。纤维化和钙化是机体免疫力增强、病变静止、愈合的表现。空洞壁可变薄，空洞可逐渐缩小、闭合，遗留瘢痕。空洞久治不愈或严重免疫抑制可引起结核分枝杆菌扩散，包括局部病灶蔓延邻近组织、支气管、淋巴管和血行播散到肺外器官。钙化灶或其他静止期结核分枝杆菌可重新活跃。

【临床表现】

（一）临床类型

根据结核病的发病过程和临床特点，临床上分为以下 5 种类型：

1. 原发型肺结核（Ⅰ型） 为初次感染后发生的肺结核，包括原发综合征及胸内淋巴结结核。结核分枝杆菌由呼吸道进入肺内，并在此产生原发性渗出性病灶，病灶多位于上叶下部或下叶上部的脏层胸膜下通气良好的肺区，局部引流的淋巴管受侵犯而引起结核性淋巴管炎，结核分枝杆菌可随淋巴管引流至肺门淋巴结，引发淋巴结结核。原发性肺结核的主要病变是肺内原发病灶、淋巴管炎和肺门淋巴结结核，亦称原发综合征。多见于儿童，偶尔见于未受感染的成年人。临床症状轻微，90% 以上可以自愈。

2. 血行播散型结核（Ⅱ型） 由原发型肺结核发展而来，儿童较多见。在成人，主要由于原发感染后的潜隐性病灶中的结核分枝杆菌破溃进入血流导致，临床主要有三种类型，包括急性、亚急性和慢性。入侵途径不同，病变部位亦有差异。由肺静脉入侵经体循环，则引起全身播散性结核病；经肺动脉、支气管动脉以及体静脉系统入侵者主要引起肺部粟粒性结核。好发生于免疫力极度低下者，诱因包括麻疹、百日咳、糖尿病、妊娠以及免疫抑制状态等。以一次性或短期内大量入侵引起的急性血行播散型肺结核,临床表现复杂多变,常伴有结核性脑膜炎和其他脏器结核。当少量结核菌间歇性多次入血或机体免疫力相对较好的,则形成亚急性或慢性血行播散型肺结核,病变局限于肺或其一部分,临床上比较少见。

3. 继发型肺结核 继发性肺结核的发病有两种类型,内源性复燃和外源性再感染,是成人肺结核的最常见类型。多数常慢性起病,但也有呈急性起病和临床经过者。继发肺结核可以发生在原发感染后的任何年龄。除全身免疫力降低外,肺局部因素使静止的纤维包裹性病灶或钙化灶破溃均可导致诱发。但临床上绝大多数继发型肺结核并无明确诱因。由于免疫和变态反应的相互重叠以及治疗措施的影响,继发型肺结核在病理和 X 线形态上又有渗出型浸润性肺结核、增殖型肺结核、纤维干酪性肺结核、干酪性肺炎、空洞性肺结核、结核瘤、慢性纤维空洞性肺结核等。形态上常是多种形态并存,好发于两肺上叶尖后段和下叶背段,肺门淋巴结很少肿大,病灶趋于局限。有干酪样坏死和空洞形成时,排菌较多,在流行病学上具有重要意义。

4. 结核性胸膜炎 是结核分枝杆菌及其代谢产物进入处于高敏状态的胸膜引起的炎症,常发生原发感染后数月。包括结核性干性胸膜炎、结核性渗出性胸膜炎、结核性脓胸,临床以结核性渗出性胸膜炎常见。

5. 肺外结核 肺外结核既可以是原发结核病的表现,也可以是潜伏结核的再激活。可以全身分布,也可局限于某一器官。大多发生在肺内初次感染的基础上,后通过淋巴和血液途径传播至胸膜外,还可波及淋巴结、肾和其他泌尿生殖器官、骨骼以及中枢神经系统等。

（二）症状和体征

肺结核的临床表现多样化,与病灶的类型、性质、范围和机体的反应有关。约有 20% 活动肺结核患者可以无症状或仅有轻微症状。

1. 全身症状 发热为结核最常见的临床症状,多数为长期低热,每于午后或傍晚开始,次晨降至正常,可伴有倦怠、乏力、夜间盗汗,或无明显自觉不适。当病灶急剧进展扩散时则出现高热,呈稽留热或弛张热热型,可以有畏寒,但很少寒战,全身状况相对良好,有别于其他感染如 G-杆菌败血症发热患者的极度衰弱表现。其他有食欲减退、体重减轻、妇女月经不调、易激惹、心悸、面颊潮红等轻度毒性和自主神经功能紊乱症状。可有四肢多关节肿痛、结节性红斑等类似风湿病表现。

2. 呼吸系统症状

（1）咳嗽咳痰:浸润性病灶咳嗽轻微,干咳或仅有少量黏液痰。有空洞形成时痰量增加,若伴继发感染,痰呈脓性。合并支气管结核则咳嗽加剧,可出现刺激性呛咳,伴局限性哮鸣或喘鸣。

（2）咯血:约 1/3~1/2 患者在不同病期有咯血表现。根据病变程度不同,咯血量可从痰中带血到大量咯血。中大量咯血后持续高热常提示可能有结核播散。

（3）胸痛:固定性针刺样痛、随呼吸和咳嗽加重而患侧卧位症状减轻,常是胸膜受累的缘故;膈胸膜受刺激,疼痛可放射至肩部或上腹部。

（4）气急:重度毒血症状和高热可引起呼吸频率增速。但真正气急仅见于广泛肺组织破坏、胸膜增厚和肺气肿时,严重者可并发肺心病和心肺功能不全。

3. 肺外结核的临床类型和表现 肺外结核包括淋巴结结核、骨关节结核、消化系统结核、泌尿系统结核病、生殖系统结核以及中枢神经系统结核等,各个系统受累表现不同。结核性脑膜炎表现为头痛、呕吐和意识障碍等;结核性腹膜炎表现为发热、腹痛、腹胀及腹壁揉面感等;肝脾结核表现为发热、消瘦贫血、肝脾肿大等。

4. 体征 取决于病变性质、部位、范围或程度。粟粒性肺结核偶可并发急性呼吸窘迫综合征,表现严重呼吸困难和顽固性低氧血症。病灶以渗出型病变为主的肺实变且范围较广或干酪性肺炎时,叩诊浊音,听诊闻及支气管呼吸音和细湿啰音。继发型肺结核好发于上叶尖后段,故听诊于肩胛间区闻及细湿啰音有极大诊断价值。空洞性病变位置浅表而引流支气管通畅时有支气管呼吸音或伴湿啰音;巨大空洞可出现带金属调空瓮音,现已很少见。慢性纤维空洞性肺结核的体征有患侧胸廓塌陷、气管和纵隔移位、叩诊音浊、听诊呼吸音降低或闻及湿啰音,以及肺气肿征象。支气管结核有局限性哮鸣音,特别是于呼气或咳嗽末。

【实验室与辅助检查】

（一）一般检查

外周血白细胞计数正常或增多,重者血红蛋白降低,血沉增快。

（二）病原体检查

1. 涂片检查　痰液等各种分泌物、淋巴结穿刺引物涂片可查抗酸杆菌,但阳性率低,连续多次检查可以提高检出率。

2. 病原菌分离　一般采用改良罗氏培养基,培养时间4~6周。BACTEC 法 5~7 日即可报告,结核菌鉴别 5 日、药敏试验 6 日即能完成,使检测时间显著缩短,与常规方法符合率极高。BACTEC 是使用含^{14}C 的棕榈酸作碳源底物的 $7H_{12}$ 培养基测量细菌代谢过程中所产生 ^{14}C 的量,即可推算出标本中是否含有抗酸杆菌。

3. 特异性核酸检测　核酸探针、PCR 及 DNA 蛋白印迹杂交等测定结核分枝杆菌 DNA。具有敏感性高,特异性强,简便快速等特点。基因芯片技术可用于结核分枝杆菌鉴定、耐药性检测、基因组分析等。

（三）免疫学检测

1. 结核菌素试验(结素试验)　结核菌素是结核分枝杆菌特异性的代谢产物,包括旧结核菌素(OT)和结核分枝杆菌纯蛋白衍化物(PPD)。我国从人型结核菌制成的 PPD(PPD-C),又从卡介苗制成BCG-PPD,用于临床诊断,已经取代 OT,我国推广国际通用的 PPD 皮内注射法(Mantoux 法)。将 PPD 5IU(0.1ml)注入左前臂内侧上中三分之一交界处皮内,使局部形成皮丘。48~96 小时(一般为 72 小时)后观察反应,硬结平均直径≥5mm 为阳性反应。结素试验除引起局部皮肤反应外,还可引起原有结核病灶和全身反应。我国城市成人居民的结核感染率在 60% 以上,故用 5IU 结素进行检查,其一般阳性结果意义不大。

结素试验阳性反应仅表示结核感染,并不一定患病。以下情况也可出现结素试验阴性:①结核菌感染后需 4~8 周才出现变态反应,称变态反应前期,结素试验可为阴性;②应用糖皮质激素等免疫抑制剂者,或营养不良及麻疹、百日咳等患者,结素反应也可暂时消失;③严重结核病和各种危重患者对结素无反应,或仅为弱阳性,待病情好转,又会转为阳性反应;④其他如淋巴细胞免疫系统缺陷(如淋巴瘤、白血病、结节病、艾滋病等)患者和老年人的结素反应也常为阴性。

2. 血清学诊断　检测患者血清中结核特异性抗体曾经作为结核病常用的辅助诊断手段之一,但特异性和敏感性不够,作为结核感染诊断价值非常有限。近年来发展的以 T 细胞为基础的干扰素释放实验,特异性结核抗原多肽刺激后的全血或细胞 IFN-γ 测定,作为新一代的检测结核感染的免疫血清学诊断技术,比结核菌素试验有更高的敏感性与特异性。

（四）影像学检查

影像学检查在肺结核的诊断中起着关键的作用,包括 X 线片、CT 等。有助于对病变部位、范围、性质、发生发展及治疗效果做出判断。病变可见于肺的任何部位,典型的肺结核表现为肺上叶的浸润,也可出现空洞。结核潜伏病灶的再激活常常特征性出现于肺上叶尖端或下一肺叶的上部。肺浸润常常是纤维结节状或不规则状。若空腔形成,形态很少对称,常无气液平面。这既非特异性,也非高度敏感,如肺部真菌感染可出现与之相似的表现。与 X 线片比较,CT 检查可发现更多的病变信息,如多发结节、小的空腔以及多肺叶的浸润。

（五）内镜

包括纤维支气管镜、胸腔镜、电子肠镜、膀胱镜等，对某些结核可以获得病原学或病理学诊断。

（六）活体组织检查

对不排菌的肺结核以及与外界不相通的脏器结核病，如骨、关节、肝、脾、腹膜等可通过活体组织来进行病原学和病理学诊断。

（七）结核菌药物敏感性检测

对肺结核痰菌阴转后复阳或化学治疗3~6个月痰菌仍持续阳性、经治疗痰菌减少后又持续增加及复治患者应进行药物敏感性检测。原发耐药率较高地区，有条件时初治肺结核也可行药物敏感性检测。

【并发症】

经有效的抗结核药物治疗后，并发症明显减少，包括气胸、脓气胸、支气管扩张、肺源性心脏病等。肺外结核并发症与器官功能受累相关。

【诊断与鉴别诊断】

（一）诊断

肺结核的临床诊断是依赖患者的病史、流行病学特征、临床症状和体征，并结合影像学检查做出的。要做出及时诊断最重要的一步是在临床判断时应首先想到该病。患者连续3周以上的咳嗽、咳痰，若同时痰中带有血丝，就应想到肺结核病可能。

肺结核的诊断：

1. 疑似病例　凡符合下列之一者：

（1）痰结核菌检查阴性，胸部X线检查怀疑活动性肺结核病变者；

（2）痰结核菌检查阴性，胸部X线检查有异常阴影，患者有咳嗽、吐痰、低烧、盗汗等肺结核症状或按肺炎治疗观察2~4周未见吸收；

（3）儿童结核菌素试验（5IU，相当于1:2000）强阳性反应者，伴有结核病临床症状。

2. 确诊病例　凡符合下列之一者：

（1）痰结核菌检查阳性（包括涂片或培养）；

（2）痰结核菌阴性，胸部X线检查有典型的活动性结核病变表现；

（3）肺部病变标本、病理学诊断为结核病变；

（4）疑似肺结核病者，经临床X线随访、观察后，可排除其他肺部病变；

（5）临床上已排除其他原因引起的胸腔积液，可诊断结核性胸膜炎。

3. 痰菌阴性肺结核的诊断　痰菌阴性肺结核是指3次痰涂片及1次培养阴性的肺结核。确诊需以下（1）~（6）中3项，或（7）~（8）中任1项：

（1）典型肺结核临床症状和胸部X线表现；

（2）抗结核治疗有效；

（3）临床可排除其他非结核性肺部疾患；

（4）PPD（5IU）强阳性，血清抗结核抗体阳性；

（5）痰结核菌PCR+探针检测呈阳性；

（6）肺外组织病理证实结核病变；

（7）BALF检出抗酸分枝杆菌；

（8）支气管或肺部组织病理证实结核病变；

在诊断肺结核时，可按上述分类名称书写诊断，并应注明范围（左、右侧、双侧）、痰菌和初、复治情况。

肺外结核的诊断：

肺外结核由于发病的部位不同，出现不同的症状、体征。综合分析流行病学史、临床表现和辅助检查，对于大多数肺外结核诊断并不困难。

（二）鉴别诊断

肺结核临床表现多样，应注意与多种疾病鉴别。如结核球与孤立性周围性肺癌；结核性胸膜炎与恶性胸液；结核与癌性空洞；浸润性肺结核与肺炎、早期局限性细支气管肺泡癌；血行播散性肺结核与播散性支气管肺泡癌；肺门淋巴结结核与中心性支气管肺癌；肺结核与肺部感染性疾病；原发型肺结核，应注意到与一侧或双侧肺门纵隔淋巴结肿大的疾病鉴别，如百日咳、传染性单核细胞增多症、肺炎支原体肺炎及各种病毒性肺炎等。不典型肺结核较易误诊。

【治疗】

结核病的治疗主要包括抗结核化学药物治疗、对症支持治疗和手术治疗，其中化学治疗是主要的手段。

（一）化学药物治疗

1. 药物　目前通用的抗结核药物有十余种，WHO 制定的一线药物为异烟肼、利福平、吡嗪酰胺、链霉素、乙胺丁醇，除乙胺丁醇外均是杀菌剂，是治疗的首选。抗结核药物的主要种类、常用剂量和副作用见表 5-14-1。

表 5-14-1　常用抗结核药物成人剂量和主要副反应

药名	缩写	每日剂量	间歇疗法（g/d）	主要副反应
异烟肼	H，INH	0.3	0.6～0.8	周围神经炎偶有肝功能损害
利福平	R，RFP	0.45～0.6*	0.6～0.9	肝功损害，过敏反应
链霉素	S，SM	0.75～1.0△	0.75～1.0	听力障碍、眩晕、肾功损害
吡嗪酰胺	Z，PZA	1.5～2.0	2～3	胃肠道不适、肝功损害，尿酸血症，关节痛
乙胺丁醇	E，EMB	0.75～1.0#	1.5～2.0	视神经炎
对氨基水杨酸钠	P，PAS	8～12△	10～12	胃肠道不适、过敏反应、肝功损害
丙硫异烟胺	TH，PTh	0.5～0.75	0.5～1.0	胃肠道不适、肝功损害
阿米卡星	K，AMK	0.4	0.4	听力障碍、眩晕、肾功损害
卷曲霉素	Cp，CPM	0.75～1.0△	0.75～1.0	听力障碍、眩晕、肾功损害
利福喷丁	L，RFT		0.45～0.6	同利福平
氧氟沙星	O，OFLX	0.5		肝毒性、胃肠道反应、兴奋
左氧氟沙星	V，LEVY	0.3		同左氧氟沙星
异烟肼对氨基水杨酸盐	PSNZ	0.9		同异烟肼

注：*体重<50kg 用 0.45，≥50kg 用 0.6；S、Z、Th 用量亦按体重调节；△老年人每次 0.75g；#前 2 个月 25mg/kg，其后减至 15mg/kg；△每日分 2 次服用（其他药均为每日 1 次）

2. 治疗方案　原则是早期、规律、全程、适量、联合。整个化疗方案分为强化和巩固两个阶段。

（1）初治肺结核治疗：有下列情况之一者谓初治：①尚未开始抗结核治疗的患者。②正进行标准化疗方案用药而未满疗程的患者。③不规则化疗未满 1 个月的患者。

初治方案：强化期 2 个月/巩固期 4 个月。药后前数字表示用药月数，药后右下方数字表示每周用药次数。常用方案：2S（E）HRZ/4HR；2S（E）HRZ/4H₃R₃；2S₃（E₃）H₃R₃Z₃/4H₃R₃；2S（E）HRZ/4HRE。条件允许可用复合制剂 2RIFATER（卫非特）/4RIFINAH（卫非宁）。我国短化协作组总结巩固阶段不采用 Z 与全巩固阶段用 HRZ 的疗效无差别，国外有的报道认为后者的复发率为零疗效佳。临床上有必要对病变较广泛，干酪空洞或多发者，采用 HRZ 全疗程或延长疗程。

初治强化期第 2 个月末查痰涂片仍阳性,强化方案可延长 1 个月,总疗程 6 个月不变(巩固期缩短 1 个月)。若第 5 个月查痰涂片仍阳性,第 6 个月阴性,巩固期延长 2 个月,总疗程为 8 个月。临床上往往结合胸片有否残存空洞,痰结核菌培养结果,及临床是否还存在发热中毒症状等作为疗程延长的参考,痰菌阴性后的巩固阶段时间仍应不少于 4 个月为宜。对粟粒型肺结核(无结脑者)上述方案可适当延长,不应采用间歇治疗方案,强化期为 3 个月,巩固期为 HR 方案 6~9 个月,总疗程 9~12 个月。临床上往往参考临床发热中毒症状来决定强化期及巩固期用药及总疗程的时间,特别注意潜在肺外结核可能时总疗程不宜少于 12 个月。

痰菌阴肺结核患者可在上述方案的强化期中删除链霉素或乙胺丁醇。

(2)复治肺结核治疗:有下列情况之一者谓复治:①初治失败的患者。②规则用药满疗程后痰菌又复阳的患者。③不规则化疗超过 1 个月的患者。④慢性排菌者。

复治方案:强化期 3 个月/巩固期 5 个月。常用方案:2SHRZE/1HRZE/5HRE;2SHRZE/1HRZE/5H$_3$R$_3$E$_3$;2S$_3$H$_3$R$_3$Z$_3$E$_3$/1H$_3$R$_3$Z$_3$E$_3$/5H$_3$R$_3$E$_3$。

强调避免延误或使耐药更为增加。复治患者应做药敏试验,对上述方案无效的复治排菌病例可参照耐多药肺结核方案,根据药敏试验加以调整。慢性排菌者一般认为用上述方案疗效不理想,具备手术条件时可行手术治疗。对久治不愈的排菌者要警惕非结核分枝杆菌感染的可能性。

(3)耐多药肺结核(MDR-TB)治疗:对至少包括 INH 和 RFP 两种或两种以上药物产生耐药的结核病为 MDR-TB,依痰结核菌药敏试验结果确诊。耐多药结核病主要来源于复治失败或复发的慢性病例,制定方案必须根据药物敏感性试验的结果为依据。及时诊断 MDR-TB 病例并提供有效的治疗,将大大有助于阻止 MDR-TB 的传播。

对于耐 INH、RFP 两种或两种以上药物的肺结核主张每日用药,疗程延长至 21 个月。WHO 推荐一线和二线药物可以混合用于治疗 MDR-TB。一线药物中除 INH 和 RFP 已耐药外,仍可根据药敏情况选用。MDR-TB 主要用二线药物治疗,包括:①氨基糖苷类:阿米卡星(AMK)和卷曲霉素(CPM)等;②硫胺类:丙硫异烟胺(PTH)、乙硫异烟胺(1314TH)等;③氟喹诺酮:氧氟沙星(OFLX)和左氧氟沙星;④环丝胺酸:对神经系统损害大,应用范围受限制;⑤对氨基水杨酸钠(PAS):为抑菌药物,可预防其他药物产生耐药性;⑥利福布丁(RBT):耐 RFP 菌株部分对其敏感;⑦异烟肼对氨基水杨酸盐(帕星肼),耐 INH 菌株中部分对其敏感。

未获得(或缺乏)药敏试验结果而临床考虑 MDR-TB 时,可使用方案为强化期 AMK(或 CPM)+TH+PZA+OFLX 联合,巩固期 TH+OFLX 联合,强化期至少 3 个月,巩固期至少 18 个月,总疗程超过 21 个月。获得药敏试验结果后,可在上述方案基础上酌情调整,保证 3 种以上敏感药物。对病变范围局限。化疗 4 个月痰菌不阴转,或只对 2~3 种效果较差的药物敏感,有手术适应证者应手术治疗。

(4)注意事项:临床治疗方案的制定应注意个体化。肺外结核参照肺结核方案,骨关节结核、结核性脑膜炎等疗程较其延长。化疗时应密切观察治疗反应和病情、痰菌变化。定期复查肝、肾功能,尤其有肝病史或 HBV、HCV 感染者应根据肝功能情况,适时调整治疗方案。结核治疗过程最严重的副作用是肝损害,发生率高达 5%~10%,少数患者甚至发展为肝衰竭,危及生命。从治疗结核的角度讲应该尽量联合多种药物,而多种药物增加了肝损伤的机会,如何在两者间平衡,既有效治疗结核,又不造成肝功能损害,是临床必须要重视的问题。部分医生担心抗结核治疗时肝功能受损,一开始就给患者加用降低转氨酶的药物,有时会掩盖病情。更重要的是用药前对肝功的系统评估,治疗中定时监测,才有可能减少肝功能受损。

(二)对症支持治疗

中毒症状重者卧床休息,予以进食富含营养及多种维生素的食物。对高热、咯血、胸痛、失眠及盗汗者,给予相应处理。急性粟粒型肺结核合并浆膜渗出伴严重毒血症状,在有效抗结核治疗的同时,肾上腺皮质激素有助于改善症状、促进渗出液吸收,减少粘连。

(三)手术治疗

对于大于3cm的结核球与肺癌难以鉴别的,复治的单侧厚壁纤维空洞、长期内科治疗痰菌仍持续阳性等可考虑手术。介入治疗包括胸腔注射抗结核药物,纤维支气管镜下治疗(局部注药、冷冻、球囊扩张等),支气管动脉栓塞术等。其他还包括免疫调节治疗、营养支持治疗和中医药治疗等。

【预后】

经过标准正规治疗,患者服药依从性很好,绝大多数患者可以治愈,复发率一般不高于2%。根据WHO报告,MDR-TB的治疗成功率在85%以上,死亡率为5%左右。而XDR-TB的治疗成功率约44%,死亡率在14%~27%。

【预防】

控制策略的目的在于预防结核分枝杆菌感染的扩散和结核病的发生。主要措施包括:

1. 控制传染源　加强本病防治宣传。早发现、早诊断、早治疗和早隔离痰菌阳性肺结核患者。据估计在结核高度流行的国家,因为诊断和治疗的延迟,一个结核菌阳性患者可以感染20个人。对高危人群进行隐匿性结核的筛查和治疗可降低结核病发病率。

2. 切断传播途径　处理好患者痰液,预防暴露于空气中的感染性微尘,尤其在医院及其他机构。

3. 保护易感人群　目前,全世界广泛应用卡介苗接种预防结核,但仍存争议。卡介苗接种目前是我国儿童计划免疫的组成部分。接种对象是新生儿,最迟在1岁以内接种。接种方法是在左上臂三角肌外下缘皮内注射0.1ml卡介苗,作好接种记录,保证资料的完整性与真实性。

有效的结核病控制必须是在全面了解结核分枝杆菌的流行病学、发病机制和治疗的基础上进行临床和公共卫生战略的合作。也迫切需要结核病诊断和治疗方面的进展。

(周　智)

学习小结

结核病是由结核分枝杆菌复合群引起的慢性感染性疾病,最常累及肺脏。结核分枝杆菌是主要的病原体,感染后存在潜伏感染。该菌生长缓慢,易出现耐药性,近年MDR-TB增多。

开放性肺结核患者是本病主要传染源,主要经空气传播。由于流动人口增加、耐药结核菌增多及结核菌与艾滋病合并感染等因素,结核病在全球呈上升趋势。本病特征性病理改变是肉芽肿性病变和结核结节。其基本病理变化为渗出性、增生性和坏死性病变。

临床分为原发性肺结核、血行播散型结核、继发型肺结核、结核性胸膜炎和其他肺外结核。典型的肺结核影像学特征表现为肺上叶的浸润,也可出现空洞。痰菌阳性是确诊肺结核的重要依据。患者连续3周以上的咳嗽、咯痰,若同时痰中带有血丝,就应想到肺结核病可能。

治疗原则是:早期,规律,全程,适量,联合五项原则,分为强化期和巩固期两个连续阶段。提高治疗依从性和防止不良结果的主要干预措施是DOTs和固定剂量的联合片剂。结核治疗过程最严重的副作用是肝损害,发生率高达5%~10%。MDR-TB治疗必须在专家指导下进行,并应强制监测。

复习参考题

1. 简述肺结核的原发综合征。

2. 何谓MDR-TB?

3. 如何诊断菌阴肺结核?

第十五节　猪链球菌病

学习目标

掌握	猪链球菌病的临床表现、诊断及治疗。
熟悉	猪链球菌病流行病学、病理、实验室检查。
了解	猪链球菌病原学、发病机制及预防。

猪链球菌病（swine streptococcosis）是国家规定的二类动物疫病，是由多种致病性猪链球菌（*Streptococcus suis*）感染引起的一种人畜共患病。患者常呈多器官损害，表现为脑膜炎、败血症、心内膜炎、肺炎及关节炎等，少数患者可发生链球菌中毒性休克综合征（streptococcal toxic shock-like syndrome，STSLS），病死率极高，预后较差。

【病原学】

猪链球菌为革兰氏阳性球菌，链状排列。有荚膜但无芽胞、无鞭毛，不运动，兼性厌氧，但在无氧时溶血明显。高致病性猪链球菌生长条件要求高，普通培养基中难以生长，37℃为其最适宜培养温度。根据猪链球菌荚膜多糖抗原的不同可将其分为 35 个血清型（1～34，1/2 型），能感染人的最多见致病型为 2 型，14 型、1 型、4 型、5 型、16 型及 24 型也偶有报道。猪链球菌可在粪便、水及灰尘中存活较长时间，苍蝇携带猪链球菌 2 型可长达 5 天，污染食物可长达 4 天。猪链球菌可产生荚膜多糖、溶菌酶释放蛋白、溶血素及细胞外因子等多种毒力因子，多与细菌吸附及在血液中繁殖播散密切相关，其中细胞外因子及溶菌酶释放蛋白为猪链球菌 2 型的两种重要的毒力因子。

【流行病学】

该病首先在猪群中暴发流行，近 20 年国内少有人重症链球菌感染的报道。1998 我国江苏如皋、海安等地发生人-猪链球菌感染 25 人，其中诊断为链球菌中毒性休克综合征者 16 人，死亡 13 人，病死率为 81.25%。这是我国重症人-猪链球菌感染的首次报道。

1. 传染源　病猪及带菌猪为本病主要传染源，羊、马及家禽等也可传播病菌。目前尚未发现人作为传染源导致人发病的报道。

2. 传播途径　猪链球菌可感染猪的上呼吸道、生殖道及消化道。引起人感染的主要途径有通过开放性伤口接触病/死猪的血液、体液传播，或食用未煮熟的病猪肉经口传播，目前没有证据显示本病可以经猪呼吸道传染人。

3. 人群易感性　本病在猪中有较高的流行性，在人群中不常见，但发生感染者往往病情较重。人群普遍易感，兽医、屠夫及屠宰厂工人发病率较高。

【发病机制与病理解剖】

猪链球菌感染人的发病机制目前尚不清楚，主要有两种学说：

1. 毒力因子学说　比较重要的毒力因子有荚膜多糖、溶菌酶释放蛋白、溶血素及细胞外因子等。这些毒力因子可诱导人单核细胞产生肿瘤坏死因子 α、IL-1、IL-6、IL-8、IL-12 等炎性因子及单核细胞趋化蛋白，引起全身性炎症反应。

2. 黏附学说　猪链球菌可分泌一些黏附分子使其黏附于某些部位而致病。猪链球菌 2 型极易黏附于构成血-脑屏障的人脑微血管内皮细胞，并通过分泌溶血素破坏细胞。细胞因子及细菌毒素共同作用引起细菌性脑膜炎使患者血-脑屏障通透性增加,可导致脑水肿。猪链球菌也可与宿主蛋白结合,从而逃避宿主免疫系统的攻击。

猪链球菌从伤口直接感染后,在体内大量繁殖引起败血症及多脏器功能衰竭,类似普通细菌所产生的败血症。病理变化常累及全身多个器官。败血症时全身脏器出现充血或出血现象。发生脑膜炎时最典型的组织病理学特征为中性粒细胞弥漫性浸润,脑脊膜与脉络丛的纤维蛋白渗出、水肿及炎性细胞浸润。心脏组织病理学变化可表现为心肌点状、片状或弥漫性出血坏死,心包液中常含有嗜酸性粒细胞、少量中性粒细胞、单核细胞及大量纤维蛋白。

【临床表现】

人感染本病潜伏期可为数小时至十余天不等,大多在 3 日内。链球菌中毒性休克综合征潜伏期最短可为 3 小时。人感染猪链球菌后,根据细菌侵入部位不同而有不同的临床表现,包括脑膜炎、败血症、心内膜炎、关节炎等,根据病情轻重分为四种类型。

（一）普通型

多起病急,可有畏寒、发热、食欲缺乏、头痛、肌肉酸痛、关节痛、腹痛、腹泻等表现,体温可高达 40℃。无休克、昏迷或脑膜炎表现。

（二）脑膜炎型或脑膜脑炎型

为最常见临床类型。表现为急性起病,有全身不适及乏力、畏寒发热、头晕头痛、恶心、呕吐等症状,呕吐常为喷射性,严重者可出现昏迷。患者常于发热后出现明显头痛,伴意识障碍及呕吐,脑膜刺激征阳性,可有口唇疱疹或化脓性关节炎,偶见葡萄膜炎或眼内炎。脑炎型患者可伴不同程度听力障碍或面瘫。

（三）休克型

起病很快,多发生于经开放性伤口接触病/死猪血液、体液者,多在接触后 1 日内发病,快者 2 小时可发病,慢者约 13~16 小时。表现为急骤起病的畏寒、高热,短期内出现呼吸困难、胸闷心慌,有部分患者可出现恶心、呕吐、腹痛、腹泻、血压下降、意识不清、口唇发绀、少尿等链球菌中毒性休克综合征表现。进展迅速者可迅速出现多器官衰竭。该型病情凶险发展迅速,病死率高,即使抢救成功也可存在不同程度器官功能障碍。

（四）混合型

同时具有脑膜炎型及休克型的临床表现,多见于休克型经抢救治疗后休克改变,存活超过 1 天后出现脑膜炎并同时伴其他脏器损害表现。

【实验室检查】

（一）血象

大多数患者表现为外周血白细胞总数明显增高,中性粒细胞比例明显上升,核左移。部分休克患者早期血白细胞可不增高或降低,但血小板下降明显,可有明显贫血。

（二）病原学检查

感染部位体液或组织液直接涂片检出革兰氏阳性球菌对诊断有参考价值。血、脑脊液等体液培养及药敏试验对明确诊断及选择有效抗菌药物起决定性作用,注意培养样品应在应用抗菌药物前取得。

（三）血清学检查

猪链球菌 2 型可采用相应的免疫血清进行玻片凝集试验协助诊断。

（四）分子生物学检查

可采用 PCR 方法检测猪链球菌特有的毒力基因如 *mrp*、*cps2A*、*sly*、*gapdh*、*ef* 等,对诊断猪链球菌感染具有重要意义。

（五）其他

休克型常常伴有多器官功能障碍,可有相应的如提示肝、肾损害的指标或尿常规等指标异常,需结合临床。

【诊断与鉴别诊断】

（一）诊断

1. 流行病学资料　发病前 7 日内有无和病/死猪或其他家畜接触史,如宰杀、清洗、切割或食用未煮熟病/死猪。

2. 临床表现

（1）一般表现:急性起病的畏寒、发热、头痛、头晕、乏力、腹痛、腹泻等全身中毒症状。

（2）中毒性休克综合征:血压下降,成人收缩压小于 90mmHg,伴下列两项或以上:①肾功能不全;②肝功能不全;③凝血功能障碍;④全身瘀点、瘀斑;⑤急性呼吸窘迫综合征;⑥软组织坏死,筋膜炎,坏疽。

（3）脑膜炎:脑膜刺激征阳性;脑脊液化脓性改变。

3. 实验室检查

白细胞计数及中性粒细胞比例增高,血、体液或分泌物培养细菌阳性,经 PCR 法检测猪链球菌特有毒力基因协助诊断。

（二）鉴别诊断

与其他病原所致败血症、脑膜炎相鉴别。还应与某些病毒感染性疾病相鉴别,夏季发病的脑炎型注意与乙型脑炎相鉴别。

【治疗】

（一）病原治疗

猪链球菌对大多抗菌药物敏感,疑诊本病时,首先行细菌培养,随后根据经验选用有效抗生素治疗,再随时根据培养结果及药物敏感试验调整用药。首选静脉给药,治疗脑膜炎时应注意使脑脊液中的药物达到有效的杀菌浓度。普通型治疗:青霉素 1600 万 IU/d,或头孢噻肟钠 4~6g/d,头孢曲松钠 4g/d,10~14 天一疗程。脑膜炎型、混合型及休克型治疗:青霉素 2000 万~2400 万 IU/d,头孢噻肟钠 6g/d,头孢曲松钠 4g/d,分 3~4 次/d,18~24 天一疗程。

（二）对症治疗

维持机体的水、电解质及酸碱平衡,给予血浆、白蛋白等支持治疗。毒血症状严重者,可在足量有效应用抗生素的基础上短时间使用糖皮质激素抗炎、抗休克及减轻毒血症,提高重要器官对缺氧的耐受。对发现颅内高压的患者及时给予脱水治疗,预防脑疝。

【预防】

不宰杀及食用病/死猪肉,对病/死猪做焚烧后深埋以有效管理控制传染源。处理及加工猪肉制品时佩戴手套,对疫区做好严格消毒,加工菜品时分开使用生熟菜板防止污染食品,通过以上措施切断传播途径。对生猪宰杀及加工人员进行宣传教育,使其意识到猪链球菌感染的危害做好自身防护。目前尚无针对此病的有效疫苗。

（王　凯）

学习小结

猪链球菌病是国家规定的二类动物疫病,是由多种致病性猪链球菌感染引起的一种人畜共患病。患者常呈多器官损害,少数患者可发生链球菌中毒性休克综合征,病死率极高,预后较差。猪链球菌为革兰氏阳性球菌,可产生多种毒力因子,其中细胞外因子及溶菌酶释放蛋白为猪链球菌 2 型两种重要的毒力因子。病猪及带菌猪为本病主要传染源，引起人感染的主要途径有开放性伤口接触病/死猪的血液、体液传播或食用未煮熟的病猪肉经口传播，目前没有证据显示本病可以经猪呼吸道传染人。人群普遍易感，兽医、屠夫及屠宰厂工人发病率较高。本病发病机制目前尚不清楚。诊断主要依靠流行病学资料及病原学检查，确诊后可根据药敏试验结果予以抗生素治疗。

　　1. 试述猪链球菌感染的临床表现及临床分型。　　2. 试述本病的诊断及治疗措施。

第十六节　脓毒症

学习目标	
掌握	脓毒症概念、常见病原菌感染的特点及其诊断、治疗原则。
熟悉	脓毒症病原菌种类及其变化情况，医院获得性病原菌感染的特点及耐药现象。
了解	脓毒症的发病机制。

　　脓毒症（sepsis）为宿主对感染的免疫反应失调引起的危及生命的器官功能障碍。往往由于病原微生物通过各种途径侵入血流，生长繁殖、释放毒素和代谢产物，引起严重毒血症状的全身性感染。通常起病急骤、主要表现为寒战、高热、白细胞显著增加、休克等全身中毒症状。引起脓毒症的病原菌主要包括细菌或真菌、分枝杆菌等，脓毒症进展快，如果诊断治疗不及时病死率高，危害极大。本节主要介绍由细菌和真菌所致的脓毒症。

　　按脓毒症严重程度可分脓毒症、严重脓毒症（severe sepsis）和脓毒性休克（septic shock）。严重脓毒症，是指脓毒症伴有器官功能障碍、组织灌注不良或低血压。脓毒性休克，是指严重脓毒症给予足量的液体复苏后仍然伴有无法纠正的持续性低血压，也被认为是严重脓毒症的一种特殊类型。

【病原学】

（一）革兰氏阳性球菌

　　包括金黄色葡萄球菌（金葡菌）、表皮葡萄球菌、肠球菌和链球菌。金葡菌最为常见，尤其是耐甲氧西林金葡菌（MRSA），凝固酶阴性的葡萄球菌（MRCNS）。近年来该菌在医院内感染脓毒症的病原构成中呈上升趋势，来源包括各种切口、伤口感染、留置静脉导管或针头、腔道插管感染等；从20世纪80年代开始，肠球菌所致感染比例逐年增加，该菌毒力很强，耐药性高，对常用抗生素多已耐药，易引起难治性感染，易并发心内膜炎；乙型溶血性链球菌，可在产妇产道中存在，新生儿分娩时获得感染，可发生严重脓毒症，如果控制不好引起院内感染，后果十分严重；肺炎球菌脓毒症多继发于该菌所致的局部感染，致病力主要与荚膜中所含的多糖类抗原有关，主要为肺炎，多发生于老人、婴幼儿和免疫缺陷者；其他，如炭疽杆菌、李斯特菌、红斑丹毒丝菌、梭状产气荚膜杆菌等也可引起脓毒症，相对少见。

（二）革兰氏阴性杆菌

　　以肠杆菌科细菌、非发酵革兰氏阴性菌、流感嗜血杆菌多见。肠杆菌科细菌主要包括：大肠埃希菌、肠杆菌属、克雷伯菌属；非发酵的革兰氏阴性菌包括：假单胞菌属、不动杆菌属、嗜麦芽窄食单胞菌、产碱杆菌属等。大肠埃希菌是人类肠道常驻菌之一，一般不致病，但在人体正常屏障受损、抵抗力下降等情况下，可入血流引起脓毒症；铜绿假单胞菌，在自然界中广泛分布，为医院内感染的革兰氏阴性杆菌脓毒症常见的致病菌。铜绿假单胞菌脓毒症多见于全身抵抗力下降或有局部损伤的病人，如行化学治疗的肿瘤病人、白细胞减少症患者和大面积烧伤的病人；克雷伯菌属，以肺炎克雷伯菌最为重要，常引起呼吸、腹腔、泌尿系统感染和脓毒症，近年来肺炎克雷伯菌在医院内感染脓毒症的常见病原菌中发生率呈增多趋势，并常对多种抗生素耐药；变形杆菌属，本菌属中引起脓毒症的75%~90%为奇异变形杆菌；类杆菌属，是各种厌氧菌中感染率最高的细菌，属于条件致病菌，也是引起脓毒症最常见的厌氧菌。常见的类杆菌有脆弱类杆菌、吉氏类杆菌、中间类杆菌、卵性类杆菌、多形类杆菌、普通类杆菌等；肠杆菌属中引起全身感染的为产气杆菌，广泛存在于自然界的水、土壤、垃圾中，人类及动物肠道内亦存在；其他，如一些寄居肠道内的通常不易致病的革兰氏阴性杆菌包括摩拉菌属、产碱杆菌、沙雷菌属、枸橼酸杆菌属、爱德华菌属、黄色杆菌属、不动杆菌属等，在某些情况下也可引起脓毒症。

（三）厌氧菌

占病原菌血流感染的5%~7%，包括革兰氏阴性的类杆菌属、韦荣菌属、梭杆菌属，革兰氏阳性的丙酸杆菌属、消化链球菌属。近年来随着厌氧菌培养技术的不断进步和广泛应用，厌氧菌感染及其脓毒症的发现率及报告率明显增多。

（四）真菌

以白色假丝酵母菌、热带假丝酵母菌、毛霉菌及曲霉菌等最为常见。发生真菌脓毒症的病人多有严重基础疾病，如恶性肿瘤、血液病、糖尿病、肝及肾衰竭、重度烧伤等，或因长期大量应用广谱抗生素、肾上腺皮质激素或细胞毒性药物等使正常菌群失调或抵抗力下降而引起二重感染。器官移植及肿瘤患者可以发生马尔尼非青霉菌脓毒症。

（五）病原菌的变迁

引起脓毒症的病原菌种类繁多，由于抗生素的广泛应用，对不同年代血流感染的病原菌组成产生了重大的影响。80年代以来，随着3代头孢菌素及氟喹诺酮类的应用，G$^-$细菌脓毒症减少，G$^+$细菌脓毒症增加。目前，在城市，革兰氏阴性杆菌已逐渐成为脓毒症的首要病原菌。在其组成方面，肺炎克雷伯菌、铜绿假单胞菌、阴沟杆菌、不动杆菌、脆弱类杆菌所占的比例正在上升，而大肠埃希菌则相对减少。近年来，随着抗菌药物的广泛运用以及更多的有创操作和特大手术的开展，耐药菌株（如ESBL、MRSA）脓毒症和条件致病菌（表皮葡萄球菌、克雷伯杆菌、不动杆菌）脓毒症及耐药性很强的肠球菌脓毒症呈上升趋势；厌氧菌脓毒症和真菌脓毒症也呈较快的上升趋势，临床治疗非常棘手。

【发病机制】

病原菌从不同途径侵入血液循环后是否引起脓毒症取决于人体的防御免疫功能和细菌的毒力与数量。

各种病原菌的入侵途径及特点有所不同。包括自然途径，如大肠埃希菌及某些革兰氏阴性杆菌脓毒症多继发于肠道、胆道或泌尿生殖道炎症。金葡菌脓毒症多源于皮肤化脓性炎症、烧伤创面感染、中耳炎、肺炎、口咽部炎症及女性生殖道炎症。铜绿假单胞菌脓毒症常继发于尿路、呼吸道及皮肤创面感染，也常发生于血液病及恶性肿瘤的病程中。厌氧菌脓毒症常来自肠道、腹腔和女性生殖道炎症。真菌脓毒症多继发于口腔、肠道及呼吸道感染。医源性途径，如各种手术操作及内镜检查、静脉插管、血液透析或腹膜透析、人工瓣膜等装置的放置，以及静脉输液、输血等诊疗技术操作的开展，增加了细菌进入血液循环的途径。

1. 人体因素　机体防御免疫功能缺陷或下降是导致脓毒的重要原因。健康者在病原菌入侵后，一般仅表现为短暂的菌血症，细菌可被人体的免疫防御系统迅速消灭，不引起明显症状；但各种免疫防御功能缺陷者（包括局部和全身屏障功能的丧失），均易发生脓毒症；各种原因引起的中性粒细胞缺乏或减少以及各种大手术的开展等都是重要诱因;各种侵袭性操作等都可破坏局部屏障防御功能,有利于病原菌的入侵;存在严重的慢性基础疾病,如糖尿病、肝硬化、结缔组织病、尿毒症等。如患者同时存在两种或两种以上诱因时,发生脓毒的危险性将明显增加。在上述各种诱因中,静脉导管留置引起的葡萄球菌脓毒症,在医院内感染脓毒症中占重要地位;留置导尿管则常是大肠埃希菌脓毒症、铜绿假单胞菌脓毒症的诱因。

2. 细菌因素　G⁻杆菌所产生的内毒素能损伤心肌和血管内皮,激活补体系统、激肽系统、凝血与纤溶系统,以及交感肾上腺髓质系统,促肾上腺皮质激素-内啡肽系统等,并可激活各种血细胞和内皮细胞。产生多种细胞因子、炎症介质、氧自由基、急性期反应物质、生物活性脂质、心血管调节肽等,导致微循环障碍、感染性休克及 DIC 等。G⁺细菌产生大量的外毒素,有助于细菌的生长繁殖,导致严重的脓毒症和脓毒性休克。金黄色葡萄球菌可以产生血浆凝固酶、杀白细胞毒素、α-溶血素、肠毒素、剥脱性毒素和红疹毒素。铜绿假单胞菌可以产生蛋白酶、磷脂酶 C 及外毒素 A。肺炎链球菌自身的荚膜可以抗吞噬,也可以产生溶血素和神经氨酸酶。

3. 免疫功能紊乱　脓毒症免疫障碍特征主要为丧失迟发性过敏反应、不能清除病原体、易感医源性感染。脓毒症免疫功能紊乱的机制,一方面是作为免疫系统的重要调节细胞 T 细胞功能失调,炎症介质向抗炎反应漂移,致炎因子减少,抗炎因子增多;另一方面则表现为免疫麻痹,即细胞凋亡与免疫无反应性,T 细胞对特异性抗原刺激不发生反应性增殖或分泌细胞因子。

【临床表现】

脓毒症临床表现常因病原菌不同、机体的免疫状态各异而各有不同。一般以急性起病,主要临床表现为寒战、高热、白细胞显著增高等全身中毒症状,属全身炎症反应综合征。

（一）共同特点

1. 原发感染灶　多数脓毒症患者有轻重不等的原发感染灶,常见的为毛囊炎、痈或脓肿、皮肤创伤、胆道、呼吸道、消化道和泌尿道等的感染。脓毒症也常见于有慢性疾病的患者如糖尿病、慢性阻塞性支气管、白血病、再生障碍型贫血等。表现为所在部位红、肿、热、痛和功能障碍,由于病原菌及毒素入血可引起不同程度的脓毒症表现。

2. 全身毒血症状　常见寒战、高热,多为弛张热或间歇热,伴有头痛、肌肉关节酸痛、乏力倦怠、呼吸和心率增快等,少部分病例有恶心、呕吐、腹痛、腹泻等胃肠道症状。严重时可见感染性休克、DIC、中毒性脑病、心肌炎、不同程度肝功异常等症状。

3. 皮疹　以淤点最常见,多分布在躯干、四肢、眼结膜、黏膜及甲床等处,但往往数量不多。球菌感染引起的脓毒症可出现荨麻疹、猩红热样皮疹、脓疱疹、烫伤样皮疹、瘀斑等,铜绿假单胞菌脓毒症可出现中心坏死性皮疹。

4. 关节症状　主要出现在某些革兰氏阳性球菌和产碱杆菌脓毒症,表现为关节红肿、疼痛、活动受限等,关节腔积液、积脓少见。

5. 肝脾肿大及黄疸　所有脓毒病人均有不同程度的肝、脾肿大,尤其存在明显肝脓肿的患者,发生严重的中毒性肝炎时可出现不同程度肝功异常和黄疸。

6. 迁徙性感染　迁徙性病灶多见于化脓球菌如金葡菌、厌氧菌所致的脓毒症,是由病原菌经血流播散到全身组织器官所引起的继发性局部感染,表现为化脓性炎症或继发性脓肿。以皮下脓肿、肺脓肿、肝脓肿、关节炎、骨髓炎、心包炎等较为常见,少数患者可出现脑脓肿。金葡菌、肠球菌、溶血性链球菌所致的脓毒症可导致急性或亚急性心内膜炎。

迁徙病灶的多寡与病原菌种类相关,金葡菌易引发多发性化脓性炎症或脓肿,如肌肉脓肿、肺脓肿和肝脓肿等;肺炎球菌常引发化脓性脑膜炎,并容易形成包裹,甚至形成脑脓肿;大肠埃希菌与其他一些革兰氏阴性杆菌一样,一般不引起迁徙性病灶。

（二）常见脓毒症的临床特点

1. 革兰氏阳性球菌脓毒症　常见的革兰氏阳性球菌包括金葡菌、肠球菌、表皮葡萄球菌等。金葡菌脓毒症多发生于身体状况较好的人员，多见于严重痈、急性蜂窝织炎、大面积烧伤及骨关节的化脓性感染。急性起病，寒战、高热，多呈稽留热，体温持续在39～41℃之间。皮疹为多形性，以出瘀点，或脓疱疹多见，关节症状明显，常表现为大关节疼痛、局部红肿和功能障碍。约有半数的患者出现迁徙性感染表现，最常见的是多发性肺部浸润，严重时甚至形成脓肿，约8%的病例出现感染性心内膜炎，感染性休克少见。肠球菌脓毒症占医院内感染脓毒症的10%，其发生率有增多的趋势，感染途径以泌尿生殖道、腹腔较常见，常发生于消化道肿瘤和腹腔感染的患者，容易并发心内膜炎。由于肠球菌通常对多种抗菌药物，包括头孢菌素类耐药，故其临床危害大。表皮葡萄球菌脓毒症从20世纪60年代才引起重视，占血流感染总数的10%～15%，尤以医院内感染者为多，见于体内植入异物如人工瓣膜、起搏器和人工关节等，表皮葡萄球菌耐药情况严重，特别是在接受广谱抗生素治疗的患者，其耐药菌株明显增多，治疗困难。

2. 革兰氏阴性杆菌脓毒症　多发生于机体免疫防御功能低下者，医院内感染较多，感染途径主要是泌尿生殖道、呼吸道、肠道或胆道。临床上表现为双峰热、相对缓脉等，部分严重患者体温可不升，约40%发生感染性休克，严重时出现多脏器功能衰竭、DIC等，病死率较高。常见的革兰氏阴性杆菌有大肠埃希菌、肺炎克雷伯杆菌、铜绿假单胞菌、阴沟肠杆菌及不动杆菌等。

3. 厌氧菌脓毒症　占所有血流的7%～20%，医院内感染为主，近年呈上升趋势，并常引起复数菌脓毒症。入侵途径以胃肠道和女性生殖道多见，压疮、坏疽也是重要的感染途径。致病菌主要为脆弱类杆菌（占80%～90%），其次为链球菌、产气荚膜杆菌等。常表现为发热，体温高于38℃，约30%可发生感染性休克或DIC。部分患者可出现道黄疸、血栓性静脉炎、迁徙性损害和脓肿等表现。

4. 真菌脓毒症　多为严重机会性感染的后果，常见于老年、体弱和多病的患者。以白色假丝酵母菌、热带假丝酵母菌多见，其他常见的有曲霉菌、隐球菌等。近年来真菌脓毒症发生率明显增高，主要是医院内感染，多发生在免疫功能低下者，临床上长期接受广谱抗生素、免疫抑制药、肿瘤化学治疗的患者容易发生。常累及肺、脾、心内膜及腹腔等。病情严重但临床表现较细菌性脓毒症为轻，其症状常被原发病的症状所掩盖，容易为临床医生忽略，有的病例死后才确诊。对易感人群应注意局部真菌感染的证据，外周血及清洁中段尿真菌培养阳性，动态检测G试验和GM试验有助诊断。

5. 医院获得性脓毒症　近20年来，医院获得性脓毒症（hospital-acquired septicemia，HAS）发生率上升，占全部脓毒症的30%～60%，且其病死率比社区获得性脓毒症高40%以上。患者多有严重基础疾病，经手术或有创检查，或长期应用免疫抑制剂、广谱抗生素等。病原菌的特点表现为多样性、多源性和多耐药性。以大肠埃希菌、铜绿假单胞菌、克雷伯杆菌等革兰氏阴性菌耐药菌为主。耐甲氧西林金葡菌占金葡菌的35%以上，耐甲氧西林凝固酶阴性葡萄球菌已超过45%。临床表现因基础疾病掩盖而不典型，病情危重，病死率高。

【实验室检查】

（一）一般检查

外周血白细胞总数增多，一般在（10～30）×10^9/L，中性粒细胞增高多在80%以上，可出现类白血病样反应，并可见明显核左移和中毒颗粒。机体免疫力下降者及某些革兰氏阴性杆菌感染时，白细胞总数可正常或偏低，但中性粒细胞比例增高。

（二）病原学检查

1. 血培养　在抗菌药物应用前、寒战、高热时采血，多次送检，每次采血量5～10ml可以提高阳性率。尽可能同时做需氧、厌氧及真菌培养。

2. 骨髓培养　骨髓中细菌较多，受抗生素影响小，其阳性率高于血培养。

3. 体液及分泌物培养　原发感染灶和迁徙性病灶的脓液或分泌物培养,胸水、腹水、脑脊液等培养有助于判断脓毒症的病原菌。脓毒症病人的培养阳性率只有 40% ~ 60%,分离病原菌后应作药敏试验,以便选择合适的抗菌药物。

（三）其他检查

血清降钙素原(PCT)测定对早期诊断细菌感染有积极的意义,动态监测 PCT 水平变化可以判断疗效以及药物的敏感性。

【诊断】

1. 目前临床上诊断成人脓毒症要求有明确感染或可疑感染加上以下指标:

（1）全身情况:发热(>38.3℃)或低体温(<36℃);心率增快(>90 次/min)或>年龄正常值之上 2 个标准差;呼吸增快(>30 次/min);意识改变;明显水肿或液体正平衡>20ml/kg,持续时间超过 24h;高血糖症(血糖>7.7mmol/L)而无糖尿病史。

（2）炎症指标:白细胞增多(>12×10⁹/L 或白细胞减少(<4×10⁹/L)或白细胞正常但不成熟细胞>10%;血浆 C 反应蛋白>正常值 2 个标准差;血浆降钙素原>正常值 2 个标准差。

（3）血流动力学指标:低血压(收缩压<90mmHg,平均动脉压<70mmHg 或成人收缩压下降>40mmHg,或低于年龄正常值之下 2 个标准差);混合静脉血氧饱和度(SvO₂)>70%;心脏指数(CI)>3.5L/(min·m²)。

（4）器官功能障碍参数:氧合指数(PaO₂/FiO₂)<300;急性少尿,尿量<0.5ml/(kg·h);肌酐增加≥44.2μmol/L;凝血功能异常(国际标准化比值>1.5 或活化部分凝血活酶时间>60s);肠麻痹:肠鸣音消失;血小板减少(<100×10⁹/L);高胆红素血症(总胆红素>70mmol/L)。

（5）组织灌注参数:高乳酸血症(>3mmol/L);毛细血管再充盈时间延长或皮肤出现花斑。

2. 严重脓毒症　合并出现器官功能障碍表现的脓毒症。

3. 脓毒性休克　其他原因不可解释的,以低血压为特征的急性循环衰竭状态,是严重脓毒症的一种特殊类型。包括:

（1）收缩压<90mmHg 或收缩压较原基础值减少>40mmHg 至少 1h,或依赖输液及药物维持血压,平均动脉压<60mmHg;

（2）毛细血管再充盈时间>2s;

（3）四肢厥冷或皮肤花斑;

（4）高乳酸血症;

（5）尿量减少。

【治疗】

（一）病原治疗

1. 原则　脓毒症症病原治疗应个体化,结合药代动力学、药效学的特点,制定安全有效的治疗方案。在未获得病原菌之前,根据经验选择抗菌药物,然后根据药物敏感试验的结果进行调整。严重病例采用降阶梯治疗,必要时联合治疗。

2. 脓毒症常见病原治疗

（1）革兰氏阳性球菌脓毒症:社区获得革兰氏阳性菌多为不产青霉素酶的金葡菌或 A 组溶血性链球菌所致,可选用普通青霉素或半合成青霉素,或第一代头孢菌素,如头孢唑林。B 组溶血性链球菌选用第一代头孢菌素,或与氨基糖苷类抗菌药物联合。医院感染脓毒症 90%以上为 MRSA 所致,多数凝固酶阴性,呈多重耐药,治疗可以选择万古霉素、替考拉宁或利奈唑胺,或与利福平联合应用。肠球菌脓毒可选用半合成青霉素联合氨基糖苷类,或万古霉素,或半合成青霉素联合链霉素。

（2）革兰氏阴性杆菌脓毒症:多数革兰氏阴性菌耐药性高,应以第三代、第四代头孢菌素为主,或与氨基糖苷类联合治疗。大肠埃希菌、克雷伯菌、肠杆菌可用第三、四代头孢菌素,如头孢噻肟、头孢曲松、头孢吡肟;

铜绿假单胞菌可用头孢哌酮、头孢他啶、环丙沙星或碳青霉烯类药物；不动杆菌可选用氨基糖苷类抗生素加第三代头孢菌素或酶抑制剂；产金属 β-内酰胺酶细菌可用替加环素、多粘菌素、磷霉素联合氨基糖苷类等。

（3）厌氧菌脓毒症：可用替硝唑或甲硝唑，半合成头霉素头孢西丁、头孢替坦及碳青酶烯类药物对脆弱类杆菌均敏感。

（4）真菌脓毒症：根据致病菌、患者的肝肾功能状态和药物特点可以选择氟康唑、伏立康唑、伊曲康唑或棘白菌素等。两性霉素 B 抗真菌作用强、抗菌谱广，但毒性大在临床使用受限，需要重新评价。

3. 剂量与疗程　脓毒症病情重、转化快，抗菌治疗时药物的剂量应该足够，疗程够长。一般用至体温正常和感染症状、体征消失后 5~10 天。如有原发病灶或迁徙性病灶疗程适当延长，合并感染性心内膜炎者疗程可达 4~6 周。

（二）处理原发病灶

引流脓肿或局部感染病灶，清除坏死组织，去除潜在感染装置，导管感染相关的脓毒症应及早拔出或更换导管。胆道、泌尿道梗阻者应手术治疗。

（三）对症治疗

维护心、脑、肾、肺等重要器官的功能。感染性休克者应及时扩容、纠酸、应用血管活性药物或肾上腺皮质激素治疗。维持水、电解质、能量和酸碱平衡，必要时输入新鲜血浆、血清及白蛋白等。有基础疾病的脓毒症应积极治疗原发病。

【预后】

病死率约 30%~40%，随病原种类及基础疾病不同而异。脓毒症病情凶险，病死率高，大约有 9% 的脓毒症患者会发生脓毒性休克和多器官功能不全，重症监护室中一半以上的死亡是由脓毒性休克和多器官功能不全引起的，脓毒症成为重症监护病房内非心脏病人死亡的主要原因。

【预防】

尽量避免外伤，创伤局部及时消毒处理，积极控制局部感染。避免挤压疖、痈等皮肤感染，减少有创检查及治疗，定期置换静脉导管，避免滥用抗生素，严格执行院内感染控制措施，严格手卫生等，对预防脓毒症有重要意义。

（周　智）

学习小结

脓毒症为宿主对感染的免疫反应失调引起的危及生命的器官功能障碍。通常起病急骤、主要表现为寒战、高热、白细胞显著增加、休克等全身中毒症状。引起脓毒症的病原菌主要包括细菌或真菌、分枝杆菌等。病原菌从不同途径侵入血液循环后是否引起脓毒症取决于人体的防御免疫功能和细菌的毒力与数量。金葡菌所致脓毒症约有半数的患者存在迁徙性感染；肠球菌脓毒症容易并发心内膜炎；革兰氏阴性杆菌脓毒症易发生感染性休克。厌氧菌脓毒症常并发中毒性肝炎。

医院获得性脓毒症病原菌的特点表现为多样性、多源性和多耐药性。

血或骨髓培养获得病原菌是脓毒症确诊的依据。病灶脓液或分泌物培养有助诊断。详细询问病史、全面体格检查、必要的实验室检查、合理用药、疗效的观察是及时诊断和正确治疗的前提。

明确治疗原则，尽早给予经验性选择的抗生素；积极控制原发病灶；病原菌明确后选用敏感抗生素治疗；支持疗法和重要器官功能维护等也尤为重要。

复习参考题

1. 简述金葡菌脓毒症的特点。

2. 简述脓毒症治疗原则。

第十七节　感染性休克

学习目标	
掌握	感染性休克的相关概念、临床表现及治疗原则。
熟悉	感染性休克的病因、诊断及鉴别诊断。
了解	感染性休克的发病机制与病理生理。

感染性休克(septic shock)是由病原微生物及其毒素、胞壁产物等侵入血液循环,激活机体的细胞免疫和体液免疫,产生各种细胞因子和炎性介质,引起机体急性微循环灌注不足,导致组织缺氧、细胞损害、代谢紊乱和功能障碍,甚至多脏器功能衰竭的危重综合征。感染性休克是致病微生物与宿主防御机制间相互作用的结果,因此病原菌的毒力和数量以及机体的免疫防御应答是决定休克发生发展的重要因素。易并发感染性休克的疾病有革兰氏阴性杆菌败血症、流行性脑脊髓膜炎(暴发型)、肺炎、化脓性胆管炎、腹腔感染、中毒型菌痢等。

【病因学】

1. 病原体　引起感染性休克的常见致病菌为革兰氏染色阴性细菌,如肠杆菌科细菌(大肠埃希菌、克雷伯菌、肠杆菌等);不发酵杆菌(假单胞菌属、不动杆菌属等);脑膜炎球菌;类杆菌等。革兰氏染色阳性菌,如葡萄球菌、链球菌、肺炎链球菌、艰难梭菌等。某些病毒亦可引起感染性休克的发生,如引起肾综合征出血热的汉坦病毒。

2. 宿主因素　原有慢性基础疾病,如肝硬化、糖尿病、恶性肿瘤、白血病、烧伤、器官移植、长期接受肾上腺皮质激素等免疫抑制剂、广谱抗菌药物,应用与创伤性诊治相关的血管内装置、留置导尿等,在继发细菌感染后易并发感染性休克。因此感染性休克多见于合并医院感染的患者,尤其是老年人、婴幼儿、产妇、大手术后体力恢复较差者。

【发病机制及病理生理】

感染性休克是病原微生物与宿主间相互作用、互为因果的综合结果。其发病机制极为复杂。20世纪60年代提出的微循环障碍学说,为休克的发病机制奠定了基础。目前的研究已深入到细胞和分子水平。内毒素等及其诱导产生的炎症介质的过度表达,是引起组织细胞代谢及功能障碍发生、发展的主要原因。

（一）微循环障碍

在休克的发生发展过程中,微血管经历痉挛、扩张和麻痹三个阶段:

1. 缺血缺氧期　通过神经反射、病因的直接作用等引起体内儿茶酚胺增加、肾素-血管紧张素-醛固酮系统的激活、血小板黏附聚集产生的血栓素 A_2(TXA_2)和血小板活化因子(PAF)、花生四烯酸代谢产物白三烯(LT)以及内皮素等活性增加,上述因子共同作用使微血管发生强烈痉挛(α受体兴奋),内毒素本身亦具拟交感作用,致微循环灌注减少,毛细血管网缺血缺氧。

2. 淤血缺氧期　微循环血液灌注减少、组织缺血缺氧、无氧代谢酸性产物(乳酸)增加、肥大细胞组胺释放、缓激肽形成增多,致微动脉对儿茶酚胺的敏感性降低而舒张,毛细血管开放,而微静脉端仍持续收缩,加上白细胞附壁黏着,致流出道阻力增大,微循环内血液淤滞,毛细血管流体静压增高,其通透性增加,血浆外渗,造成组织水肿,血液浓缩,有效循环血量减少,回心血量进一步降低,血压明显下降,缺氧和酸中毒更显著,自由基生成增多,通过脂质过氧化而损伤细胞。

3. 微循环衰竭期 毛细血管网血流停滞,血细胞聚集,加之血管内皮损伤,促进内凝血过程而引起DIC。组织细胞严重缺氧、大量坏死,进而多器官功能衰竭,致使休克难以逆转。

(二)休克的细胞与分子水平的发病机制

细胞代谢障碍可继发于微循环障碍,但也可为原发性的,由病原微生物及其产物直接引起。如革兰氏阴性细菌的内毒素、外毒素、蛋白酶;革兰氏阳性细菌的外毒素与细胞壁成分;病毒及其产物均可引起全身炎症连锁反应。内毒素可释放入血或直接作用于多种效应细胞(单核-巨噬细胞、中性粒细胞、内皮细胞等),产生各种炎症介质。初始炎症介质为肿瘤坏死因子(TNF-α)和白细胞介素-1(IL-1)。TNF-α与IL-1又可进一步引起细胞因子 IL-6、IL-8、IL-12、干扰素(IFN),及其他脂类介质如血栓素、白三烯、血小板活化因子、前列腺素等释放,进一步放大炎症反应。内毒素可诱导磷脂酶 A_2 使花生四烯酸生成前列腺素 E(PGE)、前列腺素 F(PGF)、前列腺素 I_2(PGI_2)和血栓素等。机体的炎症反应是一双相反应,炎症反应一旦启动,代偿性抗炎反应也被激活,包括抗炎介质如 IL-4、IL-10、IL-13、糖皮质激素、转化生长因子(TGF)、前列腺素E_2(PGE_2)等。若两者不能平衡,就会引起过度的炎症反应,导致休克和多脏器功能衰竭。

近年来,一氧化氮(NO)被确认为导致低血压的重要介质。NO 激活可溶性鸟苷酸环化酶,结果提高细胞内 cGMP 水平,引起血管平滑肌扩张和降低收缩反应性,造成顽固性低血压的发生和心肌收缩性的抑制。并可增加血管通透性,抑制线粒体呼吸,降低血管平滑肌反应性,和增加内毒素对内皮细胞的损害。

(三)休克时代谢改变

在休克应激情况下,糖原和脂肪代谢亢进,初期血糖、脂肪酸、甘油三酯增加;随着休克进展,出现糖原耗竭、血糖降低、胰岛素分泌减少、胰高糖素则分泌增多。休克早期,由于细菌毒素对呼吸中枢的直接刺激或有效循环血量降低的反射性刺激,引起呼吸增快、换气过度,导致呼吸性碱中毒;继而因脏器氧合血液不足、生物氧化过程障碍,线粒体三羧酸循环受抑制,ATP 生成减少,乳酸形成增多,导致代谢性酸中毒,呼吸深大而快;休克后期,可因肺、脑等脏器功能损害,导致混合性酸中毒,可出现呼吸幅度和节律的改变。ATP生成不足使胞膜上钠泵运转失灵,细胞内外离子分布失常,细胞内 Na^+ 增多、K^+ 降低,造成细胞水肿、线粒体明显肿胀、基质改变,Ca^{2+} 内流,胞浆内 Ca^{2+} 增多,激活磷脂酶 A_2,使胞膜磷脂分解,产生花生四烯酸,进而经环氧化酶和脂氧化酶途径生成前列腺素、PGI_2 和 TXA_2,及 LT 等炎症介质,引起一系列病理生理变化,造成细胞自溶死亡,使休克进一步发展。

(四)主要脏器的病理变化

1. 肺脏 感染性休克时肺的微循环灌注不足,肺表面活性物质减少,使肺泡不能维持一定张力,从而发生肺萎缩。当肺部发生 DIC 时,微血栓形成致肺组织淤血、出血,间质水肿,形成透明膜,导致肺实变。

2. 心脏 休克时心肌纤维变性、坏死或断裂、间质水肿、心肌收缩力减弱,冠状动脉灌注不足,心肌缺血缺氧。亚细胞结构也发生变化,肌浆网摄 Ca^{2+} 能力减弱,Na^+-K^+-ATP 酶失活,代谢紊乱,酸中毒等可致心力衰竭。

3. 肾脏 休克时为保证心脑的血液供应,血流量重新分配而致肾小动脉收缩,使肾灌注量减少。因此在休克早期就有少尿甚至无尿。在持续性休克时,可造成肾小管坏死,间质水肿,导致急性肾衰竭。并发DIC 时,肾小球有广泛血栓形成,造成肾脏皮质坏死。

4. 脑 休克时脑血液灌注不足,星形细胞发生肿胀而压迫血管,血管内皮细胞亦肿胀,造成微循环障碍而加重脑缺氧,导致脑水肿。

5. 肝脏和胃肠 休克时易导致缺氧,持久的缺氧使肝脏代谢氨基酸和蛋白质分解产物的功能受损,糖原耗竭。出现肝细胞变性、坏死。胃肠道黏膜也同样存在微循环障碍,缺血的黏膜损伤可以形成溃疡,病人表现为呕吐或便血。

【临床表现】

（一）感染性休克的临床分期

1. 休克早期　除少数高排低阻型休克（暖休克）病例外，大多数患者有交感神经兴奋症状：神志尚清，但烦躁、焦虑，面色和皮肤苍白、口唇和甲床轻度发绀、肢端湿冷，可有恶心、呕吐，心率增快，呼吸深而快，尿量减少，血压尚正常或偏低，脉压小，眼底和甲皱微循环检查可见动脉痉挛。

2. 休克中期　患者烦躁或意识不清，呼吸浅速，皮肤湿冷，有发绀，心音低钝，脉搏细速，按压稍重即消失，表浅静脉萎陷，血压下降，收缩压<80mmHg，脉压<30mmHg，原有高血压者降低20%以上，尿量更少或无尿。

3. 休克晚期　患者出现 DIC 和重要脏器功能衰竭，主要表现为：

（1）DIC：患者表现顽固性低血压和广泛皮肤、黏膜和（或）内脏、腔道出血。

（2）急性肾功能衰竭：尿量减少或无尿，尿比重固定，肾功能异常，血钾升高。

（3）急性心功能不全：患者突然呼吸急促、发绀、心音低钝、心率加快，心律失常，出现奔马律，也有患者心率不快，中心静脉压升高和（或）肺动脉楔压升高。心电图示心肌损害、心律失常等改变。

（4）急性呼吸窘迫综合征（ARDS）：表现为进行性呼吸困难、发绀，胸片示散在小片状浸润影，且逐渐融合、扩大。血气分析示 $PaO_2<60mmHg$，$PaO_2/FiO_2 \leqslant 200$。

（5）脑功能障碍：出现意识障碍、抽搐、肢体瘫痪，甚至出现中枢性呼吸衰竭。

（6）其他：可有肝衰竭引发肝性脑病、黄疸等。胃肠道功能紊乱表现为肠胀气、消化道出血等。

（二）感染性休克的特殊类型

中毒性休克综合征（toxic shock syndrome，TSS），包括金葡菌 TSS 和链球菌 TSS。

1. 金葡菌 TSS　是由非侵袭性金葡菌产生的外毒素引起。其感染灶以皮肤感染为多，次为上呼吸道感染。主要临床表现为高热，体温在 39℃ 以上，咽痛，头痛，伴恶心、呕吐，腹痛、腹泻，全身肌肉、关节疼痛及猩红热样皮疹等症状，严重者可出现意识障碍，休克，多脏器功能损害，恢复期可出现皮肤脱屑。

2. 链球菌 TSS（STSS）　也称链球菌 TSS 样综合征。主要由 A 组链球菌的外毒素 A 引起。主要临床表现为起病急骤，有畏寒、发热、头痛、咽痛、呕吐、腹泻，猩红热样皮疹等全身中毒症状，恢复期也出现皮肤脱屑。重者出现意识障碍、休克、甚至多器官功能损害。

【实验室检查】

1. 血常规检查　白细胞数高达（10~30）×10^9/L，中性粒细胞比例增高伴核左移现象，血细胞比容和血红蛋白增高，并发 DIC 时血小板进行性减少。

2. 尿常规和肾功能检查　发生急性肾功能衰竭时，尿比重由病初的偏高转为低而固定（1.010 左右），尿/血肌酐比值>15，尿/血毫渗量之比<1.5，尿钠排泄量>40mmol/L 等。

3. 生化检查　应作血气分析判定是否存在呼吸衰竭或混合性酸中毒。血钠偏低，血钾高低取决于肾功能情况。血清丙氨酸氨基转移酶（ALT）、肌酸磷酸激酶（CPK），乳酸脱氢酶同工酶测定能反映组织、脏器的损害情况。

4. 病原学检查　在抗菌药物治疗前进行血（或其他体液、渗出物等）细菌培养，分离出致病菌后作药敏试验。

5. 血液流变学检查及有关 DIC 的检查　休克时血液黏度增高，初期呈高凝状态，其后纤溶亢进转为低凝阶段。发生 DIC 时，血小板计数进行性降低，凝血酶原时间及凝血活酶时间延长，纤维蛋白原减少，纤维蛋白降解产物增多；凝血酶时间延长，血浆鱼精蛋白副凝试验（3P 试验）阳性。

6. 其他　心电图、X 线检查等按需进行。

【诊断与鉴别诊断】

（一）诊断

对易诱发感染性休克的疾病应密切观察患者的病情变化。下列征象的出现预示感染性休克发生的可能:体温过高(>40.5℃)或过低(小于36℃);非神经系统感染而出现神志改变,如表情淡漠或烦躁不安;呼吸加快伴低氧血症,和(或)出现代谢性酸中毒,而胸片无异常发现;收缩压<90mmHg 或体位性低血压;心率明显增快、与体温升高不平行,或出现心律失常;尿量减少或无尿;不明原因的肝肾功能损害等。

（二）鉴别诊断

感染性休克应与低容量性休克,心源性休克等鉴别。

【预后】

感染性休克的预后与下列因素有关:经积极抢救治疗后患者休克很快逆转或原发病得以很好控制者,则预后较好;反之,有严重的原发基础病,合并严重的酸中毒,并发 DIC 或多脏器功能衰竭等预后差,死亡率高。

【治疗】

包括积极控制感染、抗休克治疗和抗内毒素、抗炎症介质治疗。

（一）病因治疗

在病原菌未确定前,可根据临床表现、原发病灶等推测最可能的致病菌,选用强力的、抗菌谱较广的杀菌剂进行治疗,待病原菌确定后,再依据药敏结果调整用药。抗生素的早期合理应用能显著提高患者的存活率,因此应根据药物的适应证、抗菌活性及耐药性的变迁等因素来选用抗生素。抗生素的剂量宜较大,首次可用加倍量,应于静脉内给药,以联合应用两种药为宜。在有效抗菌药物治疗的基础上,为减轻毒血症症状,可予短程肾上腺皮质激素治疗。

（二）抗休克治疗

1. 补充血容量　补充血容量是抗休克治疗的基本手段。其所选用液体应包括胶体液和晶体液的合理组合。

（1）胶体液:①低分子右旋糖酐(分子量2万~4万):能覆盖红细胞、血小板和血管内壁,增加互斥性,防止红细胞凝集,抑制血栓形成,改善血流。静脉输注后可提高血浆渗透压、拮抗血浆外渗,从而扩充血容量,降低血液黏滞度,疏通微循环,防止 DIC。宜以较快速度滴入(4 小时内),每日用量以不超过 1000ml 为宜。有肾功能不全、充血性心力衰竭和出血倾向者勿用。偶可引起过敏反应;②白蛋白、血浆、全血:适用于有低蛋白血症者,如肝硬化、肾病综合征、急性胰腺炎等病例。无贫血者不必输血,有 DIC 者输血也应审慎。血细胞比容以维持在 35%~40% 为宜;③其他:羟乙基淀粉(706 代血浆)亦可提高胶体渗透压,且副作用较小。

（2）晶体液:碳酸氢钠或乳酸钠林格液等平衡液所含离子浓度接近于人体血浆水平,应用后可提高功能性细胞外液容量,并可纠正酸中毒,但对有明显肝功能损害者以用碳酸氢钠林格液为宜。5%~10%葡萄糖液主要供给水分和能量,减少蛋白和脂肪的分解。25%~50%葡萄糖液尚有短暂扩容和渗透性利尿作用。休克早期不宜应用。

一般先给低分子右旋糖酐(或平衡盐液),有明显酸中毒者可先输给5%碳酸氢钠,特殊情况可先输血浆或白蛋白。输液宜先快后慢,先多后少,力争在短时间内改善微循环、逆转休克状态。补液量宜视患者的具体情况和心、肺、肾功能状况而定。补液过程中宜注意观察患者有无肺水肿征象出现,必要时可测定中心静脉压和(或)肺动脉楔压,或测肺动脉楔压与血浆胶体渗透压的梯度作为监护。扩容治疗要求达到:①组织灌注良好、神清、口唇红润、肢端温暖、发绀消失;②收缩压>90mmHg,脉压>30mmHg;③脉率<100 次/min;④尿量>30ml/h;⑤血红蛋白恢复至基础水平,血液浓缩现象消失。

2. 纠正酸中毒　纠正酸中毒可增强心肌收缩力、恢复血管对血管活性药物的反应性,防止 DIC 的发生。常用的缓冲碱药物有:①5%碳酸氢钠(为首选):轻症休克每日 400ml,重症休克每日 600~800ml。亦可参照 CO_2CP 测定结果计算,5%碳酸氢钠 0.5ml/kg 可使 CO_2CP 提高 0.449mmol/L;②11.2%乳酸钠(为次选):11.2%乳酸钠 0.3ml/kg 可提高 CO_2CP 0.449mmol/L,在高乳酸血症和肝功能损害者不宜采用;③三羟甲基氨基甲烷(THAM)适用于需限钠的患者,因易透入细胞内,利于细胞内酸中毒的纠正。其缺点为滴注溢出静脉外可致局部组织坏死,滴注速度过快可抑制呼吸,甚至引发呼吸停止。缓冲碱主要起治标作用,如血容量不足,缓冲碱的效能亦难以发挥,故补充血容量,改善微循环的灌注,才是纠正酸中毒的根本治疗方法。

3. 血管活性药物的应用

(1) 扩血管药物:适用于低排高阻型休克(冷休克),应在充分补充血容量的基础上使用。常用有:①α 受体阻滞剂:可解除内源性去甲肾上腺素引起的微血管痉挛和微循环淤滞。使肺循环内血液流向体循环而防止肺水肿的发生。代表药物为酚妥拉明(苄胺唑啉),其作用快而短,易于控制。剂量为 0.1~0.5mg/kg,加入 100ml 葡萄糖液中静脉滴注,情况紧急时可以 1~5mg 稀释后静脉缓注,余量静滴。不宜用于心肌梗死、心力衰竭者,必要时应与等量去甲肾上腺素同时滴注以防血压急骤下降而造成不良后果;②抗胆碱能药:有阿托品、山莨菪碱、东莨菪碱等。山莨菪碱副作用轻、毒性低,可作为首选。本组药物具有解除血管痉挛、阻断 M 受体、维持细胞内 cAMP/cGMP 的比值态势;兴奋呼吸中枢、解除支气管痉挛、保持通气良好;调节迷走神经、提高窦性心律、降低心脏后负荷、改善微循环;稳定溶酶体膜、抑制血小板和中性粒细胞聚集等作用。剂量和用法:山莨菪碱每次 0.3~0.5mg/kg(儿童剂量可酌减);阿托品每次 0.03~0.05mg/kg;东莨菪碱每次 0.01~0.03mg/kg;每 10 分钟~30 分钟静脉注射 1 次。病情好转后延长给药间隔,连续用药 10 次而无效者可改用或加用其他药物。副作用有口干、皮肤潮红、散瞳、兴奋、心跳加快、灼热等。青光眼患者忌用;③β 受体兴奋剂,以异丙肾上腺素为代表。具强力增强心肌收缩和加速心率以及中度扩血管作用。在增加心肌收缩的同时,增加心肌耗氧量,并显著增加心室的应激性,易并发心律失常,故应用较少。剂量为 0.1~0.2mg/100ml,滴速成人为 2~4μg/min,儿童 0.05~0.2μg/(kg·min)。多巴胺具有多受体兴奋作用,视剂量大小而定:剂量为每分钟 2~5μg/kg 时,主要兴奋多巴胺受体,使内脏和肾血流量增加;剂量为每分钟 6~15μg/kg 时,主要兴奋 β 受体,起强扩血管作用;当每分钟剂量>20μg/kg 时,则主要兴奋 α 受体。常用剂量 2~5μg/(kg·min)。为目前应用较多的血管活性药物。

(2) 缩血管药物:仅提高血液灌注压,而血管管径却缩小。在下列情况下可考虑应用:①血压骤降,血容量尚未补足,冷休克伴有心力衰竭者,可于应用扩血管药的同时,加用缩血管药以防血压骤降,并加强心肌收缩;②应用扩血管药病情未见好转者可配伍用缩血管药。常用者为去甲肾上腺素,剂量为 0.5~1mg/100ml;间羟胺剂量为 10~20mg/100ml;滴速为 20~40 滴/min。

4. 维护重要脏器功能

(1) 心功能不全的防治:重症休克患者常并发心功能不全,老年人和婴幼儿尤易发生。发生心功能不全的原因为心肌缺氧、酸中毒、细菌毒素、电解质紊乱、心肌抑制因子、肺血管痉挛,以及输液不当等引起。应及时纠正上述诱因,并给予快速强心药物如毛花苷 C 或毒毛旋花子苷 K 以降低心脏前后负荷,应用血管解痉剂(需与去甲肾上腺素同用),纠正电解质和酸碱平衡紊乱等。

(2) 肺功能的维护与防治:防治 ARDS,经鼻导管或面罩间歇加压吸氧,保持气道通畅,必要时做气管插管或切开并行辅助呼吸(间歇正压),清除气道分泌物,防治继发感染。如仍不能使病人 PaO_2 ≥60mmHg,及早给予呼气末正压呼吸(PEEP)。及早给予血管解痉剂(酚妥拉明、山莨菪碱等)以降低肺循环阻力。控制入液量,尽量少用晶体液,给予白蛋白和大剂量呋塞米可减轻肺水肿。及早给予大剂量肾上腺皮质激素短程治疗有助于 ARDS 的逆转。

(3) 肾功能的维护与防治:休克病人出现少尿、无尿及氮质血症时,应与肾前性或急性肾功能不全所致鉴别。如血容量已补足,血压亦已基本稳定,而尿仍少时,可行液体负荷与利尿试验:快速给予 20% 甘露醇 100~300ml,或用呋塞米(速尿)40mg,以上处理病人仍无尿时,提示可能发生急性肾功能衰竭,应给予相应处理。

（4）脑水肿的防治：出现神志改变，颅内压增高征象和一过性抽搐时，及早给予脑血管解痉剂（山莨菪碱）、渗透性脱水剂及大剂量肾上腺皮质激素等。

（5）DIC 的治疗：DIC 诊断一经确立，应在迅速有效控制感染、抗休克、改善微循环和去除病灶的基础上及早给予肝素治疗，剂量为首剂 1.0mg/kg，静注或静滴，每 4~6 小时一次，使凝血时间（试管法）控制在正常 2 倍以内，待 DIC 完全控制后方可停用。如合用双嘧达莫，肝素剂量可酌减。在 DIC 后期如继发纤溶，可加用抗纤溶的药物。

5. 肾上腺皮质激素的应用　肾上腺皮质激素具有降低外周血管阻力、改善微循环；增强心肌收缩力，增加心搏血量；维护血管壁、细胞膜、血小板和溶酶体膜的完整性与稳定性；稳定补体系统；维护肝线粒体正常氧化磷酸化过程和肝脏酶系统功能；减轻毛细血管通透性、抑制炎症的反应；抑制花生四烯酸代谢；抑制脑垂体 β-内啡呔的分泌；有非特异性抗炎作用，抑制炎症介质和细胞因子的分泌减轻毒血症症状等作用。经多中心前瞻性对照研究未能证实肾上腺皮质激素的疗效，故关于是否应用意见尚不一致。

（三）抗内毒素治疗和抗炎症介质治疗

1. 抗内毒素治疗　早期临床试验显示抗内毒素血清能减少革兰氏阴性细菌败血症的死亡率，然而经近期大规模、多中心临床试验未见有肯定的疗效。尽管如此，针对内毒素的治疗仍是现今最活跃的研究领域。

2. 抗炎性介质治疗　抗 TNF 抗体在临床试用中发现，对感染性休克患者血清 TNF 水平增高者病死率可降低 10%，但对血清 TNF 水平正常者无效。尽管临床试验颇有效，但大规模 Ⅲ 期临床试验却无明显疗效。所以抗炎性介质治疗的时机、剂量还难以确定。

（王福祥）

学习小结

感染性休克常见病原体为革兰氏染色阴性细菌，如肠杆菌科细菌；不发酵杆菌；脑膜炎球菌；类杆菌等。革兰氏染色阳性菌，如葡萄球菌、链球菌、肺炎链球菌、艰难梭菌等。某些病毒亦可引起感染性休克，如汉坦病毒。感染性休克微循环障碍的发生与发展经历痉挛、扩张和麻痹三个阶段：①缺血缺氧期；②淤血缺氧期；③微循环衰竭期。感染性休克的临床分期：休克早期，休克中期及休克晚期。休克晚期患者出现 DIC 和重要脏器功能衰竭。在病原体未确定前，可根据临床表现、原发病灶等推测最可能的致病菌，选用强力、抗菌谱广的杀菌剂进行治疗，待病原菌确定后，再依据药敏结果调整用药。抗生素早期合理应用能显著提高患者存活率，因此应根据药物适应证、抗菌活性及耐药性的变迁等因素来选用抗生素。在有效抗菌药物治疗的基础上，为减轻毒血症症状，可予短程肾上腺皮质激素治疗。抗休克治疗包括补充血容量，纠正酸中毒，血管活性药物的应用，维护重要脏器功能，肾上腺皮质激素的应用。

复习参考题

1. 简述预示感染性休克发生的可能征象。

2. 简述引起感染性休克常见的病原体。

第六章　真菌感染

第一节　隐球菌病

学习目标	
掌握	隐球菌病的临床表现、诊断依据及治疗原则。
熟悉	隐球菌病的病原学、流行病学及预防。
了解	隐球菌的发病机制及鉴别诊断。

隐球菌病(cryptococcosis)是由隐球菌(主要是新型隐球菌)引起的全身性真菌病。临床上主要侵犯中枢神经系统,也可累及肺、皮肤、骨骼系统和血液等其他器官和部位。中枢神经系统新型隐球菌病的临床特点为慢性或亚急性起病,剧烈头痛,脑膜刺激征阳性,脑脊液的压力明显升高,呈浆液性改变。肺新型隐球菌病的临床特点为慢性咳嗽、黏液痰、胸痛等。

【病原学】

隐球菌属(*Cryptococcus*)至少有 38 个种,其中致病菌主要是新型隐球菌(*Cryptococcus neoformans*),此外包括浅白隐球菌和罗伦特隐球菌等几个种,在免疫功能低下的患者中也可引起隐球菌病,本节主要阐述新型隐球菌病。新型隐球菌是隐球菌属的一个种,其形态在病变组织内呈圆形或卵圆形,直径为 5~20μm,外周围绕着一层宽厚的多糖荚膜,为主要的毒力因子,以出芽生殖进行繁殖。在外界环境中,新型隐球菌的酵母样细胞比较小(2~5μm),荚膜较薄。新型隐球菌有两种变种:新型变种与盖特变种。根据荚膜多糖抗原特异性的不同可分为血清型 A、B、C 和 D 四型,均可引起隐球菌病。

【流行病学】

1. 传染源　从鸽粪、其他鸟类的排泄物、牛奶及奶制品、多种水果和土壤中可分离出新型隐球菌。对人类而言,最主要的传染源是鸽,从鸽、鸽巢及鸽粪中都可大量分离出新型隐球菌。隐球菌病患者作为传染源的意义不大。

2. 传播途径　人体主要是通过吸入空气中含有新型隐球菌孢子的气溶胶而发生感染,此外极少数患者可能通过进食带菌食物或创伤性皮肤接种等方式感染。尚未证实存在动物与人或人与人之间的直接传播。

3. 人群易感性　正常人体一般具有抵抗新型隐球菌感染的能力;当机体免疫力降低时对隐球菌易感。艾滋病患者尤其易感,其他的危险因素包括患有糖尿病、肾功能衰竭和肝硬化等严重基础疾病,或其他导致细胞免疫功能异常的因素,包括恶性淋巴瘤、白血病、结节病、系统性红斑狼疮、器官移植以及长期、大量使用糖皮质激素和其他免疫抑制剂等患者,可增加感染机会;但部分隐球菌病患者无明显的免疫缺陷。

4. 流行特征　新型隐球菌病呈世界性分布。在非艾滋病患者中,发病年龄以青壮年多见;男女比例大约为3∶1;没有明显的种族和职业发病倾向;呈高度散发。艾滋病患者继发隐球菌病的发病率,在美国为5%～10%之间,在接受高效抗逆转录病毒治疗后发病率已明显下降,在非洲和其他发展中国家可高达30%。

【发病机制与病理解剖】

(一)发病机制

新型隐球菌病的发病机制仍未完全阐明。人体对隐球菌的免疫包括细胞免疫及体液免疫。巨噬细胞、中性粒细胞、淋巴细胞、自然杀伤细胞起着重要作用。体液免疫包括:抗荚膜多糖抗体以及补体参与调理吞噬作用协助吞噬细胞吞噬隐球菌。因此,当机体抵抗力降低时,隐球菌易侵入人体致病。在艾滋病患者,细胞免疫功能缺陷,对新型隐球菌尤为易感。

新型隐球菌荚膜多糖为主要的毒力因子,加上荚膜甘露糖蛋白等可溶性成分、黑色素和甘露醇等其他毒力因子,具有免疫抑制作用,包括抑制吞噬细胞作用。在免疫防御功能不全的个体,可引起肺部侵袭病灶,或者经血行播散至肺外其他器官。由于正常人脑脊液中缺乏补体,可溶性抗隐球菌因子(在血清中则存在)以及脑组织中缺乏对新型隐球菌的炎症细胞,再加上脑组织具有高浓度的儿茶酚胺介质,通过酚氧化酶系统为新型隐球菌产生黑色素,促进新型隐球菌的生长,所以,隐球菌肺外播散一般较易累及中枢神经系统,同时,尽管新型隐球菌往往首先从肺侵入,但肺新型隐球菌病远比中枢神经新型隐球菌病少见。

(二)病理解剖

中枢神经系统新型隐球菌病,常表现为脑膜炎,脑膜增厚,以颅底为明显,蛛网膜下腔充满含大量新型隐球菌的胶冻样物质和少量的巨噬细胞,有时出现血管内膜炎、形成肉芽肿,脑膜和脑组织可出现粘连。新型隐球菌可沿着血管周围间隙进入脑组织形成小囊肿,严重时发展为脑膜脑炎。

肺新型隐球菌病,病灶呈胶冻样或肉芽肿,多靠近胸膜,有时中心可坏死液化形成空洞。

【临床表现】

潜伏期为数周至数年不等。到目前仍不能确定新型隐球菌病的最短、最长或平均的潜伏期。

(一)中枢神经系统新型隐球菌病

多表现为亚急性或慢性脑膜炎,少数表现为颅内占位性病变。起病初可有呼吸道感染的表现,头痛为最常见的症状,初为轻度间歇性头痛,以后转为持续性并逐渐加重并伴呕吐;头痛常从两侧颞部开始,继而出现前额、枕部,一般为胀痛,亦可为撕裂痛或刀割样痛。患者大多有发热,一般在38℃左右,亦可高达40℃。严重者有意识障碍,表现为谵妄、嗜睡、昏睡及昏迷等,抽搐较少。体征有颈项强直、布氏征及克氏征等脑膜刺激征阳性。多数患者的眼底检查有明显的视乳头水肿,少数患者有出血及渗出。

当病变累及脑实质,可出现意识障碍、抽搐或偏瘫,病理神经反射阳性。病变可累及脑神经,以视神经受累最多,引起视力模糊,视力减退乃至失明,其他尚可见动眼神经、展神经、面神经及听神经受累的表现。垂危的患者可发生颞叶钩回疝或小脑扁桃体疝而危及生命。

(二)肺新型隐球菌病

大多数肺新型隐球菌病患者,可呈无症状的自限性经过,或症状轻微,初发常有上呼吸道感染的症状,进而表现为支气管炎或肺炎,出现咳嗽、黏液痰、胶冻样痰、胸痛等症状,常伴有低热、全身疲倦和体重减轻等慢性消耗症状。少数患者有胸腔积液或表现为肺部占位性病变而误诊为肿瘤。在艾滋病患者中可表现为暴发性经过,可出现急性呼吸窘迫综合征而迅速死亡。

(三)皮肤新型隐球菌病

隐球菌病患者中约5%～10%有皮肤损害。可分为原发和继发两型,新型隐球菌发生血行播散所致的继发型相对较多见,由隐球菌感染受损皮肤引起的原发型较少见。皮肤新型隐球菌病可表现为痤疮样皮疹,皮疹出现破溃时可形成溃疡或瘘管。

(四)骨骼、关节新型隐球菌病

大约占新型隐球菌病的10%,表现为连续数月的骨骼、关节肿胀和疼痛,出现溶骨性病变时,通常以冷脓肿形式出现,并可累及皮肤。

(五)播散性或全身性新型隐球菌病

由肺原发性病灶血行播散所引起,除了中枢神经系统之外,可波及全身所有部位,如肾、肾上腺、甲状腺、心、肝、脾、肌肉、淋巴结、唾液腺和眼球等,病情常凶险,可在短期内死亡。

【实验室检查】

(一)常规实验室检查

白细胞计数和分类一般在正常范围或轻度增高;部分患者可出现淋巴细胞比例增高,轻至中度贫血。血沉可正常或轻度增加。

(二)脑脊液检查

中枢神经系统新型隐球菌病脑脊液压力升高明显,一般为 $200\sim600mmH_2O(1.96\sim5.4kPa)$;外观澄清或稍为混浊;白细胞数一般在 $(40\sim400)\times10^6/L$ 之间,以淋巴细胞为主,在疾病早期也可呈现中性粒细胞为主;个别患者在症状明显期偶尔大于 $500\times10^6/L$。蛋白质水平轻至中度升高;葡萄糖和氯化物水平下降。

即使无中枢神经系统症状,对于肺隐球菌病患者,也应行腰穿脑脊液检查以排除中枢神经系统隐球菌病。

(三)病原学检查

从脑脊液、痰液、皮肤病灶的分泌物、冷脓肿穿刺液和血液等标本分离到新型隐球菌,有确诊意义。脑脊液用墨汁涂片可直接镜检隐球菌;沙氏琼脂培养基、血液或脑心浸液琼脂可用来培养新型隐球菌。皮肤、骨骼和关节新型隐球菌病者通过分泌物或脓液的涂片和培养,以及病理活检中找到病原体。

(四)血清学检查

新型隐球菌荚膜多糖抗原的乳胶隐球菌凝集试验(LCAT)和酶联免疫吸附测定(ELISA)有较高的特异性和敏感性,中枢神经系统新型隐球菌病,隐球菌抗原在脑脊液中的阳性率几乎达100%,血清为75%左右;而且抗原的滴度与感染的严重性平行,可以作为疗效的观察指标。但中枢神经系统以外的新型隐球菌病,隐球菌抗原的阳性率仅有25%~50%。目前建立的检测隐球菌抗体的方法缺乏敏感性和特异性,没有实用的诊断价值。

(五)影像学检查

肺新型隐球菌病患者的X线检查,可发现单个或多个结节性阴影;也可表现斑点状肺炎,或类似浸润性肺结核样阴影或空洞形成;出现血行播散时,可出现粟粒性肺结核样的影像;一般不出现纤维性变和钙化,少见肺门淋巴结肿大和肺萎陷。中枢神经系统新型隐球菌病患者的X线断层扫描(CT)和磁共振成像(MRI)检查,可见脑膜增厚,动脉期强化,肉芽肿病变以及脑室系统受累扩张等。骨骼新型隐球菌病患者的X线照片、CT或MRI检查可显示溶骨病变的部位和范围。

【诊断】

诊断可依据以下资料综合分析。

(一)流行病学资料

应注意患者有否暴露于鸟粪、特别是鸽粪的病史;有否存在影响免疫防御功能的基础疾病和因素:如艾滋病、恶性肿瘤、结缔组织病、器官移植和使用糖皮质激素或免疫抑制剂等。

（二）临床表现

典型的肺新型隐球菌病有咳嗽、黏液痰、胸痛等表现。中枢神经系统新型隐球菌病有逐渐加重的剧烈头痛、呕吐、脑膜刺激症阳性；严重时，可有意识障碍、抽搐、病理神经反射阳性等表现。皮肤新型隐球菌病有痤疮样皮疹，皮疹中间坏死形成溃疡等表现。骨骼新型隐球菌病有胀痛、冷脓肿形成等表现。

（三）实验室检查

标本涂片或培养发现新型隐球菌是确诊依据。新型隐球菌荚膜多糖抗原检测在中枢神经系统新型隐球菌病有辅助诊断意义。影像学检查可发现新型隐球菌病引起的浸润或肉芽肿病灶。

【鉴别诊断】

肺新型隐球菌病应与肺结核和肺恶性肿瘤等疾病相鉴别；中枢神经系统新型隐球菌病应与结核性脑膜炎和脑肿瘤等疾病相鉴别；皮肤新型隐球菌病应与粉刺、基底细胞瘤和类肉瘤等疾病相鉴别。骨骼、关节新型隐球菌病应与骨骼、关节结核以及骨肿瘤等疾病相鉴别。播散性新型隐球菌病应与粟粒性肺结核、结缔组织病和转移癌等疾病相鉴别。

【预后】

中枢神经系统新型隐球菌病未经抗真菌治疗者几乎全部死亡，经药物及时治疗有效率为70%～75%，但20%～25%的初步治愈者可有复发，艾滋病合并此病者复发率更高，因而往往需要终生用药。少数治愈患者可有严重的后遗症，如失明、听力丧失等。

【治疗】

（一）抗真菌治疗

抗隐球菌治疗分为诱导治疗、巩固治疗和维持治疗三个阶段。对于非艾滋病患者，诱导治疗方案以两性霉素B联合5-氟胞嘧啶治疗4周以上为主，随后可改为氟康唑（400～800mg/d）巩固治疗8周，最后以小剂量氟康唑（200mg/d）维持治疗6～12个月。艾滋病患者与非艾滋病患者不同，常用方案：两性霉素B联合5-氟胞嘧啶方案诱导治疗2周，氟康唑（400mg/d）巩固治疗8周，氟康唑（200mg/d）维持治疗需要维持1年以上，甚至可能需要维持终生以防止复发。

1. 两性霉素B（amphotericin B，AMB）　两性霉素B目前仍为治疗隐球菌病的首选药物。该药口服极少吸收，肌注局部刺激大，故必须采用静脉缓滴。成人开始的剂量每日为0.5～1mg，加入5%～10%葡萄糖液500ml内静脉缓慢滴注，滴注时间不少于6～8小时。逐渐加量至治疗量0.5～1mg/（kg·d）。疗程一般需3个月以上。该药易氧化，应新鲜配制和避光使用。

主要不良反应包括：寒战、发热、头痛，食欲缺乏、恶心、呕吐，静脉炎，低血钾、肾功能损害，贫血和肝功能损害等，必须严密监测血清电解质、肾功能和骨髓功能。孕妇禁用。

对中枢神经系统新型隐球菌病经单用静脉滴注治疗无效者或复发患者，可鞘内注射两性霉素B。首次剂量为0.05～0.1mg加地塞米松1～2mg与适量脑脊液混匀后缓慢注入。以后逐次增加剂量至每次1mg高限。鞘内给药一般可隔日1次或每周2次，总量以不超过20mg为宜。因可能引起化学性脑膜炎、蛛网膜粘连、休克等严重不良反应，临床已经较少使用。

由于两性霉素B的不良反应限制其临床使用，近年开发了多种的两性霉素B脂质制剂，疗效与普通的两性霉素B相似但不良反应相对较轻，可很快达到治疗剂量，可用于原先有贫血、肾功能异常的患者，但价格昂贵。

2. 5-氟胞嘧啶（5-FC）　本药口服吸收良好，对隐球菌有抑菌作用。本药单独使用很快产生耐药性，临床上主要用于联合治疗。成人的口服或静脉注射剂量为每日5～10g，儿童每日100～200mg/kg，分次给予，疗程3个月以上。不良反应有食欲缺乏、恶心；白细胞、血红蛋白及血小板减少；皮疹、嗜睡、精神错乱、肝肾功能损害等。该药有致畸胎作用，孕妇禁用。

3. 氟康唑（fluconazole，FCA）　本药口服吸收良好，能够很好通过血-脑屏障进入脑脊液。氟康唑通过抑制新型隐球菌的麦角甾醇合成,从而抑制新型隐球菌的生长及减弱其毒力。成人的口服或静脉注射剂量为每天 200~400mg,一般疗程不少于 6~8 周。对 16 岁以下儿童,应慎用 FCA,剂量为 3~6mg/(kg·d)。不良反应有恶心、腹痛、腹泻及胃肠胀气,皮疹,肝功能损害等。妊娠期及哺乳期妇女应慎用。FCA 绝大部分(约 80%)以原形从尿排出,所以,当患者有肾功能损害时应调整其剂量。FCA 主要用于不能耐受 AMB 者,或病情太重不适合使用 AMB 者,或维持治疗以防止复发。

4. 伏立康唑(voriconazole)及伊曲康唑(itraconazole)均有一定的抗隐球菌效果。

5. 联合抗真菌治疗 由于抗真菌药物存在不良反应大,易产生耐药性,所以临床上常采用联合用药治疗,如 AMB+5-FC,或 FCA+5-FC。

（二）对症治疗

中枢神经系统新型隐球菌病患者均有显著的颅内高压,能否有效控制颅内高压,直接关系到能否治疗成功及减少后遗症。可使用脱水剂(甘露醇)、利尿剂(呋塞米)和 50%葡萄糖注射液进行对症处理。一般可用 20%甘露醇 125ml~250ml/次,次数视病情而定。如颅内高压明显,一般脱水治疗效果不佳,可采取频繁腰椎穿刺放脑脊液降低颅内压,但放液应缓慢,且每次量不可太多;若反复发生脑疝危象,CT 等检查证实有脑室扩大,可在抗真菌治疗的前提下,考虑脑室-腹腔引流术或侧脑室引流术,但需注意其可能导致颅内细菌感染。

（三）支持疗法

隐球菌病带来的长期消耗,抗真菌药物可导致不可避免的不良反应,故支持疗法也十分重要。患者应进食易消化,营养丰富的食物,并注意保持大便通畅,避免便秘(以防用力排便导致颅内压升高而导致危险)。昏迷者可鼻饲高热量流质。进食不足者,可静注 10%~25%的葡萄糖溶液,适当补充维生素、氨基酸等。治疗过程中必须非常注意水电解质平衡,尤需注意血钾变化(常为低血钾)。必要时使用一些免疫调节剂增强机体免疫功能,如胸腺素(肽)、转移因子等。

（四）手术治疗

对局限性的皮肤隐球菌病、肺隐球菌病、骨隐球菌病及脑部隐球菌肉芽肿等可采用手术切除,但手术治疗必须结合全身抗真菌治疗,以达到根治的目的。

【预防】

饲养家鸽应妥善管理,减少鸽粪对周围环境污染。忌食腐烂变质的水果。治疗原发基础疾病,避免长期、大量使用免疫抑制药物等。目前尚未能研制出针对隐球菌的预防疫苗供临床使用。

(崇雨田)

学习小结

隐球菌病是由隐球菌（主要是新型隐球菌）引起的全身性真菌病,主要侵犯中枢神经系统,表现为剧烈头痛,脑膜刺激征阳性,脑脊液压力显著升高等。隐球菌病患者作为传染源的意义不大,人主要经呼吸道感染。机体免疫力降低时感染机会增加。两性霉素 B 目前仍为治疗隐球菌病的首选药物,常与 5-氟胞嘧啶（5-FC）联合进行治疗;也可能选择氟康唑或伏立康唑进行抗真菌治疗。中枢神经系统新型隐球菌病还应注重支持疗法及降颅压的对症治疗。

复习参考题

1. 简述新型隐球菌性脑膜炎的临床表现。

2. 简述新型隐球菌性脑膜炎的治疗。

第二节　念珠菌病

学习目标

掌握	念珠菌病的临床表现、诊断依据和治疗原则。
熟悉	念珠菌病的流行病学、预防。
了解	念珠菌病的病原学、发病机制及鉴别诊断。

念珠菌病(candidiasis)是由各种致病性念珠菌引起的局部或全身真菌病,为目前最常见的深部真菌病。念珠菌病多发生于正常菌群失调或机体抵抗力降低的病人,属机会性真菌感染。

【病原学】

念珠菌广泛存在于自然界,在正常人体皮肤、黏膜、肠道、上呼吸道等处均可检出念珠菌。念珠菌为条件致病菌,其中以白念珠菌(即白假丝酵母)感染临床上最常见,占念珠菌感染的50%~70%。其他如热带念珠菌、克柔念珠菌、光滑念珠菌、季也蒙念珠菌、近平滑念珠菌、假热带念珠菌、葡萄牙念珠菌、都柏林念珠菌等也具致病性。白念珠菌和热带念珠菌的致病力最强。

【流行病学】

1. 传染源　念珠菌病患者、带菌者及携带念珠菌的动物是本病的传染源。

2. 传播途径　①内源性:较为多见,主要是由于定植体内的念珠菌,在一定的条件下大量增殖并侵袭周围组织引起自身感染,常见消化道感染;②外源性:主要通过接触感染如性传播、母婴垂直传播等;也可从医院环境获得感染,如通过医护人员的手、医疗器械等间接接触感染;还可通过饮水、食物等方式传播。

3. 人群易感性　好发于严重基础疾病及机体免疫低下患者,包括:①有严重基础疾病患者,如糖尿病、恶性肿瘤、艾滋病、系统性红斑狼疮、大面积烧伤、粒细胞减少症等,尤其是年老体弱者及幼儿;②应用细胞毒性免疫抑制剂治疗者,如肿瘤化疗、器官移植,或糖皮质激素使用等;③广谱抗生素过度应用或不当应用,引起菌群失调;④长期留置导管患者,如静脉导管、气管插管、胃管、导尿管、介入性治疗等。

4. 流行特征　本病遍及全球,全年均可患病。对于免疫正常患者,念珠菌感染常系皮肤黏膜屏障功能受损所致,以皮肤黏膜感染为主,治疗效果好。系统性念珠菌病则多见于细胞免疫低下或缺陷患者。随着抗真菌药物的广泛应用,耐药菌株也日益增多。

【发病机制】

念珠菌是人体的正常菌群,当人体局部防御屏障受损(如烧伤、创伤、介入操作)、各种导管置入、正常菌群失调和人体免疫力低下时,念珠菌大量生长繁殖,通过黏附素等因子黏附和侵入组织,产生水解酶、磷脂酶等毒力因子,激发补体系统和抗原抗体反应,造成细胞变性、坏死及血管通透性增强,导致组织器官的损伤。

念珠菌侵入血液循环并在血液中生长繁殖后,进一步可播散至全身各器官,引起各器官内播散。其中以肺、肾最为常见,其次是脑、肝、心、消化道、脾、淋巴结等,可引起气管炎、肺炎、尿毒症、脑膜脑炎、间质性肝炎、多发性结肠溃疡、心包炎、心内膜炎和心肌炎等。

组织病理改变可呈炎症性(如皮肤、肺)、化脓性(如肾、肺、脑)或肉芽肿性(如皮肤)。特殊器官和组织还可有特殊表现,如食管和小肠可有溃疡形成,心瓣膜可表现为增殖性改变,而急性播散性病例常形成多灶性微脓肿,内含大量中性粒细胞、假菌丝和芽孢,有时可有纤维蛋白和红细胞。

【临床表现】

急性、亚急性或慢性起病,根据侵犯部位不同,分为以下几种临床类型:

(一)皮肤念珠菌病

好发于皮肤皱褶潮湿部位,如腹股沟、腋窝、乳房下、肛周、会阴部以及指(趾)间等皮肤。可分为念珠菌性间擦疹、丘疹型皮肤念珠菌病、皮肤念珠菌性肉芽肿、念珠菌性甲沟炎等临床类型。其中以念珠菌性间擦疹最为常见,患者觉灼热瘙痒,皮损开始为红斑、丘疹或小水疱,迅速变成境界明显的脓疱、糜烂,表面无显著的溢液,有层层剥脱的表皮,亦可呈现鲜红色落屑斑,局部皮肤鲜红,表面有灰白色剥脱,周缘有小疱、脓疱。

(二)黏膜念珠菌病

1. 口腔念珠菌病　为最常见的浅表性念珠菌病。包括急性假膜性念珠菌病(鹅口疮)、念珠菌性口角炎、急慢性萎缩性念珠菌病、慢性增生性念珠菌病等临床类型。其中以鹅口疮最为多见,典型表现为大小不等的乳酪状白色斑片,散布于口腔黏膜上,边界清楚,周围有红晕。可无症状,或有烧灼感、口腔干燥、味觉减退和吞咽疼痛。白膜易于剥除,留下湿润的鲜红色糜烂面或轻度出血。

2. 念珠菌性阴道炎　较常见,孕妇好发。外阴瘙痒、灼痛是本病的突出症状。小阴唇及阴道黏膜上附有灰白色假膜,擦除后露出红肿黏膜。阴道分泌物浓稠,黄色或乳酪样,有时杂有豆腐渣样白色小块,但无恶臭。

3. 消化道念珠菌病　包括念珠菌性食管炎和肠炎。食管炎患者早期多无症状,常伴有鹅口疮,继之出现食欲减退,婴幼儿有呛奶、呕吐或吞咽困难等表现,成人有进食不适,胸骨后疼痛。内镜检查多见食管壁下段充血水肿,假性白斑或表浅溃疡。肠炎患者均有腹泻、腹胀,粪便呈水样或豆腐渣样,有稀薄黏液或黄绿色泡沫。

(三)系统性念珠菌病

1. 呼吸道念珠菌病　症状主要有低热、咳嗽、咳白色黏稠痰,有时痰中带血甚或咯血。肺部听诊可闻及湿性啰音,胸部 X 线检查见支气管周围致密阴影或双肺弥漫性结节性改变。痰直接镜检及真菌培养有助于诊断,但因取材可能受污染,用纤维支气管镜获取的支气管分泌物培养结果较为可靠。

2. 泌尿系念珠菌病　可侵犯膀胱或肾脏。膀胱炎患者有尿频、尿急、排尿困难、甚至血尿等症状,少数患者也可出现无症状性菌尿,常继发于尿道管留置后。肾脏感染多系血行播散所致,临床表现为发热、寒战、腰痛和腹痛,肾功能损害。尿常规检查可见红细胞、白细胞,直接镜检可发现菌丝和芽孢,培养阳性有助确诊。

3. 念珠菌菌血症　常发生多个系统同时被念珠菌侵犯,又称之为播散性念珠菌病,可有发热和多脏器受累的临床症状,病死率较高。血培养有念珠菌生长。

4. 念珠菌性心内膜炎　患者常有心脏瓣膜病变、人工瓣膜、静脉药瘾、中央静脉导管、心脏手术或心导管检查术后。临床表现与其他感染性心内膜炎相似,有发热、贫血、心脏杂音及脾大等表现,瓣膜赘生物通常较大,栓子脱落可致大动脉栓塞,病死率极高。

5. 念珠菌性脑膜炎　较少见,主要为血行播散所致,预后不佳。常累及脑实质,并有多发性小脓肿形成。临床表现为发热、头痛、脑膜刺激征,但视乳头水肿及颅内压增高不明显,脑脊液中细胞数轻度增多,糖含量正常或偏低,蛋白含量明显升高。脑脊液检查不易发现真菌,需多次脑脊液真菌培养。

【实验室检查】

(一)直接镜检

标本直接镜检发现大量菌丝和成群芽孢有诊断意义,菌丝的存在表示念珠菌处于致病状态。如只见芽孢,特别是在痰或阴道分泌物中可能属于定植,不能诊断发病。

（二）培养

由于念珠菌为口腔或胃肠道的正常居住菌，因此从痰培养或粪便标本中分离出念珠菌不能作为确诊依据。若在无菌条件下获得的，如从血液、脑脊液、腹水、胸水、中段清洁尿液或活检组织标本分离出念珠菌，可认为是深部真菌感染的可靠依据。

（三）组织病理检查

组织中同时存在芽孢和假菌丝或真菌丝可诊断为念珠菌病，但不能确定感染的菌种，必须进行培养再根据菌落形态、生理、生化特征作出鉴定。

（四）免疫学检测

1. 念珠菌抗原检测　检测念珠菌特异性抗原，如甘露聚糖抗原、烯醇酶抗原等，其中以 ELISA 检测烯醇酶抗原最为敏感，敏感性可达 75%~85%，感染早期即获阳性，具有较好的早期诊断价值。

2. 念珠菌特异性抗体检测　可采用补体结合试验、酶联免疫吸附试验等方法检测，但由于健康人群可检测到不同滴度的抗体，疾病早期及深部真菌病患者多有免疫低下致抗体滴度低等因素的影响，使其临床应用受到很大的限制。

（五）核酸检测

特异性 DNA 探针、聚合酶链反应（PCR）等方法，检测念珠菌壁的羊毛固醇 C14-去甲基酶的特异性基因片段，初步试验结果较好，但目前尚未作为常规应用于临床。

（六）其他

影像学检查如胸片、B 超、CT 或 MRI 等尽管无特异性，但对发现肺、肝、肾、脾侵袭性损害有一定帮助。

【诊断与鉴别诊断】

（一）诊断

除部分浅表部皮肤黏膜念珠菌感染有时依据其特殊部位及特征较易诊断外，系统性念珠菌病的临床表现多无特征性，难与细菌等所致的感染相鉴别。出现以下情况应考虑真菌感染的可能：有导致正常菌群失调的诱因或人体免疫力低下的疾病，原发病出现病情波动，经抗生素治疗症状无好转或反而加重，而无其他原因可解释。确诊有赖于病原学证实。标本在直接镜检下发现大量菌丝和成群的芽孢或血液、脑脊液培养证实为致病念珠菌，具有诊断意义。在痰、粪便或消化道分泌物中只见芽孢而无菌丝可能为定植菌群，不能仅此作为诊断依据。

（二）鉴别诊断

消化系统念珠菌病应与食管炎、胃炎、肠炎等鉴别。念珠菌性肺炎、脑膜炎、心内膜炎应与结核性、细菌性及其他真菌性感染鉴别。

【预后】

局部念珠菌感染如黏膜念珠菌病、念珠菌性食管炎、泌尿道念珠菌病等感染较为局限，预后尚好。然而，念珠菌在任何部位的出现，均是引起潜在致命的播散性或全身性念珠菌病的危险因素。

【治疗】

（一）基础治疗

1. 去除诱因　如粒细胞减少患者应提高白细胞总数，免疫低下患者应增强机体的免疫力，大面积烧伤患者应促进伤口的愈合等。

2. 清除局部感染灶　如果为导管相关性菌血症，应拔除或更换导管，化脓性血栓性静脉炎需行外科手术治疗，如节段性静脉切除术。对于并发念珠菌心内膜炎患者，内科保守治疗效果较差，需行瓣膜置换术。

（二）病原治疗

1. 治疗原则

（1）治疗方式：局部用药适用于部分皮肤和黏膜念珠菌病，一般连续使用 1~2 周；全身用药适用于局部用药无效的皮肤黏膜念珠菌病,以及部分黏膜、系统性念珠菌病的治疗。

(2) 药物选择:由于耐药菌株的不断增加,而且克柔念珠菌对氟康唑天然耐药,光滑念珠菌也对氟康唑不敏感,故应作菌种鉴定及药敏试验,并根据药敏结果选择药物。

(3) 治疗疗程:对于重症感染如念珠菌菌血症患者,需待症状、体征消失,培养转阴性后 2 周停药;心内膜炎患者应在瓣膜置换术后继续治疗 6 周以上。

(4) 预防用药:适用于高危人群,如对于伴粒细胞减少症的危重患者或行肝脏移植术患者,常应用抗真菌药物预防念珠菌的感染。可选用氟康唑 400mg/d 或伊曲康唑口服溶液 2.5mg/kg,每 12 小时预防一次。

2. 局部用药　常用药物包括制霉菌素软膏、洗剂或制霉菌素甘油,酮康唑、益康唑、克霉唑、咪康唑等霜剂;制霉菌素、克霉唑、咪康唑等阴道栓剂。

3. 全身用药　常用药物有:①氟康唑:口服吸收完全(95%),对脑脊液和玻璃体穿透良好,且尿药浓度高,常作为口咽部、食管、阴道念珠菌病的标准治疗药物,也可用与中枢神经系统及泌尿系统念珠菌病的治疗药物。用于口咽部念珠菌感染,氟康唑 100~200mg/d 顿服,连用 7~14 天;念珠菌性阴道炎,氟康唑局部用药或 150mg 顿服;系统性念珠菌感染,氟康唑 800~400mg/d,疗程视临床治疗反应而定。儿童浅表念珠菌感染 1~2mg/(kg·d),系统性念珠菌感染 3~6mg/(kg·d);②伏立康唑(voriconazole):口服吸收完全(96%),对脑脊液和玻璃体穿透良好,但尿药浓度低。静脉滴注首日 6mg/kg,每日两次,随后 4mg/kg 每日两次,或口服首日 400mg 每日两次,随后 200mg 每日两次,适用于耐氟康唑的重症或难治性侵袭念珠菌感染;③伊曲康唑(itraconazole):一般用于黏膜念珠菌病的治疗,也作为口咽部和食管念珠菌病的备选治疗药物。口腔和(或)食管念珠菌病,200~400mg/d 顿服,连用 1~2 周。阴道念珠菌病,200mg/d 分 2 次,服用 1d,或 100mg/d 顿服,连服 3 天。系统性念珠菌病,200mg 每 12 小时一次,静脉滴注 2d,然后 200mg 每日一次静脉滴注 12 天,病情需要可序贯口服液 200mg 每 12 小时一次数周或更长时间;④两性霉素 B:为广谱抗真菌药,对念珠菌具有高效、快速杀菌活性,是中枢神经系统念珠菌病的首选。静脉滴注,每日 0.5~0.7mg/kg,对于出现严重不良反应及肾功能不全者,可考虑使用两性霉素 B 脂质制剂;⑤卡泊芬净(caspofungin):是念珠菌菌血症、心内膜炎等重症感染的治疗首选;但脑脊液、玻璃体穿透性差,且自尿排出<2%,不宜用于中枢神经系统及泌尿系统的念珠菌属感染。首剂 70mg,随后每日 50mg 静脉滴注。⑥酮康唑:适用于慢性皮肤黏膜念珠菌病,每日 0.2~0.4g 顿服,连服 1~2 月,但因其肝毒性,应动态监测肝功能。

【预防】

1. 保护皮肤黏膜完整,尽量减少插管、长期留置导管,并加强对留置的导管护理及定期更换。

2. 保持机体的菌群平衡,合理使用抗生素,尽量避免长期、大剂量的使用广谱抗生素。

3. 对于某些存在严重免疫功能障碍如艾滋病、血液病、恶性肿瘤、器官移植等患者,可使用抗真菌药物预防念珠菌感染,其中以氟康唑应用最广。

(崇雨田)

学习小结

念珠菌病多为机会性真菌感染。患者、带菌者及携带念珠菌的动物是主要的传染源,主要为内源性传播,常见部位为消化道感染,严重基础疾病及机体免疫力低下者好发。念珠菌侵犯皮肤、黏膜可引起皮肤、口腔、消化道及阴道念珠菌病;念珠菌侵入血液循环可引起播散以肺、肾受累最多见;系统性念珠菌病可出现呼吸道、泌尿道、中枢神经系统、血液循环系统受累表现。系统性念珠菌病临床表现多无特征性,应与细菌等所致感染相鉴别。应根据病情轻重、感染部位及抗真菌药物血药浓度分布特点，合理选用抗真菌药；对于非危重感染，首选氟康唑治疗；对于血流动力学不稳定或中性粒细胞减少的危重病人，且可能为光滑或克柔念珠菌感染者，应选用两性霉素 B 或卡泊芬净。对于存在严重免疫功能障碍者，可预防性使用抗真菌药。

复习参考题

1. 简述念珠菌病的治疗原则。
2. 简述念珠菌性脑膜炎临床表现。
3. 如何鉴别鹅口疮和白喉？

第三节　曲霉病

学习目标

掌握	曲霉病的临床表现、诊断依据和治疗原则。
熟悉	曲霉病的流行病学、预防。
了解	曲霉病的病原学、发病机制及鉴别诊断。

曲霉病(aspergillosis)是由曲霉属(aspergillus)中的一些菌种引起的一组疾病，多发生于机体抵抗力弱的病人，属机会性真菌感染，也可侵袭皮肤、黏膜、眼、鼻、支气管、肺、胃肠道、神经系统、骨骼等多器官系统，其中以侵袭性肺曲霉病最常见，也可导致败血症而全身播散，或发生过敏性病变，而一些曲霉毒素可引起急性中毒或有致癌作用，严重者可导致死亡。

【病原学】

曲霉属丝状真菌，是条件致病菌，广泛分布于自然界，喜潮湿、温暖环境，在梅雨季节，谷物和稻草由于储藏不妥而发热、发霉时，曲霉含量甚多；曲霉可耐干燥、高温(如40℃以上温度)。致病性曲霉有 10 余种，其中以烟曲霉为最主要的致病菌，此外有黄曲霉、黑曲霉、白曲霉、棒曲霉、灰绿曲霉、土曲霉、构巢曲霉、赭曲霉和聚多曲霉等。迄今已从各种曲霉中分离到 100 余种对人、畜代谢有影响的毒素，其中黄曲霉素等有致癌作用。

【流行病学】

本病散发，呈世界性分布，发病与机体免疫力降低，尤其是细胞免疫功能有关。

1. 传染源　曲霉孢子广泛存在于尘埃、土壤、空气、植物、动物及水中。患者不是本病的传染源。

2. 传播途径　曲霉孢子极易脱落，飞散于空气中。主要经呼吸道进入人体，如果免疫力下降时，吸入曲霉孢子即可致病，亦可经受损的皮肤、黏膜侵入致病。人与人之间的传播未见报道。

3. 易感人群　健康人感染后发病者少见。受染后发病主要见于免疫功能低下者如器官移植、恶性肿瘤、长期大量使用糖皮质激素、免疫抑制剂者、烧伤及慢性疾病患者等。

【发病机制与病理解剖】

曲霉病多见于机体免疫功能低下者，如粒细胞减少、使用糖皮质激素和其他免疫抑制剂者，器官移植、慢性肺病、肝病和慢性肾衰竭患者多见。机体抗曲霉感染的免疫机制主要依靠吞噬细胞(中性粒细胞、单核细胞、巨噬细胞)。

曲霉孢子主要经呼吸道入侵，故肺部(包括支气管)曲霉病最为常见，鼻窦亦可为病变器官。曲霉侵入呼吸道后，菌丝可穿透支气管和细支气管壁，侵袭肺部血管，形成急性坏死性化脓性肺炎。曲霉血行播散形成的迁徙性病灶也属化脓性,同时伴有血栓性血管炎。曲霉可入侵肺部结核空洞、支气管扩张等空腔内繁殖,大量菌丝形成团块即为曲菌球。

免疫损伤也参与曲霉的致病,如曲霉抗原可激发宿主产生多种变态反应:IgE 介导的过敏反应引起哮喘;局部的抗原抗体复合物可引起Ⅲ型变态反应,从而导致黏膜炎症;而在慢性病例中见到的肉芽肿性病变则是由Ⅳ型变态反应所致。

【临床表现】

（一）过敏性支气管肺曲霉病（allergic bronchopulmonary aspergillosis，ABPA）

接触曲霉的过敏性体质患者可发生过敏性支气管肺曲霉病（ABPA），最常由烟曲霉所致。可有发热、哮喘、咳嗽、咳黏稠痰、疲乏、胸痛等,3~4d 后缓解。X 线可见暂时的游走性肺部阴影,外周血及痰中嗜酸性粒细胞增加。病人再度接触曲霉后又可发生同样症状。

（二）曲霉瘤（aspergilloma）

曲霉瘤也称真菌球（fungus ball）。可以由慢性过敏性曲霉病发展而来,也可以由曲霉栖居于其他疾病引起的空洞（如支气管扩张、结核空洞等）。临床上患者可无症状或仅有慢性咳嗽、咳痰,或有不同程度的咯血等,咯血是曲霉瘤的突出表现。部分病人疲乏、消瘦,有的咳出菌块。X 线可见圆形或椭圆形团块,常见于上肺叶,边缘有月牙形气影围绕或带有一透光的光晕,曲霉球可随体位变动而变动,呈"钟形阴影",可帮助诊断。

（三）侵袭性曲霉病（invasive aspergillosis）

常继发于器官移植、白血病、淋巴瘤、接受抗肿瘤药物治疗、激素治疗的病人。侵袭性曲霉病主要发生于肺部,即侵袭性肺曲霉病（invasive pulmonary aspergillosis，IPA）。可表现为发热、咳嗽、咯血、咯绿色或深绿色颗粒痰或脓性痰、喘息、呼吸困难等,病死率高;大量患者表现为与肺结核相似的慢性肺部感染,有低热、咳嗽、咳痰、身体衰弱、体重减轻等。X 线表现为支气管肺炎样的变化,有多数浸润性斑片,逐渐向周围扩展,亦可呈弥散性阴影或单个的肿块,有如肿瘤样的阴影。曲霉所致的粟粒性肉芽肿和间质性肺炎,X 线表现与粟粒性结核相似。

（四）播散性曲霉病（disseminated aspergillosis）

播散性曲霉病是由于曲霉侵入血管,随血液播散至全身各处,如脑、脑膜、肺、心、肝、肾、皮肤、骨骼等,产生相应器官损害的表现,如中枢神经系统曲霉病、曲霉性心内膜炎、皮肤曲霉病等。本型起病急骤,进展迅速,患者可在数日内死亡。临床上表现为急剧高热或体温不升、咳嗽、头痛、休克及精神异常等,确诊依赖血真菌培养。

（五）其他

鼻、眼眶曲霉病常由鼻窦曲霉感染扩展引起,多侵犯单侧眼眶导致眼球突出、肿胀;角膜曲霉病是由于角膜外伤感染所致;耳曲霉病可引起暂时性耳聋;皮肤曲霉病多由播散型曲霉病引起,可有皮下结节、丘疹、坏死、溃疡等。

（六）曲霉毒素中毒症

曲霉产生的多种毒素可影响肝、肾、神经系统功能,产生急性中毒表现;而黄曲霉素等可致癌。

【实验室检查】

（一）一般检查

播散性曲霉病或侵袭性肺曲霉病时外周血白细胞总数增高;变态反应型曲霉病时白细胞总数轻度增高,嗜酸性粒细胞增高。

（二）病原学检查

1. 直接镜检　取痰（纤维支气管镜取痰更佳）、鼻窦引流物、支气管肺泡灌洗液（BAL）、尿、粪等标本直接镜检,曲霉菌丝分枝分隔,常有45°角的分枝,可呈刷状。侵袭性肺曲霉病痰中常查不到菌丝,可作针吸活检再镜检。

2. 真菌培养　标本接种于含氯霉素的沙氏葡萄糖(2%)蛋白胨琼脂 30~37℃ 孵育,48~72 小时即可检查。

(三)血清学检查和核酸检测

主要包括检测曲霉菌半乳甘露聚糖(galactomannan,GM)的 GM 试验,检测真菌 1,3-β-D-葡聚糖(1,3-β-D-glucan)的 G 试验以及扩增曲霉菌特异性基因的 PCR 诊断方法。其中以 GM 试验最具临床价值。GM 试验特异性和敏感性分别为 89% 和 71%,可早于病理检查或培养 7~14 天诊断侵袭性曲霉菌病,还可以用于监测抗真菌治疗疗效。G 试验阳性表明存在深部真菌感染(隐球菌和接合菌除外),尤其是对念珠菌和曲霉意义较大,但假阳性率较高。扩增曲霉菌特异性基因的 PCR 诊断方法目前尚未用于临床。

(四)病理学检查

一般用常规 HE 染色即可诊断,但有可用特殊真菌染色,如乌洛托品银染色(GMS),或过碘酸锡夫染色(PAS),效果较好。镜下可见有坏死性、化脓性或肉芽肿性改变。HE 染色标本,可见放射状分隔菌丝,活跃生长的菌丝常染成蓝色,退行的菌丝常染成红色,但孢子很少见到。

【诊断】

曲霉病的临床表现缺乏特征,与许多疾病相似,确诊较为困难。

应注意询问可能导致机体免疫力下降的病史及可能接触曲霉较多的职业,并结合临床症状、X 线和 CT 检查表现;GM 试验和 G 试验有辅助诊断意义;确诊有赖于真菌镜检及培养和活体组织检查。由于曲霉为人体常见的条件致病菌,所以单次在痰中查获曲霉并不能确定为曲霉病,而应在反复多次查获曲霉菌丝,方可诊断曲霉感染。

【鉴别诊断】

肺曲霉病应与支气管哮喘、肺结核、肺脓肿、肺癌、细菌性或病毒性肺炎相鉴别。其他类型曲霉病应与毛霉病、假性阿利什菌病相鉴别。

【预后】

如果患者免疫重建,并获得及时诊断、治疗,侵袭性曲霉病病死率低于 50%。如未能及时诊断,病死率高达 100%。艾滋病晚期、复发性白血病、异基因造血干细胞移植患者,一旦发生脑曲霉病、曲霉性心内膜炎、双肺侵袭性曲霉病,预后差。

【治疗】

要重视引起机体免疫力下降如淋巴瘤、白血病、糖尿病等基础性疾病的治疗;在临床医疗过程中,注意广谱抗生素、免疫抑制剂、化疗及放疗等治疗手段对免疫功能的影响,以便能够早期诊断;对高度怀疑侵袭性曲霉病的患者(如 GM 试验阳性同时合并早期 CT 检查肺浸润性阴影),应在早期诊断的同时及早进行抗真菌治疗。而临床上某些常用抗真菌药如氟康唑对曲霉无效。

(一)过敏性支气管肺曲霉病

脱离接触曲霉孢子的环境。轻症病人无需治疗。在急性期患者可用强的松控制哮喘,而慢性期慎用激素。同时可服用抗组胺药物,如扑尔敏或息斯敏等。也可应用在支气管镜下取出或吸出堵塞的黏液。慢性者可用抗真菌治疗,如口服伊曲康唑,200mg/d,疗程视病情而定。也可吸入两性霉素 B,用 5mg 溶于 5% 葡萄糖液 15~20ml 中,超声雾化吸入,2~3 次/d。疗程依病情而定。

(二)曲霉瘤

如病人发生大量或反复咯血,建议作手术切除。手术应结合抗真菌治疗,以降低病死率,可服用伊曲康唑,200mg/d,疗程视病情而定。

（三）侵袭性曲霉病

本病治疗困难,病死率较高。治疗成功至关重要的一点是逆转免疫缺陷状态(如减少皮质激素的剂量)或纠正粒细胞缺乏症。本病以侵袭性肺曲霉病多见,肺外侵袭性曲霉病少见。初始治疗首选伏立康唑,静脉滴注或口服,严重者推荐静脉用药。首日 6mg/kg,静脉滴注,每 12 小时一次,继以 4mg/kg,静脉滴注,每 12 小时一次。侵袭性肺曲霉菌抗真菌疗程最短为 6~12 周。两性霉素 B 可作为部分患者初始治疗的替代药物,静脉滴注,从小剂量开始,逐渐增量,治疗剂量应达到 30~40mg/d,总量应达到 3g 左右。卡泊芬净对侵袭性曲霉菌病具有肯定的治疗作用。也可口服伊曲康唑,200~400mg/d,疗程 3 个月以上。

（四）播散性曲霉病

预后差,系统性用药可用两性霉素 B 加 5-氟胞嘧啶(5-FC),也可使用口服伊曲康唑 400mg/d,疗程要长,效果尚未确定。

（五）其他

耳曲霉病,应清洁外耳道,取出耵聍,冲洗外耳道,抗真菌药外用,可选用制霉菌素混悬液(10 万 U/ml)滴耳,或 1%联苯苄唑液滴耳。眼曲霉性溃疡可用金褐霉素 0.1%溶液或 1%软膏涂眼,痊愈率分别为 76%及 79%。此外,0.2%两性霉素 B 溶液或 1%两性霉素 B 眼膏也可应用,治愈率可达半数以上。脑、鼻窦、眼眶、皮肤曲霉病,可选用两性霉素 B,或加 5-FC 及伊曲康唑口服配合外科手术治疗。同时治疗基础性疾病,提高机体抵抗力。

【预防】

曲霉广布于自然界,必须在日常生活、工作中加强防护措施以预防感染。在粉尘多的环境应戴口罩。清理易有曲霉生长的日用品时,宜用湿布擦拭,以防曲霉孢子飞扬。不吃霉变的食物。异物飞入眼内,切勿用力擦眼,应及时用生理盐水冲洗,以免角膜擦伤。对眼和皮肤等外伤应及时处理。预防曲霉的院内感染,应加强病房通风、消毒,手术器械必须严格消毒,合理使用抗生素、激素等药物,因病情需要必须长期使用者,应定期进行真菌培养,一旦发现曲霉感染,即可给予抗真菌药物治疗。

（崇雨田）

学习小结

曲霉病多为机会性真菌感染,患有严重基础疾病及机体免疫力低下者好发。曲霉孢子广泛存在于尘埃、土壤、空气、植物、动物及水中,主要经呼吸道入侵感染人体。可侵袭全身多系统,主要临床类型包括过敏性支气管肺曲霉病、曲霉球、侵袭性曲霉病、播散性曲霉病。侵袭性肺曲霉病最为常见,多表现为慢性肺部感染,有发热、咳嗽、咳痰、身体衰弱、体重减轻等,但部分患者可有喘息、呼吸困难、咯血等,病死率高。对高度怀疑侵袭性曲霉病的患者应及早抗真菌治疗。治疗首选伏立康唑,亦可选用卡泊芬净、两性霉素 B、伊曲康唑,而氟康唑无效。

复习参考题

1. 简述曲霉菌病的常用病原体检测方法。
2. 简述曲霉病的临床表现。
3. 简述侵袭性肺曲霉病的治疗。

第七章　螺旋体病

第一节　钩端螺旋体病

学习目标	
掌握	钩端螺旋体病的临床表现、诊断、治疗原则。
熟悉	钩端螺旋体病的流行病学、实验室检查、鉴别诊断、预防。
了解	致病性钩端螺旋体的生物学特性、发病机制和病理解剖。

钩端螺旋体病(leptospirosis)是由各种不同型别的致病性钩端螺旋体(*Leptospira*)(简称钩体)所引起的一种急性传染病,为自然疫源性疾病。鼠类和猪是主要传染源,经皮肤和黏膜接触含钩体的疫水而感染。临床表现复杂,主要有急起高热,全身酸痛,极度乏力,眼结膜充血,浅表淋巴结肿大触痛,腓肠肌压痛等,轻型似感冒,重型可有明显的肝、肾、肺弥漫性出血和中枢神经系统等多器官损害,甚至死亡。

【病原学】

钩体纤细,革兰氏染色阴性,镀银染色被染成黑色或褐色,有 12~18 个螺旋,长约 6~20μm,菌体一端或两端弯曲呈钩状或问号,因而得名,能作活跃的旋转式运动,具有较强的穿透力。钩体在含兔血清的柯氏培养基内,pH7.2 及 28~30℃有氧条件下缓慢生长,约需 1 周以上。钩体抵抗力弱,在干燥环境下几分钟死亡,对一般常用的消毒剂敏感,而在潮湿土壤或水中,可存活数月。

钩体的抗原结构复杂。全世界已发现 24 个血清群,200 多个血清型。我国已知有 19 群 74 型。其中重要流行群是黄疸出血群、波摩那群、犬群、七日热群、澳洲群、秋季热群等。波摩那群分布最广,是雨水洪水型的主要菌群,黄疸出血群毒力最强,是稻田型的主要菌群。钩体外膜具有较强的抗原性和免疫原性,其相应抗体为保护性抗体。

【流行病学】

(一)传染源

在我国证实有 80 多种动物为钩体的自然带菌者,鼠类和猪是钩体病最主要的储存宿主和传染源。而患者带菌时间短、排菌量少、人尿为酸性不宜钩体生存,故病人作为传染源的意义不大。

(二)传播途径

携带钩体的动物经排尿而污染周围环境,人的主要感染方式是通过接触环境中被钩体污染的水而感染。

1. 经水传播　是最主要的传播方式,在疫区接触被污染的水和土壤而感染。皮肤破损者更易感染。

2. 直接接触传播　在饲养或屠宰家畜过程中,可因接触病畜或带菌牲畜的排泄物、血液和脏器等而受感染。亦有个别经鼠、犬咬伤、护理病人、实验室工作人员感染的报道。

3. 经食物传播　吃了被鼠尿污染的食物和水，经口腔和食管黏膜而感染。

（三）人群易感性

人对钩体普遍易感，感染后可获较强免疫力。疫区人群经隐性感染或轻型感染大多有一定免疫力。外来人口的发病率往往高于疫区居民，病情也较重。钩体菌型众多，感染后免疫力大多只有型的特异性，因而有第二次感染的报道；但部分型间或群间有一定的交叉免疫。

（四）流行特征

1. 地区分布　本病分布甚广，几乎遍及世界各地，热带、亚热带地区流行较为严重。我国除新疆、甘肃、宁夏、青海外，其他地区均有本病散发或流行，尤以西南和南方各省多见。

2. 季节分布　全年均有发生，但主要流行于夏秋季，6~10 月发病最多。

3. 年龄、性别及职业分布　青壮年为主，疫区儿童亦易感染。男性高于女性。多发生于农民、渔民、屠宰工人、野外工作者和矿工等。

【发病机制与病理解剖】

钩体侵入人体后，起病早期（约 3~7 天内）在血液中大量繁殖，形成钩体败血症（leptospiremia），出现感染中毒症状。起病中期（约 3~14 天），钩体侵入内脏器官，造成器官受到不同程度急性损害，为器官损伤期，当出现较严重的内脏损害时，临床上出现相应受累器官病变所致的表现，如肺出血、黄疸、肾衰竭、脑膜脑炎等。起病后数日至数月为恢复期或后发症期，因免疫病理反应，可出现后发热、眼后发症和神经系统后发症等。

钩体病的病理基础是全身毛细血管感染中毒性损伤。由于广泛的血管内皮损伤，引起本病的主要临床表现和器官功能障碍。钩体病的病理学特点是钩体的存在与组织器官病理损害的不一致性，以及器官功能障碍严重但组织形态变化轻微。这种特点表明，钩体本身的直接致病作用较弱而且本病的病理改变具有可逆性。

【临床表现】

因机体免疫状态和感染的钩体类型不同，钩体病临床表现极为复杂多样。

潜伏期为 2~28 天，一般为 7~13 天。

（一）早期（钩体败血症期）

在起病后 3 天内，为早期钩体败血症阶段，主要为全身感染中毒表现。

1. 发热　急起发热，伴畏寒或寒战，体温 39℃ 左右，多为稽留热，部分病人为弛张热。热程约 7 天，亦可达 10 天。

2. 头痛及肌肉酸痛　头痛明显，常为前额部。全身肌肉酸痛，尤以腓肠肌及腰肌为明显。腓肠肌痛对本病的诊断有提示意义：腓肠肌痛第一病日即可出现，轻者仅感小腿胀，轻度压痛；重者疼痛剧烈，不能行走；但应注意有时重型患者，如肺出血时，腓肠肌痛反而不明显。

3. 乏力　全身乏力显著，特别是腿软明显，甚至不能站立和行走。

4. 结膜充血　发病第 1 天即可出现眼结膜充血，以后迅速加重，可发生结膜下出血，但无分泌物、疼痛和畏光感。

5. 浅表淋巴结肿大　多在病后第 2 天出现，以腹股沟淋巴结多见，其次是腋窝淋巴结群。一般为黄豆或蚕豆大，个别也可大如鸽蛋。质较软，有压痛，但无红肿和化脓。

6. 其他　如咽痛和充血，扁桃体肿大，软腭小出血点，恶心、呕吐，腹泻，肝脾轻度肿大等。

（二）中期（器官损伤期）

起病后 3~10 天，为症状明显阶段，其表现因临床类型而异。

1. 流感伤寒型　无明显器官损害，是早期临床表现的继续，经治疗热退或自然缓解，病程一般 5~10 天。

此型最多见。

2. 肺出血型 在早期感染中毒表现的基础上,于病程3~4天开始,病情加重而出现不同程度的肺出血。

(1)肺出血轻型:痰中带血或咯血,肺部无明显体征或闻及少许啰音,X线胸片仅见肺纹理增多、局限阴影,但无呼吸循环障碍,经及时、适当治疗较易痊愈。

(2)肺弥漫性出血型:原称肺大出血型。本型一般无黄疸,是在渐进性变化的基础上突然恶化,是近年无黄疸型钩体病的常见死因,其进展可分为3期。

1)先兆期:患者面色苍白,个别可显潮红;心慌,烦躁,呼吸、心率进行性增快;肺部呼吸音增粗,有散在而逐渐增多的干、湿啰音,可有血痰或咯血。X线胸片呈肺纹理增多,散在点片状阴影或小片融合。

2)出血期:若患者在先兆期未得到及时有效治疗,数小时内面色转为极度苍白或青灰,唇发绀;心慌、烦躁加重,有窒息和恐惧感;呼吸、心率显著加快,第一心音减弱或呈奔马律,双肺满布湿啰音,多数有不同程度的咯血。X线胸片双肺广泛点片状阴影或大片融合。

3)垂危期:如病情未得到控制,可在1~3小时或稍长时间内迅速加剧,表现为极度烦躁,神志恍惚或昏迷;呼吸不规则,高度发绀;大量咯血,继而可在口鼻涌出不凝泡沫状血液,迅即窒息死亡。亦有病人咯血不多,而在进行人工呼吸或死后搬动时才从口鼻涌出大量血液。

造成肺弥漫性出血发生的因素有:①感染的病原体数量多、致病力大及毒力强,多为黄疸出血群钩体;②机体缺乏特异免疫力,如初入疫区者,近年未接种过钩体菌苗的青少年和孕妇;③病后未早期休息而仍参加劳动者,或未及时治疗者;④青霉素治疗后发生加重反应,即赫氏反应(Herxheimer reaction)者。

3. 黄疸出血型 原称外耳病(Weil disease)。于病程4~5天后出现黄疸,出血和肾损害。引起本型的病原体常为毒力强的黄疸出血群、澳洲群及秋季热群等。

(1)肝损害:患者食欲减退,恶心、呕吐,皮肤巩膜黄染;血清丙氨酸转氨酶(ALT)升高,黄疸于病程第10天左右达高峰;肝脏轻至中度肿大,触痛;部分病人有轻度脾大。重型者出现深度黄疸,如伴有肝性脑病、明显出血和肾衰竭,预后较差。

(2)出血:常见为鼻出血,皮肤、黏膜瘀点、瘀斑,咯血,尿血,阴道流血,呕血,严重者有消化道大出血引致休克或死亡。少数患者在黄疸高峰期出现肺弥漫性出血而死亡。

(3)肾脏损害:轻者仅少量蛋白尿,镜下血尿,少量白细胞和管型。重者出现肾衰竭,表现为少尿,大量蛋白尿和肉眼血尿,电解质紊乱,氮质血症与尿毒症。肾衰竭是黄疸出血型常见的死亡原因,占死亡病例的60%~70%。

4. 肾衰竭型 各型钩体病都可有不同程度肾损害的表现,黄疸出血型的肾损害最为突出。单纯肾衰竭型较少见。

5. 脑膜脑炎型 出现严重头痛,烦躁,颈抵抗,克、布氏征阳性等脑膜炎表现,以及嗜睡、神志不清、谵妄、瘫痪、抽搐与昏迷等脑炎表现。严重者可发生脑水肿、脑疝及呼吸衰竭。脑脊液检查压力增高,蛋白增加,白细胞多在$500×10^6$/L以下,淋巴细胞为主,糖正常或稍低,氯化物正常。脑脊液中分离到钩体的阳性率较高。仅表现为脑膜炎者预后较好;脑膜脑炎者往往病情重,预后较差。

(三)后期(恢复期或后发症期)

少数患者退热后于恢复期可再次出现症状和体征,称后发症。

1. 后发热 热退后1~5天,再次出现发热,38℃左右,不需抗生素治疗,经1~3天而自行退热。后发热与青霉素剂量、疗程无关。

2. 反应性脑膜炎 少数患者在后发热的同时出现脑膜炎表现,但脑脊液钩体培养阴性,预后良好。

3. 眼后发症 多见于波摩那群钩体感染,热退后1周至1月出现葡萄膜炎、虹膜睫状体炎,也有虹膜表层炎、球后视神经炎或玻璃体混浊等。

4. 闭塞性脑动脉炎　病后半月至 5 个月出现偏瘫、失语、多次反复短暂肢体瘫痪。脑血管造影证实有脑基底部多发性动脉狭窄。

【实验室检查】

（一）一般检查

血白细胞总数和中性粒细胞轻度增高或正常。约 2/3 的病人尿常规有轻度蛋白尿，镜检可见红细胞、白细胞及管型。重型患者可有外周血中性粒细胞核左移，血小板数量下降。

（二）血清学检查

1. 显微凝集试验（microscopic agglutination test，MAT）　简称显凝试验。抗体效价≥1/400，或早期及恢复期双份血清抗体效价上升 4 倍以上，则有诊断意义。这是目前国内最常用的血清学诊断方法。

2. 酶联免疫吸附试验（ELISA）　近年国外已较广泛应用 ELISA 测定血清钩体 IgM 抗体，其特异性和敏感性均高于显微凝集试验。

（三）病原学检查

1. 血培养　发病 1 周内抽血接种于柯氏培养基，28℃培养 1~8 周左右，阳性率 20%~70%。由于培养时间长，对早期诊断帮助不大。

2. 核酸检测　研究显示聚合酶链反应（PCR）可特异、敏感、简便、快速检测全血、血清、脑脊液或尿液中的钩体 DNA。适用于钩体病发生血清转换前的早期诊断，但存在易于受到污染出现假阳性的问题。

【诊断与鉴别诊断】

（一）诊断

1. 流行病学资料　在流行地区、流行季节，易感者在近期（28 天内）有接触疫水或接触病畜史，是诊断钩体病的重要依据。

2. 临床表现　急起发热、全身酸痛、乏力以及结膜充血、腓肠肌疼痛与压痛、淋巴结肿大触痛；或出现有明显内脏器官损害表现：肺出血、黄疸、肾损害、脑膜脑炎；或在青霉素治疗过程中出现赫氏反应等均应考虑本病诊断。

3. 实验室检查　特异性血清学检查或病原学检查阳性，可明确诊断。

（二）鉴别诊断

根据不同的临床类型进行鉴别。流感伤寒型须与上感、流感、伤寒、败血症等鉴别；肺出血型应与肺结核咯血和大叶性肺炎鉴别；黄疸出血型与急性黄疸型病毒性肝炎、肾综合征出血热、急性溶血性贫血相鉴别；脑膜脑炎型需与病毒性脑膜脑炎、化脓性脑膜炎、结核性脑膜炎等鉴别。

【预后】

Meta 分析提示未接受治疗的有症状钩体病的死亡率约 2.2%（0.0~39.7%），死亡率较高的人群包括：有黄疸（19.1%）、肾衰竭（12.1%）、大于 60 岁者（60%）。

患者预后与病情轻重、治疗早晚和正确与否有关。轻症者预后良好；起病 2 天内接受抗生素和对症治疗，恢复快，病死率低。重症者，如肺弥漫性出血型，肝、肾衰竭或未得到及时、正确处理者，其预后不良，病死率高。葡萄膜炎与脑内动脉栓塞者，可遗留长期眼部和神经系统后遗症。

【治疗】

应强调"三早一就地"治疗原则，即早期发现、早期诊断、早期治疗、就地或就近治疗。

（一）一般治疗

对于病重患者，应绝对卧床休息，减少不必要的搬动。饮食以易消化、高热量为宜，并注意酌情适量补充液体和电解质；高热给予物理降温，或酌情给予解热镇痛药；加强病情观察与护理。

（二）病原治疗

针对钩体的病原学治疗是本病治疗的关键和根本措施，因此强调早期应用有效的抗生素。钩体对多种抗菌药物敏感,如青霉素、庆大霉素、第三代头孢菌素和喹诺酮类等。其中以青霉素为治疗钩体病首选药物,青霉素常用剂量为40万U,每6~8小时肌内注射1次,疗程7天,或至退热后3天。对青霉素过敏者,可选用其他有效抗菌药物。

由于青霉素首剂后患者易发生赫氏反应(Herxheimer reaction),其表现为患者突然出现寒战、高热,头痛、全身痛,心率和呼吸加快,原有症状加重,部分病人出现体温骤降、四肢厥冷,一般持续30分钟至1小时,因可诱发肺弥漫性出血,须高度重视。赫氏反应是一种青霉素治疗后加重反应,多在首剂青霉素后半小时至4小时发生(应注意与青霉素过敏反应相鉴别),是因为大量钩体被青霉素杀灭后释放毒素所致,当青霉素剂量较大时,容易发生,故用青霉素治疗钩体病时,宜首剂小剂量和分次给药。有人主张青霉素以小剂量肌内注射开始,首剂5万U,4小时后10万U,渐过渡到每次40万U;亦可采用静脉滴注给药方式,在单位时间内进入体内的青霉素量较小;或者在应用青霉素的同时静脉滴注氢化可的松200mg,以避免赫氏反应。应注意的是,赫氏反应亦可发生于其他钩体敏感抗菌药物的治疗过程中。

（三）对症治疗

对于较重钩体病患者均宜常规给予镇静剂,如地西泮(又名安定)、苯巴比妥、异丙嗪或氯丙嗪,必要时2~4小时可重复一次。

1. 赫氏反应 尽快使用镇静剂,以及静脉滴注或静脉注射氢化可的松。

2. 肺出血型 尤其是肺弥漫性出血型,及早加强镇静剂使用,及早给予足量的氢化可的松缓慢静脉注射,对严重者,每日用量可达1000~2000mg。根据心率、心音情况,可给予强心药毛花苷丙。忌用升压药和慎用提高血容量的高渗溶液,补液不宜过快过多,以免加重出血。

3. 黄疸出血型 加强护肝、解毒、止血等治疗,可参照病毒性肝炎的治疗。如有肾功能衰竭,可参照急性肾功能衰竭治疗。

（四）后发症治疗

1. 后发热、反应性脑膜炎 一般采取简单对症治疗,短期即可缓解。

2. 葡萄膜炎 可采用1%阿托品或10%新福林滴眼扩瞳,必要时可用肾上腺糖皮质激素治疗。

3. 闭塞性脑动脉炎 大剂量青霉素联合肾上腺糖皮质激素治疗,辅以血管扩张药物等。

【预防】

（一）控制传染源

钩体病为人畜共患的自然疫源性疾病,因而控制传染源难度较大。一般以加强田间灭鼠和家畜(主要为猪)粪尿管理为主要措施。

（二）切断传播途径

1. 改造疫源地 开沟排水,收割水稻前1周放干田中积水。防止洪水泛滥。

2. 环境卫生和消毒 牲畜饲养场所、屠宰场等应搞好环境卫生和消毒工作。

3. 注意防护 流行地区、流行季节,不要在池沼、水沟中捕鱼、游泳,减少不必要的疫水接触。工作需要时,可穿长筒橡皮靴,戴胶皮手套。

（三）保护易感人群

1. 预防接种 在常年流行地区采用多价钩体菌苗接种,目前常用的钩体疫苗是一种灭活全菌疫苗。钩体菌苗在每年流行季节前半个月到1个月开始接种,前后注射2次,相隔半个月,当年保护率可达95%。

2. 药物预防 对进入疫区短期工作的高危人群,或在未进行菌苗预防注射的地区,突发钩体病流行时,作为应急预防措施,可口服多西环素,0.2g,每周1次。

（崇雨田）

钩端螺旋体病是以全身毛细血管感染中毒性损伤为病理基础的一种急性传染病,为自然疫源性疾病。鼠类和猪是钩体病最主要的储存宿主和传染源,人接触疫水而感染,人对钩体普遍易感,感染后可获较强的同型免疫力。病理学特点是器官功能障碍的严重性与组织结构损伤程度的不一致性。临床表现为急起高热,全身乏力,眼结膜充血,腓肠肌压痛,淋巴结肿大,可出现肝、肾、肺、脑受损及功能障碍。"三早一就地"是钩体病的治疗原则,应在医院观察、治疗。早期应用有效的抗生素进行病原学治疗是本病治疗的关键,首选青霉素,但需注意赫氏反应。预防的重点是个人的防护、预防接种及药物预防。

复习参考题

1. 简述钩体病的临床分型及表现。
2. 简述钩体病治疗的注意事项。

第二节　回归热

学习目标

掌握	回归热的流行病学、临床表现、诊断、治疗及预防。
熟悉	回归热的实验室检查、发病机制及并发症。
了解	回归热的病原学、病理解剖。

回归热(relapsing fever),是由回归热包柔螺旋体引起的急性虫媒传染病。其临床特点是阵发性高热伴全身疼痛,肝脾肿大,发热期与间歇期交替反复出现,故称回归热。根据媒介昆虫不同,又分为虱传(流行性)回归热及蜱传(地方性)回归热。目前已被列为国际监测传染病。

【病原学】

回归热包柔螺旋体为螺旋体属或称包柔螺旋体属(Borrelia)。以虱为传播媒介的仅有一种,即流行性回归热的病原体为回归热包柔体(*Borrelia recurrentis*)。以蜱为传播媒介的即地方性回归热的病原体有10余种。

无论虱或蜱传包柔体,在形态上难以区分,呈纤细的疏螺旋体,两端尖锐。长约5~20μm,宽0.2~0.5μm,有3~10个粗而不规则的螺旋。在电镜下其由柱形菌体、轴缘和外膜三部分组成。

回归热包柔体在普通培养基上不能生长,须用含有血液、腹水或组织(兔肾)碎片的培养基,微需氧环境,37℃ 2~3天即可生长繁殖。包柔体长期在人工培养基培养或经动物传代后其毒力减低。回归热包柔体最大的特点是体表抗原极易变异,迄今已有A~J10种抗原变种,人类以A及B变种最为常见。回归热包柔体对低温抵抗力较强。在离体组织中,0~8℃环境下存活7天;在凝血块中0℃至少可存活100天。但对热、干燥和一般消毒剂均敏感。在56℃时30分钟即可杀灭。

【流行病学】

(一)虱传回归热

患者是唯一的传染源。体虱为主要传播媒介,头虱亦可传播,但阴虱却不能。虱吸患者血后,回归热包柔体穿过虱的肠壁进入体腔繁殖增生,经4~5天成熟,在虱体腔中,包柔体可终生(约30天)存活,但不能进入胃肠道和唾液腺,故虱叮咬及虱粪均不能传播本病。必须在压破虱体后溢散出的回归热包柔体经搔破皮肤创面才能侵入人体。污染的手接触眼、鼻黏膜等亦可构成感染。经胎盘或输血虽可构成感染,但罕见。虱体内的螺旋体不能经卵传代。

人对虱传回归热普遍易感。病后免疫力不持久,约持续2~6个月,最长也仅2年。

虱传回归热呈世界性分布,好发季节为冬春季。但无明显地区性。凡有虱的地方,就有发生和流行本病的可能。贫困、灾荒、战争和卫生条件差的情况下容易造成流行。

(二)蜱传回归热

是一种自然疫源性传染病。鼠类等啮齿动物既是传染源又是贮存宿主。牛、羊、马、驴等家畜及狗、狼、蝙蝠等均可成为传染源。患者亦可为传染源,但意义不大。偶有经胎盘、输血、手术传播的报告。

钝缘蜱既是传播媒介,也是保菌宿主。蜱吸血被感染后,包柔体在蜱体内大量繁殖,并可从粪便和唾液排出,人被叮咬时,包柔体随蜱粪或唾液经咬破的皮肤创面而感染。亦可经眼结膜、胎盘或输血感染。

蜱传回归热也具普遍易感性。感染后第1周即可出现IgM型抗体,1个月后逐渐下降,随后出现IgG抗体,2个月后仍继续增高。免疫力约1年,与虱传回归热无交叉免疫。本病春夏季多发,流行于热带和亚热带。

【发病机制与病理解剖】

回归热的发热和中毒症状与包柔体血症有关。其发作及间歇之"回归"表现与机体免疫反应和包柔体体表抗原变异有关。包柔体通过皮肤、黏膜到达淋巴及血液循环。皮损局部可出现皮疹和痒感。随着包柔体在血内增殖,引起发热等临床表现。与此同时,机体逐渐产生特异性抗体,与补体结合将螺旋体溶解或凝集,消灭血液循环中的包柔体,临床上高热骤退,转入间歇期。少数抗原性发生变异的包柔体隐匿于肝、脾、骨髓、脑及肾等脏器中,逃避了机体的免疫清除,经繁殖并达一定数量再次入血,引起发热等临床症状,但较前次为轻。每次回归发作,包柔体的抗原性均有变异,变异的抗原性又导致新的免疫应答,如此多次反复,寒热往来引起回归热。如此反复多次,每次回归发作时螺旋体的抗原性均有变异,直至机体产生足够免疫力,螺旋体被全部杀灭,疾病痊愈。

包柔体及其代谢产物能破坏红细胞和损伤小血管内皮细胞以及激活补体、活化凝血因子等。导致溶血性黄疸、贫血、出血性皮疹及严重的腔道出血,甚或发生DIC。回归热包柔体感染易侵入脑组织。

病理变化可见于各重要脏器。但以脾最为显著,脾肿大而质软,有散在梗死、浆细胞浸润,脾髓单核-吞噬细胞增生及小脓肿形成。肝脏表现为散在的坏死灶,库普弗细胞增生,肝内可见出血和退行性变。肾脏浊肿、弥漫性心肌炎、脑和肺充血、水肿及脑膜炎性浸润等。上述脏器中均可检出回归热包柔体。

【临床表现】

(一)虱传回归热

潜伏期2~14天,多为7~8天。少部分病人病初可有1~2天低热、头痛、乏力等前驱症状,绝大多数患者起病急骤、畏寒、寒战,继以高热,病程1~2天即可达40℃以上,多呈稽留热,亦可为弛张热或间歇热。发热同时,伴较剧烈头痛,四肢肌肉及关节疼痛,恶心呕吐等。头痛及肌痛为本病最为突出的症状,肌肉稍加触压即疼痛难忍,尤以腓肠肌为著。此外,部分患者可有鼻出血。在高热期间还可出现谵妄、抽搐、神志不清等症状。严重患者可有呕血、黑便等出血症状。体格检查患者面部及结膜充血,皮肤少汗,四肢及躯干可见出血性皮疹。常见有轻度黄疸,半数以上的病人脾和肝脏肿大。亦可出现心律不齐、奔马律及心功能衰竭等体征。还可出现意识障碍和脑膜刺激症状以及DIC。在发热期间还可见有腹痛、腹泻、口渴、口唇疱疹。孕妇可致流产。

高热持续6~7天多骤然下降,伴大汗而转入间歇期,此时患者除感虚弱外,其他症状均减退或消失。未经治疗的患者经6~9天间歇后,再发高热,症状复现。每次回归发作,症状渐轻,时间渐短,而间歇期逐渐延长。约半数人仅复发1次,复发3次以上者仅占1%~2%。

(二)蜱传回归热

潜伏期2~15天,多为4~9天。临床表现与虱传回归热基本相同,但较轻。多数患者在发病前数小时至1天可有周身不适等症状,继之急剧发病,恶寒战栗,体温很快升至39℃伴有头痛、恶心、呕吐、全身酸痛等表现,有些患者腰痛甚重,亦可有较明显的腓肠肌疼痛。初次发作高热持续1~2天,少数可长达4~6天。退热时多伴有大汗,间歇期通常2~10天,可感软弱、头痛、食欲缺乏等。大多发作3~9次,随发作次数增加,发作期渐短,间歇期延长,症状减轻或不规则。可出现齿龈出血、黄疸等症状,但均少见。

发病前在蜱叮咬的局部有炎症改变,初为斑丘疹,刺口有出血或小水泡,伴痒感,局部淋巴结可肿大,至发病时则仅留色素沉着。肝、脾肿大较虱传回归热为少且缓慢。

【实验室检查】

(一)常规及生化检查

1. 外周血象 虱传回归热患者白细胞多增高,在(10~20)×10⁹/L,中性粒细胞比例增加,间歇期恢复正常或偏低。蜱传回归热白细胞多正常,发作次数多者贫血常较严重。

2. 尿液 发热期间可有微量蛋白及红细胞管型。

3. 肝功能及其他 可有丙氨酸氨基转移酶(ALT)升高,凝血酶原时间延长等。

4. 脑脊液 压力及蛋白可略高,细胞数增多,以淋巴细胞为主。

(二)病原学检查

1. 暗视野检查 发热期采血涂片暗视野检查,在滚动的红细胞附近,很容易发现活动的包柔体。

2. 涂片检查 用血液、骨髓或脑脊液同时涂厚膜或薄膜,姬姆萨或瑞特染色可查到包柔体。

3. 动物接种 取血1~2ml接种小鼠腹腔,逐日尾静脉采血,1~3天内即可检出包柔体。

【并发症】

最常见的并发症为支气管肺炎。还可有虹膜睫状体炎、中耳炎、关节炎、偶见脑炎、脑膜炎及脾破裂出血等。

【诊断与鉴别诊断】

根据典型临床表现,结合有否体虱或野外作业和蜱叮咬史等流行病学资料,应考虑本病诊断。凡在流行地区和流行季节,有体虱或蜱叮咬,又有不规则间歇发热者,均应考虑有本病之可能。确诊有赖于查获病原包柔体。国内已多年消灭本病,应警惕首发病例被忽略。

回归热应与布鲁菌病、斑疹伤寒、钩端螺旋体病、疟疾、伤寒和肾综合征出血热等疾病鉴别。

【预后】

取决于治疗早晚、年龄及有无并发症。病死率约2%~6%,蜱传回归热病死率略低。儿童患者预后良好。

【治疗】

1. 一般治疗及对症治疗 应彻底灭虱,卧床休息,给予高热量流质饮食,补充足量液体和所需电解质。高热时物理降温,并发神经精神症状时,可投给镇静剂。体温骤降应注意防止虚脱发生。毒血症状严重者,可适当应用肾上腺皮质激素。

2. 病原治疗 四环素为首选药物,每日2g,4次分服,热退后减量为1.5g/d,疗程7~10天。多西环素100~200mg/d;单剂多西环素100mg疗法,也有报道获良好效果。红霉素或氯霉素与四环素疗效相当。在应用抗生素治疗过程中,可能发生赫克斯海默(Herxheimer)样反应,需及时采用肾上腺皮质激素治疗。亦可在应用抗生素治疗同时,合用激素类药物,以防赫克斯海默反应发生。

【预防】

(一)管理传染源

1. 虱传回归热 患者及可疑者均须立即隔离治疗,隔离至体温正常后15天。接触者灭虱后医学观察14天。

2. 蜱传回归热 主要是灭鼠,彻底消灭建筑物内的鼠等野生动物。畜圈、禽窝远离住宅。

（二）切断传播途径

1. 虱传回归热　以灭虱为主。可根据不同情况,分别采用煮烫、干热、熨烫和冷冻四种方法。亦可用药物灭虱,常用药物有敌敌畏、马拉硫磷。衣被上的残留药物通过皮肤吸收引起有机磷中毒事件时有发生,应予以注意。

2. 蜱传回归热　以防鼠灭鼠防蜱为主。野外作业穿紧口的防护服,亦可喷洒二氯苯醚菊酯等化学驱避剂。

（三）保护易感人群

除搞好个人卫生,消灭虱子,野外作业做好个人防护,对进入疫区而确被疫蜱叮咬者投给多西环素0.1g 口服。

（王勤英）

复习参考题

1. 虱传回归热的病原体是什么?

2. 虱传回归热最突出的临床症状是什么?

3. 简述回归热的诊断要点及治疗原则。

第三节　莱姆病

莱姆病（Lyme disease）是由伯氏疏螺旋体引起的一种自然疫源地性疾病,以蜱为主要传播媒介。临床上主要表现为皮肤、心脏、神经和关节等多系统、多脏器损害。具有分布广、传播快、致残率高等特点。

【病原学】

1982 年 Burgdorfer 等在莱姆病的流行区从蜱和患者的标本中分离出螺旋体,并证实为疏螺旋体,命名为伯氏疏螺旋体,革兰氏染色阴性,体长 $10\mu m \sim 35\mu m$,直径 $0.2\mu m \sim 0.4\mu m$,有 $3 \sim 10$ 个或更多的稀疏的不规则螺旋,末端渐成细丝,电镜下可见每端有数条鞭毛,瑞特染色为淡蓝色,镀银染色可使螺旋体着色。

伯氏疏螺旋体目前分为10个基因型,对人有致病力的有三种:狭义疏螺旋体、伽氏疏螺旋体和阿弗西尼疏螺旋体。螺旋体的蛋白至少有30种,其主要成分为外膜蛋白A、B、C、D和41kD五种。41kD蛋白为鞭毛抗原,可使人体产生特异性IgM抗体,感染后6~8周达高峰,以后下降,可用于早期诊断。外膜蛋白A和外膜蛋白B为两种主要外膜抗原,株间变异较大,可致机体产生特异性IgG和IgA抗体,感染后2~3个月出现,持续多年,用做流行病学调查。

伯氏疏螺旋体微需氧,在含有酵母、矿盐和还原剂的培养基中生长良好,在含牛血清或兔血清的培养基培养效果尤佳。33~35℃条件下可缓慢生长,约12小时繁殖一代。伯氏疏螺旋体在潮湿、低温环境下抵抗力较强,对常用化学消毒剂如酒精、戊二醛、含氯石灰等敏感,对高温、紫外线等常用物理方法敏感,对青霉素、氨苄西林、四环素、红霉素等抗生素均敏感。

【流行病学】

1975年美国东北部康涅狄格州莱姆(Lyme)镇流行一种病,曾被诊断为幼年性类风湿关节炎,1978年证明本病是由蜱传播的一种多系统受累的传染病,1980年以其最初流行地区命名为莱姆病。自1985年我国黑龙江省海林县首次发生莱姆病疑似病例以来,以后在黑龙江其他地区、新疆维吾尔自治区及安徽省等地有流行,福建、四川、云南、辽宁、内蒙古、河北、北京等全国19个省、市、自治区相继出现此病病例报告或人群存在伯氏疏螺旋体感染,感染率平均为5.33%。

(一)传染源

目前发现30余种野生哺乳类动物(鼠、鹿、兔、狐、狼等)和40多种鸟类及多种家畜(狗、牛、马等)可作为本病的贮存宿主。鼠类自然感染率很高,是本病的主要传染源。患者仅在感染早期血液中存在伯氏疏螺旋体,故作为本病传染源的意义不大。

(二)传播途径

莱姆病主要通过虫媒传播,节肢动物蜱(硬蜱)为传播媒介,伯氏疏螺旋体感染蜱虫后在其肠道内繁殖,蜱叮咬人或动物时,随其粪便或反流经唾液传播,也可因蜱粪中螺旋体污染皮肤伤口而传播。除蜱外,蚊、马蝇和鹿蝇等也可感染伯氏疏螺旋体而成为本病的传播媒介。患者早期血中存在伯氏疏螺旋体,故输血有传播本病的可能。

(三)人群易感性

人对本病普遍易感,无年龄及性别差异。职业与本病的关系较为密切,室外工作者患本病的危险性较大,多种室外活动,如狩猎、垂钓和野营等可增加发病的危险性。人体感染后可为显性感染或无症状的隐性感染,两者的比例为1:1。无论显性或隐性感染,血清均可检出高滴度的特异性IgM和IgG抗体。两者痊愈后血清抗体可在体内长期存在,但可反复感染,故认定特异性IgG抗体对人体无保护作用。

(四)流行特征

本病呈全球性分布,世界20多个国家都有该病发生。我国主要流行地区是东北林区、内蒙古林区和西北林区。林区感染率为5%~10%,平原地区在5%以下。全年均可发病,但6~10月呈高发季节,以6月最为明显。

【发病机制与病理解剖】

(一)发病机制

感染的雌蜱叮咬人后,伯氏疏螺旋体随唾液进入宿主。经3~32天,病原体在皮肤中由原发性浸润灶向外周迁移,并在淋巴组织中播散,或经血液蔓延到各器官(如中枢神经系统、关节、心脏和肝脾等)或其他部位皮肤。当病原体游走至皮肤表面则引发多个环形红斑,引起淋巴结肿大,并可通过微血管及淋巴管进入血液循环,引起螺旋体血症,大量繁殖并释放出内毒素样物质,引起发热及全身中毒症状;侵犯单核-巨噬细胞系统及多个脏器,引起肝、脾肿大及多脏器、多系统损害。螺旋体脂多糖具有内毒素的许多生物学活性,可非特异性激活单核细胞、吞噬细胞、滑膜纤维细胞、B细胞和补体,并产生多种细胞因子(IL-1、TNF-α、IL-6

等)。此外,病原体黏附在细胞外基质、内皮细胞和神经末梢上,诱导产生交叉反应,并能活化与大血管(如神经组织、心脏和关节的大血管)闭塞发生有关的特异性 T 和 B 淋巴细胞,引起脑膜炎、脑炎和心脏受损。免疫复合物也参与其组织损伤形成过程,当血清 IgM 和含有 IgM 的冷球蛋白升高,预示可能会出现神经系统、心脏和关节受累。另外 HLA-DR2、DR3 和 DR4 均与本病发生有关,故免疫遗传因素可能参与本病发生。

（二）病理解剖

1. 皮肤病变　早期为非特异性的组织病理改变,可见组织充血,皮损中心的改变符合节肢动物叮咬后的反应,皮肤呈嗜酸性粒细胞浸润,偶见脉管炎和血管改变。周围皮肤和血管周围有密集的淋巴细胞浸润,还可见浆细胞、巨噬细胞浸润,偶见嗜酸性粒细胞,生发中心的出现有助于诊断。晚期细胞浸润以浆细胞为主,见于表皮和皮下组织。皮肤静脉扩张和内皮增生均较明显。

2. 神经系统病变　莱姆病的神经系统病变可累及脑膜、脑实质、脊髓等中枢神经系统,亦可侵犯神经根、脑神经或末梢神经等周围神经系统。主要表现为进行性脑脊髓炎和轴索性脱髓鞘病变。

3. 关节病变　关节液中白细胞数升高,滑膜可见炎症反应,以淋巴细胞及浆细胞为主。晚期可见滑膜绒毛肥大,纤维蛋白沉着,单核细胞浸润等。

4. 其他　如心脏、淋巴结、肝、脾、眼等均可受累。

【临床表现】

本病潜伏期为 3~20 天,平均为 9 天。是多器官、多系统受累的炎性综合征,且患者可以某一器官或某一系统的反应为主。典型的莱姆病分为三期,各期可依次或重叠出现。

（一）第一期（局部皮肤损害期或早期）

莱姆病皮肤损害的三大特征是游走性红斑、慢性萎缩性肢端皮炎和淋巴细胞瘤。本期持续约 1 周左右,中毒症状明显,表现为头痛、畏寒、发热、骨骼和肌肉移行性疼痛、关节痛、明显乏力,易疲劳和嗜睡。约 60%~80% 的患者在蜱虫叮咬处发生慢性游走性红斑或丘疹,为本期的特征性表现,数天或数周内向周围扩散形成一个大的圆形或椭圆形充血性皮损,外缘呈鲜红色,中心部渐趋苍白,有的中心部可起水疱或坏死,周围皮肤有显著充血和皮肤变硬,局部灼热或痒、痛感。身体任何部位的皮肤均可发生红斑,通常以腋下、大腿、腹部和腹股沟为常见,儿童多见于耳后发际。多数患者的红斑随着病情进展而逐渐增大,大约 25% 的患者不出现特征性的皮肤表现。红斑一般在 3~4 周内消退。半数患者在红斑消失时该处瘙痒并发生中度糠麸样皮肤脱屑,多数患者红斑消失后无痕迹,20% 左右患者残存色素斑。本期可发生局部表浅淋巴结肿大及肝、脾肿大等。

（二）第二期（感染播散期或中期）

本期特点是在发病 2~4 周后,出现神经和心血管系统损害。

本病在早期有皮肤受损表现时就可出现轻微的脑膜刺激症状,进入此期,约 15%~20% 的患者可出现脑膜炎症状和体征,神经系统的损害以脑膜炎、脑炎、神经根炎、局部脑神经炎最常见。表现有头痛、呕吐、眼球痛、颈项强直及浆液性脑膜炎等。约 1/3 患者可出现明显的脑炎症状,表现为兴奋性升高、睡眠障碍、注意力不集中、谵妄等。半数患者可发生颅神经病变,以面神经损害最为明显,表现为面肌不完全麻痹,病损部位麻木或刺痛,但无明显的感觉障碍。面神经损害在青少年多可完全恢复,而中老年常留后遗症。此外,还可有动眼神经、视神经、听神经受损。

在病后 5 周或更晚,约 8% 患者可出现心血管系统症状,急性发病,主要表现为心音低钝、心动过速和房室传导阻滞,严重者可发生完全性房室传导阻滞。通常持续数天至 6 周,症状缓解、消失,但可反复发作。有些患者还可出现结膜炎、虹膜炎及全眼炎等,以及节段性肌痛伴近端伸肌肿痛等深部肌炎的表现。

（三）第三期（持续感染期或晚期）

始于病后 2 个月或更晚,个别病例可发生在病后 2 年。此期的特点为关节损害,关节炎通常从一个关节或少数关节开始,受累的是大关节如膝、踝和肘关节,以关节肌肉僵硬、疼痛为常见症状。表现为关节肿胀、疼痛和活动受限。多数患者表现为反复发作的对称性多关节炎,在每次发作时可伴随体温升高和中毒症状等。在受累关节的滑膜液中,嗜酸性粒细胞及蛋白含量均升高,并可查出伯氏疏螺旋体。此外,皮肤病变可有类似硬皮病的改变,有的呈慢性萎缩性肢端皮炎,手、腕、足或踝部皮肤呈紫红色或青紫色,伴皮肤萎缩。并可有肝、脾、淋巴结肿大,肝功能异常和间质性肾炎。还可见疏螺旋体淋巴细胞瘤,多发生在蜱叮咬处,常见于儿童耳廓或成人乳头、乳晕处,为直径 1~5cm 的蓝红色小结节或斑,伴牙痛和淋巴结肿大。本期病程长,可持续数月甚至 1 年以上。

【实验室检查】

(一)常规检查

血常规提示白细胞总数多在正常范围,部分急性期患者有轻度贫血,白细胞升高伴核左移,血沉常增快。少数患者有镜下血尿和轻度蛋白尿。

(二)病原学检查

1. 直接查找病原体　取患者病损皮肤、滑膜、淋巴结及脑脊液等标本,用暗视野显微镜或镀银染色法查伯氏疏螺旋体,该法可快速作出病原学诊断,但检出率低。也可取游走性红斑周围皮肤培养分离螺旋体,阳性率高,但约需 1~2 个月。

2. PCR 检测　用此法检测血液及其他标本中的伯氏疏螺旋体 DNA,敏感性及特异性高,皮肤和尿液标本的检出率高于脑脊液。

(三)血清学检查

检测血清或脑脊液中的特异性抗体为目前确诊本病的依据,可采用间接免疫荧光法、ELISA 法或免疫印迹法检测,后者更敏感。通常特异性 IgM 抗体多在游走红斑发生后 2~4 周出现,6~8 周达高峰,多于 4~6 个月降至正常水平。特异性 IgG 抗体多在病后 6~8 周开始升高,4~6 个月达高峰,可持续数年以上。单份血清抗体 IgM≥1∶64 或抗体 IgG 效价≥1∶128 或双份血清抗体效价有 4 倍以上增高者,均有诊断价值。但在判断血清学结果时,应注意感染早期可出现假阴性反应,在其他螺旋体感染、自身免疫性疾病时可出现假阳性反应。

【诊断与鉴别诊断】

(一)诊断

莱姆病的诊断主要根据流行病学资料、临床表现和实验室检查。

1. 流行病学资料　近期曾到过疫区,或有蜱虫叮咬史。

2. 临床表现　早期皮肤损害(慢性游走性红斑)有重要的诊断价值。晚期出现神经、心脏和关节等受累。

3. 实验室检查　从感染组织或体液中分离到伯氏疏螺旋体,或检出特异性抗体。

我国 CDC 制订了莱姆病的临床诊断标准:①发病前数天或数月到过疫区,有蜱暴露或叮咬史。②有典型的皮肤损害,慢性移行性红斑大于 5cm。③有脑膜脑炎、颅神经炎(特别是面神经麻痹)、神经根炎或其他神经系统损害。④有心脏损害并能排除有关疾病。⑤有单个或多个关节炎。⑥病原学检查阳性,或血清特异性抗体阳性[抗体滴度为 IgG≥1∶128 和(或)IgM≥1∶64],或双份血清抗体滴度升高 4 倍以上。在莱姆病疫区,凡具备上述①、②条者即可作出临床诊断,具有①、⑥条及②、⑤条中任何一条或一条以上者,可确诊为莱姆病。而在非疫区,莱姆病病例的确诊必须同时具备②和⑥条,或③~⑤条中任何两条加上⑥条,方可确定诊断。

(二)鉴别诊断

由于本病为多系统损害,临床表现复杂。在皮肤病变方面,应与其他原因引起的红斑、紫癜或硬皮病等鉴别。莱姆病的神经病变要与其他原因的无菌性脑膜炎、脑炎、面瘫、神经根炎等鉴别。莱姆病的关节炎要与风湿或类风湿性关节炎相鉴别。莱姆病心肌炎要与其他原因引起的心肌炎、房室传导阻滞、心动过速等鉴别。

【治疗】

在对症和支持治疗的基础上,应用抗生素抗螺旋体治疗是最主要的治疗措施,且早期应用抗生素治疗最敏感。

（一）病原治疗

早期应用抗生素治疗,既可使典型的游走性红斑迅速消失,也可以预防后期的主要并发症(心肌炎、脑膜炎或复发性关节炎)出现。目前多种抗生素有抗螺旋体活性,包括多西环素、米诺环素、四环素、阿莫西林、头孢曲松、红霉素等。

1. 第一期治疗　成人:常采用多西环素 0.1g,每日 2 次口服,或红霉素 0.25g,每日 4 次口服。儿童:首选阿莫西林,每天 50mg/kg,分 4 次口服,或用红霉素或阿奇霉素。疗程均为 10～21 天。治疗中需注意患者发生赫式反应,故抗生素应从小剂量开始应用。

2. 第二期治疗　无论是否伴有其他神经系统病变,患者出现脑膜炎就应静脉给予青霉素 G,每天 2000 万 U 以上,分次静点,疗程为 10 天。一般头痛和颈强直在治疗后第 2 天开始缓解,7～10 天消失。

3. 第三期治疗　晚期有严重心脏、神经或关节损害者,可应用青霉素,每天 2000 万 U 静滴,可以应用头孢曲松每次 2g,每天 1 次静脉滴注,疗程为 3～4 周。

（二）对症及支持治疗

患者应卧床休息,注意补充足够的液体。对于有发热、皮损部位有疼痛者,可适当应用解热镇痛剂。高热及全身症状严重者,或者抗生素治疗后出现赫氏反应者,可给予糖皮质激素短期治疗,但对有关节损伤者,应避免关节腔内注射。患者伴有心肌炎,出现完全性房室传导阻滞时,可暂时应用起搏器至症状及心律改善。

【预防】

本病为自然疫源性疾病,消灭疫源甚为困难。预防的重点在于个人防护,主要是进入森林、草地等疫区的人员要做好个人防护,防止硬蜱虫叮咬。若被蜱虫叮咬后,可用氯仿或乙醚或煤油、甘油等滴盖蜱体,使其口器退出皮肤再轻轻取下,取下的蜱不要用手捻碎,以防感染。如蜱的口器残留在皮内,可用针挑出并涂上酒精或碘酒,只要在 24 小时内将其除去,即可防止感染。因为蜱虫叮咬吸血,需持续 24 小时以上才能有效传播螺旋体。在蜱虫叮咬后给予预防性使用抗生素,可以达到预防目的。近年重组表面蛋白莱姆病疫苗对莱姆病流行区人群进行预防注射取得良好效果。

（王勤英）

学习小结

莱姆病是由蜱传伯氏疏螺旋体引起的自然疫源性疾病。主要传染源是小鼠,以蜱叮咬为传播媒介,主要致病机制包括病原体直接侵犯、毒素、机体免疫反应等。临床表现第一期为局部皮肤损害期,主要为慢性游走性红斑,是本病的主要临床特征;第二期为播散感染期,主要为神经系统和心血管系统损害;第三期为持续感染期,特点是关节损害,大关节受累为主。该病的诊断,主要根据发病前 20 天内到过疫区并有疫区暴露史或蜱叮咬史,早期有慢性游走性红斑有诊断价值。其他有神经、心脏或关节症状的患者要考虑本病可能。从感染组织或体液检测到特异性抗原或分离到伯氏疏螺旋体,或从血液、脑脊液中检出特异性 IgM 或 IgG 抗体可以确诊。病原治疗可选择阿莫西林、青霉素、第三代头孢菌素等,宜从小剂量开始,或同时应用肾上腺皮质激素预防赫氏反应。

复习参考题

1. 莱姆病的主要传染源及病原体是什么?

2. 试述莱姆病的主要临床特征。

3. 试述莱姆病的诊断依据与治疗原则。

第八章　　原虫感染

第一节　阿米巴病

学习目标	
掌握	肠阿米巴病、阿米巴肝脓肿的临床类型及表现、诊断、鉴别诊断及并发症。
熟悉	阿米巴病原学特点、发病机制与病理改变、预后。
了解	阿米巴病的流行病学特点、预防。

阿米巴病(Amebiasis)是溶组织内阿米巴感染人体所致的一种寄生虫病。按其病变部位可分为临床最常见的阿米巴肠病以及肠外阿米巴病。阿米巴肠病主要病变位于结肠,肠外阿米巴病最常见为阿米巴肝脓肿。

一、阿米巴肠病

阿米巴肠病又称阿米巴痢疾,是溶组织内阿米巴寄生于结肠引起的疾病。病变多见于近端结肠和盲肠,典型表现为腹痛、腹泻、果酱样便等症状。本病易复发,易转为慢性,可引起肠外并发症。

【病原学】

肠阿米巴病是由溶组织内阿米巴寄生结肠导致的肠道传染病。WHO 正式将引起侵入性阿米巴的虫株命名为溶组织内阿米巴,将肠腔共栖的非侵袭性阿米巴虫株命名为迪丝帕内阿米巴。溶组织内阿米巴的生活周期有滋养体和包囊两种形态。

(一)滋养体

滋养体分大小型。大滋养体为溶组织内阿米巴致病型,由外质伸出伪足做定向运动。可寄生于组织中吞噬组织和红细胞,具致病力。小滋养体伪足短小运动缓慢,寄生于肠腔中,不吞噬红细胞。小滋养体为大滋养体和包囊中间型,在宿主免疫力强、肠道环境不利其生长时,活动停止进入包囊前期,再团缩形成包囊。大滋养体以二分裂方式在体内繁殖,可随粪便排出体外,或在肠腔内演变为包囊后再排出。滋养体抵抗力弱,易被胃酸杀死。

(二)包囊

是溶组织内阿米巴的感染型,由肠腔内小滋养体形成。包囊对外界抵抗力强,余氯和胃酸不能杀灭,在粪便中存活 2 周以上。耐受寒冷、干燥及常用化学消毒剂。加热至50℃数分钟即可杀灭,在 10% 苯酚液中 30 分钟可被杀死。

【流行病学】

1. 传染源　人是溶组织内阿米巴的主要宿主和贮存宿主。急性期患者因仅排出不耐受外界环境的滋养体,故并非主要传染源。慢性患者、恢复期患者及无症状排包囊者为本病主要传染源。

2. 传播途径　主要经粪-口传播。可通过被包囊污染的食物及饮水直接传播,也可通过污染的手、蟑螂、苍蝇造成间接经口传播。

3. 人群易感性　人群普遍易感,感染后产生的特异性抗体无保护性,可重复感染。营养不良、免疫低下者发病机会较多,婴儿与儿童发病机会相对较少。

4. 流行特征　本病遍及全球,以热带和亚热带地区多发。感染率高低与卫生状况及生活习惯有关,农村高于城市,夏秋季多见。多为散发,偶因水源污染而致暴发流行。

【发病机制与病理解剖】

(一)发病机制

成熟包囊被吞食后到达小肠下段,经消化酶作用后囊膜变薄,虫体脱出寄居于回盲部、结肠等部位以二分裂方式继续繁殖。健康宿主体内小滋养体可变为包囊排出体外从而不致病。但当感染者存在免疫低下等原因导致胃肠功能降低时,小滋养体可发育为大滋养体侵袭肠黏膜。

滋养体黏附于靶细胞,借助伪足的机械运动、酶溶组织作用及毒素综合作用侵入靶细胞,靶细胞溶解后被原虫吞噬降解。溶组织内阿米巴除含有蛋白溶解酶外,还含有可降解宿主蛋白促进虫体黏附侵入的半胱氨酸蛋白酶;促进滋养体吸附的半乳糖特异性黏附素;使细胞裂解的阿米巴穿孔素等。在这多种因素作用下,组织破坏形成小脓肿及潜行溃疡,破坏广泛者可深达肌层。滋养体亦可分泌具有肠毒素样活性物质,使肠蠕动加快、肠痉挛而出现腹痛、腹泻,伴随坏死物质及血液排出。

(二)病理解剖

病变主要在盲肠和升结肠,也可累及直肠、乙状结肠、阑尾和回肠末端。典型病变初期为细小散在的浅表糜烂,继而形成较多孤立而色泽较浅的小脓肿,破溃后形成边缘不整、口小底大的烧瓶样溃疡,基底为肌层,腔内充满棕黄色坏死物质,内含溶解的细胞碎片、黏液和滋养体。溃疡自数毫米至 $3\sim4cm$ 不等,溃疡间黏膜大多正常。病灶周围炎症一般较轻,当继发细菌感染时黏膜广泛充血水肿。如溃疡不断深入,可累及肌层、浆膜层或血管引发肠穿孔或肠出血。慢性期病变,组织破坏与修复并存,局部肠壁肥厚,可形成瘢痕性狭窄、肠息肉、肉芽肿等病变。

【临床表现】

潜伏期一般为 $1\sim2$ 周。亦可短至数日或长达年余。

(一)无症状型(包囊携带者)

无临床症状,多次粪检发现阿米巴包囊。当免疫力低下时可转变为急性阿米巴痢疾。

(二)急性阿米巴痢疾

1. 轻型　临床症状较轻,可有下腹不适或隐痛,排稀水便或糊便,每日约 $3\sim5$ 次。部分可无腹泻,粪便中能找见滋养体及包囊。

2. 普通型　起病缓,全身中毒症状较轻。典型表现为果酱样黏液血便,有腥臭味,排便每日约 $3\sim10$ 次,有右侧腹部压痛,病变累及直肠可有里急后重。多不伴发热,可有食欲减退。粪便镜检可见滋养体。病程持续数日至数周可自行缓解,未治疗或治疗不彻底可复发或转为慢性。

3. 暴发型　少见,多发生在严重感染、营养不良、孕妇或接受激素治疗者。起病急骤,中毒症状重,有高热及剧烈腹痛、腹胀,伴恶心、呕吐及频繁腹泻,排大量黏液血性或血水样便,有奇臭,每日可达数十次,里急后重及腹部压痛明显。有不同程度的脱水与电解质紊乱,可出现休克、肠出血、肠穿孔或腹膜炎等并发症。病死率高。

（三）慢性阿米巴痢疾

多为急性期未经彻底治疗所致。可持续存在或反复发作致贫血、乏力、腹胀、排便规律改变或肠道功能紊乱,腹泻便秘可交替出现。查体闻及肠鸣音亢进,可触及增厚结肠,右下腹轻压痛。粪便中可查见滋养体,发作期可查见包囊。

【并发症】

（一）肠道并发症

1. 肠出血 肠道病变广泛或侵袭肠壁血管时可致便血。侵及大血管或肉芽肿时出血量大,少见。

2. 肠穿孔 多见于暴发型或有深溃疡的病人,为最严重并发症。穿孔部位常在盲肠、阑尾和升结肠。X线查见膈下游离气体可确诊。肠内容物进入腹腔可引起局限性或弥漫性腹膜炎或腹腔脓肿。慢性穿孔导致肠粘连时可形成局部脓肿或内瘘。

3. 阑尾炎 阿米巴阑尾炎症状与一般阑尾炎相似,为直肠病变蔓延阑尾所致,易发生穿孔。

4. 结肠病变 盲肠、乙状结肠、直肠等部位肠壁慢性炎症增生可导致阿米巴瘤、结肠肉芽肿或纤维性狭窄。肉芽组织过度增生可致肠套叠或肠梗阻,明确诊断依赖于活检。

5. 瘘管 病原体自直肠侵入,可形成直肠-肛周瘘管或直肠-阴道瘘管,管口有粪臭味脓液流出。

（二）肠外并发症

阿米巴滋养体可自肠道经血液或淋巴蔓延、播散至肝、肺、胸膜、心包、脑、泌尿生殖道或邻近皮肤,形成炎症、脓肿或溃疡,以阿米巴肝脓肿最常见。

【实验室检查】

（一）血象

外周血白细胞总数和分类多正常。暴发型或普通型伴细菌感染时,白细胞总数和中性粒细胞比例增高。

（二）粪便检查

典型粪便为腥臭暗红色果酱样便,含血及脓液,可检出滋养体及包囊。标本送检要及时,因滋养体排出体外半小时后即发生形态改变。粪便生理盐水涂片可见大量红细胞、少量白细胞及夏科-雷登结晶,检出伪足运动及吞噬红细胞的阿米巴滋养体有确诊意义。

（三）血清学检查

1. 酶联免疫吸附试验(ELISA)、放射免疫测定(RIA)、间接荧光抗体试验(IFAT)等检测血中抗溶组织内阿米巴滋养体的IgG及IgM抗体。特异性IgG抗体阳性有助于诊断本病,阴性可排除本病;特异性IgM抗体阳性提示近期或现症感染,阴性不能排除感染。

2. 制备单克隆或多克隆抗体检测患者粪便中溶组织内阿米巴滋养体抗原,特异性、灵敏度均好,检测结果阳性可作为明确诊断依据。

（四）肠镜检查

约2/3有症状的病例中,可见大小不等的散在溃疡,表面覆有黄色脓液,边缘整齐,稍充血,溃疡间黏膜正常。取溃疡边缘部分涂片及活检可查到滋养体。

【诊断与鉴别诊断】

（一）诊断

结合患者流行病学资料及临床表现,如缓慢起病的乏力、腹痛腹泻、排腥臭暗红色果酱样便,伴或不伴发热及里急后重,常可考虑本病。粪便镜检出溶组织内阿米巴滋养体或包囊为确诊重要依据。血清中可检出抗溶组织内阿米巴滋养体抗体,粪便中可检出特异性抗原与DNA。

（二）鉴别诊断

1. 细菌性痢疾 急性菌痢腹痛、发热及毒血症状较重,而急性阿米巴痢疾较轻;压痛部位菌痢多在左下腹，阿米巴痢疾多在右下腹；粪便镜检急性菌痢可有大量白细胞及红细胞，粪培养可有志贺菌生长，血白细胞明显增高。急性阿米巴痢疾排腥臭黏液脓血便，镜检红细胞多、白细胞少，可找到滋养体，伴细菌感染时可有血白细胞增高；肠镜检查急性菌痢可见黏膜弥漫性充血、水肿及浅表性溃疡，病变集中在直肠、乙状结肠。急性阿米巴痢疾见溃疡边缘整齐，溃疡间黏膜正常，病变主要集中在盲肠、升结肠。

2. 血吸虫病　有疫水接触史。有发热、尾蚴皮炎、黏液血性腹泻或长期不明原因的腹痛、腹泻、便血、肝脾肿大，血嗜酸性粒细胞增高，粪便中检出血吸虫卵或孵出毛蚴，或经免疫学检测于血中检出血吸虫抗体。

3. 肠结核　有午后低热、盗汗、消瘦等结核症状，粪便多呈黄色稀糊状，腹泻与便秘交替。大多数有原发结核病灶存在，血沉加快，PPD 阳性等。

4. 结直肠癌　直肠癌患者可有腹泻、便中带血及黏液，肛门指检或直肠镜检可发现肿物，活检明确诊断；结肠癌患者可有进行性贫血或排便不畅，或伴不规则发热，结肠镜检结合活检可明确诊断。

5. 慢性非特异性溃疡性结肠炎　临床表现与阿米巴肠病较难区别，但粪便镜检及血清学检查阴性，肠镜检查有助于诊断。

【预后】

无并发症患者及受到有效病原治疗患者预后良好。暴发型或伴严重肠外并发症者预后差。

【治疗】

（一）一般及对症支持治疗

急性患者应卧床休息，给流质或少渣饮食并加强营养，腹泻严重时可适当补液及纠正水与电解质紊乱。肠道隔离直至症状消失伴粪中连续 3 次检不出滋养体及包囊。

（二）病原治疗

1. 硝基咪唑类衍生物　首选。甲硝唑成人 0.4g，每日三次，10 天为一疗程。儿童 35mg/kg，每日三次，10 天一疗程。暴发型患者选择静滴，成人每次 0.5g，8 小时一次，好转后改为 12 小时一次或口服，疗程 10 天；替硝唑，成人 2g/d，晨服，连服 5 天，必要时也可静滴。

2. 二氯尼特（糠酯酰胺）　0.5g，每日三次，连服 10 天。对轻型和包囊携带者疗效好，为最有效杀包囊药物。

3. 抗菌药　对于重型患者合并细菌感染时，应加用抗菌药联合治疗。口服巴龙霉素有助于清除肠腔中溶组织内阿米巴包囊。成人 0.5g，每日 2~3 次，7 天一疗程。

（三）并发症治疗

肠出血时及时补液或输血，肠穿孔、肛周瘘等应在抗阿米巴药及抗菌药物治疗后尽快手术治疗。

【预防】

关键是及时发现及治疗病人和无症状排包囊者，养成良好的饮食卫生习惯，消灭苍蝇和蟑螂，加强水源管理，加强粪便管理等。

二、阿米巴肝脓肿

阿米巴肝脓肿是肠外阿米巴病中最常见的感染部位。主要因溶组织内阿米巴随血管、淋巴管或直接蔓延到达肝脏，引起细胞溶解坏死，形成脓肿。部分患者可无肠阿米巴病史。

【发病机制与病理解剖】

寄生在肠道的溶组织内阿米巴大滋养体经门静脉、淋巴管或直接蔓延侵入肝脏。大多数情况下原虫可被消灭。若机体抵抗力弱，则存活的原虫在肝内继续繁殖，引起小静脉炎和静脉周围炎，并形成静脉栓塞，使肝组织缺血、坏死；大滋养体从破坏的血管溢出，凭借溶组织作用可使病灶组织液化，坏死扩大，而形成肝脓肿。因肠道病灶多位于盲肠、升结肠,该处血流大部分进入肝右叶,故肝脓肿多位于肝右叶。肝脓肿为局限性占位病变,中央为坏死灶,肝穿有巧克力色腥臭脓液流出,内含坏死肝细胞、红细胞、脂肪及夏科-雷登结晶等。肝脓腔中缺乏形成包囊的条件,故没有包囊。如继发细菌感染,脓液可变为黄绿色或黄白色伴恶臭,菌培养可阳性。

【临床表现】

临床表现的轻重与脓肿的位置和大小及有否继发感染等有关。起病多缓慢,体温逐渐升高,以弛张热型居多,常有食欲缺乏、恶心、呕吐、腹胀、腹泻及体重减轻。肝区疼痛,伴叩击痛及挤压痛为本病重要症状,深呼吸及体位变化时疼痛加重。当脓肿向上发展时,因刺激膈肌,疼痛可向右肩部放射;脓肿位于右肝下部时可出现右上腹痛或腰痛,查体肝区叩击痛,覆盖肝区表面腹肌可强直紧张;脓肿压迫右肺下部引起肺炎、反应性胸膜炎时可有咳嗽、气急、右侧胸腔积液;脓肿位于肝中央时症状较轻,靠近包膜疼痛较重,易穿破。少数患者因脓肿压迫胆管或肝脏大范围受损而出现黄疸。

【诊断与鉴别诊断】

(一)诊断

1. 临床表现及流行病学资料　发热、右上腹痛或肝肿大伴局部叩压痛,结合有无痢疾或腹泻史,有无疫区居住或旅行史综合判断。

2. 实验室及辅助检查

(1)血常规检查:急性期白细胞总数及中性粒细胞增多。慢性期白细胞数大多正常,贫血明显,血沉增快。

(2)粪便检查:少数患者粪便中可检出阿米巴原虫,以包囊为主。

(3)肝脓肿穿刺液检查:典型脓液为巧克力样,黏稠带腥味。当合并细菌感染时,可见黄白色脓液伴恶臭。脓液中找到阿米巴滋养体或检出其抗原可明确诊断,排脓末端脓液找到滋养体可能性大。

(4)肝功能检查:大部分有轻度肝损表现,如白蛋白下降、碱性磷酸酶增高、胆碱酯酶活力降低等,但ALT正常。

(5)影像学检查

1)X线检查:阿米巴肝脓肿较大时可见右侧膈肌抬高、胸膜反应或积液。

2)B型超声波探查:可见肝内液性病灶,可了解脓肿的数量、大小、部位以及定位穿刺。

(6)血清学检查:凡阿米巴肠病的血清学检查阳性均有助于本病的诊断。因IgG型抗体阳性率高,故当IgG抗体阴性时一般可排除本病。

(二)鉴别诊断

1. 细菌性肝脓肿　高热、寒战或黄疸、休克等,急骤发病伴显著毒血症状。脓肿为多发性,脓液少、黄白色,细菌培养阳性,白细胞总数及中性粒细胞显著增多,血清学检查阿米巴抗体阴性。抗菌药物治疗有效。

2. 原发性肝癌　常有肝炎或肝硬化病史,伴不规则发热、消瘦及肝大,质坚有结节且边缘不规则。甲胎蛋白增高及影像学检查有助于诊断。

3. 其他　肝棘球蚴病、肝血管瘤、肝囊肿、膈下脓肿、血吸虫病、继发性肝癌等亦应鉴别。

【预后】

早期诊治预后较佳。有并发症或合并细菌感染者预后较差。治疗不彻底者易复发。

【治疗】

(一)病原治疗

在对症支持治疗的基础上,首选甲硝唑,400mg,每日3次,10日为一疗程;替硝唑,2.0g晨服,5日为一疗程,必要时可静滴。脓肿较大者可重复治疗1~2疗程,每2个疗程间隔5~7日。同时可口服二氯尼特0.5g,每日3次,10日为一疗程,以清除肠道溶组织内阿米巴包囊。

（二）肝穿刺引流

对于脓腔较大经抗病原治疗无明显缩小，全身症状明显或怀疑合并细菌感染的病人可行脓腔穿刺引流。在 B 超引导下经皮穿刺肝脓肿，抽净脓液后用生理盐水反复冲洗脓腔，对合并细菌感染者可向腔内注入敏感型抗生素，术后加压包扎，可反复操作。

（三）抗菌治疗

对有继发性细菌性感染者应选用敏感的抗菌谱广、杀菌作用强的抗菌药物，并根据菌培养结果及药物敏感试验及时调整用药。

（四）手术治疗

适应证：①肝脓肿穿破引起化脓性腹膜炎者；②内科治疗疗效欠佳者。

（王　凯）

学习小结

　　阿米巴病是由溶组织内阿米巴引起的寄生虫性传染病，包括肠阿米巴病和肠外阿米巴病。溶组织内阿米巴有滋养体和包囊两种形态，滋养体有侵袭能力，是引起损伤的主要原因。包囊无吞噬能力，但抵抗力强，是引起感染的主要原因。慢性病人和排包囊者是主要传染源，经粪-口传播，人群普遍易感。

　　临床表现为腹痛、腹泻、果酱样便，右下腹痛。

本病易复发成慢性，可引起多种肠外并发症，但以阿米巴肝脓肿最常见。临床表现以发热、肝大、肝区疼痛及叩痛，穿刺液为巧克力样脓液为特征。粪便及囊壁镜检见到有吞噬红细胞的溶组织内阿米巴滋养体及相关抗原可确诊。治疗应采用组织内杀阿米巴药（甲硝唑），为防复发加用杀包囊的药物（二氯尼特）。对阿米巴肝脓肿，用抗阿米巴药物及手术治疗。预防阿米巴以控制传染源和切断传播途径为主。

复习参考题

1. 试述阿米巴病各种临床表现的病理学基础。

2. 试述阿米巴肝脓肿的临床表现特点与鉴别诊断。

3. 试述对阿米巴痢疾和阿米巴肝脓肿的治疗。

4. 试述对阿米巴病的预防。

第二节　疟疾

学习目标

掌握	各型疟疾的临床表现、诊断与鉴别诊断、治疗。
熟悉	疟原虫的生活史、致病机制、预防。
了解	疟疾的流行病学特点。

　　疟疾（malaria）是由雌性按蚊叮咬而感染疟原虫所引起的寄生虫病。在人体内经过肝内无性繁殖和红细胞内有性繁殖，破坏红细胞而致病。临床上以周期性寒战、发热、大汗和贫血、脾肿大为典型特征。

【病原学】

　　感染人类的疟原虫为间日疟原虫（*Plasmodium vivax*）、恶性疟原虫（*P.falciparum*）、三日疟原虫（*P.malariae*）和卵形疟原虫（*P.ovale*）。4 种疟原虫的生活史基本相同，须经过人体内和雌蚊体内完成发育。

（一）人体内阶段

1. 肝细胞内的发育　雌性按蚊吸人血时,唾液腺内成熟子孢子随按蚊的唾液进入人体随血流侵入肝细胞。在肝细胞内进行裂体增殖,形成红细胞外期裂殖体。成熟红细胞外期裂殖体含数以万计裂殖子,胀破肝细胞后释出,一部分可被巨噬细胞吞噬,剩余侵入红细胞,开始红细胞内期发育。间日疟原虫和卵形疟原虫子孢子分速发型及迟发型。迟发型子孢子需经过休眠期后才能完成红细胞外期的裂体增殖,为间日疟与卵形疟的复发根源。三日疟和恶性疟无休眠子,故无复发。

2. 红细胞内的发育　裂殖子进入血流部分被吞噬细胞吞噬,其余侵入红细胞。在红细胞内疟原虫经历环状体(早期滋养体)、大滋养体和裂殖体,形成大量裂殖子,致红细胞崩解释放出裂殖子及代谢产物,引起临床症状。红细胞释放的裂殖子又侵入其他红细胞,重复其无性增殖过程,使临床症状呈周期性发作。各种疟原虫在红细胞内的裂体增殖周期时间不同,间日疟原虫和卵形疟原虫为 48 小时,恶性疟原虫为 36~48 小时,三日疟为 72 小时。部分裂殖子侵入红细胞后不再进行裂体增殖,发育成雌性和雄性配子体,此时具有传染性。

（二）蚊体内阶段

疟原虫在按蚊体内的发育繁殖阶段为有性繁殖期。雌按蚊吸食患者血液时,配子体进入按蚊体内并发育成雌、雄配子,两者结合形成合子,继而发育成动合子、卵囊,最后形成孢子细胞,内含大量子孢子。发育成熟的子孢子进入雌按蚊唾液腺,受染蚊再次叮吸人血时将子孢子注入人体,引起新的感染。

【流行病学】

1. 传染源　疟疾的传染源为疟疾患者及无症状携带者。

2. 传播途径　雌性按蚊为传播媒介,按蚊叮吸血为主要感染途径,亦可经妊娠胎盘传播引起先天性感染或经输入含疟原虫的血液及共用注射器途径感染。

3. 易感人群　人群普遍易感。感染后可获得一定程度免疫力,但不持久。各型疟疾间无交叉免疫性。多次感染者发病症状可较轻,初次感染者症状较重。

4. 流行特征　疟疾全球分布,以热带和亚热带地区最多。疟疾流行与传播媒介的生态环境密切相关。间日疟流行最广,恶性疟主要流行于热带地区。我国大部分地区有疟疾流行,长江以南发病率高。其中以间日疟最多,恶性疟次之,三日疟和卵形疟较少。已发现抗氯喹恶性疟及间日疟,并在局部地区流行。

【发病机制与病理解剖】

疟原虫在红细胞内时一般不产生症状,当红细胞破裂后裂殖子及代谢产物被释放出来,刺激机体产生免疫反应,导致临床出现寒战、高热继而大汗的典型发作反应。释出的裂殖子除被单核-巨噬细胞吞噬外,其余再次侵入红细胞,继续发育繁殖,从而引起临床症状周期性的发作。患者临床表现与感染疟原虫种类密切相关。恶性疟原虫可感染任何阶段红细胞,且其红细胞内繁殖周期短,故贫血症状及临床表现最重;间日疟及卵形疟原虫仅侵犯较年幼红细胞,红细胞感染率低;三日疟仅感染较衰老红细胞,故贫血及其他临床表现均较轻。恶性疟患者大量红细胞短期内被破坏,可诱发血红蛋白尿,导致肾损伤甚至急性肾衰,称为溶血尿毒综合征或黑热尿。恶性疟原虫在红细胞内繁殖导致红细胞易黏附成团,引起微血管堵塞从而导致组织细胞缺血缺氧而变性甚至坏死,发生在脑为脑型疟,脑型疟是恶性疟严重的临床类型。

【临床表现】

潜伏期恶性疟平均 12 天,间日疟和卵形疟平均 14 天,三日疟平均 28 天,输血所致平均 10 天。

典型疟疾发作分三期:

1. 寒战期　骤起发冷寒战、面色苍白、口唇发绀,持续约 10 分钟至 1 小时,而后体温上升。

2. 发热期　寒战停止而随之高热,体温可达 40℃ 以上,神志清,伴口渴、全身酸痛,呼吸急促,持续 2~4 小时。

3. 出汗期　大汗淋漓,体温骤降,症状缓解,持续约 0.5~1 小时。间歇期无不适症状。早期患者间歇期不规则,随发病次数增多逐渐变规则。数次发作后患者可出现贫血,尤以恶性疟为甚。长期不愈或反复感染者,脾肿大明显,可达脐下。

脑型疟是疟疾发作的严重类型,多由恶性疟原虫所致,少数见于间日疟原虫。因大量感染红细胞聚集阻塞脑部微血管,出现剧烈头痛、呕吐、高热,不同程度的意识障碍,脑膜刺激征及病理征阳性。亦可因急性肺水肿致呼吸衰竭,也可伴外周循环衰竭、多器官功能障碍、溶血尿毒综合征。病情凶险,病死率高。

孕妇患疟疾易诱发妊娠高血压综合征,或引起流产、早产或死胎。新生儿可经母体胎盘、分娩而感染疟原虫,引起先天性疟疾,出生后发病。婴幼儿疟疾起病慢,发热不规则,贫血进展快,肝脾肿大显著。病程长,复发率及病死率较高。

再燃是由血液中残存的疟原虫引起,多见于病愈后1～4周,可多次出现,四种疟疾都有再燃可能。复发是由肝脏内迟发型子孢子引起,只见于间日疟及卵形疟,多于病愈后3～6个月发生。

【实验室检查】

1. 病原学检查　通过离心浓集血样中的原虫结合荧光染色,镜检确诊。最好于服药前进行本检查避免原虫密度过低影响结果。恶性疟疾在发作开始时,间日疟在发作后数小时至10余小时采血能提高检出率。

2. 免疫学检查　镜检诊断费时费力,当原虫密度低时易出现漏诊、误诊,而免疫学检查快速、客观,目前国内应用最多。免疫学检查主要有循环抗体检测和循环抗原检测两种,因为个体差异及抗体持续时间不同的原因,检测抗体在临床上仅起到辅助诊断的作用;而疟原虫的循环抗原检测更能说明受检对象是否有活动感染,常用方法有放射免疫试验、酶联免疫吸附试验及快速免疫色谱测试卡等。

3. 分子生物学检查　优点为敏感性高,PCR和核酸探针已应用于疟疾诊断。

【诊断与鉴别诊断】

(一)诊断

1. 流行病学资料　有无在疟疾流行区居住或旅游史,新近有无输血史或蚊虫叮咬史。

2. 临床表现　具有寒战、高热,继之大汗热退过程,呈规律性间日或三日发作一次,是临床诊断疟疾的有力依据。早期常为不规则发热,反复发作数次后才渐显其规律。反复发作后,多有贫血及脾大。脑型疟发作凶险,出现神志不清、抽搐和昏迷。临床上高度疑似疟疾,但多次未能查见疟原虫,可试用氯喹诊断性治疗,如3日内体温下降,症状消失,停止发作,可诊断为疟疾;如未控制,又非来自疟疾的耐药区,可基本排除疟疾。

3. 实验室检查　血涂片是检查疟原虫的标准方法,最常用。取外周血涂厚薄片各一,染色后镜检发现疟原虫是确诊依据。可用免疫学方法检测疟原虫抗原或抗体,亦可用PCR法检测疟原虫DNA。

(二)鉴别诊断

疟疾应首先与败血症、伤寒、钩端螺旋体病、胆道感染、急性血吸虫病和尿路感染等多种发热疾病相鉴别。发病季节、流行地区等资料对鉴别有一定帮助。以上疾病的特殊临床症状以及相关辅助检查也有较大帮助,如能及时做病原学检测,绝大多数病例可获得明确诊断。恶性疟临床表现不规则,易延误诊断。当高度怀疑为脑型疟时,除应与乙型脑炎、病毒性脑炎、中毒性痢疾等鉴别外,应及时做血或骨髓涂片查疟原虫。

【并发症】

1. 疟疾患者可出现溶血尿毒综合征(黑尿热),为恶性疟最严重并发症,病死率高。

2. 三日疟长期未治愈患者可出现肾病综合征,早期抗疟疾治疗可使病变逆转,若未及时治疗转为慢性,易进展为肾功能衰竭。

3. 疟疾尤其是恶性疟,易引起肝损害,出现黄疸、肝功能减退等症状,慢性疟疾反复发作亦可导致肝硬化。

4. 部分患者胸部 X 线检查可有肺炎样改变,可能为疟原虫侵入肺部或感染其他病原微生物所致,经抗疟治疗后可好转。

【预后】

间日疟、卵形疟和三日疟病死率低。恶性疟常有凶险发作,脑型疟若不及时治疗则病死率高,且病后有偏瘫、精神异常、共济失调等多种后遗症。婴幼儿、治疗不及时或耐药者病死率较高。

【治疗】

以消灭疟原虫、控制疟疾发作的治疗为主。

(一)抗疟原虫治疗

1. 对氯喹敏感的疟疾发作治疗

(1)氯喹:能杀灭疟原虫红细胞内期裂殖体,口服后肠道吸收迅速且红细胞内浓度高,作用快而强,是控制疟疾症状的首选药物。控制急性发作时,氯喹总治疗剂量为 2.5g,首次 1.0g 顿服(磷酸氯喹每片 0.25g,含基质 0.15g),第 2~3 天每日 1 次,每次 0.75g。儿童首剂 16mg/kg,6~8 小时后和第 2~3 天各服 8mg/kg。

(2)青蒿素及衍生物:作用于疟原虫的膜系结构,损害疟原虫的核膜、线粒体外膜等而起抗疟作用,具有高效、快速、低毒、耐药少的特点。青蒿素片成人首剂口服 1.0g,6~8 小时后服 0.5g,第 2、3 天各服 0.5g,3 天总剂量 2.5g。双氢青蒿素片首剂 120mg,随后第 2、3 天各服 60mg,连用 7 天;或用蒿甲醚针剂,首剂 300mg,肌内注射,第 2、3 天肌内注射 150mg;或用青蒿琥酯,成人首日顿服 100mg,第 2~5 天每日 2 次,每次 50mg,总量为 600mg。

2. 耐氯喹疟疾发作的治疗

(1)甲氟喹:其半衰期约 14 天。具较强的杀灭红细胞内裂体增殖疟原虫的作用,对耐氯喹恶性疟有较好疗效。但近年已有耐药株广泛存在的报道。成人顿服 750mg。

(2)咯萘啶:高效低毒,适用于包括脑型疟在内的各种疟疾治疗。口服给药总量为 1.2g,分 3 日服用。首日 0.3g,每日两次;第 2、3 日各 0.3g 顿服。单用本药可有一定复发率,可联合咯萘啶 500mg、磺胺多辛 1.0~1.5g,乙胺嘧啶 50mg 一次顿服,防止复发。

3. 凶险型疟疾发作的治疗 对脑型疟及凶险发作者常用蒿甲醚、咯萘啶、奎宁、氯喹注射液静脉滴注。

(1)青蒿琥酯:用青蒿琥酯 600mg 加入 5%碳酸氢钠 0.6ml,摇匀 2 分钟至完全溶解,再加 5%葡萄糖水 5.4ml,最终成青蒿琥酯 10mg/ml。按 1.2mg/kg 计算每次用量。首剂缓慢静注后 4、24、48 小时各再注射 1 次,至患者清醒后改为 100mg/d 口服治疗。

(2)氯喹:于敏感株感染治疗。基质 10mg/kg 于 4 小时内静脉滴注,继以 5mg/kg 于 2 小时内滴完。每日总量不超过 25mg/kg。

(3)奎宁:用于耐氯喹株感染。二盐酸奎宁 500mg 置等渗糖水中 4 小时内缓慢静脉滴注。12 小时后可重复使用。清醒后改为口服。

(4)磷酸咯萘啶:3~6mg/kg,用生理盐水或等渗糖水 250~500ml 稀释后静脉滴注,可重复应用。

对于耐药的疟原虫可联合用药治疗,如甲氟喹加周效磺胺、青蒿素加本芴醇、咯萘啶加乙胺嘧啶等。

4. 杀灭红细胞内疟原虫配子体和迟发型子孢子的药物 伯氨喹是控制疟疾复发药物中根治效果最好且毒性较低的药物。磷酸伯氨喹每日 1 次,每次基质 22.5mg(每片 13.2mg,基质 7.5mg),连续 8 天。恶性疟疾为防止传播也可服伯喹,顿服 4 片或 1 日 3 片,连续 2~3 日以消灭配子体。可与控制发作的药物同时服用。本药不良反应较大,除引起恶心、呕吐及腹痛外,还可使 G-6PD 缺乏症者发生急性溶血,用药前应常规检测 G-6PD 活性。

目前,疟疾的病原治疗需分别用两类药物。须先用杀红细胞内裂体增殖的疟原虫药物,如青蒿琥酯、咯萘啶或氯喹等,再用杀灭红细胞外期裂子体及休眠子的抗复发药物,伯氨喹。

(二)对症及支持治疗

发作期间应卧床休息,多饮水;体温过高者给予物理降温。发作多次或慢性病人宜给高营养饮食。高热头痛可给止痛剂及物理降温。严重贫血者可少量多次输血。脑型疟应严密监测,及时积极给予脱水及改善颅内循环治疗。重症患者可适当应用肾上腺皮质激素。

【预防】

1. 控制传染源　健全疫情报告,根治现症患者及带疟原虫者。

2. 切断传播途径　主要是消灭按蚊,防止被按蚊叮咬。消灭按蚊孳生场所及使用杀虫剂。加强个人防护。

3. 保护易感人群　药物预防是目前常用的措施。对流行区内近 2 年有疟疾病史者进行抗复发治疗。常用乙胺嘧啶 2 片(基质 50mg)连服 2 日,继之服用伯氨喹 2 片(基质 15mg),连服 8 日以清除疟原虫减少传染源。在非耐氯喹流行区,给予外来人员口服氯喹 0.5g(基质 0.3g),每周 1 次。耐氯喹流行区口服甲氟喹 0.25g 或甲乙胺嘧啶 25mg,每周 1 次。亦可使用疫苗预防保护易感人群。

（王　凯）

学习小结

疟疾是由雌蚊叮咬致疟原虫感染引起的虫媒传播疾病,亦可经输血或母婴传播。疟原虫有 4 种,我国以间日疟为最多,恶性疟次之。疟原虫在人红细胞内增殖形成大量裂殖子,使红细胞崩解引起临床症状,反复其增殖过程,致临床症状呈周期性发作。临床表现以周期性寒战、发热、大汗为特征,反复发作后引起贫血和脾肿大。间日疟和卵形疟原虫的迟发型子孢子是复发原因。恶性疟原虫可引起微血管阻塞,引起凶险发作或脑型疟疾,还可诱发引起溶血性尿毒综合征。治疗以消灭疟原虫,控制疟疾发作为主。疟疾的病原治疗,先用杀红细胞内裂殖体增殖的疟原虫药物(青蒿琥酯、咯萘啶或氯喹),再用杀灭红细胞外期裂子体及休眠子的抗复发药物(伯氨喹)。通过根治患者及带虫者,防蚊灭蚊及药物预防等措施可达到预防目的。

复习参考题

1. 试述疟原虫的生活史和发病机制。

2. 试述典型疟疾的临床表现。

3. 试述抗疟疾药物的治疗方案。

4. 试述预防疟疾的重要措施。

第三节　黑热病

学习目标

掌握	黑热病的的临床表现,诊断及治疗。
熟悉	黑热病的病原学、传染源、传播途径及预防措施。
了解	黑热病的发病机制。

黑热病(Kala-azar)又称内脏利什曼病(Visceral Leishmaniasis),是由杜氏利什曼原虫引起,经白蛉传播的慢性地方性传染病。杜氏利什曼原虫病属于人兽共患疾病。临床上以长期不规则发热、进行性脾脏肿

大、消瘦、全血细胞减少及血浆球蛋白增高为特征。

【病原学】

杜氏利什曼原虫属椎体科,为细胞内寄生的鞭毛虫。对人有致病性的四种利什曼原虫属在形态上无差异,而在致病性与免疫学特性上有差异。热带利什曼原虫和墨西哥利什曼原虫引起皮肤利什曼原虫病;巴西利什曼原虫引起鼻咽黏膜利什曼原虫病;杜氏利什曼原虫主要侵犯内脏,寄生于单核-巨噬细胞系统,引起黑热病,少数可继发皮肤损伤。

杜氏利什曼原虫生活史分前鞭毛体和无鞭毛体(利杜体)两个阶段。当雌性白蛉叮咬患者与被感染动物时,将血中利杜体吸入白蛉胃中,2~3天后发育为成熟前鞭毛体,并迅速以二分裂方式繁殖,1周后前鞭毛体大量聚集于白蛉口腔及口器,当其再叮咬人或动物时前鞭毛体随其唾液侵入,在皮下组织鞭毛脱落成为无鞭毛体。

【流行病学】

1. 传染源 不同地区传染源可不同。城市平原地区以患者或带虫者为主要传染源,常引起人间流行,称为"人源型"。山丘地区以病犬为主要传染源。自然疫源地以野生动物为主要传染源,主要为犬科野生动物,如狼、豺、狐等,称为"自然疫源型"或"野生动物源型"。

2. 传播途径 中华白蛉是我国黑热病的主要传播媒介,通过叮咬传播,偶尔可经破损皮肤和黏膜、胎盘或输血传播。

3. 人群易感性 人群普遍易感,病后可获持久免疫力。

4. 流行特征 本病为地方性传染病,但分布较广,中国、印度、孟加拉、西亚、地中海地区、东非及拉丁美洲均有病例。我国流行于长江以北多个省市自治区。调查显示,最近6年,在新疆、甘肃、内蒙古、陕西、山西和四川等六省呈散发态势,每年新发生的病例数在400例左右,其中新疆、甘肃和四川三省新发病例占全国新发病例的90%以上。本病发病无明显季节性、农村较城市多发、不同地区发病年龄有所不同。人源型以较大儿童及青壮年发病较多;犬源型及自然疫源型则儿童多,成人少。成人患者男性略多于女性(约1.5:1),儿童发病率则无明显性别差异。

【发病机制与病理解剖】

(一)发病机制

鞭毛体进入皮下组织后,前鞭毛体表面膜上的糖蛋白 Gp63 可与巨噬细胞表面的 C3 受体结合,而其表面膜上的另一大分子磷酸酯多糖(LPG)则可激活补体,使 C3bi 沉着在虫体表面,并通过 CR3(C3biR)受体使虫体附着于巨噬细胞表面,而被吞噬,并在其中分裂增殖,随血流至脾、肝、骨髓及淋巴结等器官。寄生的细胞破裂后,利杜体逸出后又被其他巨噬细胞吞噬,如此反复而导致大量巨噬细胞破坏及增生,引起内脏病变。

(二)病理解剖

基本病理变化为巨噬细胞及浆细胞明显增生,主要病变在富有巨噬细胞的脾、肝、骨髓及淋巴结。脾脏常显著增大;脾因血流受阻而显著充血,偶可因小动脉受压而发生脾梗死;脾极度增大时可有脾功能亢进。肝可轻至中度增大,库普弗(Kupffer)细胞、肝窦内皮细胞及汇管区巨噬细胞内有大量利杜体;肝细胞可因受压缺血发生脂肪变性;或因结缔组织增生导致肝硬化。骨髓显著增生,巨噬细胞内有大量利杜体,中性粒细胞、嗜酸性粒细胞及血小板生成均显著减少。淋巴结轻至中度肿大,其内有含利杜体的巨噬细胞及浆细胞。肺、肾、胰、扁桃体、睾丸、皮肤及皮下组织等亦均可有巨噬细胞增生,由于浆细胞及淋巴细胞增生可形成微小的皮下结节。由于巨噬细胞及浆细胞增生,引起血清球蛋白明显升高,主要是 IgG 型非特异性抗体,无保护性。

脾功能亢进及细胞毒性变态反应所致免疫性溶血,可引起全血细胞减少,白细胞减少一般较早,易引起继发感染,血小板降低后易发生鼻出血和齿龈出血。

【临床表现】

潜伏期长短不一，平均3~6个月（10天至9年）。

（一）典型临床表现

1. 发热　起病缓慢，症状轻而不典型，长期不规则发热，1/3~1/2病例呈双峰热型，即1日内有2次体温升高（升降幅度超过1℃）。发热持续较久，但全身中毒症状并不明显。

2. 脾、肝及淋巴结肿大　脾呈进行性增大，起病后半个月即可触及，质软，以后逐渐增大，半年后可达脐部甚至盆腔，质地变硬，多无触痛，若脾内栓塞或出血，则可引起脾区疼痛和压痛。肝轻度至中度增大，质地软，偶有黄疸和腹水。淋巴结亦为轻至中度增大。

3. 贫血及营养不良　病程晚期可出现，有精神萎靡、头发稀疏、心悸、气短、面色苍白、浮肿及皮肤粗糙，皮肤颜色可加深故称之为黑热病（kala-azar即印度语发热、皮肤黑之意）。亦可因血小板减少而有鼻出血、牙龈出血及皮肤出血点等。

在病程中症状缓解与加重可交替出现，一般病后1个月进入缓解期，体温下降，症状减轻，脾缩小，血象好转，持续数周后又可反复发作，病程迁延数月。

（二）特殊临床类型

1. 皮肤型黑热病　多数患者有黑热病史，亦可发生在黑热病病程中，少数为无黑热病病史的原发患者。皮损主要是结节、丘疹和红斑，偶见褪色斑，表面光滑，不破溃很少自愈。皮损可见于身体任何部位，但面颈部为多。患者一般情况良好，大多数能照常工作及劳动，病程可长达10年之久。

2. 淋巴结型黑热病　较少见，婴幼儿发病为主。多无黑热病史，亦可与黑热病同时发生。表现为浅表淋巴结肿大，尤以腹股沟部多见，花生米或蚕豆大小，亦可融合成大块状，较浅亦可移动，局部无红肿热痛。全身情况良好，肝脾多不增大或轻度增大。

【实验室检查】

（一）血常规

全血细胞减少，白细胞数减少最明显，一般为$(1.5~3)\times10^9/L$，主要是中性粒细胞减少甚至可完全消失；嗜酸性粒细胞数亦可减少。常有中度贫血，病程晚期可有严重贫血。血小板数明显降低，一般为$(40~50)\times10^9/L$。血沉多增快。但淋巴结型者血象多正常，嗜酸性粒细胞常增高。皮肤型者白细胞数常增高至$10\times10^9/L$以上，嗜酸性粒细胞数可增高达15%左右。

（二）血生化检查

球蛋白显著增加，白蛋白减低。并有转氨酶及血胆红素升高。球蛋白试验（包括水试验、醛凝试验等）均呈阳性。

（三）病原学检查

是确诊本病常用的可靠方法之一。

1. 涂片检查　骨髓涂片检查利杜体，此法最常用，阳性率80%~90%。脾穿刺涂片阳性率高达90%~99%，但有一定危险性而很少采用。淋巴结穿刺涂片阳性率亦可高达46%~87%，可用于检查治疗复发病人。外周血涂片简便，厚涂片阳性率60%。

2. 原虫培养　如原虫量少涂片检查阴性，可将穿刺物作利什曼原虫培养。7~10天可得到阳性结果。

3. 动物接种法　将无菌穿刺液接种到易感动物，1~2个月后取肝脾制作印片后置显微镜检查，但此法临床应用价值有限。

（四）血清免疫学检测

1. 检测特异性抗体　间接免疫荧光抗体试验（IFA）、ELISA、及间接血凝（IHA）等方法检测特异性抗体，阳性率及特异性均较高。

2. 检测特异性抗原　单克隆抗体抗原斑点试验(McAb-AST)及单克隆抗体斑点 ELISA(Dot-ELISA)检测循环抗原,特异性及敏感性高,具有早期诊断意义。

rk39 免疫层析试条法对于诊断发热伴脾肿大的内脏利什曼病患者有较高的敏感性和特异性,但在东非的敏感性明显低于印度。

（五）分子生物学方法

用聚合酶链反应(PCR)及 DNA 探针技术检测利杜体 DNA,敏感性、特异性高,目前尚未普遍推广。

【并发症】

多见于疾病晚期。

1. 继发细菌性感染　如并发肺炎、齿龈溃烂、坏疽性口炎等。

2. 急性粒细胞缺乏症　外周血象中性粒细胞显著减少,甚至消失,是继发性感染的重要原因。表现为高热、极度衰竭、口咽部溃疡与坏死、局部淋巴结肿大。

【诊断与鉴别诊断】

（一）诊断

1. 流行病学资料　流行区居住或逗留史,白蛉活动季节(5~9 月)。

2. 临床表现　起病缓慢,长期反复不规则发热,全身中毒症状相对较轻,进行性脾脏肿大。晚期有鼻出血、牙龈出血、贫血、白细胞减少及营养不良。

3. 实验室检查　①全血细胞减少,白细胞 $1.5 \sim 3.0 \times 10^9/L$,甚至中性粒细胞缺乏,贫血,血小板减少;②血生化检查球蛋白显著增高,白蛋白减少,白/球蛋白比值可倒置;③血清特异性抗原抗体检测阳性有助诊断。骨髓、淋巴结或脾、肝组织穿针涂片,找到利杜体或穿刺物培养查见前鞭毛体可确诊。尽早行骨髓涂片检测是避免误诊的关键。

4. 治疗性诊断　对高度疑诊而未检出病原体者,可用锑剂试验治疗,若疗效显著有助于本病诊断。

（二）鉴别诊断

本病需与其他长期发热、脾大及白细胞减低的疾病鉴别,如白血病、疟疾、慢性血吸虫病、肝硬化、恶性组织细胞病、结核病、伤寒、布鲁菌病、霍奇金病及再生障碍性贫血等。

【预后】

预后取决于早期诊断和早期治疗及有无并发症。如未予治疗,患者可于 2~3 年内因并发症而死亡。自采用葡萄糖酸锑钠以来,病死率减少,治愈率达 95% 以上。少数可复发。

【治疗】

（一）一般治疗

发热期间卧床休息,高蛋白、高热量、富含维生素饮食,维持液体和电解质平衡,预防和治疗继发感染。做好护理,以减少并发症。

（二）病原治疗

1. 锑剂　5 价锑剂为首选药物,常用葡萄糖酸锑钠,对杜氏利什曼原虫有很强的杀虫作用。疗效迅速而显著。

（1）六日疗法:总剂量成人一般 100mg/kg(90~130mg/kg),儿童 120~150mg/kg,分 6 天,肌内注射或葡萄糖稀释后静脉缓慢注射。用药后体温可迅速下降,脾脏逐渐缩小,血象恢复正常。病原体消失率 93%~99%。

（2）三周疗法:感染严重或体质衰弱者总剂量成人 150mg/kg,儿童 200mg/kg,平分 6 次,每周 2 次,肌内注射或稀释后静脉注射。疗效与上法相似。

（3）重复治疗:感染严重一个疗程未愈或复发患者,可增加剂量重复治疗,在 6 日疗法剂量基础加大

1/3量。

本药毒副作用小,少数病人有发热、咳嗽、恶心呕吐、腹痛、腹泻、脾区痛及鼻出血等,一般不影响治疗。如治疗中血白细胞尤其中性粒细胞继续减少,则暂停治疗。有心脏病、肝病者慎用。

如锑剂治疗3疗程仍未愈者,称之为"抗锑剂"病人,需要非锑剂治疗。

2. 非锑剂 疗效差、疗程长、复发率高,毒副作用也大,故仅适用于锑剂过敏、"抗锑剂"病人或有粒细胞缺乏症者。

（1）戊烷脒:剂量为每次4mg/kg,配制成10%溶液肌内注射,每日1次,连用15日为一疗程,总剂量60mg/kg。治愈率30%~60%。

（2）羟脒替:每次用前先用少量蒸馏水溶解。再用1%普鲁卡因溶液配成2.5%~5%溶液,缓慢肌内注射。或溶于25%葡萄糖液内配成0.2%溶液静脉注射,每日一次,每次剂量为2~3mg/kg,10天为一疗程,用2~3个疗程,其间间隔7~10天。不良反应有血压下降、呼吸急促及虚脱。

治愈标准:①体温正常,症状消失,一般情况改善;②增大的肝脾回缩;③血象恢复正常;④原虫消失;⑤治疗结束随访半年以上无复发。

（三）对症治疗及并发症治疗

预防及治疗继发性感染。严重贫血者需用铁剂及输血,待贫血好转再用锑剂。

（四）脾切除

脾明显肿大伴脾功能亢进,或多种治疗无效者应考虑行脾切除术。脾切除后患者血常规迅速恢复正常,抵抗力增强,在此基础上再加用抗病原治疗,以期根治。

【预防】

应采取综合措施。

1. 管理传染源 在流行区白蛉繁殖季节前,应普查及根治病人。山丘地带应及时查出病犬,并捕杀掩埋。病犬多的地区动员群众不养犬。

2. 消灭传播媒介 用敌敌畏、敌百虫、223或溴氢氯酯进行喷洒灭白蛉。

3. 加强个人防护 用细孔纱门纱窗或蚊帐。用邻苯二甲酸二甲酯涂皮肤,以防白蛉叮咬。

（蔺淑梅）

学习小结

黑热病是由杜氏利什曼原虫引起、经白蛉传播的慢性地方性传染病。临床上以长期不规则发热、进行性脾脏肿大、消瘦、全血细胞减少及血浆球蛋白增高为特征。诊断依据:①有流行区居住或逗留史等流行病学资料;②缓慢起病,长期反复不规则发热而全身中毒症状较轻,进行性脾肿大、晚期出现贫血、鼻衄、白细胞减少及营养不良等典型临床表现;③实验室检查可见全血细胞减少,血浆球蛋白显著增高,骨髓、淋巴结或脾、肝组织穿刺涂片找到利杜体可确诊,尽早行骨髓涂片检测是避免误诊的关键。对高度怀疑而未检出病原体者可用锑剂试验治疗。病原治疗首选锑剂,常用葡萄糖酸锑钠。

复习参考题

1. 简述黑热病的诊断依据。

2. 简述黑热病的治愈标准。

第四节 弓形虫病

弓形虫病(toxoplasmosis)是由刚地弓形虫(*toxoplasma gondii*)引起的动物源性传染病。通过先天性和获得性两种途径传播,人感染后多呈隐性感染,在免疫功能低下的宿主,弓形虫可引起中枢神经系统损害和全身性感染。

【病原学】

弓形虫是专性细胞内寄生的原虫,有三种形态:①滋养体(速殖体),呈卵圆或新月形,滋养体在细胞内的集落,称假囊;②组织包囊(缓殖体),内含缓殖子,组织包囊多存在于脑、心脏和骨骼肌;③卵囊,仅见于终末宿主(猫科动物)的肠上皮细胞内。成熟的卵囊含2个孢子囊,每个孢子囊含4个子孢子。

弓形虫的生活周期分为肠外阶段和肠内阶段。肠外阶段为无性繁殖,可发生于中间宿主(人和其他哺乳类动物及禽类动物)和终末宿主的有核细胞内。急性感染期滋养体快速繁殖形成假囊;慢性感染期弓形虫形成包囊,在体内可长期存在甚至终生。肠内阶段仅发生于终末宿主的小肠上皮细胞内,先行无性繁殖,产生裂殖体,然后形成配子体进行有性繁殖。雌、雄配子体结合成为合子,发育成卵囊。卵囊随粪便排出体外,经2~3天发育形成有感染性的成熟卵囊。

不同发育期弓形虫的抵抗力有明显不同。滋养体对温度和一般消毒剂均较敏感;包囊的抵抗力较强,4℃可存活68天,胃液内可耐受3小时,但不耐干燥和高温,56℃,10~15分钟可杀死包囊;卵囊对酸、碱和常用消毒剂的抵抗力很强,但对热的抵抗力弱,80℃1分钟即死亡。

【流行病学】

(一)传染源

人和其他哺乳类动物及禽类动物都可成为弓形虫的储存宿主。猫及猫科动物是弓形虫的终末宿主,其粪便中含有大量卵囊,在传播本病上具有重要意义。人作为传染源可经胎盘、输血及器官移植进行传播。

(二)传播途径

1. 先天性传播 母体在孕期急性感染后,虫体可经胎盘传给胎儿。孕期前3个月胎儿受染率较低,但感染后可导致严重的胎儿先天性弓形虫病,孕期后3个月感染常无临床症状,但胎儿受染率可高达65%。

2. 获得性传播 因食入含有卵囊或包囊的食物或水经消化道感染;也可因与猫、狗和兔等密切接触而感染;此外弓形虫可经黏膜或损伤的皮肤侵入而感染;输血或器官移植也可传播弓形虫病。

(三)人群易感性

人类普遍易感。免疫抑制或免疫缺陷的病人易感染。

(四)流行特征

该病呈全球性分布,多为隐性感染或原虫携带者。我国农村感染率高于城镇,成人高于儿童。动物饲养者、屠宰工人、肉类加工厂和兽医等感染率较高。

【发病机制与病理解剖】

弓形虫侵入人体后,滋养体经局部淋巴结或直接进入血流,造成虫血症,进一步侵犯各种组织器官,在组织细胞内迅速分裂增殖,引起宿主细胞破坏,再侵犯邻近细胞,如此反复,引起局部组织细胞坏死,形成坏死病灶和以单核细胞浸润为主的急性炎症反应。在慢性感染期,只有当包囊破裂,机体免疫力低下时,才会出现虫血症,引起上述病变。

弓形虫病变可见于人体任何器官,常见有淋巴结、眼、脑、心、肺、肝和肌肉,其中以淋巴结,眼和脑的病变最具特征性。可发生坏死性视网膜炎、肉芽肿性脉络膜炎、虹膜睫状体炎、白内障和青光眼、局灶性或弥漫性脑膜脑炎等。

【临床表现】

多数为无症状的带虫者,仅少数人发病。临床上轻型多为隐性感染,重者可出现多器官功能损害。

(一)先天性弓形虫病

早期孕妇急性感染弓形虫后,其胎儿被感染的可能性为20%~40%。可引起早产、流产、死胎或先天性弓形虫病。患儿可出现各种先天性畸形,包括小头畸形、脑积水、脊椎裂、无眼、小眼、腭裂等。也可表现为经典的四联症,即脉络膜视网膜炎、精神运动障碍、脑钙化灶和脑积水。

(二)获得性弓形虫病

1. 免疫功能正常者 多数病人无症状或有颈淋巴结肿大。约10%~20%病人有发热,全身不适,肌肉疼痛,咽痛,皮疹,肝、脾肿大,全身淋巴结肿大等。极少数病人出现高热,单侧视网膜脉络膜炎,肺炎,胸腔积液,肝炎,心包炎,心肌炎和脑膜脑炎等。

2. 免疫功能缺陷者 先天性和获得性免疫功能缺陷患者(包括艾滋病患者)感染弓形虫的危险性极大,可能出现广泛播散和迅速发生的多器官的致命性感染:①中枢神经系统弓形虫感染可表现为局灶性脑病,弥漫性脑病,脊髓病变;②肺部弓型虫病表现为长期发热、咳嗽、呼吸困难等;③眼部弓型虫病表现为视网膜脉络膜炎;④其他少见的弓型虫引起全垂体功能减退、垂体性尿崩症和急性肝功能衰竭等。

【实验室检查】

(一)病原体检查

①取各种体液如脑脊液、痰液、胸腹水、骨髓等涂片,用常规染色法或免疫细胞化学法检测弓形虫滋养体或包囊;②将上述标本接种小鼠或用组织培养法分离弓形虫;③近年来用核酸原位杂交或聚合酶链反应(PCR)检测弓形虫DNA,可能有助弓形虫感染的诊断。特别对脑弓形虫病和先天性弓形虫病的诊断更有意义;④检测血清或体液中的弓形虫循环抗原(CAg),弓形虫循环抗原阳性可诊断急性感染。

(二)血清学检查

1. 检测血清抗虫体表膜抗体 ①染色试验(SFDT):是检测弓形虫抗体的首选方法。感染后1~2周呈阳性,1~2个月达高峰,抗体维持时间很长;②直接凝集试验(DAT):是以滋养体检测特异性IgG,适于孕妇感染的筛选;③间接荧光抗体试验(IFA):检测特异性IgM、IgG,特异性差。

2. 检测血清或体液中的弓形虫循环抗原 常用ELISA法,具有较高的特异性,能检出血清中0.4μg/ml的抗原,是弓形虫急性感染的可靠指标。

【诊断与鉴别诊断】

依据流行病学资料、临床表现、病原学和免疫学检查进行诊断。对先天性畸形或艾滋病患者出现脑炎者,均应考虑本病的可能性,确诊须有病原学或血清学检查阳性。

获得性弓形虫病淋巴结肿大应与传染性单核细胞增多症、淋巴瘤、结核等疾病鉴别;先天性弓形虫脑病应与风疹、疱疹、巨细胞病毒等所致脑病鉴别;视网膜脉络膜炎应与结核、梅毒、麻风等引起的眼病鉴别;脑膜脑炎应与新型隐球菌和结核性脑膜炎等鉴别。

【预后】

取决于受累器官及机体的免疫状态。孕妇感染可致早产、流产或胎儿畸形、死胎。成人多脏器损伤者预后差,尤其是免疫缺陷者死亡率高。

【治疗】

(一)治疗对象

1. 免疫功能正常获得性弓形虫感染有重要器官受累者,如眼弓形虫病、脑弓形虫病。

2. 免疫功能缺陷宿主的弓形虫急性和隐性感染。

3. 先天性弓形虫病患儿。

4. 血清学试验从阴性转为阳性的孕妇。

(二)病原治疗

公认的药物有乙胺嘧啶、磺胺嘧啶、阿奇霉素、乙酰螺旋霉素、克林霉素、Atovaquone 和氨苯砜等。一般采用诱导维持疗法,即首先采用 4~6 周多种有效的抗弓形虫药物的大剂量联合治疗,以进行诱导强化治疗(表 8-4-1),而后减少用药种类和减小药物剂量,进行抗弓形虫药物的维持治疗。维持治疗药物用量是诱导强化治疗时药物用量的 1/2。孕妇一旦确诊为弓形虫的近期感染,应尽早抗弓形虫治疗。孕妇忌用乙胺嘧啶(以防致畸),可用乙酰螺旋霉素,每日 2~4g,儿童 50~100mg/kg,4 次分服,3 周为 1 疗程,间隔 1 周再重复治疗。孕妇还可应用克林霉素每日 600~900mg,上述两药亦可联合应用。

表 8-4-1 常用抗弓形虫药物诱导强化治疗方案

药物	推荐用药剂量
首选的联合用药方案	
①乙胺嘧啶	成人: 首剂 200mg, 随后 50~75mg/(kg·d), 口服
	儿童: 1mg/(kg·d), 分二次口服。
②亚叶酸(folinic acid, leucovorin)	10~20mg/d, 剂量可加至 50mg/d; 可口服、静脉或肌内注射
③下列药物任选一种	
磺胺嘧啶	成人: 4~6g/d, 分 4 次口服。
	儿童: 150/(kg·d), 分 4 次口服。
克林霉素	成人: 600mg/次, 剂量可加至 1200mg/次, 每 6 小时一次, 口服或静脉滴注。
	儿童: 10~25mg/d, 分四次口服或静脉滴注。
可替代的联合用药方案	
①复方磺胺甲基异噁唑 (Trimethoprim-sulfamethoxazole, TMP-SMZ)	3~5mg(以 TMP 的含量计算), 每 6 小时一次, 口服或静脉滴注。
②乙胺嘧啶和亚叶酸	剂量和用法同首选方案。
③下列药物任选一种	
克拉霉素	500~1000mg/次, 每 12 小时口服一次。
阿奇霉素	1200~1500mg/d, 口服
Atovaquone	750mg/次, 每 6 小时口服一次。

【预防】

加强宣传教育,搞好食品卫生,不养猫犬等动物,对易感者进行血清学检测,尤其是孕妇。加强血制品及器官移植的监测,防止传播本病。

(王福祥)

学习小结

弓形虫病是由刚地弓形虫引起的动物源性传染病。传染源为人和其他哺乳类动物及禽类动物。通过先天性和获得性两种途径传播,人感染后多呈隐性感染,在免疫功能低下的宿主,弓形虫可引起中枢神经系统损害和全身性感染。弓形虫病变以淋巴结，眼和脑的病变最具特征性。先天性和获得性免疫功能缺陷者感染弓形虫可出现广泛播散和迅速发生多器官致命性感染。

诊断依据包括流行病学资料、临床表现、病原学和免疫学检查。对先天性畸形或艾滋病患者出现脑炎者，均应考虑本病的可能性，确诊须有病原学或血清学检查阳性。

治疗药物有乙胺嘧啶、磺胺嘧啶、乙酰螺旋霉素、克林霉素、大环酯类抗生素、Atovaquone 和氨苯砜等。孕妇一旦确诊为弓形虫的近期感染，应尽早抗弓形虫治疗。

复习参考题

1. 哪些弓形虫感染者应进行治疗？　　2. 简述弓形虫病临床表现。

第五节　隐孢子虫病

学习目标

掌握	隐孢子虫病传染源及其临床表现。
熟悉	隐孢子虫病的高危因素、传播途径和治疗方法。
了解	隐孢子虫病原学特点。

隐孢子虫病(cryptosporidiosis)是由隐孢子原虫(*cryptosporidium*)所引起的人兽共患的寄生虫病。临床以急慢性、水样腹泻为主要症状。儿童感染率明显高于成人。免疫缺陷者易于罹患该病,艾滋病患者多并发此病。Nime 和 Meisel 于 1976 年首先报道隐孢子虫病例,目前 70 多个国家有本病存在,国内 1978 年发现患者。随着艾滋病的发现和流行,大大推动了其研究进展,是目前全球寄生虫学领域研究的热点。

【病原学】

隐孢子虫属球虫亚纲,真球虫目,隐孢子虫科,隐孢子虫属。是一种专性细胞内生长的寄生原虫。在人小肠黏膜上皮表面发育,进行无性生殖和有性生殖,形成囊合子排出体外。隐孢子虫从宿主消化道中排出的阶段是卵囊,呈圆形或卵圆形,大小 4~6μm,内含 4 个子孢子。卵囊有薄壁和厚壁两种类型。厚壁卵囊约占 80%,随宿主粪便排出体外,即具感染性,是传播本病的传染源。病原学检查一般查粪便中排出的卵囊。薄壁型卵囊约占 20%,其子孢子逸出后直接侵入宿主上皮细胞,继续无性生殖,形成宿主自身体内的重复感染;

卵囊对外界抵抗力强,在 8℃的淡水和海水中可以存活 1 年以上,−20℃亦可存活。对热敏感,64℃ 5 分钟;72℃ 10 秒钟可灭活。

【流行病学】

本病广泛分布于 6 大洲,发病季节各地不同,多见于 5~8 月,或气候温和、潮湿的多雨季节。发展中国家人群中的感染率明显高于发达地区。

1. 传染源　感染隐孢子虫并能排出卵囊的人和动物是本病传染源。迄今为止,发现引起人畜共患病的隐孢子虫有 8 个种和 3 个基因型,其中人隐孢子虫和微小隐孢子虫与大多数人和哺乳动物的腹泻密切相关。

2. 传播途径　主要经过消化道传播,经粪-口、手-口途径食用被卵囊污染的水源或食物而感染,也可通过痰液或飞沫传播。家蝇及其幼虫的体表及消化道均可机械的携带隐孢子虫卵囊,因此,可作为传播媒介。人-人传播也很普遍,经常发生在家庭和日托中心的护理过程中。水源污染可引起暴发流行,1993年春,由于取自密歇根湖的饮用水遭到污染,有大约40万名美国密尔沃基市市民(占城市总人口的26%)罹患该病。

3. 易感人群　免疫功能低下者感染率与发病率高且易反复发生,极难治愈。人群普遍易感,儿童及青少年的感染率明显高于成人。常见于2岁以下婴幼儿、动物饲养和屠宰加工场工作者、医务人员、从事食品加工(尤其是水产品加工)、水处理和游泳池管理人员。

4. 流行特征　本病呈全球性流行。发达国家人群感染率0.6%~20%,发展中国家为4%~25%。艾滋病病人和儿童中的感染率可分别高达48%和17.5%。我国各地的调查结果为1.4%~13.3%。

【发病机制】

本病确切的发病机制不全清楚。由于虫体的寄生、繁殖,广泛破坏小肠黏膜、绒毛萎缩,从而导致小肠细胞消化功能紊乱。

隐孢子虫主要寄生于小肠上皮细胞的刷状缘,由宿主细胞形成的纳虫空泡内,空肠近端是原虫数最多的部位,严重者可累及整个消化道上皮细胞,以及其他上皮细胞,如呼吸道、胆管和胆囊、胰腺等。虫体寄生的肠黏膜绒毛萎缩、变短变粗、或融合脱落,但病变轻者可不明显。隐孢子虫的寄生可破坏肠绒毛的正常功能,引起小肠消化不良和吸收障碍而发生腹泻。体内自身重复感染使肠黏膜表面积缩小、黏膜酶(如乳糖酶等)的减少亦为引起腹泻的原因。

【临床表现】

（一）免疫功能正常者的隐孢子虫病

潜伏期一般为7~10天(5~28天)。主要表现为自限性腹泻,5~10次/d,大便水样或黏液稀便,持续数日自愈,偶可持续1月左右。可伴食欲缺乏、恶心、呕吐、上腹部间歇性痛,少数患者可有低热、头痛、全身不适、乏力。体重可轻度下降。血象大多正常。婴幼儿可有脱水、电解质紊乱。偶见反应性关节炎。

（二）免疫功能缺损者的隐孢子病

潜伏期难以确定。症状多而重,持续时间长。患者常有霍乱样腹泻,日多达数十次,量多,常有水电解质紊乱及体重下降,甚至呈恶病质。宿主免疫功能下降对原虫的抑制能力降低,原虫突破原寄生部位,发生播散型隐孢子虫病。可引起喉-气管炎、肺炎等呼吸道感染。胆囊感染见于10% AIDS伴隐孢子病患者,表现为急性胆囊炎或硬化性胆管炎,患者不一定有腹泻;本病伴胰腺炎、肝炎者亦有所见,从胆汁、胰液或肝活检胆管上皮细胞找到隐孢子虫即可确诊。

【实验室检查】

从粪便、胆汁或痰液等标本中查出隐孢子虫卵囊是可靠而简便的方法。一般用金胺-酚染色法进行筛查,可疑虫体时可用改良抗酸染色法,二者联用效果最理想。必要时可用小肠黏膜活检。诊断目前应用免疫荧光试验(IFA)、酶联免疫吸附试验(ELISA)和单克隆抗体测定,敏感性和特异性均达100%。PCR技术检查临床标本和环境水样本中的隐孢子虫。优点是敏感性高,特异性强,能区分基因型。

【诊断与鉴别诊断】

诊断主要依据流行病学史、临床表现和辅助检查,确诊需在粪便或其他标本中找到隐孢子虫卵囊,免疫学及血清学检查有助于诊断。

腹泻病人,持续数天且常用抗生素治疗无效,尤其免疫功能低下者,应当怀疑隐孢子虫感染。应注意与引起腹泻的其他常见病原体相鉴别,包括痢疾杆菌、致病性大肠埃希菌、霍乱弧菌、阿米巴原虫、蓝氏贾第鞭毛虫、轮状病毒等。

【预后】

免疫功能正常者为自限性腹泻,免疫功能低下者,病情迁延且重,难以彻底治愈。

【治疗】

1. 支持和对症治疗　按肠道传染病隔离。保持水电解质、酸碱平衡和适当营养支持。对症治疗可用止泻药,临床常用的抑制肠动力药有苯乙哌定和普鲁卡因。

2. 病原治疗　目前尚无疗效确切的特效药物。巴龙霉素可减轻症状,1.0g 口服,每天 2 次。重症加用阿奇霉素 600mg/d,口服。大蒜素,<1 岁者,20mg,每天 4 次;其他儿童 20~40mg,每天 4 次,首次加倍,6~7 天为一疗程。螺旋霉素对症状改善有一定疗效。

3. 免疫功能低下的隐孢子虫感染者,应加强基础疾病的治疗以提升免疫功能,如 HIV 感染可用抗逆转录病毒治疗重建免疫功能。

【预防】

加强病人与病畜的粪便管理,防止粪便污染食物和饮水。注意个人手卫生,勤洗手,阻断本病经口、鼻途径感染。环境中隐孢子虫污染较为严重,尤其是动物饲养场所。卵囊在外界抵抗力强,常用的消毒剂不能将其杀死,10%甲醛溶液,加热 65~70℃ 30 分钟可杀死卵囊。病人用过的肠镜等器材、便盆等,在 3%漂白粉澄清液中浸泡 15 分钟后再予清洗。

(周　智)

学习小结

隐孢子虫是引起人和动物腹泻的重要机会性致病原虫,单宿主寄生。 在人小肠黏膜上皮细胞表面发育,进行无性生殖和有性生殖,形成囊合子排出体外。 主要传播途径为消化道,暴发流行是水源污染所致。 临床以水样腹泻为主要表现,免疫功能正常者常表现为自限性腹泻;免疫功能低下者,症状重,持续时间长,很难治愈。 诊断依据主要是从患者粪便、呕吐物和痰液及组织活检标本等中找到卵囊。防治主要是加强病人与病畜的粪便管理,防止粪便污染食物和饮水。

复习参考题

1. 简述隐孢子虫病感染的高危因素。

2. 简述隐孢子虫病传播途径。

第九章　蠕虫感染

第一节　日本血吸虫病

学习目标	
掌握	日本血吸虫病的主要临床表现和预防治疗。
熟悉	日本血吸虫生活史和传播途径。
了解	日本血吸虫病发病机制。

日本血吸虫病(schistosomiasis japonica)是五种血吸虫病之一,在日本首先发现,分布于中国、日本、菲律宾、印尼、泰国等亚洲地区。人或牲畜皮肤或黏膜接触含尾蚴的疫水感染,由寄生在门静脉系统血吸虫及虫卵所致疾病。

【病原学】

日本血吸虫雌雄异体合抱,主要寄生于肠系膜下静脉内。成虫寿命一般 2~5 年,长者可达 20 年。一条雌虫每日可产数千枚虫卵。大部分虫卵随门静脉血流进入并滞留于肝小叶周边,部分虫卵沉积于肠壁内并溃入肠腔,随粪便排至体外。排出的虫卵需入淡水并在适宜条件(最适温度 25~30℃,最适 pH7.4~7.8)下孵出毛蚴,毛蚴必须在 2~3 天内侵入中间宿主钉螺体内,经过母胞蚴和子胞蚴二代发育繁殖,约 6~8 周后即有尾蚴不断逸出,并随水流在水面漂浮游动。当人、畜接触疫水时,尾蚴在数秒内即能从皮肤或黏膜侵入,然后随血液循环经肺而终达肝脏,约 30 天左右在肝门静脉内发育为成虫,又逆血流移行至肠系膜下静脉中产卵,完成其生活史。日本血吸虫在钉螺体内进行无性繁殖,在人或动物体内进行有性生殖。

【流行病学】

我国仅流行日本血吸虫病(简称血吸虫病)。日本血吸虫病在我国流行至少有 2000 年以上的历史,当前分布在长江中下游的湖南省、湖北省、安徽省、江西省、江苏省、浙江省、云南省等部分地区,流行区可分为湖沼、水网和山丘三种类型。经过对血吸虫病进行了大规模的群众性防治工作,灭螺面积占有螺面积的 80% 以上,基本控制了疫情。根据 2011 年我国疾病预防控制中心统计,我国血吸虫病患病率 0.33/10 万,病人数为 29 万。

（一）传染源

病人和病牛是重要的传染源(人畜共患病)。患者是水网地区的主要传染源;在湖沼地区,除患者外血吸虫感染的牛与猪也是重要传染源。而山丘地区野生动物如鼠类也是本病的传染源。

（二）传播途径

造成日本血吸虫传播必须具备下述三个条件:即虫卵入水;存在钉螺孳生;人、畜接触疫水。

1. 虫卵入水　含虫卵的粪便可以各种方式污染水,例如河、湖旁设置厕所,河边洗刷马桶,粪船渗漏,用新鲜粪施肥,随地排粪等。

2. 钉螺孳生　钉螺是血吸虫必需的唯一中间宿主,水陆两栖,生活在水线上下,孳生在土质肥沃、杂草丛生、潮湿的环境中。

3. 接触疫水　水中存在血吸虫尾蚴方称为疫水。因生产(捕鱼、种田、割湖草等)或生活(游泳戏水、饮用、洗漱、洗衣服等)接触疫水,遭致尾蚴感染。

（三）易感人群

人群普遍易感,青壮年多。感染后有部分免疫力,可多次感染。儿童及非流行区人群感染易发生急性血吸虫病。

【发病机制】

（一）发病机制

血吸虫发育的不同阶段,包括尾蚴、幼虫、成虫、虫卵对宿主均可引起一系列免疫反应。虫卵是引起宿主免疫反应和病理变化的主要因素。卵壳上微孔释放可溶性虫卵抗原,使 T 淋巴细胞致敏,释放多种淋巴细胞因子,吸引大量巨噬细胞、单核细胞和嗜酸性粒细胞等聚集于虫卵周围,形成虫卵肉芽肿(虫卵结节)。血吸虫病引起肝纤维化是在肉芽肿基础上产生的。虫卵释放的可溶性虫卵抗原、巨噬细胞与 T 淋巴细胞产生的成纤维细胞刺激因子,均可促使成纤维细胞增殖与胶原合成。

人体感染血吸虫后可获得部分免疫力。这种免疫力对再感染的童虫有一定杀伤作用,但不破坏体内的成虫。这种原发感染继续存在而对再感染获得一定免疫力的现象称为伴随免疫。血吸虫能逃避宿主的免疫(免疫逃逸),其机制很复杂。

（二）病理过程

虫卵肉芽肿反应是本病的基本病理改变。但自尾蚴钻入皮肤至成虫产卵,每个发育阶段均可造成人体损害。

1. 第一阶段　尾蚴钻入皮肤部位,其头腺分泌的溶组织酶和其死亡后的崩解产物可引起组织局部周围水肿,毛细血管扩张、充血、中性粒细胞和单核细胞浸润、局部发生红色丘疹,称"尾蚴性皮炎",持续 1~3 天消退。

2. 第二阶段　童虫随血流达肺,部分经肺毛细血管可穿破血管引起组织点状出血及白细胞浸润,严重时可发生"出血性肺炎"。

3. 第三阶段　成虫及其代谢产物仅产生局部轻微静脉内膜炎,轻度贫血,嗜酸性粒细胞增多。虫体死后可引起血管壁坏死和肝内门静脉分枝栓塞性脉管炎,较轻微,不造成严重病理损害。而虫卵引起本病主要病理损害,形成典型的虫卵肉芽肿和纤维化病变。

【临床表现】

从尾蚴侵入至出现临床症状(潜伏期)时间长短不一,80% 患者为 30~60 天,平均 40 天。感染重则潜伏期短,感染轻则潜伏期长。血吸虫病临床表现复杂多样,轻重不一。根据患者感染的程度、时间、免疫状态、治疗是否及时等不同,临床表现各异。我国将血吸虫病分以下四型。

（一）急性血吸虫病

发生于夏秋季,以 7~9 月为常见。男性青壮年与儿童居多。患者常有明确疫水接触史,如捕鱼、摸蟹、游泳等,常为初次重度感染。约半数患者在尾蚴侵入部位出现蚤咬样红色皮损,2~3 天内自行消退。

1. 发热　患者均有发热。热度高低及期限与感染程度成正比,轻症发热数天,一般 2~3 周,重症可迁延数月。热型以间歇型、弛张型为多见,早晚波动可很大。一般发热前少有寒战。高热时偶有烦躁不安等中毒症状,热退后自觉症状良好。重症可有缓脉,出现消瘦,贫血,营养不良和恶病质,甚至死亡。

2. 过敏反应　除皮炎外还可出现荨麻疹,血管神经性水肿,淋巴结肿大,出血性紫癜,支气管哮喘等。

血中嗜酸性粒细胞显著增多,对诊断具有重要参考价值。

3. 消化系统症状　发热期间,多伴有食欲减退,腹部不适,轻微腹痛、腹泻、呕吐等。腹泻一般每日3~5次,个别可达10余次,初为稀水便,继则出现脓血、黏液。热退后腹泻次数减少。危重患者可出现高度腹胀、腹水、腹膜刺激征。经治疗退热后6~8周,上述症状可显著改善或消失。

4. 肝脾肿大　90%以上患者肝大伴压痛,左叶肝大较显著。半数病人轻度脾大。

5. 其他　半数以上病人有咳嗽、气喘、胸痛。危重病人咳嗽较重,咯血痰,并有胸闷、气促等。呼吸系统症状多在感染后两周内出现。另外,重症病人可出现神志淡漠、心肌受损、重度贫血、消瘦及恶病质等,亦可迅速发展为肝硬化。

急性血吸虫病病程一般不超过6个月,经杀虫治疗后,患者常迅速痊愈。如不治疗,则可发展为慢性甚或晚期血吸虫病。

(二)慢性血吸虫病

在流行区占绝大多数。在急性症状消退而未经治疗或疫区反复轻度感染而获得部分免疫力者,病程半年以上,称慢性血吸虫病。病程可长达10~20年甚至更长。临床表现以隐匿型间质性肝炎或慢性血吸虫性结肠炎为主。

1. 无症状型　轻度感染者大多无症状,仅粪便检查中发现虫卵,或体检时发现肝大,B超检查可呈网格样改变。

2. 有症状型　主要表现为血吸虫性肉芽肿肝病和结肠炎。两者可出现在同一患者身上,亦可仅以一种表现为主。最常见症状为慢性腹泻,黏液脓血便,这些症状时轻时重,时发时愈,病程长者可出现肠梗阻,贫血,消瘦,体力下降等。重者可有内分泌紊乱,性欲减退,女性有月经紊乱,不孕等。早期肝大、表面光滑,质中等硬。随病程延长进入肝硬化阶段,肝脏质硬、表面不平,有结节。脾脏逐渐增大。下腹部可触及大小不等的肿块,系增厚的结肠系膜、大网膜和肿大的淋巴结,因虫卵沉积引起的纤维化粘连缠结所致。

(三)晚期血吸虫病

反复或大量感染血吸虫尾蚴后,未经及时抗病原治疗,发展成肝硬化、门静脉高压、脾显著肿大等相关并发症。病程多在5~15年以上。儿童常有生长发育障碍。根据晚期主要临床表现,又可分为以下四型。同一病人可具有两个或三个型的主要表现。

1. 巨脾型　最为常见,占晚期血吸虫病绝大多数。脾脏进行性肿大,下缘可达盆腔,表面光滑,质坚硬,可有压痛,经常伴有脾功能亢进征。肝因硬化逐渐缩小,有时尚可触及。因门脉高压,可发生上消化道出血,易诱发腹水。

2. 腹水型　是严重肝硬化的重要标志,约占25%。腹水可长期停留在中等量以下,但多数为进行性加剧,以致腹部极度膨隆,下肢高度水肿,呼吸困难,难以进食,腹壁静脉怒张,脐疝和巨脾。每因上消化道出血,促使肝衰竭,肝性脑病或感染败血症死亡。

3. 结肠肉芽肿型　以结肠病变为突出表现。病程3~6年以上,亦有10年者。患者经常腹痛、腹泻、便秘,或腹泻与便秘交替出现,有时水样便、血便、黏液脓血便,有时出现腹胀、肠梗阻。左下腹可触及肿块,有压痛。纤维结肠镜下可见黏膜苍白,增厚,充血水肿,溃疡或息肉,肠狭窄。较易癌变。

4. 侏儒型　极少见。为幼年慢性反复感染引起体内各内分泌腺出现不同程度的萎缩,功能减退,以垂体前叶和性腺功能不全最常见。患者除有慢性或晚期血吸虫病的其他表现外,尚有身材矮小,面容苍老,生长发育低于同龄人,性器官与第二性征发育不良,但智力多正常。

(四)异位血吸虫病

见于门脉系统以外的器官或组织的血吸虫虫卵肉芽肿称为异位损害(ectopic lesion)或异位血吸虫病。人体常见的异位损害在肺和脑。

1. 肺型血吸虫病　为虫卵沉积引起的肺间质性病变。呼吸道症状大多轻微,且常被全身症状所遮盖,表现为轻度咳嗽与胸部隐痛、痰少,咯血罕见。肺部体征也不明显,有时可闻及干、湿啰音,但重型患者肺部有广泛病变时,胸部 X 线检查可见肺部有弥漫云雾状、点片状、粟粒样浸润阴影,边缘模糊,以位于中下肺野为多,肺部病变经病原学治疗后 3~6 个月内逐渐消失。

2. 脑型血吸虫病　临床上可分为急性与慢性两型,均以青壮年患者多见,发病率约 1.7%~4.3%。临床表现酷似脑膜脑炎,常与肺部病变同时发生,出现意识障碍、脑膜刺激征、瘫痪、抽搐、腱反射亢进和锥体束征等。脑脊液嗜酸性粒细胞可增高或有蛋白质与白细胞轻度增多。慢性型的主要症状为癫痫发作,尤以局限性癫痫为多见。颅脑 CT 扫描显示病变常位于顶叶,亦可见于枕叶,为单侧多发性高密度结节阴影。

3. 其他　机体其他部位也可发生血吸虫病,如胃、胆囊、肾、睾丸、子宫、心包、甲状腺、皮肤等,实属罕见,临床上出现相应症状。

【实验室检查】

（一）血象

血吸虫病患者在急性期外周血象以嗜酸性粒细胞显著增多为其主要特点。白细胞总数在 10×10^9/L 以上;嗜酸性粒细胞一般占 20%~40%,最多者可高达 90% 以上。嗜酸性粒细胞在慢性血吸虫病患者一般轻度增多,在 20% 以内,而极重型急性血吸虫病患者常不增多,甚至消失。晚期患者常因脾功能亢进引起红细胞、白细胞及血小板减少。

（二）粪便检查

粪便内检查虫卵和孵出毛蚴是确诊血吸虫病的直接依据。一般急性期检出率较高,而慢性和晚期患者的阳性率不高。常用改良加藤厚涂片法或虫卵透明法检查虫卵。

（三）肝功能试验

急性血吸虫病患者血清中球蛋白增高,血清 ALT、AST 轻度增高。晚期患者出现血清白蛋白减少,球蛋白增高,常出现白蛋白与球蛋白比例倒置现象。慢性血吸虫病尤其是无症状患者肝功能试验大多正常。

（四）免疫学检查

免疫学检查方法较多,而且敏感性与特异性较高,采血量微,操作简便。但由于病人血清中抗体在治愈后持续时间很长,不能区别既往感染与现症病人,并有假阳性、假阴性等缺点。近年来采用单克隆抗体检测病人循环抗原的微量法有可能作为诊断和考核疗效的参考。

1. 皮内试验　若受试者曾感染过血吸虫,则有相应抗体。此法简便、快速,通常用于现场筛查可疑病例,阳性者需作进一步检查。

2. 环卵沉淀试验（COPT）　当成熟虫卵内毛蚴的分泌、排出物质与血吸虫患者血清内相应抗体结合后,在虫卵周围形成特异性沉淀物,当环卵沉淀率大于 3%~5% 时,即为阳性反应。可作为综合查病的方法之一。

3. 间接血凝试验（IHA）　将可溶性血吸虫卵抗原吸附于红细胞表面,使其成为致敏红细胞,这种红细胞与患者血清相遇时,由于细胞表面吸附的抗原和特异抗体结合,红细胞被动凝集起来,肉眼可见凝集现象称阳性反应。在流行区,该法可作为过筛或综合查病的方法之一。

4. 酶联免疫吸附试验（ELISA）　检测患者血清中的特异性抗体,使之成为抗原-抗体复合物,经与特殊的酶结合后显色。此法有较高的敏感性和特异性,可用作综合查病方法之一。

5. 循环抗原酶免疫法（EIA）　从理论上讲,循环抗原的存在表明有活动性感染,血清和尿中循环抗原水平与粪虫卵计数有较好的相关性。本方法敏感、特异、简便、快速,对血吸虫病的诊断、疗效考核都有参考价值。但是,影响循环抗原检测的因素较多,有待研究和解决。

（五）直肠黏膜活检

是血吸虫病原诊断方法之一。通过直肠或乙状结肠镜,自病变处取米粒大小黏膜,置光镜下压片检查有无虫卵。以距肛门 8~10cm 背侧黏膜处取材阳性率最高。这种方法能检获的虫卵一般大部分是远期变性虫卵。

（六）肝影像学检查

1. B型超声波检查　可判断肝纤维化的程度,肝内纤维化呈网格状。可见肝、脾体积大小改变,门脉血管增粗。

2. CT扫描　晚期血吸虫病患者肝包膜与肝内门静脉区常有钙化现象,CT扫描可显示肝包膜增厚钙化等特异图像。重度肝纤维化可表现为龟背样图像。

【并发症】

1. 上消化道出血　为晚期患者重要并发症,发生率10%左右。出血部位多为食管下端和胃底冠状静脉。多由机械损伤、用力过度等而诱发。表现为呕血和黑便。出血量一般较大。

2. 肝性脑病　晚期患者并发肝性脑病多为腹水型。多由于大出血、大量放腹水、过度利尿等诱发。

3. 感染　由于患者免疫功能减退、低蛋白血症、门静脉高压等,极易并发感染,如病毒性肝炎、伤寒、腹膜炎、沙门菌感染、阑尾炎等。

4. 肠道并发症　血吸虫病引起严重结肠病变所致肠腔狭窄,可并发不完全性肠梗阻,以乙状结肠与直肠为多。血吸虫病患者结肠肉芽肿可并发结肠癌。

【诊断与鉴别诊断】

（一）诊断

1. 流行病史　有血吸虫疫水接触史是诊断的必要条件,应仔细追问。

2. 临床特点　具有急性或慢性、晚期血吸虫病的症状和体征,如发热、皮炎、荨麻疹、腹痛、腹泻、肝脾大等。

3. 实验室检查　结合寄生虫学与免疫学检查指标进行诊断。粪便检出活卵或孵出毛蚴即可确诊。一般粪便检查的诊断方法有一定局限性。轻型患者排出虫卵较少,而且间歇出现,需反复多次检查。晚期血吸虫病由于肠壁纤维化,虫卵不易从肠壁中排出,故阳性率低。免疫学方法特异性、敏感性较高,血液循环抗原检测阳性均提示体内有活的成虫寄生。其他血清免疫学检查阳性均表示患者已感染过血吸虫,但应注意假阳性与假阴性。

（二）鉴别诊断

急性血吸虫病可误诊为伤寒、阿米巴肝脓肿、粟粒性结核等。血象中嗜酸性粒细胞显著增多有重要鉴别价值。慢性血吸虫病肝脾肿大型应与无黄疸型病毒性肝炎鉴别,后者食欲减退、乏力,肝区疼痛与肝功能损害均较明显。血吸虫病患者有腹泻、便血、粪便孵化阳性,易与阿米巴痢疾、慢性菌痢鉴别。晚期血吸虫病与门脉性及肝炎后肝硬化的鉴别,前者常有慢性腹泻、便血史,门静脉高压引起巨脾与食管下段静脉曲张较多见,肝功能损害较轻、黄疸、蜘蛛痣与肝掌较少见,但仍需多次病原学检查与免疫学检查才能鉴别。此外,在流行区的癫痫患者均应除外脑血吸虫病的可能。

【预后】

本病预后与感染程度、病程长短、年龄、有无并发症、异位损害及治疗是否及时彻底有明显关系。急性患者经及时有效抗病原治疗多可痊愈。慢性早期患者接受抗病原治疗后绝大多数患者症状消失,体力改善,粪及血清学检查转阴,并可长期保持健康状态。晚期患者虽经抗病原治疗,但肝硬化难以恢复,预后较差。

【治疗】

（一）病原治疗

动物及临床实验证明吡喹酮(praziquantel)的毒性小、疗效好、给药方便、适应证广,可用于各期各型血吸虫病患者。

1. 原理　吡喹酮对血吸虫各个发育阶段均有不同程度的杀虫效果,特别是杀成虫作用大。对成虫虫体有兴奋、挛缩作用,此种作用有赖于钙离子的参与,同时使虫体皮层呈空泡变性,影响虫体蛋白和糖代谢等。对发育成熟的虫卵有效,含毛蚴的虫卵治疗后呈空泡样变性。对水中尾蚴有强杀伤作用,作用相当于成虫的数百倍。

2. 毒副反应 吡喹酮毒性较低,治疗量对人心血管、神经、造血系统及肝肾功能无明显影响,无致畸、致癌变发生。

少数病人出现心脏期前收缩,偶有室上性心动过速、房颤等。神经肌肉反应以头昏、头痛、乏力较常见。消化道反应轻微,可有轻度腹痛与恶心,偶有食欲减退、呕吐等。少数患者可见胸闷、心悸、黄疸。主要不良反应一般于用药后0.5~1小时出现,不需处理,数小时内消失。

3. 用法和疗效 ①急性血吸虫病:总量按120mg/kg,6天分次服完,其中50%必须在前两天服完,体重超过60kg者仍按60kg计;②慢性血吸虫病:成人总量按60mg/kg,2天内分4次服完。儿童体重在30kg以内者总量可按70mg/kg,30kg以上者与成人相同剂量;③晚期血吸虫病:如患者一般情况较好,肝功能代偿尚佳,总量可按40~60mg/kg,2天分次服完。年老、体弱、有其他并发症者可按总量60mg/kg,3天内分次服完。感染严重者可按总量90mg/kg,分6天内服完;④预防性服药:在重疫区特定人群进行预防性服药,能有效预防血吸虫感染。青蒿素衍生物蒿甲醚(artemether)和青蒿琥酯(artesunate)能杀灭5~21天的血吸虫童虫。在接触疫水后15天口服蒿甲醚,按6mg/kg,以后每15天一次,连服4~10次;或者在接触疫水后7天口服青蒿琥酯,剂量为6mg/kg,顿服,以后每7天一次,连服8~15次。

吡喹酮正规用药治疗后,3~6个月粪检虫卵阴转率达85%,虫卵孵化阴转率为90%~100%。血清免疫诊断转阴时间有时需1~3年。

（二）对症治疗

1. 急性期血吸虫病 高热、中毒症状严重者给以补液、保证水和电解质平衡,加强营养及全身支持疗法。合并其他寄生虫者应先驱虫治疗,合并伤寒、痢疾、败血症、脑膜炎者均应先抗感染,后用吡喹酮治疗。

2. 慢性和晚期血吸虫病 除一般治疗外,应及时治疗并发症,改善体质,加强营养,巨脾、门脉高压、上消化道出血等患者可选择适当时机考虑手术治疗。有侏儒症时可短期、间隙、小量给以性激素和甲状腺素制剂。

【预防】

我国于2006年5月1日实施的《血吸虫病防治条例》,除了联防联控、药物灭螺和积极治疗患者患畜外,还应强调当前我国血吸虫病防治重点是对人、畜粪便的管理。

1. 控制传染源 在流行区每年对病人、病畜进行普查普治。

2. 切断传播途径 消灭钉螺是预防本病的关键,可采取改变钉螺孳生环境的物理灭螺法(如土埋法等),同时可结合化学灭螺法,采用氯硝柳胺等药物杀灭钉螺。粪便须经无害处理后方可使用。保护水源,改善用水。

3. 保护易感人群 严禁在疫水中游泳,戏水。接触疫水时应穿着防护衣裤和使用防尾蚴剂及预防服药等。

（郭亚兵）

学习小结

日本血吸虫病存在于钉螺地区,是人畜共患疾病。血吸虫卵经粪便排入水,钉螺体内孵化成感染性幼虫(尾蚴),人或牲畜皮肤或黏膜接触含尾蚴的疫水感染。尾蚴侵入皮肤经童虫发育为成虫。童虫在体内移行,引起发热、咳嗽、嗜酸性粒细胞增多等急性期表现;成虫寄生于肝内门静脉系统,在肠系膜下静脉内产卵,引起慢性血吸虫表现。虫卵沉积引起门静脉小分枝炎症闭塞,造成门静脉高压和肝硬化；同时肠系膜下静脉血液回流分布区包括直肠、乙状结肠及降结肠因虫卵沉积引发急性黏膜充血、水肿和虫卵结节，破溃后形成肠黏膜溃疡、脓血便，慢性期引起肠壁增厚、息肉增生或结肠变窄。

病原学诊断包括粪便查虫卵、肠黏膜活检查虫卵及血吸虫血清学检查。病原治疗药物为吡喹酮。接触疫水后一周顿服青蒿琥酯杀童虫或吡喹酮可用于预防。

复习参考题

1. 简述急性血吸虫病的主要临床表现。
2. 简述慢性血吸虫病的主要临床表现。
3. 试述血吸虫病的预防实施要点

第二节　并殖吸虫病

学习目标

掌握	并殖吸虫致病作用及基本病理变化、临床表现和实验诊断方法。
熟悉	并殖吸虫童虫在人体内移行特点。
了解	并殖吸虫病的危害性，在我国主要虫种及分布。

并殖吸虫病(Paragonimiasis)为我国常见的人兽共患性寄生虫病。主要致病虫体为卫氏并殖吸虫和斯氏狸殖吸虫。卫氏并殖吸虫寄生于犬、猫和人的肺组织内引起病变，偶见寄生于脑、脊髓和其他器官。在我国华北、华南和西南地区均有分布。主要表现为咳嗽、咯铁锈色或烂桃样痰、咯血等，又称肺吸虫病。斯氏狸殖吸虫在人体引起的主要病变是游走性皮下包块和渗出性胸膜炎。

【病原学】

并殖吸虫成虫雌雄同体，生殖器官并列为其特征。卫氏并殖吸虫成虫呈椭圆型外形，体形肥厚，背部稍隆起，类似半粒花生米，长 7.5~12mm，宽 4~6mm，厚 3.5~5.0mm，宽长之比约为 1:2。虫体活时呈橙红色，死后呈灰白色。虫卵为卵圆形，大小为(80~118)μm×(48~60)μm，呈淡黄色。卵内含一个半透明的卵细胞及 10~20 个卵黄细胞及颗粒。斯氏狸殖吸虫虫体狭长，宽：长为 1:2.8 左右。

卫氏并殖吸虫成虫通常寄生在人或动物的肺部，产出的虫卵随痰排出或痰液吞入消化道后由粪便排出，入水后发育孵出毛蚴。毛蚴即可钻入第一中间宿主螺类（卫氏并殖吸虫为淡水川卷螺，斯氏狸殖吸虫为拟钉螺）的体内，经胞蚴、母雷蚴及子雷蚴的发育和无性增殖阶段发育为尾蚴，并从螺体内逸出。尾蚴在水中侵入第二中间宿主（溪蟹或蝲蛄），在其体内形成囊蚴，人如生吃溪蟹或蝲蛄，囊蚴经胃到十二指肠，脱囊并逸出后尾蚴，穿过肠壁进入腹腔，发育成为童虫。童虫在腹腔各脏器间游走，穿过膈肌到达胸腔侵入肺脏，移行到小支气管附近，逐步形成虫囊并在囊内发育为成虫。自囊蚴进入感染终宿主到发育为成虫成熟产卵约需 2~3 个月。成虫在宿主体内一般可活 5~6 年，长者可达 20 年。未侵入肺组织而侵入其他组织或器官的童虫，可引起异位寄生，如皮下、脑、肝等处，多不能发育为成虫。斯氏狸殖吸虫成虫主要寄生于果子狸、犬、猫等哺乳动物，大多数以童虫阶段寄生于人体，偶见成虫寄生于人肺脏。

【流行病学】

1. 传染源　凡能够排出并殖吸虫虫卵的人及肉食哺乳类动物，均为传染源。病人是卫氏并殖吸虫的主要传染源及终宿主。斯氏狸殖吸虫主要传染源是病猫、病犬。

2. 传播途径　因煮食不当如生吃、腌吃、醉吃含有并殖吸虫囊蚴的溪蟹或蝲蛄而得此病,亦可因饮用含有囊蚴的生水而引起感染可能。

3. 易感人群　不论性别、年龄均普遍易感,以儿童,尤其学龄儿童的感染率较高。

4. 流行特征　本病流行于世界各国,主要在亚洲、美洲。我国有 24 个省、市、自治区的农村均有病例报告。在直接捕食溪蟹的地方,感染季节以夏秋季为主。在有食醉蟹习惯的地区,四季均可流行。

【发病机制与病理解剖】

并殖吸虫无论童虫游走或成虫定居均可造成机械性损伤,虫体代谢产物等抗原物质可引起机体免疫病理反应。

1. 童虫引起的病变　童虫在肠壁移行及进入腹腔可引起肠壁浆膜及腹膜的纤维素性炎症,产生广泛的炎症和脓血黏液、积液,内含大量嗜酸性粒细胞。虫体进入腹壁可致出血性或化脓性肌炎。并殖吸虫童虫可穿过膈肌进入胸腔,引起渗出性胸膜炎或胸腔积液。斯氏狸殖吸虫的童虫引起游走性皮下包块与渗出性胸膜炎及肝损害。

2. 成虫引起的病变　卫氏并殖吸虫常固定于肺部,也可游走窜扰各疏松组织间,导致病变波及多脏器。

3. 虫卵引起的病变　并殖吸虫虫卵在人体内不能发育,不分泌可溶性抗原,引起组织反应轻微,虫卵结节无明显坏死。

基本病理改变可分三期:

(1) 脓肿期:为虫体移行引起组织破坏、出血及继发感染。病变处呈窟穴状或隧道状,内有血液,并出现炎性渗出,伴有单核细胞、嗜酸性粒细胞和中性粒细胞浸润形成脓肿。病灶四周产生肉芽组织而形成薄膜状囊肿壁。

(2) 囊肿期:由于渗出性炎症,大量细胞浸润、聚集、死亡、崩解、液化,脓肿内充满赤褐色果酱样液体。镜下检查可见坏死组织、夏科雷登结晶和大量虫卵。脓肿周围有肉芽组织增生,并逐渐形成纤维状囊壁,囊内含有棕褐色黏稠液体,常为多房性囊肿,相互间有隧道或空穴相通。

(3) 纤维瘢痕期:囊内虫体游走或死亡后,囊内容物排出或被吸收后,周围肉芽组织和纤维组织不断增生向中心发展,使整个囊肿完全由纤维组织代替,形成瘢痕。

【临床表现】

并殖吸虫病是一种全身性疾病,临床表现复杂多样,起病多较缓慢,潜伏期 2 天~3 个月。病变过程可分为急性期和慢性期。大量感染并殖吸虫的患者可出现急性并殖吸虫病。

1. 急性并殖吸虫病　急性期症状多出现在食入囊蚴后 2 天至 1 个月左右。急性并殖吸虫病起病急骤,全身症状较明显。其初发症状为腹痛、腹泻、稀便或黏液便。伴有食欲减退,低热,稍后出现胸痛、胸闷、气短、咳嗽等呼吸系统症状。血白细胞总数增高,嗜酸性粒细胞占 20%~40%。

2. 慢性并殖吸虫病　绝大多数并殖吸虫病患者的早期症状并不明显,发现时已进入慢性期。卫氏并殖吸虫病主要表现为咳嗽、胸痛、咯血及咳铁锈色或烂桃样痰,偶可出现肺外症状。斯氏狸殖吸虫病,以"幼虫移行症"为主要临床表现,引起游走性皮下结节。按被主要侵及的器官分为以下几型:

(1) 胸肺型:最常见,以咳嗽、咳痰、胸痛、气短为主要症状,痰中混有血丝,并逐渐转为铁锈色或烂桃样血痰,痰中可找到虫卵及夏科雷登晶体,胸膜受累时可见到渗出性胸膜炎、胸腔积液、胸膜肥厚或粘连。

(2) 腹型:约占 1/3 的病例,虫体穿过肠壁,在腹腔及各脏器间游窜,出现腹痛、腹泻、大便带血等症状。腹痛部位为全腹或右下腹部,多为隐痛。也可引起腹部器官广泛炎症、粘连,偶可引致腹膜炎,出现腹水。尤其是当虫体侵及肝脏时可致肝损害或肝大。腹泻为黄色或黄绿色稀便,每天 2~4 次。尤以儿童多见。

（3）皮肤型：约10%病例可出现皮下结节和包块。以斯氏狸殖吸虫病多见，以游走性为主要特征。包块大小不一，大多为1~3cm。表面皮肤正常，肿块触之可动，常呈单个散发，偶可见多个成串。一处包块消失后，间隔一些时日又在附近或其他部位出现。常发部位为腹壁、胸背、头颈等。几乎所有人体表面各处都有出现肿块的可能。卫氏并殖吸虫所致的皮下包块少部分呈游走性，活检有时在包块内可检出童虫。

（4）脑脊髓型：以卫氏并殖吸虫病患者多见，尤以儿童受染较多，其临床表现视侵犯脑组织的部位及程度而异。常见症状有：头痛、呕吐、视力减退、肢体瘫痪、癫痫等。

（5）其他型：因人体几乎所有器官均可受到侵犯，故除上述常见的几种类型外尚可有其他受损类型，如有的患者阴囊出现肿块，肿块内可检查出并殖吸虫卵或成虫。有的感染者无明显症状和器官损害，而仅有皮试及血清免疫学试验阳性，嗜酸性粒细胞增高，这类感染者为亚临床型或虫体已消失的感染者。

【实验室检查】

（一）一般常规检查

急性并殖吸虫病患者外周血液中白细胞总数增多，(10~20)×10^9/L，嗜酸性粒细胞比例明显增高，在30%~40%以上，血沉增快。

（二）病原学检查

1. 痰液　收集卫氏并殖吸虫病患者清晨的痰液镜检找虫卵。

2. 粪便　虫卵可随咽下的痰液在粪便中找到。

3. 体液　脑脊液、胸水、腹水、心包积液检查可找到虫卵，嗜酸性粒细胞增多和夏科雷登晶体。

4. 活组织检查　皮下结节或包块病理检查可见虫卵、童虫或成虫。由斯氏狸殖吸虫所致的皮下包块病理学检查可见典型的嗜酸性肉芽肿。

（三）免疫学检查

对早期或轻度感染的亚临床型患者及异位损伤病例，常依赖特异的免疫学诊断方法。包括皮内试验、后尾蚴膜反应、酶联免疫吸附试验等。皮内试验常用于普查初筛，但假阳性和假阴性均较高。应用酶联免疫吸附试验测定并殖吸虫病患者的抗体，阳性符合率90%~100%，具有考核疗效和诊断现症患者的意义。

（四）X线检查

胸部X线摄片对胸肺型并殖吸虫病具有重要价值。早期肺部病变为中下肺野大小不等，边缘不清的类圆形浸润性阴影，病程后期可见囊肿及胸腔积液，同时伴胸膜粘连，增厚较普遍。

【诊断与鉴别诊断】

（一）诊断

1. 流行病学资料　注意流行地区分布或进入流行地区的人群，有无生食或半生食溪蟹、蝲蛄或饮用溪流生水史。

2. 临床表现　早期有腹泻、腹痛、继而咳嗽、咯铁锈色痰伴胸腔积液。或有游走性皮下结节或包块，均应考虑本病。

3. 实验室检查　痰、粪及各种体液中找到虫卵或在皮下结节中找到虫体，是确诊本病的依据。血清学、免疫学有辅助诊断价值。

（二）鉴别诊断

需和肺结核、病毒性肝炎、肝脓肿、脑部寄生虫病、脑肿瘤等鉴别。

【治疗】

1. 病原治疗

（1）吡喹酮：是首选药物，疗效高，不良反应轻。常用剂量和疗程为25mg/kg，每日3次，2~3天为一个疗程。脑型患者可间隔7天后再给予一疗程。

（2）三氯苯哒唑：对并殖吸虫有明显杀虫作用，每次5mg/kg，1次/d，3天为一疗程，疗效与吡喹酮相似，但副作用轻微。

2. 对症支持治疗　镇咳、止血。癫痫发作者可用苯妥英钠。

3. 手术治疗　对皮下包块可手术摘除。脑脊髓型有压迫症状，如内科治疗无效者，可手术治疗。

【预防】

1. 控制传染源　彻底治疗患者和病猫、病犬。

2. 切断传播途径　教育当地群众特别是儿童不要吃生的或不熟的溪蟹和蝲蛄，不喝生水。

3. 保护易感者　在流行区广泛开展对本病危害的防治知识宣传，加强猫和犬的管理，加强粪便和水源的管理。

（叶晓光）

学习小结

卫氏并殖吸虫（肺吸虫）病是一种人兽共患的蠕虫病。病人是卫氏并殖吸虫的主要传染源及终宿主，因煮食不当如生吃、腌吃、醉吃含有并殖吸虫囊蚴的溪蟹或蝲蛄而得此病。急性卫氏并殖吸虫病临床表现有发热、胸痛、气短、咳嗽等呼吸系统症状。血白细胞总数增高，嗜酸性粒细胞占20%~40%。慢性卫氏并殖吸虫病主要表现为咳嗽、胸痛、咯血及咳铁锈色或棕褐色果酱样血痰，偶可出现肺外症状。斯氏狸殖吸虫病，以游走性皮下结节等"幼虫移行症"为主要临床表现。临床上分为胸肺型、腹型、皮肤型、脑脊髓型和其他型。诊断依据流行病学资料和临床表现，胸部X线摄片及血清免疫学检查。吡喹酮是抗病原治疗首选药物。对皮下包块可行手术摘除。

复习参考题

1. 并殖吸虫引起的主要病变有哪些？

2. 并殖吸虫病的传染源是哪些？经什么途径传播？

3. 慢性并殖吸虫病的临床表现可分为哪些类型？

第三节　华支睾吸虫病

学习目标

掌握	华支睾吸虫病的临床表现、实验室检查、诊断依据和病原治疗。
熟悉	华支睾吸虫病的发病机制、流行病学特点。
了解	华支睾吸虫的生活史、并发症和预防措施。

华支睾吸虫病（clonorchiasis sinensis）是由于华支睾吸虫寄生于人体肝内胆管，引起胆汁淤滞、肝脏损害的寄生虫病。临床主要表现为食欲缺乏、疲乏、上腹隐痛、肝肿大及肝功能异常等，可并发胆管炎、胆囊炎、胆石症，少数患者甚至发展至肝硬化。

【病原学】

1. 形态　华支睾吸虫成虫扁平狭长似葵瓜子仁，大小约15mm×3mm，色褐红，雌雄同体，卵巢、睾丸前后排列,有口、腹吸盘各一个。虫卵形状略似灯泡,大小约 $30\mu m \times 14\mu m$,是常见人体寄生虫卵中最小的一种,顶端有盖,盖的两旁可见小的突起,底端也有一小的疣状突起,虫卵内有一成熟毛蚴。

2. 生活史　华支睾吸虫成虫主要寄生在人、犬、猫、猪等哺乳动物的肝胆管内,成虫排出的虫卵随胆汁经小肠大肠,后随粪便排出体外进入水中。虫卵入水后被纹沼螺、赤豆螺、长角涵螺等淡水螺(第一中间宿主)吞食,在螺体内发育为尾蚴逸出,尾蚴在水中钻入白鲩、黑鲩、麦穗鱼、米虾和沼虾等淡水鱼虾(第二中间宿主)的体内发育成囊蚴。人们因生食或半生食含有活囊蚴的鱼、虾而感染。囊蚴经口入人体的十二指肠内脱囊逸出,由总胆管移行至肝脏胆管寄生,发育为成虫而后产卵,虫卵又经胆管入肠,随粪便排出。从感染囊蚴至成虫成熟排卵约需一月,成虫以吸盘吸着于黏膜上,以黏膜分泌物为营养,成虫寿命可长达 10~30 年。

【流行病学】

本病主要分布在东亚和东南亚,其中又以中国、朝鲜半岛、越南等地多见。全世界估计有 2800 万病人,我国目前大部分省区均有本病发现,严重危害广大人民的身体健康。尤其广东珠江三角洲地区居民喜食淡水生鱼已成为当地高华支睾吸虫感染率的根源,而且感染度重,继发胆管炎、肝硬化的病例多见。

1. 传染源　感染了华支睾吸虫的人和哺乳类动物(如猫、狗、鼠、猪等)。

2. 传播途径　通过进食未经煮熟含有活的华支睾吸虫囊蚴的淡水鱼虾而经消化道感染。生食鱼肉或虾是主要的感染方式。

3. 人群易感性　对本病普遍易感。

【发病机制与病理解剖】

成虫活动的机械刺激及其分泌物的化学刺激作用,致使胆管上皮细胞脱落继而增生,感染时间越长,胆管壁增厚越明显,管腔逐渐变窄而阻塞致胆汁淤积。胆管及门静脉周围纤维增生,淋巴细胞与嗜酸性粒细胞浸润,并向肝实质侵入,导致肝纤维化。胆总管或胆囊内的成虫,可引起肝外梗阻。继发细菌感染则发生胆管炎、胆囊炎。虫体进入胰管可引致胰管炎或胰腺炎。虫卵在胆道沉积后,可以其为核心形成胆道结石。长期的华支睾吸虫感染与胆管细胞癌的发生密切相关。

【临床表现】

潜伏期 30~60 天左右。华支睾吸虫病的临床差异很大,轻者常无症状。一般病例大多呈消瘦、倦怠乏力、食欲减退、腹泻、腹痛、腹部饱胀等慢性消化道症状,体格检查大多数病例有肝肿大,以肝左叶肿大为主,质地较硬,肝区压痛不明显或有轻度压痛。小部分病人出现水肿、夜盲及不规则发热。重度感染者除上述症状外,可出现全身水肿、腹水、脾大、贫血等类似肝硬化的症状,儿童期反复华支睾吸虫感染可导致营养不良、生长停滞等发育障碍症状,严重者可造成侏儒症。少数病例因食入大量华支睾吸虫囊蚴可致急性肝吸虫病,起病急,上腹部疼痛和腹泻,可伴胆道阻塞症状。3~4 天后出现寒战、发热,体温可高达 39.7℃,继而可出现肝肿大,以左叶肿大为主。检查可见肝区触痛、黄疸、荨麻疹,血清转氨酶升高,外周血嗜酸性粒细胞显著增多。

【并发症】

常见的并发症有胆管炎、胆囊炎及胆石症,少数患者可并发胰管炎及胰腺炎。长期的慢性感染可致肝硬化和胆管细胞癌。有胆道感染及胆结石等并发症时,腹痛、黄疸均较显著,但儿童比成人少见。

【实验室检查】

1. 血象　嗜酸性粒细胞增多,可有轻度贫血。

2. 肝功能检查　慢性轻度感染可无肝功能异常。中重度感染可有轻至中度转氨酶和胆红素升高,血清球蛋白可增高。

3. 虫卵检查　取粪便查虫卵对于确诊本病有重要意义,宜采用能显著提高阳性检出率的浓集虫卵的方法,以十二指肠引流液检查虫卵,检出率更高。并可同时做虫卵计数。虫卵计数有助了解感染程度及治疗效果。

4. 免疫学检查　酶联免疫吸附试验(ELISA)等方法可用于检查患者血清中的特异性抗体或血清循环抗原和粪便抗原,但与其他吸虫有交叉免疫,可用于患者的初筛及流行病学调查。

5. 物理检查　B超探查肝脏,肝内光点不均匀,可有"小等号"状回声。有斑片状回声,提示肝内胆管可能有扩张。

【诊断与鉴别诊断】

（一）诊断

1. 流行病学资料　如有进食未经煮熟的淡水鱼或虾的病史有助诊断。

2. 临床表现　在本病的流行区如有食欲缺乏等消化道症状、神经衰弱症状、肝区隐痛、肝肿大或有胆管炎、胆石症者应考虑本病的可能。

3. 实验室检查　血嗜酸性粒细胞增多、血清特异性抗体阳性或肝脏B超斑片状回声有助诊断,但确诊有赖粪便或十二指肠引流液发现虫卵。

（二）鉴别诊断

根据虫卵的形态学不同与其他肝胆及肠道寄生虫病鉴别。有消化道症状和肝功能异常者病原学检查检出相关病毒标志阳性可与病毒性肝炎及肝炎后肝硬化鉴别。

【预后】

一般患者经驱虫治疗后,预后良好。并发胆管胆囊炎甚至胆管阻塞者,如经及时治疗预后也良好。病情如已发展至肝硬化,则预后较差。

【治疗】

轻度或中度感染的患者,一旦找到虫卵,应进行驱虫治疗,常用的药物有:

1. 病原治疗　吡喹酮(praziquantel)是治疗本病的首选药物。治疗剂量以25mg/kg,3次/d,连服2天(总剂量150mg/kg),治后3个月虫卵阴转率在90%以上。药物的副作用轻而短暂,个别患者可有心动过缓、期前收缩等,治疗前宜做常规心脏检查(包括心电图),心功能不良者慎用或剂量酌减。

阿苯达唑(albendazole)也有较好的驱虫效果,且不良反应较吡喹酮轻。

2. 对症和支持治疗　对重症病人应先给予对症及支持疗法,如增加营养、纠正贫血、利尿消肿等,待全身情况好转后,再进行驱虫治疗。

【预防】

在流行区进行人群的普查普治,粪便应行无害化处理,避免水源、鱼塘受粪便污染。宣传有关的卫生知识,加强饮食卫生的管理,不吃未经煮熟的鱼虾是最重要的预防措施。

（叶晓光）

学习小结

华支睾吸虫病是因为是因食含活的华支睾吸虫囊蚴的淡水鱼虾致华支睾吸虫寄生于人体肝内胆管,引起胆汁淤滞、肝脏损害的寄生虫病。轻者常毫无症状。一般病例大多呈消瘦、倦怠乏力、食欲减退、腹泻、右上腹隐痛不适、肝肿大,以左叶肿大为主,质地较硬,肝区轻度压痛。偶有胆绞痛及梗阻性黄疸的表现。严重者出现肝脾肿大、腹水、消化道出血。儿童患者可影响生长发育,严重者致侏儒症。

常见并发症为胆管炎、胆囊炎及胆石症。少见的有胰腺炎、胰管炎、消化道出血、胆管细胞癌等。诊断依据　①有进食未经煮熟的淡水鱼或虾的病史;②有食欲不振、腹痛、腹泻等消化道症状,肝肿大或有胆管炎、胆囊炎及胆石症者应考虑本病的可能;③外周血象嗜酸性粒细胞增多,血清中华支睾吸虫抗体阳性、B超发现肝内胆管回声增强、胆管壁增厚等;④粪便或十二指肠引流液中发现华支睾吸虫卵可确诊。 驱虫药物治疗首选吡喹酮，次选阿苯达唑。 不吃未经煮熟的鱼虾是最重要的预防措施。

复习参考题

1. 华支睾吸虫病的传染源是什么？　　　　　　　3. 华支睾吸虫病的病情轻重主要与什么有关？
2. 华支睾吸虫病是通过什么途径传播？

第四节　姜片虫病

学习目标

掌握	姜片虫病的临床表现、实验室检查、诊断和鉴别诊断、治疗原则。
熟悉	姜片虫病的流行病学、发病机制与病理改变、预防。
了解	姜片虫的生活史。

姜片虫病是由布氏姜片吸虫寄生于人、猪小肠内所致的人畜共患疾病。人因生食受姜片虫囊蚴污染的水生植物而感染。以腹痛、腹泻、消化功能紊乱、营养不良为主要表现。

【病原学】

（一）形态

姜片虫为大型吸虫。成虫雌雄同体，长 20~75mm，宽 8~20mm，厚 0.5~3mm，肉红色，肌肉丰富，扁平椭圆形，有口、腹吸盘各一个，相距较近，腹吸盘较口吸盘大，咽和食管短，肠支呈波浪状弯曲。每条成虫日产卵约 2 万个，随粪便排出。虫卵呈黄色椭圆形，大小约 $130\mu m \times 80\mu m$，为人体最大的蠕虫卵，内含一个卵细胞和 20~40 个卵黄细胞，有薄卵壳及端侧卵盖。尾蚴呈蝌蚪状，尾长大于体长。囊蚴呈扁圆形，有壁两层，外壁脆弱易破，内壁坚韧。囊内后尾蚴与尾蚴结构基本相似。

（二）生活史

人和猪是姜片虫的终宿主，扁卷螺是中间宿主，水生植物是传播媒介。虫卵随粪便入水，在适宜水中发育为毛蚴。毛蚴侵入扁卷螺中，经胞蚴、雷蚴，发育成尾蚴不断从螺体逸出。尾蚴附着水生植物如菱角、荸荠、藕节的表面，脱落尾部变成囊蚴。人和猪吞食囊蚴被感染，囊壁在胃肠液和胆汁作用下破裂，逸出后为尾蚴，其吸附于小肠黏膜，1~3 个月渐发育为成虫并产卵。成虫人体内寿命 7 个月至 4 年，猪体内 10~20 个月。

【流行病学】

姜片虫病主要流行于东南亚各国，国内除东北地区、内蒙古自治区、新疆维吾尔自治区、西藏自治区、青海省和宁夏回族自治区外，其余各省（市、区）均有人或猪姜片虫病流行，水乡为主要流行区，夏秋季多发。

1. 传染源　受感染的人和猪是主要传染源，猪的感染率高于人群感染，且为保虫宿主。

2. 传播途径　生食含有姜片虫囊蚴的水生植物和饮生水是感染的主要途径。

3. 人群易感性　人对姜片虫普遍易感，感染后无保护性免疫。感染率最高的为儿童和 20 岁以下的青少年，随着年龄的增长，感染率呈递减趋势，无性别差异。种植菱角、荸荠等水生植物的农业人口感染率远高于非农业人口。

【发病机制与病理改变】

姜片虫成虫寄生于小肠的上段，通过机械性损伤、虫体代谢产物引起变态反应和毒性反应、感染后肠梗阻三个方面致病。成虫吸附力强,被吸附的小肠黏膜有水肿、点状出血、炎症及溃疡或脓肿形成,黏膜与黏膜下层可见淋巴细胞、中性粒细胞及嗜酸性粒细胞浸润,肠黏膜分泌增加,病变广泛者可累及胃幽门部和结肠。大量虫体覆盖肠壁,妨碍吸收和消化,并夺取肠道内营养,导致病人出现营养不良、肠道功能失调。虫体代谢产物则引起宿主的过敏反应,血中嗜酸性粒细胞增多。大量感染时偶可发生机械性肠梗阻。

【临床表现】

潜伏期 1~3 月,根据感染虫数多少、人体健康状况及对感染的反应不同可分为轻、中、重型患者。

1. 轻型　大多数无自觉症状和体征,部分有食欲缺乏,偶有上腹隐痛,大便化验多无异常,虫卵数较少。

2. 中型　以间隙性腹痛、恶心、呕吐、腹泻等消化道症状为主。腹痛较轻,位于上腹部或右季肋部、脐周部,饭后可缓解。腹泻每日数次、量多、有腥臭,内含未消化食物,可与便秘交替发生,经数月可自愈。长期反复感染者有全身乏力、精神萎靡、消瘦、贫血、面部、下肢轻度水肿,儿童常有睡眠不安、咬牙、抽搐、发育障碍等。粪便中可查见较多虫卵。

3. 重型　上述症状更为严重,患者全身无力、精神萎靡、贫血、营养不良、消瘦、水肿明显。长期反复严重感染的儿童,不仅有发育障碍,智力也可减退,虽经驱虫治疗,发育障碍短期内不能恢复。由于长期腹泻,严重营养不良,可继发脏器衰竭或肺部、肠道细菌感染。少数因大量虫体结成团块引起肠梗阻。如虫体侵入胆道,可继发胆囊炎、胆管炎和胆结石。

【实验室检查】

1. 血常规　呈轻度贫血,白细胞总数正常或略高,嗜酸性粒细胞增高,可高达 40%。

2. 大便常规　确诊有赖于粪便中检出姜片虫卵。采用 3 张涂片法检出率高,粪检方法有直接涂片法、定量透明厚涂片法、沉淀集卵法。每克粪便虫卵数低于 2000 个为轻度感染,2000~10 000 个为中度感染,10 000 个以上者为重度感染。

3. 成虫鉴别　患者可从粪便中排出成虫或呕吐出成虫,根据成虫的形态特征也可进行诊断。

【诊断与鉴别诊断】

在姜片虫流行区,有生食水生植物者,出现慢性腹痛、腹泻、营养不良、贫血、水肿等症状应考虑本病的可能。粪便内找到姜片虫卵或在吐、泻物中发现成虫可确诊。

姜片虫病应与其他寄生虫病及肠道疾病鉴别。轻度感染者需多次粪检才能确诊。粪检虫卵时,应与肝吸虫卵和棘口吸虫卵鉴别。

【治疗】

(一)一般治疗

重症病例应先支持治疗,改善营养状况、纠正贫血后再行驱虫治疗。如有肠梗阻、胆系感染须对症治疗。

(二)病原治疗

1. 吡喹酮　首选药物,优点是用量小、副作用轻、疗效高、服用简便。治疗剂量为 10~15mg/kg,分上、下午 2 次口服,1 日服完。治后 1 个月虫卵阴转率达 97.5%~100%。

2. 槟榔　主要成分为槟榔素,能麻痹虫体的神经系统,增加肠蠕动。有轻度头晕、恶心、呕吐、腹痛等副作用。煎剂用量成人每天 50g;儿童每岁 2~3g,每天总量不超过 30g,水煎煮 1 小时后,浓缩成 100ml,连服 3 天;粉剂用量为 16 岁以上 30g,11~15 岁 22.5g,用温开水调成稀糊状,早晨空腹顿服,粉剂疗效比煎剂好。

3. 硫双二氯酚　成人剂量 3g,儿童 50mg/kg,晚间顿服,连服 2 天,便秘者可给轻泻药。

【预防】

开展卫生宣教,普及防病知识。勿生食水生植物,不喝生水。加强粪便管理和灭螺工作。普查普治病人及病猪,流行区的猪应圈养,猪饲料必须煮熟,病猪可用硫双二氯酚治疗。

(谢志军)

姜片虫为雌雄同体大型吸虫，寄生于人体小肠。传染源是受感染的人和猪。主要通过生食水生植物和饮用生水感染。人群普遍易感。主要流行于东南亚，国内以水乡流行为主。潜伏期1~3月，可分为轻、中、重3型。血常规示轻度贫血，嗜酸性粒细胞增高。大便虫卵检查为确诊依据。病原治疗首选吡喹酮，另可用槟榔、硫双二氯酚等。勿生食水生植物，管理粪便、灭螺、普查普治。

复习参考题

1. 简述姜片虫病的临床表现。

2. 简述姜片虫病驱虫药物。

第五节　丝虫病

掌握　丝虫病的临床表现、实验室检查、诊断和鉴别诊断、治疗原则。

熟悉　丝虫病的流行病学、发病机制与病理解剖、预防。

了解　各种丝虫的生活史。

丝虫病是由丝虫成虫寄生于人体淋巴系统引起的慢性病，通过蚊虫传播，早期表现为淋巴管炎和淋巴结炎，晚期表现为淋巴管阻塞，可形成象皮肿。

【病原学】

我国只有班氏丝虫和马来丝虫病流行。两种成虫雌雄异体，相互缠结，寄生在人体淋巴管和淋巴结内，以淋巴为食。雌雄交配后产生的微丝蚴并随淋巴液进入血液循环，白天滞留肺毛细血管内，夜间出现在外周血中，班氏微丝蚴于晚10时至次晨2时、马来微丝蚴于晚8时至次晨4时达在外周血达高峰。蚊虫吸吮丝虫病人血液时，微丝蚴进入蚊体并发育为感染性蚴虫，蚊再次叮咬人时蚴虫侵入人体，最终在淋巴管和淋巴结内发育为成虫。由感染性蚴虫侵入至外周血出现微丝蚴，马来丝虫需3个月，班氏丝虫需6~12个月，微丝蚴在人体内寿命为2~3个月，成虫寿命可达10年以上。

【流行病学】

1. 传染源　主要为血中有微丝蚴者。猴、猫、犬等动物可为马来丝虫的保虫宿主。

2. 传播途径　蚊虫叮咬传播。淡色库蚊、致乏库蚊主要传播班氏丝虫，中华按蚊主要传播马来丝虫。

3. 人群易感性　人类普遍易感，病后免疫力短暂，可反复感染。

4. 流行特征　班氏丝虫病呈世界流行，马来丝虫仅在亚洲流行，我国为高流行区，沿海地区更严重；5~11月为发病高峰。

【发病机制与病理解剖】

病变主要由成虫引起，虫体代谢产物、雌虫子宫内的排泄物、死虫分解产物等都能通过免疫机制，引起全身性过敏反应及局部淋巴系统的组织反应，表现为周期性发作的淋巴管炎、淋巴结炎及丝虫热。

病变部位主要在淋巴管和淋巴结。早期淋巴结充血，淋巴管管壁水肿，管腔内充满粉红色蛋白液和嗜酸性粒细胞，继之淋巴结和淋巴管内出现肉芽肿，其中心为虫体和嗜酸性粒细胞。晚期因内皮增生出现淋巴管阻塞，淋巴结变硬，形成闭塞性淋巴管内膜炎，因淋巴回流受阻可致淋巴管曲张并破裂。淋巴管阻塞部位不同,可分别出现下肢淋巴肿、阴囊鞘膜淋巴积液、乳糜尿、乳糜腹水、乳糜腹泻等。淋巴液长期滞留,刺激纤维组织增生,可使皮肤及皮下组织增厚、变粗,形成象皮肿,易继发感染,使象皮肿加重并形成溃疡。

【临床表现】

潜伏期4~12个月。感染后半数无症状(无症状感染者)。马来丝虫主要寄生在浅部淋巴系统,以四肢淋巴结和淋巴管炎及象皮肿最为常见。班氏丝虫除四肢淋巴系统外,还寄生于泌尿、生殖系淋巴系统,可引起精索、附睾、睾丸及阴囊等处的炎症和结节,两种丝虫均可出现眼前房、乳房、心包等异位损害。

(一)早期

表现为淋巴结炎、淋巴管炎、丹毒样皮炎和丝虫热。

1. 淋巴结炎与淋巴管炎 局部皮肤水肿,淋巴结肿痛,多同时发生,好发于四肢,周期性发作,劳累、受凉后再发,夏秋季多见。

2. 丹毒性皮炎 腹股沟、腹部淋巴结肿痛,沿大腿内侧皮肤出现自上而下的离心性"红线",周围皮肤弥漫性红肿、发亮,有压痛及灼热感,状似丹毒,继发细菌感染可形成脓肿。

3. 丝虫热 表现周期性发热、头痛、全身酸痛症状。

4. 精索炎、附睾炎和睾丸炎 一侧腹股沟疼痛,精索上有痛性结节,睾丸、附睾肿大,有压痛;病症持续3~5天可自行消退。

5. 肺部嗜酸性粒细胞浸润综合征 表现为畏寒、发热、咳嗽、哮喘或荨麻疹等,肺部有游走性浸润,痰检可见嗜酸性粒细胞和夏科-莱登晶体,外周血中嗜酸性粒细胞增高,有微丝蚴。

(二)晚期

表现为炎症持续和淋巴系统增生、阻塞所重叠的症状。

1. 淋巴结肿大和淋巴管曲张 病变处形成肿块,触诊有海绵感,中有硬核感,穿刺可得淋巴液,可找到微丝蚴,精索淋巴管粘连曲张成索状。

2. 鞘膜积液 轻者无症状,严重时阴囊增大,皱褶消失,有下坠感,透光试验阳性,积液为草黄色淋巴液或乳糜液,沉淀后可找到微丝蚴。

3. 乳糜尿 晚期患者间歇性发作,每次间隔数周至数年不等,劳累或高脂肪饮食可诱发,伴发热和腰部、盆腔、腹股沟处疼痛,尿液呈乳白色或带血色,静置后分为三层,上层为脂肪,中层为较清的液体,混悬有蛋白凝块,下层为红色或粉红色沉淀,其中有红、白细胞,可找到微丝蚴。

4. 象皮肿 多在感染后10年左右发生,好发于下肢,其次阴囊、上肢、乳房、阴唇、阴茎,发展缓慢。表现皮肤肥厚,粗糙变硬,出现褶沟,易继发细菌感染形成慢性溃疡。鞘膜积液、乳糜尿、生殖器官象皮肿多见于班氏丝虫病。

【实验室检查】

1. 白细胞计数与分类 早期外周血白细胞数常在(10~20)×10⁹/L,嗜酸性粒细胞显著增高。

2. 检查微丝蚴 于夜间10时至次晨3时,自耳垂或手指取血3大滴,制成厚(薄)血片直接或染色后镜检;或取静脉血1~2ml,加蒸馏水至10ml,离心沉淀后直接染色镜检或加用薄膜过滤,其中薄膜过滤法阳性率最高。血中找到微丝蚴即可确诊。但微丝蚴常在疾病的中期出现,早期和晚期均不易查见,如血中未查到微丝蚴不能排除丝虫病。对多次血检阴性的疑似患者,可取淋巴穿刺液、鞘膜积液、乳糜尿或乳糜积液,直接或浓缩后涂片查找微丝蚴。

3. 病理检查 对淋巴结或其他部位结节活组织检查,可见成虫肉芽肿病变。

4. 免疫学试验 方法有皮内试验、间接荧光抗体试验、酶联免疫吸附试验、循环抗原检测,特异性强,对本病的诊疗有价值。

【诊断与鉴别诊断】

有流行区旅居史、周期性发热、反复发作的淋巴结炎与逆行性淋巴管炎、乳糜尿及象皮肿等临床表现者应考虑丝虫病,外周血和体液中找到微丝蚴即可确诊。血中找不到微丝蚴的疑似患者可行诊断性治疗,口服治疗剂量海群生后2~14日出现发热及淋巴系统反应或淋巴结节,可确立诊断。

丝虫病所致的淋巴管炎、淋巴结炎应与细菌性淋巴管炎、淋巴结炎相鉴别,乳糜尿应与腹腔内淋巴结核和肿瘤所致者鉴别。

【治疗】

(一)病原治疗

1. 乙胺嗪(海群生)　首选药物,能杀灭微丝蚴及成虫,反复治疗才能治愈丝虫病。有严重心肝肾疾病、活动性肺结核、急性传染病者、妊娠期应暂缓治疗。短程疗法为夜间顿服 1.0~1.5g;或晚6时服 1.0g,次晨再服 0.5g,适用于马来丝虫病的大规模治疗,严重感染者疗效差。中程疗法为每日 0.6g,分 2~3 次口服,连服 7日,适用于重度感染者及班氏丝虫病。间歇疗法为 0.5g,每周 1 次,连服 7 周,阴转率高,疗效可靠,副作用小。

2. 左旋咪唑　对微丝蚴有较好疗效,每日 4~5mg/kg,分 2 次口服,共服 5 日。与乙胺嗪合用可加强疗效。

3. 呋喃嘧酮　可杀灭成虫与微丝蚴的新药,每日 20mg/kg,分 2~3 次口服,连服 7 日。

(二)对症治疗

淋巴管炎及淋巴结炎可口服强的松,有细菌感染应用抗生素。鞘膜积液可注射硬化剂或行睾丸鞘膜翻转术。乳糜尿发作时应卧床休息,多饮水,低脂肪饮食;反复发作者可用 20%碘化钠或 1%~2%硝酸银作肾盂内冲洗,每次用量 6~10ml;顽固性乳糜尿可手术治疗。象皮肿可采用理疗、绑扎治疗,巨大阴囊、乳房象皮肿可行整形术。

【预防】

流行地区普查普治,全民服用乙胺嗪。消灭蚊虫孳生地,防蚊灭蚊。

(谢志军)

学习小结

我国流行丝虫虫种为班氏丝虫和马来丝虫。血中有微丝蚴者是传染源,蚊虫叮咬人传播,人群普遍易感,无持久免疫力,班氏丝虫病世界流行,马来丝虫亚洲流行,我国流行严重,夏秋季高发。马来丝虫病潜伏期 3 个月,班氏丝虫病潜伏期 6~12 个月。马来丝虫主要引起四肢淋巴系统炎症和象皮肿,班氏丝虫引起四肢淋巴和泌尿生殖系淋巴系统炎症和结节。早期表现为淋巴结炎、淋巴管炎、丹毒样皮炎、丝虫热、生殖系炎症或肺部嗜酸性粒细胞浸润。晚期表现淋巴结肿大、淋巴管曲张、鞘膜积液、乳糜尿、象皮肿等。早期外周血中白细胞数和嗜酸性粒细胞增加,各种方法从血液、淋巴液和积液中找到微丝蚴者可确诊。病原治疗首选乙胺嗪,不同病情疗法不同。另可用左旋咪唑和呋喃嘧酮。对症治疗:主要针对鞘膜积液、乳糜尿和象皮肿采用药物或手术治疗。

复习参考题

1. 简述班氏丝虫与马来丝虫的生活史的不同。

2. 简述丝虫的夜现周期性。

3. 简述丝虫性嗜酸性粒细胞增多症的表现。

第六节 钩虫病

钩虫病是钩虫寄生于人体所引起的疾病,经皮肤黏膜感染,临床表现轻重不一,成虫长期寄生于小肠可引起贫血、营养不良、胃肠功能紊乱,幼虫在体内移行引起皮炎和呼吸道症状,严重者可致发育障碍和心功能不全。

【病原学】

我国钩虫病的虫种主要为十二指肠钩口线虫和美洲板口线虫。成虫细长,半透明淡红色,雌雄异体,雌虫较雄虫大,雄虫尾部有交合体。钩虫卵呈椭圆形,无色透明,卵壳薄,内含2~8个细胞。成虫寄生在小肠,靠口囊和切齿咬附于肠黏膜上,摄取血液、肠黏膜和肠液为食。雌虫成熟交配后在肠内产卵,每条十二指肠钩口线虫日产卵量1万~3万个,美洲板口线虫日产卵量约5千~1万个,成虫寿命为2~5年。虫卵随粪便排出体外,在温暖潮湿的土壤中,1~2天发育为杆状蚴,再经5~7天发育成具有感染性的丝状蚴,其外界抵抗力强,土壤中可存活1~2个月。人接触含丝状蚴的土壤经皮肤黏膜感染,在局部侵入皮下毛细血管和淋巴管,随血液经右心到达肺毛细血管,穿破血管壁进入肺泡,继续逆气道上升至咽部,移行过程中逐渐发育为幼虫,当吞咽食物时幼虫经食管、胃定居小肠,约3~4周发育为成虫,从感染至粪便中排出钩虫卵所需时间为4~7周。

【流行病学】

钩虫感染遍及全球,以热带和亚热带地区发病率高,我国各省区均有钩虫病流行,农村发病率高于城市。每年春夏季因气温适宜,雨量充沛,易形成流行高峰。

1. 传染源 患者和带虫者。

2. 传播途径 以皮肤黏膜接触感染为主,生食被丝状蚴污染的蔬菜、瓜果可经口感染。

3. 人群易感性 普遍易感,可多次重复感染,青壮年农民感染率高。

【发病机制与病理解剖】

两种钩虫的致病作用基本相似。丝状蚴侵入皮肤时可引起钩蚴性皮炎,其致病机制为Ⅰ型变态反应所致。幼虫穿破毛细血管壁时,可引起肺间质和肺泡出血及炎症,在过敏反应参与下可诱发哮喘和支气管炎。成虫咬附小肠黏膜,吸食血液、肠黏膜和肠液为生,经常更换吸附点,造成黏膜弥漫性小溃疡和出血,同时可产生抗凝物质,造成慢性出血。估计每条钩虫所致日失血量为0.025~0.2ml,长期慢性失血表现为小细胞低色素性贫血(缺铁性贫血),黏膜损伤导致营养吸收障碍,可致低蛋白血症和营养不良。严重贫血、组织缺氧可引起心、肝、肾脂肪变性,发生水肿,影响儿童生长发育。

【临床表现】

钩虫病的临床症状轻重不一,一般以贫血为主。粪便中有钩虫卵而无症状者称"钩虫感染",有症状者称"钩虫病"。

（一）幼虫引起的临床表现

1. 皮肤损害 人裸露手足接触污染的土壤,感染性丝状蚴迅速侵入皮肤,表现为皮肤局部针刺、烧灼和奇痒感,出现小红色丘疹或水疱,多见于足趾、手指间等皮肤较薄处,3~5天症状消失,俗称"粪毒、地痒疹"。如继发细菌感染可形成脓疱、淋巴结炎。

2. 呼吸系统症状 丝状蚴感染后 1 周左右,可出现咽痒、声嘶、咳嗽、咳痰,痰中带血。严重者剧烈干咳和哮喘发作。两肺听诊可闻及干啰音、哮鸣音。X 线胸部检查可见肺纹理增多和点片状阴影,持续数日后大多数自行消失。

(二)成虫引起的临床表现

1. 贫血 是钩虫病的主要特征。患者表现乏力、头昏、眼花、耳鸣、劳动能力减退,严重者出现心慌、气促、面部和下肢水肿。患者皮肤、睑结膜、甲床苍白,心率增快,严重者心前区可闻及收缩杂音,心脏扩大,肝脏肿大,四肢肌肉松弛。儿童患者可表现发育缓慢、消瘦、皮肤干糙、头发稀疏、懒言少动、智力减退,易合并细菌感染。

2. 消化道症状 病人表现上腹隐痛不适,食欲减退,恶心、呕吐、腹泻或便秘,解黏液便,严重者可有消化道出血。少数患者有"异嗜癖",喜食生米、生豆、泥土、碎纸等。

【实验室检查】

1. 血液检查 患者可有不同程度贫血,属小细胞低色素型,红细胞总数和血红蛋白减少,网织红细胞可升高。白细胞总数正常,嗜酸性粒细胞数可增多,白清蛋白及血清铁含量降低。

2. 粪便检查 潜血试验可呈阳性。粪便直接涂片找到钩虫卵即可确诊,采用饱和盐水法可提高钩虫卵的检出率。虫卵计数可判断感染程度和驱虫疗效。钩蚴培养可鉴别虫种。

3. 胃肠镜检查 有时可在十二指肠、盲肠见到蠕动的虫体,呈灰白色,长约 1cm。

【诊断和鉴别诊断】

流行地区曾接触污染土壤或生食蔬菜,有钩蚴性皮炎、咳嗽、哮喘等病史者,有贫血、消化道症状,儿童有营养不良、发育迟缓者应怀疑本病,可留取粪便查找钩虫卵以明确诊断。

钩虫病需与十二指肠球部溃疡、慢性胃炎、其他原因所致缺铁性贫血鉴别。

【治疗】

1. 一般治疗 补充铁剂可纠正贫血。常用硫酸亚铁片口服,同时服用维生素 C 有助于铁剂吸收。严重贫血者可少量多次输血。有营养不良者给予高蛋白饮食,补充维生素。

2. 驱虫治疗 ①阿苯达唑:2 岁以上儿童和成人的剂量为 400mg,顿服,隔 10 天再服 1 次,②甲苯咪唑:100mg/次,1 次/d,连服 3 天,成人与儿童剂量相同,1~2 岁儿童剂量减半。此外,还有氟苯咪唑、左旋咪唑和丙氯咪唑等用于驱虫病的治疗。此类药物孕妇忌用,有心功能不全者应纠正后再予驱虫治疗。

【预防】

加强卫生宣教,推广粪便无害化处理,施肥和耕作时要注意个人防护,流行区应定期普查普治。

(谢志军)

学习小结

钩虫成虫寄生于小肠。 病人及带钩虫者是传染源,幼虫经皮肤黏膜进入人体,人群普遍易感,儿童及农民感染率高,以散发为主,可重复感染。 幼虫引起的临床表现:钩蚴性皮炎表现为皮肤黏膜疱丘疹。 钩蚴性肺炎、支气管炎表现为咳嗽、咳痰、哮喘、血丝痰等。 成虫引起的临床表现:主要为贫血,表现为头昏、乏力、耳鸣、劳动后心悸气促、颜面苍白,消化道症状表现为上腹痛,食欲减退、消化不良、腹泻、黑便、消瘦,异嗜癖。 外周血表现为小细胞低色素性贫血,嗜酸性粒细胞升高,骨髓表现造血旺盛,粪便潜血试验阳性,可找到虫卵并培养出钩蚴,胃肠镜检查可发现钩虫体。 驱虫治疗是根本,常用药物为甲苯咪唑和阿苯哒唑。 对症治疗主要是纠正缺铁性贫血。

复习参考题

1. 简述钩虫幼虫感染的临床表现。

2. 简述钩虫成虫引起临床表现

3. 简述钩虫病的治疗和预防措施。

第七节 蛔虫病

蛔虫病是由似蚓蛔线虫寄生于人体小肠或其他器官所引起的传染病。人通过消化道感染,多数感染者无症状,部分患者表现为蛔蚴移行症、肠蛔虫症,少数并发胆道蛔虫症和肠梗阻。

【病原学】

蛔虫是寄生人体最大的线虫,呈乳白色或粉红色,雌雄异体。成虫寄生于小肠上段排卵,虫卵分受精卵和未受精卵,后者不能发育,耐干燥与寒冷,对一般消毒剂不敏感,不耐热。受精卵随粪便排出,在适宜的环境下发育为含杆状蚴虫卵(感染性虫卵),如被人吞食即可受感染。其幼虫在小肠孵出,第一次蜕皮后,经肠壁静脉→门静脉→肝→右心→肺→支气管→气管→咽喉部,再随唾液或食物吞入,其间在肺泡与支气管第二次蜕皮逐渐发育成熟为幼虫,在空肠内再经数周发育为成虫并产卵,整个发育过程约需10~11周。宿主体内的成虫数目可数条至上千条,寿命为10~12个月,雌虫每日产卵约20万个。

【流行病学】

蛔虫病是最常见的蠕虫病,分布于世界各地,发展中国家及农村发病率尤高。我国大部分农村地区属重度流行区,感染率超过60%。

1. 传染源 蛔虫病人和带虫者是主要传染源。

2. 传播途径 感染性虫卵经口吞入人体,可污染土壤、蔬菜、瓜果、生活用具等媒介进入人体。

3. 易感人群 人普遍易感。3~10岁儿童感染率最高。在使用未经无害化处理人粪施肥的农村地区,人口感染率可50%以上。感染率无性别差异,无明显季节性,以散发为主。

【发病机制与病理解剖】

主要病理改变由幼虫和成虫引起。

蛔虫幼虫经过肺部时,其代谢产物可成为免疫原性物质产生局部和全身超敏反应,表现血中嗜酸性粒细胞增多,幼虫损伤肺毛细血管引起出血和嗜酸性粒细胞浸润,严重感染者肺部病变可融合成片状病灶。支气管黏膜也有嗜酸性粒细胞浸润、炎性渗出与分泌物增多,致支气管痉挛。临床可有发热、荨麻疹、咳嗽或哮喘等表现。

成虫寄生于空肠与回肠上段,夺取宿主大量营养,损伤肠黏膜,使消化和吸收功能障碍,导致营养不良,儿童可因此影响发育。大量虫体可缠结成团,引起机械性肠梗阻。蛔虫有钻孔习性,当寄生环境发生变化时可使其钻入开口于肠壁的各种管道,引起异位性损害和相应的临床表现,常见部位有胆道、胰腺及阑尾。部分胆石症患者结石核心见虫卵与蛔虫碎片,可能与胆石成因有关。

【临床表现】

1. 蛔蚴移行症 短期内食入大量受精卵污染的食物,蛔虫幼虫经肺移行过程中引起发热、乏力、咳嗽或哮喘样发作,有少量白痰或血丝痰,部分病人荨麻疹,肺部可闻及干啰音。血中嗜酸性粒细胞增多,痰中有大量嗜酸性粒细胞,可查见蛔幼。胸片示肺门阴影增粗、肺纹增多,有点状、絮状浸润影。病程持续7~10日。

2. 肠蛔虫症　多数感染者无症状。少数病人出现脐周腹痛,有时呈绞痛,儿童可有磨牙、惊厥,严重感染者出现食欲减退和体重下降、水肿、贫血等营养不良表现,儿童可表现发育迟缓。个别患者以大便中排出蛔虫或呕吐出蛔虫而就诊。

3. 异位蛔虫症　蛔虫离开肠道至其他器官或脏器寄生可引起相应的病变和症状,常见的有胆道蛔虫症、胰腺炎及阑尾炎,少见的有肠梗阻、肠穿孔、肝脓肿等。

4. 蛔虫性脑病　多见幼儿。因蛔虫的某些分泌物作用神经系统,引起头痛、失眠、智力发育障碍,严重时可出现癫痫、脑膜刺激征、甚至昏迷。经驱蛔虫治疗病情可迅速好转。

5. 过敏反应　蛔虫的代谢产物引起宿主皮肤、结膜、肺和肠黏膜的过敏反应,表现为荨麻疹、血管神经性水肿、结膜炎、哮喘和腹痛、腹泻等。

【实验室检查】

1. 病原学检查　粪便涂片法或盐水浮聚法易查到虫卵。改良加藤法可定性定量,虫卵检出率较高。

2. 血常规　幼虫移行时血液白细胞与嗜酸性粒细胞增多。

【诊断】

根据流行病学史,出现发热、乏力、咳嗽或哮喘样发作、肺部炎症浸润、嗜酸性粒细胞增多、厌食、腹痛、体重下降等,应注意患蛔幼移行症的可能性。

患者粪便中发现蛔虫卵,或粪便排出或吐出蛔虫者,均可诊断肠蛔虫病。如出现胆绞痛、胆管炎、胰腺炎时应考虑异位蛔虫症的可能性,可通过超声、逆行胰胆管造影诊断。

【预后】

一般预后良好。有异位蛔虫症、并发症而未能及早诊断和治疗者,预后不良。

【治疗】

最基本的是驱虫治疗。

1. 驱虫治疗　常用的驱虫药物有:①甲苯咪唑200mg/次,1~2次/d,共1~2日。②阿苯达唑,400mg,顿服,虫卵阴转率达90%以上。孕妇忌用。严重感染者需多次治疗才能治愈。治疗中因蛔虫躁动可发生胆道蛔虫症。广谱驱虫药伊维菌素每日口服100μg/kg,连服2日,治愈率接近100%,三苯双脒治愈率95%。

2. 异位蛔虫症及并发症的治疗　①胆道蛔虫症主要采用镇静、解痉止痛、控制感染等内科治疗,无效者需手术治疗;②阑尾蛔虫病、肠穿孔应及早手术治疗;③蛔虫性肠梗阻可服用适量豆油或花生油,使蛔虫团松解后驱虫治疗,治疗无效应及早手术治疗。

【预防】

开展卫生宣传教育,加强个人卫生,做到饭前、便后洗手,不吃未洗净的蔬菜、水果。广泛普查普治。粪便进行无害化处理,有利于本病的控制。

(谢志军)

学习小结

蛔虫成虫寄生于小肠。病人及带虫者是传染源,虫卵经口进入人体,人群普遍易感,儿童及农民感染率高,以散发为主。蛔虫幼虫通过代谢产物引起局部和全身超敏反应,以肺部表现为主。成虫通过夺取营养、直接损伤肠黏膜妨碍消化吸收、虫体缠结或其钻孔习性造成全身和肠道症状及异位损害。临床类型包括蛔蚴移行症、肠蛔虫症、异位蛔虫症、蛔虫性脑病、过敏反应等。有发热、咳嗽、哮喘、肺部炎性浸润、血嗜酸性粒细胞增多者应注意蛔幼移行症，粪便中发现蛔虫卵即可诊断为肠蛔虫病，有胆管炎、胰腺炎等应注意异位蛔虫症。驱虫治疗是根本，常用药物为甲苯咪唑和阿苯达唑。异位损害和并发症的治疗。

复习参考题

1. 简述胆道蛔虫的临床表现。
2. 简述蛔虫病的并发症。
3. 简述肠道、胆道蛔虫的治疗。

第八节 蛲虫病

学习目标	
掌握	蛲虫病的临床表现、诊断、治疗及预防措施。
熟悉	蛲虫病的传染源、传播途径及病原学。
了解	蛲虫病的发病机制。

蛲虫病(enterobiasis)是由蠕形住肠线虫(蛲虫)寄生于人体肠道而引起的传染病。该病分布于世界各地,儿童是主要的感染人群。主要症状为肛门周围和会阴部瘙痒。

【病原学】

蛲虫成虫细小,呈乳白色。雌、雄虫大小悬殊。雌虫长 8~13mm,体直,尾部尖细;雄虫大小约是雌虫的 1/3,尾部向腹面卷曲,有一交合刺。虫卵为椭圆形,无色透明,两侧不对称。在刚排出的虫卵内常有蝌蚪期胚胎,在适宜环境下发育为含幼虫的虫卵,即感染性虫卵。

蛲虫发育成熟过程不需中间宿主。成虫主要寄生在人体回盲部,头部附着在肠黏膜或刺入黏膜深层,吸取营养,并可吞食肠内容物。雄虫交配后死亡,雌虫在盲肠发育成熟后沿结肠向下移行,在宿主入睡后爬出肛门产卵,每次产卵约 $1×10^4$ 个,产卵后多数雌虫死亡,少数可再回到肛门内,甚至可进入阴道、尿道等处。刚排出的虫卵在宿主体温条件下,6h 内即发育为感染性虫卵,虫卵经手、污染食物和水等进入人体消化道,幼虫孵出并沿小肠下行,经两次蜕皮至结肠部位发育为成虫。这种自身感染是蛲虫病的特征,也是需多次治疗才能治愈的原因。虫卵亦可在肛门周围孵化,幼虫可经肛门逆行进入肠内并发育为成虫,这种感染方式称为逆行感染。蛲虫虫卵对外界环境的抵抗力较强,一般消毒剂不易将其杀灭。煮沸、5%苯酚、10%甲酚等处理可杀灭虫卵。

【流行病学】

该病在世界各地分布较广,发展中国家的发病率高于经济发达的国家。温带、寒带地区感染率高于热带,卫生状况差的地区多见。

1. 传染源　人是蛲虫的唯一终宿主,患者是唯一的传染源,排出体外的虫卵即具有传染性。

2. 传播途径　主要经消化道传播。感染方式有:①直接感染:患者手指及指甲缝中均有虫卵,虫卵多经手从肛门至口入而感染,为自身感染的一种类型;②间接感染:虫卵通过内衣裤、被褥、玩具及其他污染物品及食物感染;③通过呼吸道感染:虫卵通过空气中尘埃飞扬,从口鼻吸入而咽下引起感染;④逆行感染:虫卵在肛门附近孵化,幼虫可从肛门逆行进入肠内,引起逆行感染。但后两种方式感染的可能性较小。

3. 易感人群　人对本病普遍易感并可反复多次感染。儿童感染率高于成人,有家庭聚集性。

【发病机制与病理解剖】

蛲虫头部可刺入肠黏膜，偶尔深达黏膜下层，引起炎症及微小溃疡。蛲虫偶可穿破肠壁，侵入腹腔或阑尾，诱发急性或亚急性炎症反应。极少数女性患者可发生异位寄生，如侵入阴道、子宫、输卵管，甚至腹腔，引起相应部位的炎症。雌虫在肛门周围爬行、产卵导致局部瘙痒，长期慢性刺激和搔抓产生局部皮肤损伤、出血和继发细菌感染。

【临床表现】

1. 肛门周围及会阴部瘙痒　为本病主要症状，夜间尤甚。由于奇痒抓破后造成肛门局部炎症、破溃和肿痛，甚至诱发化脓性感染。

2. 消化道症状　可出现食欲减退、恶心、呕吐、腹痛、腹泻等症状。

3. 精神症状　可表现为精神兴奋、睡眠不安，小儿则可有夜惊、咬指、磨牙等表现。小儿的异嗜症状，蛲虫病患者最为常见，如嗜食土块、煤渣、食盐等。

4. 由于蛲虫的异位寄生所引起的相应症状　侵入尿道可出现尿急、尿频、尿痛与遗尿。侵入生殖道可引起阴道分泌物增多和下腹部疼痛不适。阴道分泌物涂片可发现蛲虫卵。蛲虫引起阑尾炎者与细菌所致者症状相似，病理检查发现黏膜下层有被肉芽肿包围的成虫，侵入腹腔可致腹膜炎表现，往往形成肉芽肿，有时被误诊为肿瘤，病理上可见成虫和虫卵。

轻度感染者一般无症状，卫生习惯良好者可自愈。

【实验室检查】

1. 成虫检查　于患者入睡后 1~3 小时，可在其肛门、会阴、内裤等处找到成虫，反复查找可提高阳性率。

2. 虫卵检查　最常用的是棉签拭子法及透明胶纸粘贴法，一般于清晨便前检查，连续检查 3~5 次。由于蛲虫多不在肠道内产卵，故粪便中虫卵检出的阳性率低于 50%。

【诊断】

凡有肛门周围及会阴部瘙痒者均应考虑有蛲虫病的可能。家庭内曾有蛲虫感染病例的异位损害患者，应想到蛲虫引起的可能性。查到虫卵或成虫即可确诊。

【治疗】

驱蛲虫治疗可快速有效治愈，由于感染途径和生活史的特性，治疗需重复 1~2 次。

1. 病原治疗　甲苯咪唑和阿苯达唑为广谱驱虫药，对驱蛲虫有良好效果，故为治疗本病的首选药物。甲苯咪唑（甲苯达唑）100mg/d，连服 3 天，治愈率可达 100%，成人与儿童剂量相同。阿苯达唑（丙硫咪唑、肠虫清）200mg 顿服，2 周后重复一次，可全部治愈。

2. 外用药物　如蛲虫膏、2% 白降汞软膏涂于肛门周围，有杀虫和止痒的双重作用。

【预防】

根据本病流行特点，需采取综合性防治措施，以防止相互感染和自身反复感染。

1. 控制传染源　发现集体性儿童机构或家庭内感染者，应进行蛲虫感染普查，非单个病例应进行普治，7~14 天后重复检查，对阳性者再治疗一次，以消除传染源。

2. 切断传播途径　是防治的基本环节之一。加强卫生宣传教育，讲究公共卫生、家庭卫生和个人卫生，做到饭前便后洗手，勤剪指甲，勤换内衣裤并行煮沸消毒处理及定期清洗玩具等。

（蔺淑梅）

学习小结

蛲虫病是由蠕形住肠线虫（蛲虫）寄生于人体肠道而引起的传染病。儿童是主要的感染人群。肛门周围及会阴部瘙痒为本病主要症状，夜间尤甚。查见成虫或虫卵可确诊。驱蛲虫治疗有效药物包括甲苯咪唑和阿苯达唑，治疗需重复 1~2 次。

1. 简述蛲虫病的传播途径。
2. 简述蛲虫病的病原治疗。

第九节　旋毛虫病

学习目标	
掌握	旋毛虫病的临床表现/诊断及治疗。
熟悉	旋毛虫病的传染源、传播途径及预防措施。
了解	旋毛虫病病原学及其发病机制。

旋毛虫病(trichinosis)是由旋毛线虫寄生于人体骨骼肌所引起的动物源性人畜共患的寄生虫病。人因生食或半生食含旋毛虫包囊的猪肉或其他动物的肉类而感染。主要临床表现为发热、肌肉剧烈疼痛、水肿和血液嗜酸性粒细胞明显增多等。幼虫移行到心、肺、脑时,可引起心肌炎、肺炎或脑炎等。

【病原学】

旋毛虫细小,灰白色,雌雄异体,通常寄生于十二指肠及空肠上段,在宿主体内发育经过成虫、脱囊期幼虫、移行期幼虫及成囊期幼虫4个阶段。人或动物吞食含有活幼虫包囊的肉类后,包囊经胃液消化后数小时内旋毛虫幼虫在十二指肠自包囊逸出,侵入小肠黏膜绒毛上皮,经5~7天、4次蜕皮后发育为成虫。雌雄交配后,雄虫死亡自肠腔排出。雌虫则深入肠黏膜不断胎生出1500~2000条幼虫,约4周后少数幼虫随粪便排出体外,多数经淋巴管或静脉随血液循环至全身各器官、组织和体腔,即所谓移行期幼虫。但只有达横纹肌者才能继续生存发育成梭状包囊,称为成囊期幼虫。包囊内含2条或以上幼虫,6~18个月后钙化,幼虫随之死亡,平均寿命5~10年。成熟的包囊再进入另一宿主则又重复其生活史。

旋毛虫包囊对外界抵抗力很强,猪肉中的包囊在15℃环境能存活20天,在12℃可生活57天。熏烤、腌制、暴晒等加工肉制品不能杀死旋毛虫幼虫。

【流行病学】

1. 传染源　主要是猪、犬、猫、鼠等,其他哺乳动物如野猪、熊、狼等亦可作为传染源。其中鼠、猪最为重要。

2. 传播途径　人常因进食生的或不熟的被感染的猪或其他动物的肉类及其制品而感染。进食被带有旋毛虫幼虫或包囊的粪便污染的食物或水也可导致感染。

3. 易感人群　人群普遍易感,感染主要与生食的饮食习惯有关。感染后可产生一定的免疫力,再感染者病情较初感染者为轻。

4. 流行情况　旋毛虫病广泛分布于世界各地,欧美发病率较高。我国在云南省、河南省、西藏自治区、广东省、广西壮族自治区、湖北省、黑龙江省、吉林省、辽宁省等地均有本病的发生和流行。

【发病机制与病理解剖】

旋毛虫病的致病作用与摄入幼虫包囊数量、活力以及宿主的免疫功能状态等因素有关。吞食10~20个包囊者可不发病,吞食数千个者则发生严重感染,甚至可致命。旋毛虫病发病机制与机械性作用、过敏反应及中毒性损伤等三方面因素有关。成虫寄生于肠道引起消化道症状;幼虫移行造成血管和组织、脏器损害。幼虫及其分泌物、排泄物导致过敏和中毒性病变。

旋毛虫寄生部位的肠黏膜有充血、水肿、出血或浅表溃疡。心肌呈充血、水肿改变,有淋巴细胞、嗜酸性粒细胞浸润,并可见心肌纤维断裂和灶性坏死。骨骼肌以舌肌、咽肌、胸大肌、腹肌、膈肌、肋间肌、腓肠肌受累最著,表现为间质性肌炎、肌纤维变性及炎性细胞浸润等。长久则可发生肌纤维萎缩。此外在肝脏或肾脏,可见肝细胞脂肪变性或肾脏混浊肿胀等改变。如侵及其他脏器则可造成相应的损害。

【临床表现】

潜伏期2~45天,多为10~15天,潜伏期长短与病情轻重呈负相关。临床症状轻重则与感染虫量呈正相关。

1. 早期　相当于成虫在小肠的阶段。可表现有腹痛、腹泻、恶心、呕吐等,腹泻呈稀便或水样便,无里急后重。本期症状通常轻,持续约1周左右。

2. 急性期　主要为幼虫移行引起中毒过敏症状。病多急起,主要表现有发热、肌痛、水肿及皮疹等。发热多在38~40℃,以弛张热或不规则热为常见,多伴畏寒,持续2~4周,重者最长可达8周。

发热的同时,约80%的病人出现水肿,主要发生在眼睑、颜面、眼结膜,重者可有下肢或全身水肿。约20%病人可有荨麻疹、猩红热样皮疹或出血疹等。全身肌肉疼痛是本病最突出的表现,以腓肠肌为甚。病人因疼痛而不敢活动,呈强迫屈曲状,并有明显的肌肉压痛,皮肤可有肿胀硬结感。严重者咀嚼、吞咽、呼吸、眼球活动时均感疼痛。重症病人可表现有心肌炎、心功能不全、支气管肺炎、脑膜炎及脑膜脑炎等症状。

3. 缓解期　为成囊期,病程第3~4周,随着肌肉内包囊形成,急性期症状逐渐消退,但肌痛、乏力等症状仍可持续数月。少数患者仍可并发心衰和神经系统后遗症。

【实验室检查】

1. 一般检查　幼虫移行期白细胞总数升高,多在(10~20)×10⁹/L之间。嗜酸性粒细胞比例明显升高,可达20%~40%或更高。但重症患者可因免疫功能低下或伴细菌感染而嗜酸性粒细胞无明显增高。

2. 血生化检查　血清肌酸磷酸激酶(CKP)明显升高。

3. 病原体检查　发病10天后取腓肠肌或三角肌活检标本,压片镜下可见肌肉组织内有梭形包囊和活动的幼虫,便可确诊。但肌肉活检受摘取组织局限性的影响,在感染早期及轻度感染者不易检出。可用蛋白酶消化法提高检出率。

4. 免疫学检查　采用酶联免疫吸附试验(ELISA)或间接免疫荧光抗体试验(IFA)等方法,检测患者血清中特异性抗体,在急性期结合临床表现诊断意义较大。但由于病愈后其抗体可存在较长时间,故单凭该检查结果,不足以区分现症患者或既往感染者。而采用单抗与多抗双抗体夹心ELISA法检测虫体分泌代谢抗原即循环抗原(CAg),可用于确定体内有否活虫寄生,并可确定疗效。

【诊断与鉴别诊断】

(一)诊断

1. 流行病学资料　病前1~2周有食生的或未熟的猪肉或其他动物肉类史,如能从所食的肉类中找到旋毛虫幼虫包囊则有助于诊断。

2. 典型的临床表现　有发热、眼睑及颜面水肿、明显的肌肉疼痛(以腓肠肌最著)和皮疹等,初期可有胃肠道症状。

3. 实验室检查　血白细胞总数和嗜酸性粒细胞显著增多,特异性抗体有参考价值,肌肉活检见幼虫包囊是确诊依据。

(二)鉴别诊断

本病应与食物中毒、肠炎、细菌性痢疾、伤寒、钩端螺旋体病、血管神经性水肿及皮肌炎、风湿病等鉴别。此外还应与肾炎、肺炎等鉴别。

【预后】

主要取决于感染程度与个体反应程度。及时治疗者大多预后良好,常于1~2个月恢复。重度感染、累及主要脏器、有严重并发症且未能及时治疗者预后较差。

【治疗】

1. 病原治疗　阿苯达唑(丙硫咪唑)为首选药物,对各期旋毛虫均有较好的杀虫作用,且副作用少而轻。成人剂量为 400~500mg,每日 2~3 次;儿童按 20mg/(kg·d),分 2 次口服,疗程 5~7 天。常于治疗开始 2 天后体温下降,4 天后体温恢复正常,水肿消失,肌痛减轻。少数病例于服药后第 2~3 天,体温反而升高(类赫氏反应),为虫体死亡引起异性蛋白反应所致,故药物可从小剂量开始应用或给予肾上腺皮质激素。

2. 一般及对症治疗　急性期应卧床休息,给予充分的营养和水分。肌痛严重者可应用镇静、止痛药。高热及全身中毒症状严重者,有显著的异性蛋白反应或有心肌炎、脑炎者可在驱虫治疗的同时给予肾上腺皮质激素。强的松 30mg/d 或氢化可的松 100mg/d,疗程一般为 3~5 天。

【预防】

1. 加强卫生宣教,提倡熟食,不食生或半生熟猪肉及其他动物肉及其制品。

2. 管理传染源　提倡生猪圈养,饲料最好经加热处理,病猪隔离治疗,灭鼠,防鼠污染猪圈。

3. 加强肉类检疫　对屠宰场等进行严格检验,未经检验的肉类不得出售,肉类保存无害化。

(蔺淑梅)

<hr>

学习小结

旋毛虫病是由旋毛线虫寄生于人体骨骼肌所引起的人畜共患的寄生虫病。人因生食或半生食含旋毛虫包囊的猪肉或其他动物的肉类而感染。主要临床表现为发热、水肿、皮疹、肌痛等。血白细胞总数和嗜酸性粒细胞显著增多,肌肉活检见幼虫包囊是确诊依据。阿苯达唑为治疗首选药物。

复习参考题

1. 简述旋毛虫病的诊断要点。

2. 简述旋毛虫病的治疗。

第十节　肠绦虫病

学习目标

掌握	肠绦虫病的临床表现、诊断及治疗。
熟悉	肠绦虫病的传染源、传播途径及预防措施。
了解	肠绦虫病的病原及发病机制。

肠绦虫病(intestinal taeniasis)是各种绦虫寄生于人体小肠所引起的肠道寄生虫病。通过进食含有活囊尾蚴的猪肉或牛肉而感染。

【病原学】

绦虫可分为猪带绦虫、牛带绦虫、短膜壳绦虫、长膜壳绦虫、阔节裂头绦虫等。我国以猪带绦虫病和牛带绦虫病为常见。肠绦虫为雌雄同体,呈带状,可分头节、颈节与体节三部分。人为猪带绦虫、牛带绦虫和短膜壳绦虫的终宿主。猪(牛)带绦虫成虫寄生于人体的小肠上部,其妊娠节片内充满虫卵。妊娠节片和虫卵随粪便排出体外,被牛或猪(中间宿主)吞食后,经胃液与肠液的作用,在十二指肠内孵出六钩蚴,逸出的六钩蚴钻过肠壁,经肠系膜小静脉及淋巴管进入血流,随血流播散至全身,主要在骨骼肌内发育为囊尾蚴(含猪囊尾蚴的猪肉俗称为"米猪肉")。人进食生的或未煮熟的含有囊尾蚴的牛肉或猪肉后,囊尾蚴可在小肠内伸出头节,吸附于肠壁并逐渐伸长,约经 10~12 周发育为成虫。

【流行病学】

1. 传染源　人是猪带绦虫和牛带绦虫的终宿主,故病人是猪和牛带绦虫病的唯一传染源,从粪便中排出猪带绦虫卵或牛带绦虫卵,分别使猪或牛感染而患囊尾蚴病。鼠是短膜壳绦虫的保虫宿主,故鼠和人均是短膜壳绦虫病的传染源。

2. 传播途径　因进食生的或未煮熟的含囊尾蚴的猪肉或牛肉而感染。短膜壳绦虫病是由于手或食物被污染而传播。

3. 人群易感性　普遍易感,猪带绦虫病与牛带绦虫病以青壮年为多,男多于女。短膜壳绦虫病则以儿童居多。

4. 流行特征　呈世界性分布,在我国分布较广,猪带绦虫病散发于东北、华北、西北一带,云南等地有地方性流行。牛带绦虫病于西南各省及西藏自治区、内蒙古自治区、新疆维吾尔自治区等地均有地方性流行。短膜壳绦虫病主要见于华北和东北地区。

【发病机制】

猪带绦虫与牛带绦虫以小钩和(或)吸盘钩挂或吸附在小肠黏膜上,引起局部损伤和炎症,但很少引起严重的病理改变。因虫体较大,且可多条绦虫同时寄生,可引起胃肠运动功能障碍,出现上腹隐痛等消化道症状,多条绦虫寄生偶可导致不完全性肠梗阻。猪带绦虫病人可因自体感染而同时患有囊尾蚴病,感染期愈长,危险性愈大。人对牛带绦虫卵具有天然免疫力,故少有因为食入牛带绦虫卵而发生牛囊尾蚴病。短膜壳绦虫的幼虫寄生在小肠黏膜内,可引起微绒毛肿胀。其成虫则可引起灶性出血与浅表溃疡等病变。寄生人体的绦虫大量吸取宿主肠内的营养成分,可造成病人营养不良、贫血等。虫体的代谢产物可能对宿主有一定的毒性作用。

【临床表现】

各种绦虫病的潜伏期长短不一。猪带绦虫病与牛带绦虫病一般为8~12周。短膜壳绦虫病的潜伏期2~4周。多数病人症状轻微且无特异性。粪便中发现白色带状节片或节片自肛门脱出常为最初和唯一的症状。部分病人伴有上腹隐痛、恶心、食欲缺乏、肛门瘙痒,少数可有消瘦、乏力、食欲亢进等,偶有失眠、头晕、神经过敏及磨牙、贫血等表现。短膜壳绦虫感染轻者常无症状,重度感染可有腹痛、腹泻、食欲减退、头昏、消瘦等症状。

【实验室检查】

病程早期血嗜酸性粒细胞可轻度增加,白细胞总数多正常。粪便中可找到虫卵或妊娠节片,但猪带绦虫或牛带绦虫的虫卵检出率较低。妊娠节片检查不但可确诊绦虫病,还可鉴别绦虫种类。

【诊断】

流行地区、有食生的或未熟牛肉或猪肉史,随粪便排出白色带状节片者可临床诊断本病。粪便中找到妊娠节片或虫卵可确诊。

【治疗】

主要是驱虫治疗。

1. 吡喹酮(praziquantel,pyquiton)　对各种绦虫病疗效均好,是目前的首选药物。杀虫机制是破坏虫体皮层表面细胞,使虫体肌肉麻痹与痉挛,颈部表皮损伤,继而溃破死亡。用法:猪带或牛带绦虫按15~20mg/kg(儿童15mg/kg),短膜壳绦虫按25mg/kg,清晨空腹顿服,无需导泻,疗效可达95%以上。

2. 甲苯咪唑(mebendazole)　广谱驱虫药,能抑制绦虫摄取葡萄糖,使其能量不足,虫体麻痹。剂量为300mg/次,每天2次,疗程3天。

3. 阿苯达唑(albendazole)　疗效优于甲苯达唑,剂量为每日8mg/kg,疗程3天,不良反应轻。但动物实验表明该类药有致畸作用,孕妇不宜使用。

【预后】

本病预后大多良好。部分猪带绦虫病人(2.5%~25%)可因自体感染而同时患囊尾蚴病。

【预防】

1. 管理传染源 普查普治病人;圈养猪、牛,加强人粪管理,防止猪与牛感染。灭鼠对预防短、长膜壳绦虫也有重要作用。

2. 切断传播途径 加强肉类检疫,禁止出售含囊尾蚴的肉类。加强卫生教育,革除生食生肉类的习惯。饮食器具应生熟分开。在绦虫病地方性流行区可对猪和牛采用氯硝柳胺进行化学预防。

(蔺淑梅)

学习小结

肠绦虫病是各种绦虫成虫寄生于人体小肠所引起的疾病总称。常见的有猪带绦虫病和牛带绦虫病。绦虫病患者是猪和牛带绦虫病的唯一传染源,人通过进食生或未熟的含有囊尾蚴的猪或牛肉而感染。多数病人症状轻微且无特异性,粪便中发现白色带状节片或节片自肛门脱出常为最初和唯一的症状。粪便中找到妊娠节片或虫卵可确诊。主要是驱虫治疗,有效药物有吡喹酮和苯咪唑类药物,吡喹酮为目前首选。

复习参考题

简述肠绦虫病诊断依据。

第十一节 囊尾蚴病

学习目标

掌握	囊尾蚴病的临床表现、诊断依据、治疗。
熟悉	囊尾蚴病发病机制与临床表现关系,流行病学特点。
了解	病原学特点,预防措施。

囊尾蚴病(cysticercosis)又称囊虫病,是由猪肉绦虫的幼虫(囊尾蚴)寄生于人体组织或器官所引起的寄生虫性疾病。常见寄生部位为皮下组织、肌肉和中枢神经系统,临床表现复杂多样,轻重不一,以寄生在脑组织者最为严重。是我国北方主要的人畜共患寄生虫性疾病。

【病原学】

病原体为猪肉绦虫。人类经口摄入猪肉绦虫虫卵后,虫卵内的六钩蚴在胃及小肠消化液的作用下脱囊而出,钻入肠壁,进入肠系膜小静脉及淋巴管,随血液播散至全身组织,经 9~10 周逐渐发育为囊尾蚴。因寄生部位不同囊尾蚴结节在人体内的形态、大小有一定差异。在肌肉内常呈梭形或椭圆形,在脑实质内多呈圆形,位于脑室内或颅底软脑膜处的囊尾蚴因生长不受限,直径可达 4~12cm,呈葡萄状。囊尾蚴寿命一般 3~10 年,少数长达 20 年或以上。

【流行病学】

1. 传染源 猪肉绦虫病病人及无症状携带者。后者因无症状,不易发现是最为重要的传染源。虫卵随粪便排出导致他人或自身感染。

2. 传播途径 因吞食猪肉绦虫虫卵所致。包括:①异体感染:系由于个人卫生或饮食卫生不当而经口感染,此为主要传播途径,多由无症状携带者通过家庭内生活接触传播;②自体感染:可因体内有猪肉绦虫寄生,通过不洁的手把自体粪便中排出的虫卵带入口内而感染。亦可因呕吐反胃,致使肠道内虫卵随肠内容物反流进入胃或十二脂肠中,导致感染。

3. 易感人群　人群普遍易感。发病以青壮年多见,男性多于女性。

4. 流行特征　散发为主。农村高于城市。与环境卫生及个人卫生有关。

【发病机制】

临床表现和病理变化因囊尾蚴寄生的部位、数目、死活及局部组织的反应程度而不同。活的囊尾蚴因无明显免疫反应可长期存在而不引起脑组织炎症改变,此时病人可长期无症状。当虫体死亡时,释放出虫体抗原诱发局部组织炎症。脑组织中囊尾蚴数量越多,局部反应越重者,临床表现越明显。

病变部位以皮下组织与肌肉、脑为多,但亦可累及其他器官。寄生于皮下组织及肌肉者,引起皮下结节。寄生于眼部可引起视力障碍等。囊尾蚴侵入中枢神经系统,常寄生于大脑皮质邻近运动区,引起局灶性刺激症状,多表现为癫痫发作。寄生于第四脑室或侧脑室带蒂的囊尾蚴结节可导致脑室活瓣性阻塞,引起脑积水。寄生于软脑膜引起蛛网膜炎。颅底的葡萄状囊尾蚴破裂可引起囊尾蚴性脑膜炎、脑积水、或交通性脑积水。颅内大量囊尾蚴寄生或脑积水均可引起颅内高压。

【临床表现】

大多情况下无症状。有临床表现者其表现复杂多样,依据寄生部位,可分为以下几种临床类型:

（一）脑囊尾蚴病（脑囊虫病）

依寄生部位可进一步分为以下4型:

1. 脑实质型　又称癫痫型,占脑囊尾蚴病80%以上。临床表现以癫痫最为常见,表现为多种类型发作,以多灶性与不稳定型为特点。约半数患者表现为单纯大发作,其发作频率较低,多在3个月以上才发作1次。弥漫性脑实质受累者常引起颅内压增高或器质性精神病,亦可因广泛脑组织破坏和皮质萎缩导致痴呆。

2. 脑室型　又称颅内高压型,囊尾蚴寄生在脑室内,导致脑脊液循环障碍、脑室扩张、脑积水、颅内压增高。表现为剧烈头痛、呕吐、复视、视乳头水肿,有时囊尾蚴寄生在脑室孔附近可表现为活瓣综合征(brun征),即反复出现突发性体位性剧烈头痛、呕吐,甚至出现脑疝。

3. 软脑膜型　又称脑膜炎型,囊尾蚴寄生于软脑膜引起慢性反复发作的脑膜炎,主要表现为头痛、呕吐、颈强直、共济失调等脑膜刺激征表现,病变累及蛛网膜可产生粘连性蛛网膜炎,病人多有颅内压增高、视力减退等症状。第四脑室正中孔或侧孔阻塞时产生脑积水。

4. 脊髓型　囊尾蚴侵入椎管压迫脊髓不同部位引起相应的症状,出现截瘫、感觉障碍、大小便潴留等。

（二）皮下肌肉囊尾蚴病（皮肌型）

可扪及皮下囊尾蚴结节,直径约0.5~1.0cm大小,呈圆形或椭圆形,数个至数百个不等,质韧似软骨,无痛,与周围组织无粘连,多见于头部、躯干及大腿上端。结节可分批出现,亦可逐渐自行消失。大量囊尾蚴寄生于肌肉内时,可引起肌肉酸痛,发胀,甚至出现假性肌肥大症,表现为肌肉肥大但明显无力。

（三）眼囊尾蚴病

常寄生于玻璃体和视网膜下。多为单眼感染。囊尾蚴在眼内存活时病人尚可耐受,虫体死亡后产生强烈的刺激,可引起色素膜炎、视网膜脉络膜炎导致视力下降、压迫性头痛等。

【实验室及其他检查】

1. 脑脊液检查　在诊断本病中主要起排除其他疾病作用。软脑膜型病人脑脊液检查可表现为脑脊液压力增高,细胞数和蛋白质轻度增高,糖和氯化物正常或略低。部分病人可见嗜酸性粒细胞升高。

2. 免疫学检查　用ELISA法或间接血凝试验法检测病人血清或脑脊液中的特异性IgG抗体和抗原。阳性率高低与囊尾蚴数量及是否存活有关,且抗体产生后持续时间较长,抗体阳性不一定代表是有活性囊尾蚴。因此,免疫学检查可有假阳性和假阴性,仅起辅助诊断作用。

3. 影像学检查

（1）头颅 MRI 及 CT：对本病的诊断及疗效判断有重要意义，阳性率高达 90% 以上。其影像特征为多发性囊性低密度影，直径<1cm，部分病人可见脑室扩大，高密度影、钙化灶等。部分病变周围可见炎症水肿带。头颅 MRI 因能查见头节以区分死活囊尾蚴及易查见及脑室内囊尾蚴而优于头颅 CT。

（2）X 线检查：部分病程较长者，X 线平片检查可见头部或肢体软组织内椭圆形或梭形囊尾蚴钙化影。

（3）眼裂隙灯或 B 超检查可查见眼玻璃体内的囊虫蠕动，具有确诊价值。

4. 病原检查　取皮下结节做活体组织检查或眼、脑手术病理组织检查，找到囊尾蚴可明确诊断。

【诊断与鉴别诊断】

（一）诊断

主要根据临床特征、实验室及影像学检查材料，流行病学资料亦作为本病的重要参考。

1. 流行病学资料　患者是否来自绦虫病、囊尾蚴病的流行区，有否生食或半生食猪肉、蔬菜、瓜果史，有否肠绦虫病史，或粪便中发现白色片状绦虫妊娠节片史。

2. 临床表现　囊尾蚴病的临床表现复杂多样，且无特异性，给临床诊断带来很大困难，尤其是脑囊尾蚴病更易误诊、漏诊。故凡具有皮下结节、癫痫发作尤其是表现为多灶性及不稳定型的癫痫、头痛、精神障碍等症状的患者，应考虑有此病的可能。

3. 实验室及影像学检查　皮肤肌肉型通过皮下结节做活组织检查即可确诊。眼囊尾蚴病的确诊有赖于检眼镜或裂隙灯发现。脑囊尾蚴病多根据临床表现及颅脑影像学检查如 CT 或 MRI 检查的特征性改变来诊断。血清学检查可能有助但多属不必要，侵入性检查如脑组织活检极少使用。必要时可行驱虫药物诊断性治疗。

（二）鉴别诊断

脑囊尾蚴病以癫痫主要临床表现者需与原发性癫痫或其他原因所致的继发性癫痫相鉴别，以脑实质病变为主者需与颅内肿瘤、脑炎、脱髓鞘、腔隙性梗死等疾病相鉴别。

脑膜炎型需与结核性脑膜炎或隐球菌性脑膜炎相鉴别。

脑囊尾蚴病的皮下组织和肌肉囊尾蚴病需与皮脂腺囊肿、脂肪瘤、神经纤维瘤等相鉴别。

【治疗】

治疗原则以药物驱虫治疗为主，部分病人先手术后驱虫。全部病原治疗病例均应住院治疗，以免治疗后因潜在脑囊尾蚴死亡引发严重不良反应。治疗前后必须做好对症治疗。

1. 药物驱虫治疗　阿苯达唑优于吡喹酮。治疗时间长短取决于临床表现类型。单个高密度影可仅治疗 7 天。多个囊性损害者，治疗至 10～14 天，蛛网膜下腔病变者，治疗至 28 天。必要时重复 2～3 个疗程，每个疗程间隔 14～21 天。

（1）阿苯达唑：疗效好，不良反应较轻，为首选药物，可用于治疗各型囊尾蚴病，尤其适用于严重感染或伴明显精神症状的病例。剂量为 15mg/（kg·d），一般 800mg/d，分 2 次与食物同服，以提高生物利用度。

（2）吡喹酮：对囊尾蚴病具有杀灭作用，此药本身毒性较小，但囊尾蚴病人于治疗后，因虫体死亡释放出各种物质可引起不良反应，如头痛、呕吐等颅内高压表现或发热等过敏性反应，个别病人发生过敏性休克或脑疝，故目前多作为二线用药，用于阿苯达唑治疗效果欠佳者。剂量为 20mg/（kg·d），分 3 次口服，总量 120～180mg/kg。也可以吡喹酮 50mg/（kg·d）与阿苯达唑 15mg/（kg·d）联合使用，提高治疗效果。

2. 手术治疗　对眼囊尾蚴病者或脑室囊尾蚴病者，应先行手术摘除囊尾蚴，再给予驱虫药治疗，以防止驱虫后局部炎症反应加重导致视力障碍或脑室孔堵塞。

3. 对症治疗　治疗前 3～7 天起至治疗后 3～7 天宜用 20% 甘露醇 125～250ml，加地塞米松 6mg，静滴，每日 1 次，以预防及减轻因虫体死亡后产生炎症性水肿而引起的颅内高压，也有利于癫痫控制。癫痫发作者或多发性病变伴有明显病变周围水肿者，可酌情选用抗癫痫药物，如地西泮、苯妥英钠等，直至治疗后囊虫活动性影像学表现消失或钙化后 6～12 个月。如停药后癫痫复发，需要长期使用抗癫痫药物。发生过敏性休克时用0.1%肾上腺素1mg皮下注射,同时用氢化可的松200~300mg静脉滴注。

【预防】

对于囊尾蚴病的预防,要采取预防为主、预防和治疗相结合的综合防治措施。

1. 控制传染源　在流行区应开展普查普治,对患病的人和猪及时进行驱虫治疗,这是减少传染源和预防囊尾蚴病发生的最根本措施。

2. 切断传播途径　加强卫生宣传教育工作,改变不良的卫生和生活习惯,不吃未煮熟的猪肉,生食瓜果、蔬菜必须洗净,饭前、便后要洗手,以防误食绦虫虫卵。要强化生猪屠宰的卫生检疫制度,以此防止含囊尾蚴猪肉流入市场。还应加强粪便管理,猪饲养方法卫生等环节的管理,以彻底切断该病的传播途径。

3. 提高人群免疫力　但目前尚处于基础研究阶段,尚不能作临床常规应用。

【预后】

感染程度较轻,单纯皮肌型囊尾蚴病人预后较好。寄生的囊尾蚴数量多、有痴呆、幻觉和性格改变的晚期病人疗效欠佳,预后差。

(赵志新)

学习小结

囊尾蚴病是由于误食猪带绦虫虫卵污染的食物或水获得,故有时临床上流行病学资料不易获得。其病理改变及临床表现与寄生部位、数目、局部炎症反应有关。以皮下组织和肌肉、中枢神经系统最为常见。皮下组织和肌肉的囊虫病主要表现为皮下结节。脑囊尾蚴病临床表现复杂多样,以脑实质型最常见,主要表现为癫痫发作;颅内大量囊尾蚴寄生或脑积水均可引起颅内压增高。

囊尾蚴病的诊断:①凡疑似病例经血清学检查阳性,可临床诊断;②CT或MRI检查可协助脑囊尾蚴病的临床诊断;③皮下结节活检或脑手术病理组织检查证实者,可确定诊断。

治疗以药物驱虫最为重要,首选阿苯达唑。但病原治疗需在加强对症治疗基础上进行且所有病人应住院治疗。

复习参考题

1. 如何利用影像学检查进行囊尾蚴病的诊断?

2. 试述囊尾蚴病发病机制及其与临床表现的关系。

3. 试述绦虫病和囊尾蚴病的病原治疗及其注意事项。

第十二节　棘球蚴病

学习目标

掌握　棘球蚴病的临床表现、诊断依据、治疗原则。细粒棘球蚴病与泡型棘球蚴病区别。

熟悉　棘球蚴病发病机制与临床表现关系,流行病学特点。

了解　病原学特点,预防措施。

棘球蚴病(echinococcosis)俗称包虫病,是棘球绦虫的幼虫寄生于人体组织而引起的人畜共患寄生虫性疾病。目前已确认的棘球绦虫有 4 种,即细粒棘球绦虫、多房棘球绦虫、伏氏棘球绦虫及少节棘球绦虫。在我国主要为细粒棘球绦虫幼虫引起的细粒棘球蚴病和多房棘球绦虫幼虫引起的泡型棘球蚴病。

一、细粒棘球蚴病

【病原学】

病原体是细粒棘球绦虫。成虫寄生在终宿主犬、狼等食肉动物的小肠内,虫体细小,约 3~6mm,由头节、颈节及幼节、成节和孕节各 1 节组成。成熟后孕节的子宫内充满虫卵。孕节自宿主肠道排出前或后,其子宫破裂,排出虫卵。虫卵呈圆形,棕黄色,有两层胚膜,内有辐射纹。虫卵对外界抵抗力较强。在室温水中存活 7~16 天,干燥环境中 11~12 天;在果菜中不易被化学消毒剂杀死。

细粒棘球绦虫的终宿主与中间宿主的范围很广,在我国主要终宿主是犬。中间宿主主要是羊、牛、骆驼等。人因摄入其虫卵也可成为它的中间宿主。细粒棘球绦虫卵随犬粪排出体外,污染皮毛、牧场、蔬菜、水源等,被羊或人摄入后经消化液作用,在十二指肠内孵化成六钩蚴。六钩蚴穿入肠壁末梢静脉,随血液或淋巴液入肝、肺或者其他部位,发育为棘球蚴。受染动物(中间宿主)的新鲜内脏被犬吞食后,包虫囊中的头节在其小肠内经 3~10 周发育为成虫,完成其生活循环。人在其生活史中只是偶然中间宿主。

棘球蚴为囊状,囊壁的生发层为具有生殖能力的胚膜组织,逐渐生出数目较多的子囊及孙囊,囊内充满囊液。棘球蚴在体内可存活数年至 20 年,其大小受寄生部位组织的影响,一般直径在 5cm 左右,也可达 15~20cm。

【流行病学】

全世界均有流行,但呈地区性分布,多见于以畜牧业为主的国家。如澳大利亚、阿根廷、法国南部、土耳其、意大利等。在我国则以新疆维吾尔自治区、青海省、西藏自治区、宁夏回族自治区、内蒙古自治区、甘肃省、四川省等多见。

1. 传染源 是感染细粒棘球绦虫的犬,其粪便中排出细粒棘球绦虫卵,随污染的食物、水源、物品造成中间宿主或人感染。

2. 传播途径 主要是人与狗密切接触,虫卵污染手指经口感染,此外,犬粪中虫卵污染蔬菜或水源,也可招致人畜感染。

3. 易感人群 普遍易感。因潜伏期长,大多在儿童期感染,至青壮年发病。患者以青壮年牧民与农民为多,少数民族较多见。

【发病机制与病理解剖】

主要致病机制一是机械性压迫邻近组织器官,二是包虫囊破裂,囊中的毒性蛋白引起机体的超敏反应。

病理变化主要因囊肿占位性生长压迫邻近器官所引起。常见寄生部位在肝、肺、脑,其他如肾、脾、心肌等。因棘球蚴的发展非常缓慢,常在 10 年以后才出现症状。肝包虫囊逐渐增长时,肝内胆小管受压迫,并被包入外囊壁中,有时胆小管因压迫性坏死破入囊腔,使子囊与囊液染成黄色,易引起继发性细菌感染。肺包虫囊可破入支气管、角皮层旋转收缩,使内面向外翻出,偶尔使生发层与头节及囊液一起咳出,易并发感染。如果包虫囊破入细支气管,由于空气进入内外囊之间,则可呈新月状气带。如果大量囊液与头节破入胸(腹)腔可引起胸(腹)膜炎、过敏反应,重者发生过敏性休克及继发性包虫囊肿。

【临床表现】

本病潜伏期长,从感染至发病为 10~20 年或更长。早期可无明显症状。

1. 肝棘球蚴病 最常见,多位于肝右叶,接近于肝表面,可有肝区不适,隐痛或胀痛,肝脏肿大,肝脏表面隆起,并可触及无痛性囊性肿块。肝门附近的棘球蚴可压迫胆管而出现黄疸,也可压迫门静脉而发生门脉高压症。合并细菌感染时,临床表现类似肝脓肿或膈下脓肿。肝下部的棘球蚴可破入腹腔而引起弥漫性腹膜炎及过敏反应,重者可发生过敏性休克,并使其囊液中头节播散移植至腹腔或胸腔内产生多发性继发腹腔或胸腔棘球蚴。

2. 肺棘球蚴病　以右肺多见,好发于下中肺叶。常无明显的自觉症状,而在体检或胸透时发现。部分病人可出现胸部隐痛、刺激性咳嗽。当破入支气管时可咳出大量液体,并带有粉皮样囊壁和包虫沙。在有继发感染时可有高热,胸痛,咳嗽及咳脓痰。偶尔可因大量囊液溢出与堵塞而引起窒息。

3. 脑棘球蚴病　大多伴有肝或肺棘球蚴病,多见于儿童,以顶叶为常见。临床常有头痛、癫痫发作、视神经乳头水肿等颅内高压及占位性病变表现。

【实验室检查】

1. 一般检查　白细胞计数大多正常。嗜酸性粒细胞轻度增高。有继发感染时白细胞总数及中性粒细胞比例增高。

2. 免疫学检查

(1) 皮内试验(Casoni 试验):阳性率在 96% 左右,可作为临床初筛,但应注意结核病、猪囊尾蚴病、并殖吸虫病因有交叉免疫反应可呈假阳性反应。

(2) 血清免疫学试验:可用琼脂扩散,对流免疫电泳,间接血凝与 ELISA 等方法检测细棘球蚴抗体,其中以 ELISA 的灵敏度与特异性较高,但与猪囊尾蚴病可呈交叉反应,可辅助诊断。阳性率以肝棘球蚴病最高。

(3) 影像学检查:B 型超声检查对肝、肾棘球蚴病的诊断具有重要价值,可见到边界明确的多房性液性暗区,大小约 5cm,其内可见到散在的光点或小光圈。CT 扫描对肝、脑、肾棘球蚴病的诊断也十分重要。此外,腹部 X 线平片上囊壁的圆形钙化阴影及骨 X 线片上囊性阴影也有助于诊断。

【诊断与鉴别诊断】

(一) 诊断

主要根据临床特征、实验室及影像学检查材料进行诊断,流行病学资料亦作为本病的重要参考。

1. 流行病学资料　患者是否来自流行区,有无与狗密切接触史,有无生食蔬菜、瓜果习惯等。

2. 临床表现　早期无症状。临床表现无特异性,给临床诊断带来困难。故凡具有肝、肺、肾或脑部发现有占位性病变者,应注意本病而作进一步检查。

3. 实验室及影像学检查　肝 B 超与 CT 扫描在上述实质器官发现囊肿,有助于临床诊断。血清学检查有辅助诊断价值。如肺棘球蚴病破入支气管,患者咯出粉皮样物质,显微镜下查到粉皮样膜状物,头节或小钩可确定诊断。

(二) 鉴别诊断

肝、肾棘球蚴病应与肝、肾囊肿相鉴别。

脑棘球蚴病需与脑囊尾蚴病、脑转移瘤相鉴别。

肺棘球蚴病需与结核病、转移瘤相鉴别。

【治疗】

1. 手术治疗　目前仍以手术治疗即摘除为主,术中以 0.1% 西替溴铵(cetrimide)作杀原头蚴剂,术前 2 周至术后 2 周服用丙硫咪唑以减少术中并发症及术后复发。

2. 药物治疗　手术禁忌证或术后复发而无法手术者,可进行药物疗法。常用药物是阿苯达唑(albendazole),剂量为 12~15mg/(kg·d) 或 0.8g/d,分 2 次服用,4 周为 1 疗程,间歇 2 周后再服 1 疗程,共 6~10 个疗程,有效率 80% 以上。本药不良反应少而轻,偶可引起可逆性白细胞减少与一过性血清 ALT 升高。该药有致畸作用,孕妇禁用。

【预防】

1. 控制传染源　对流行区的犬进行普查普治,以吡喹酮驱除犬的细粒棘球绦虫,且在治疗时圈养,以免粪便污染环境。

2. 加强群众的健康知识的教育 注意饮食卫生和个人防护。避免与犬的密切接触。

3. 加强屠宰场的管理 病畜的内脏要深埋,防止被犬吃食后感染本虫。避免犬粪中虫卵污染水源。

【预后】

本病一般预后较好,但如棘球蚴破裂而发生休克者则较差。

二、泡型棘球蚴病

泡型棘球蚴病(alveolar echinococcosis)又称多房棘球蚴病,是多房棘球绦虫的幼虫(泡球蚴)寄生人体所致的棘球蚴病。常寄生在肝脏,产生浸润增殖性病变,并可通过血液循环,转移至肺、脑等器官。

【病原学】

多房棘球蚴虫为蜂窝状或海绵状多个小囊泡组成,泡球蚴为管状结构。光镜下可见许多微泡内含大量原头节。多房棘球绦虫的形态与生活史和细粒棘球绦虫很相似,但其生发层细胞可向内或向外芽殖,但以向外芽殖为主,且无包膜,呈侵袭性或浸润性生长,从泡球蚴脱落的生发膜细胞可通过淋巴管或血运转移,从肝脏转移至远处器官如肺、脑等。因而从形态到转移特性,均酷似癌肿。

本虫在自然界以野狗、红狐、狼和猫等为终宿主,大便排出虫卵,人或啮齿动物如田鼠因摄入虫卵感染而成为中间宿主。

【流行病学】

本病多为散发,主要分布在中南欧、北美、俄罗斯部分地区,日本北海道、英国和加拿大。我国的青海省、宁夏回族自治区、新疆维吾尔自治区、甘肃省、西藏自治区、内蒙古自治区、黑龙江省及四川省甘孜州均有病例报告。以山麓附近或高寒山区的居民为多发。本病是自然疫源性疾病。人因误食被虫卵污染的食物或水或接触被感染的犬、狐而感染。

【发病机制与病理解剖】

当人进食污染虫卵的食物后,在小肠内孵出六钩蚴,穿过肠黏膜而进入门静脉。到达肝脏后发育为多房棘球蚴。其特点是寄生部位形成无数泡状棘球蚴虫包囊,呈蜂窝状,向组织内、外呈浸润性生长,可累及整个脏器。由于人并非本虫的适宜宿主,因此在人体内的生长发育极为缓慢,可以在感染后30年才出现症状。病变可逐渐向邻近器官或组织扩散,而侵及下腔静脉,门脉及总胆管引起门脉高压或黄疸。少数患者虫体生发层的片块随血流可转移至远处器官如脑、肺等,产生转移性病灶。

【临床表现】

潜伏期长,可达10~20年以上。早期无症状,病程进展缓慢。早期症状可有右季肋部疼痛,食欲缺乏,腹胀,胆绞痛,消瘦等,大多数病人出现肝肿大,质硬,表面呈结节状,少数可有黄疸、腹水,脾大等门脉高压征象。但当肝病变广泛波及左右叶者,可发生肝功能衰竭。

【实验室及其他检查】

1. 一般检查 外周血象可有轻度至中度贫血,部分患者血嗜酸性粒细胞轻度增高。血沉常明显增快。约30%患者有肝功能受损,碱性磷酸酶、ALT升高,严重者白蛋白与球蛋白比例倒置。

2. 免疫学检查 皮内试验常为强阳性,IHA及ELISA检测多房棘球蚴的抗原Em2,Em2是多房棘球蚴角质层的一种成分,具有高度敏感性和特异性。但对细粒棘球蚴病与猪囊尾蚴病病人血清有10%~20%交叉反应率。

3. 影像学检查 B型超声检查,肝区可有密集光点,并显示大小不等的光团,在有中央性坏死时可见到液性暗区。CT扫描亦有重要的诊断价值。X线腹部平片可见到肝区有局限性或弥漫性无定型点状或多数细小环状钙化影。

【诊断】

根据流行病学史、临床特点及免疫学检查阳性,结合肝脏 B 型超声等影像学检查,一般诊断并不困难。临床上常需与原发性肝癌、结节性肝硬化相鉴别。

【治疗】

肝泡球蚴病早期手术切除病灶及周围肝组织或作肝叶切除,但因浸润性生长,边界不清,手术不易完全根除,故现也常用化学药物治疗。采用阿苯达唑长期连续治疗。剂量为每日 20mg/kg,分 2 次口服,疗程视肝病范围大小而异,一般为 2~3 年或更长。少数患者可出现不良反应,如皮疹、蛋白尿、黄疸及白细胞减少等,停药后可恢复正常。

【预防】

加强对流行区人群的宣传教育,对流行区犬以吡喹酮进行普治。

【预后】

肝功能衰竭与脑转移是患者死亡的主要原因。

(赵志新)

学习小结

棘球蚴病感染后潜伏期长,早期症状少而轻。可分为细粒棘球蚴病及泡型棘球蚴病。临床均可出现实质器官肝、肺、脑等占位性病变。前者包膜完整,以压迫性表现为多见,后者具有侵袭性特征,包膜不完整,边界不清,有转移特性。多见于牧区牧民,疫区犬为主要传染源,通过误食被虫卵污染的食物或水或接触被感染的犬等而感染。诊断应依据临床表现、影像学表现及皮内试验、血清学检查等综合分析。手术治疗为主,药物(阿苯达唑)为辅。

复习参考题

在肝内占位性病变诊断中,疑诊为肝棘球蚴病时可否进行肝组织活检以明确诊断?

第十三节 蠕虫蚴移行症

学习目标

掌握	蠕虫蚴移行症的定义和分类。
熟悉	蠕虫蚴移行症临床表现、诊断要点、治疗和预防措施。
了解	蠕虫蚴移行症发病机制和病理。

蠕虫蚴移行症(larva migrans)是指一些原本在动物寄生的蠕虫的幼虫由于各种原因而在人体皮肤及各种器官中寄生、移行所引起的传染病。人并非此类蠕虫正常宿主,二者相互尚未适应,幼虫在体内移行而不易定居,因而不能发育生长至成虫,只能以幼虫形式寄生一段时间而自行死亡。在移行的过程中,使被侵犯的组织产生特殊的局部病变,甚至引起全身症状出现。被寄生的宿主常有较明显而持久的以嗜酸性粒细胞增多、发热、高球蛋白血症等为主的变态反应现象。肝、肺、脑、眼、肠等有关器官可造成肉芽肿性损害。根据病变部位不同把蠕虫蚴移行症分为二大类:皮肤蠕虫蚴移行症(cutaneous larva migrans,CLM)

和内脏蠕虫蚴移行症(visceral larva migrans,VLM)。

【病原学】

1. 皮肤蠕虫蚴移行症的病原　皮肤蠕虫蚴移行症系由动物蠕虫侵入皮肤和移行时产生的皮肤损害。局部皮肤可出现缓慢地弯曲前进的线状红色疹,称匐行疹(creeping eruption)。

能引起皮肤蠕虫蚴移行症的病原种类较多。大多经皮肤感染,亦可经口吞食感染,幼虫移行到皮肤或皮下组织等处引起损害,如重翼吸虫、棘颚口线虫及曼氏迭宫绦虫、巴西钩口线虫、狭头弯口线虫、羊仰口线虫、牛仰口线虫、管形钩口线虫、粪类圆线虫、犬钩口线虫、鸟毕吸虫、小毕吸虫、毛毕吸虫、巨毕吸虫、东毕吸虫等。经口吞食感染者可同时发生内脏蠕虫蚴移行症。

2. 内脏蠕虫蚴移行症的病原　主要经口摄入虫卵、幼虫或囊蚴等而感染。蠕虫蚴在小肠内孵出后入侵某些脏器并在其中移行而引起局部组织的损害及全身症状。引起内脏蠕虫蚴移行症的最常见的蠕虫为犬弓蛔虫、猫弓蛔虫、狮弓蛔虫、小兔唇蛔虫、犬钩口线虫及海异尖线虫、广州管圆线虫、斯氏狸殖吸虫。棘颚口线虫能引起典型的内脏蠕虫蚴移行症,游走明显,临床表现多样而复杂,可在人体内生活十余年。在亚洲地区,特别是日本和泰国,本病较为多见。我国也曾报道多例。人因吞食了中间宿主或转续宿主中的幼虫而被感染。

广州管圆线虫寄生于鼠类的肺动脉内,其中间宿主有明虾、蟹、螺、蟾蜍、蛙等。人因食用了未煮熟的陆生或水生螺类(或蛞蝓);或转续宿主,如淡水虾、蟹、蝲蛄等甲壳动物及蛙、蟾蜍等中间宿主而被感染。其幼虫存在于脑、脊髓及眼前房等组织中,导致严重疾病,引起的内脏蠕虫蚴移行症主要表现为嗜酸性脑膜脑炎。广州管圆线虫蚴引起的内脏蠕虫蚴移行症主要见于我国、东南亚及太平洋岛屿。2006 年 8~9 月中国内地一城市 160 多人在同一家酒楼食用"凉拌福寿螺螺肉"后,导致群体性感染广州管圆线虫而致病。其后卫生检疫部门在螺肉中发现有广州管圆线虫幼虫。该事件引起全国轰动。

斯氏狸殖吸虫在我国分布甚广,本病以童虫在体内各脏器间游走为主要特点。从中间宿主螺类中逸出的叉尾蚴钻入蝌蚪体内发育为中尾蚴,当蝌蚪成为蛙时,中尾蚴并不发育,可转入小哺乳动物体寄生,后者为其转续宿主。这些含中尾蚴的动物一旦被犬猫等终宿主吞食后,中尾蚴便可发育为成虫。人若感染中尾蚴,也象蛙及小哺乳动物等转续宿主那样,中尾蚴游离在组织中而不发育。

曼氏迭宫绦虫的裂头蚴,具有较强的游走性,既可引起皮肤蠕虫蚴移行症,又可引起内脏蠕虫蚴移行症。饮用含原尾蚴的剑水蚤的生水,或因生食含裂头蚴的转续宿主(鸟类、兽类)或第二中间宿主(蛙、蛇)有可能被感染。裂头蚴可在人体的许多器官组织中发现,但在体表较为多见。个别地区民间有用生蛙肉敷患处的习惯,往往引起曼氏裂头蚴在患处及周围寄生。本病在我国分布广泛,特别是南方各省、东南沿海一带。

【发病机制】

某些寄生虫的幼虫如进入非适宜的宿主体内则不能进一步发育而处于停滞发育状态。这种滞育状态的虫体若一旦有机会转入适宜的宿主体内,又可进一步发育为成虫。而含有滞育状态幼虫寄生的非适宜宿主可称为转续宿主(paratenic host)或等待宿主(waiting host)。这种寄生现象称转续寄生(paratenesis)。通过转续宿主传播寄生虫病的方式称转续传播(paratenic transfer),这是某些寄生虫病的另一种感染途径。人若偶然吃了含有活的感染期幼虫的动物后,幼虫在人体内与在猪、鼠等动物体内的寄生情况相似,不能发育为成虫,但可在人体内长期移行,造成损害,出现蠕虫蚴移行症。

【临床表现】

由于引起蠕虫蚴移行症的病原体涉及多种蠕虫,其对人体的感染方式、所致的损害部位等不尽相同,因此临床表现呈多样性。

1. 皮肤蠕虫蚴移行症的主要临床表现　巴西钩口线虫的丝状蚴感染后数小时入侵部位出现红色丘疹,继以红肿和水疱形成。2~3 天内幼虫开始在皮内移行,形成匐行疹。皮疹红色,线状,略高于皮肤表面,伴奇痒,尤于夜间为甚,以足部皮肤多见,手部次之,一般于一周内逐渐消退,也可持续数月。可因搔抓引起继发细菌感染,伴有淋巴结肿、发热、食欲减退以及荨麻疹等全身症状。同时伴有嗜酸性粒细胞增多及血中IgE水平增高。巴西钩虫与犬钩虫蚴偶可引起肺部短暂游走性浸润。

由斯氏狸殖吸虫童虫、棘颚口线虫幼虫及曼氏迭宫绦虫裂头蚴等引起的皮肤蠕虫蚴移行症,往往出现在皮层深部或肌层中,呈移动性的皮下肿块。局部皮肤表面正常或稍有发红、发热及水肿,疼痛常不明显,可有痒感、烧灼感或刺痛。包块可在不同部位游走。常并发内脏蠕虫蚴移行症,引起内脏器官受损,出现明显的全身性反应,如发热、荨麻疹、血中嗜酸性粒细胞增多、乏力、肌肉酸痛和食欲缺乏等症状。

由动物血吸虫尾蚴引起的尾蚴性皮炎是在人接触疫水后0.5~1小时后出现点状红疹,以后成为丘疹,周围皮肤呈弥散性红肿,奇痒,24~48小时后丘疹中央凸起,充血,或有形成疱疹,破裂后有渗液流出,然后结痂。一般于3~7天自行消失。再次感染时皮炎重于首次感染,且出疹迅速、皮疹大,伴剧痒,或因继发感染而累及淋巴管和淋巴结,消退亦缓慢。皮炎主要见于小腿、手及前臂。尾蚴并不能持久地在皮肤中存活,也不侵入真皮层,在数天后即死亡;但所致局部病变可持续两周,最后结痂脱落而愈。

2. 内脏蠕虫蚴移行症的主要临床表现 最常见引起内脏蠕虫蚴移行症为弓蛔虫幼虫,其幼虫较人蛔虫的幼虫小,可通过肺脏分布到全身。幼虫在肝、肺、脑、眼等器官中存活,刺激组织形成嗜酸性肉芽肿。病程长达半年,有的甚至可达数年。弓蛔虫病患者尚有肝肿大和明显嗜酸性粒细胞增多症(可超过白细胞总数的50%)的特征,部分病例有肺部症状,称为吕氏综合征(Loeffler syndrome),表现为咳嗽、发热、呼吸困难等,伴有血浆球蛋白显著增高和血沉增快。如蠕虫蚴侵及脑部,可引起癫痫等神经症状。有的病例可发生慢性肉芽肿性眼炎,或引起视网膜炎及视神经乳头炎。本病需与视网膜母细胞瘤作鉴别诊断。

棘颚口线虫蚴除引起皮肤蠕虫蚴移行症外,尚可引起内脏蠕虫蚴移行症。幼虫在体内许多器官组织无定向移行,而使临床症状多样化,容易被误诊。感染后出现恶心、呕吐、上腹疼痛或不适,伴有皮肤瘙痒、荨麻疹以及明显的嗜酸性粒细胞增多。虫体进入腹部、肝脏及胸部各器官或体壁中移动,可出现右上腹疼痛、压痛和胸痛,有时被误诊为急腹症、肺结核等。进入脑部尚可引起嗜酸性脑脊髓炎,临床表现为严重的神经根痛、四肢麻痹,或突然从嗜睡到深度昏迷。脑脊液大多为血性或黄色。这类病例通过体表活组织检查、自动挤出或排出虫体后,即可确诊。斯氏狸殖吸虫童虫亦可以引起相似的内脏蠕虫蚴移行症的临床表现。裂头蚴病虽多见于躯体的浅表部位,但亦可见于腹腔、淋巴结等处。裂头蚴在嗜酸性肉芽肿性的局部肿块中可存活数月至年余不等。

由广州管圆线虫蚴所引起的内脏蠕虫蚴移行症,以嗜酸性脑膜脑炎为主要症状。以低热、头痛、恶心、呕吐、视力减退、慢性进行性感觉减退、面神经麻痹、眼球外直肌麻痹、颈强直、肢体乏力表现为其特征,脑脊液细胞数常超过$500/mm^3$,以嗜酸性粒细胞为主,蛋白质增多,周围血中嗜酸性粒细胞达10%左右者占1/3,最高可达50%以上。严重者可出现瘫痪、嗜睡、昏迷甚至死亡。

【诊断】

持续性的嗜酸性粒细胞增多以及幼虫在皮肤和各器官中移行性的、以嗜酸性粒细胞浸润为主的肉芽肿性损害是各种蠕虫蚴移行症的共同特征。诊断方面需依据流行病学资料、病史、症状、体征和化验结果进行分析判断,并需与近似的疾病相鉴别。

1. 皮肤蠕虫蚴移行症的诊断 以动物钩虫蚴、人体钩虫及粪类圆线虫的幼虫引起的匐行疹(皮炎)最常见。均可在粪便中查见钩虫卵,并据此确诊。

2. 内脏蠕虫蚴移行症的诊断

(1)根据病人的年龄、饮食史、职业、与相关动物密切接触史等流行病学资料。

(2)有较为典型的临床表现,如患者出现缓慢移动的局部组织损害,伴长期间歇性中等发热,肝肿大,X线有肺炎改变及支气管哮喘样发作症状,持续性嗜酸性粒细胞增多,IgG、IgM、IgE水平增高。

(3)确诊有赖于罹患脏器和组织中找到病原体或特异性抗原、抗体。

【治疗】

1. 抗病原治疗

（1）吡喹酮（praziquantel）：是杀灭吸虫、绦虫类蠕虫蚴首选药物。治疗剂量以 25mg/kg，3 次/d，连服 3~5 天，必要时 2~4 周后重复治疗。个别病人可有心动过缓、期前收缩等，治疗前宜做常规心脏检查（包括心电图），心功能不良者慎用或剂量酌减。

（2）阿苯达唑（albendazole）：对线虫类蠕虫蚴有良好的驱虫效果，不良反应少。成人每次 10mg/kg，2 次/d，15 天为 1 疗程。必要时 2~4 周后重复治疗。

2. 对症和支持治疗　疗程中应注意和及时治疗可能发生的严重不良反应，如过敏性休克、颅内压增高等。给予对症及支持疗法，如降低颅内压、抗过敏等措施。

3. 手术摘除　对眼、食管、胃肠及皮下肿块可行手术摘除，术后仍应服 1 个疗程的杀虫药物。

【预防】

提高人们的卫生知识水平，了解这些病原寄生虫的感染方式及预防措施，改善居住条件及卫生设施。同时要提高医疗卫生工作人员的专业知识和技术水平，了解、识别和治疗这些疾病。在流行区进行人群的普查普治，尽量少接触野生动物，家养动物有患病亦要及时治疗。加强饮食卫生的管理，不吃未经煮熟的鱼、虾、蟹、蛙、蛇、螺、鸟禽等。在生产及生活的多种活动中，应杀灭水体中的螺类和入水前采取必要的防护措施（如涂擦防护药或穿戴防护衣裤等）。

（叶晓光）

学习小结

蠕虫蚴移行症是指一些原本在动物寄生的蠕虫的幼虫由于各种原因而在人体皮肤及各种器官中寄生、移行所引起的局部组织损害及全身症状。蠕虫蚴移行症分为二大类：皮肤蠕虫蚴移行症和内脏蠕虫蚴移行症。共同特征是发热、高球蛋白血症、持续性嗜酸性粒细胞增多等为主的变态反应现象及幼虫在皮肤和各器官如肝、肺、脑、眼、肠等中移行性的、以嗜酸性粒细胞浸润为主的肉芽肿性损害。结合流行病学资料、临床表现及病原学或血清学进行诊断。治疗上吡喹酮是杀灭吸虫、绦虫类蠕虫蚴首选药物。阿苯达唑对线虫类蠕虫蚴有良好的驱虫效果。针对眼、食管、胃肠及皮下肿块可行手术摘除。

复习参考题

1. 蠕虫蚴移行症的定义。

2. 蠕虫蚴移行症的分类。

3. 试述皮肤蠕虫蚴移行症有哪些主要临床类型。

第十章　医院感染

学习目标

掌握	医院感染的病原学特点、传播途径、临床表现、诊断。
熟悉	医院感染的治疗与预防。
了解	医院感染的发病机制。

　　医院感染(nosocomial infection, hospital infection)是指在医院或相关医疗机构获得的感染,包括在住院期间发生的感染和在医院内获得出院后发生的感染,但不包括入院前已开始或者入院时已处于潜伏期的感染。医院感染的主要对象为住院病人,原因为他们患有各种基础疾病,其免疫功能不全,在诊治过程中较易发生感染。

　　医院感染的病原体主要为细菌。临床表现复杂,诊断和治疗难度较大,病死率较高,因而必须进行积极的预防控制与诊治。

　　医院感染根据其来源可分为外源性感染和内源性感染。前者是指病人至病人、病人至医护人员、医护人员至病人的直接感染。或通过物品、外环境对人体的间接感染。这种医院感染通过严格的消毒、隔离措施,大部分是可以预防的。后者是指病人在接受诊疗处理的过程中,体表或体腔原有的常驻微生物发生移位而引起的感染,也称为自身感染。如长期使用广谱抗菌药物引起菌群失调而发生感染;营养不良或长期使用免疫抑制剂造成免疫功能受损诱发的感染均属这一类型。

【病原学】

(一)常见病原体的种类

　　医院感染可由细菌、病毒、真菌、立克次体和原虫等引起。最主要是细菌,占90%以上,且机会致病菌、多重耐药菌株在不断增加。

(二)常见病原体特点

　　1. 大部分为人体常驻菌群中的细菌　正常情况下,皮肤黏膜上的常驻菌群种类和数量保持相对稳定,并形成对外来细菌的拮抗和排斥作用。疾病、代谢紊乱、脏器功能障碍以及其他医源性因素均可改变常驻菌群的数量和构成比,为外来细菌侵入机体并在一定部位定植构成感染创造条件。

　　医源性诊疗操作也可破坏皮肤黏膜的完整性和屏障作用,使常驻菌群中的细菌侵入人体内部而引起感染。

　　2. 革兰氏阴性杆菌较多　近20年来,医院感染病原体种类中革兰氏阴性杆菌,尤其肠道杆菌科细菌,如大肠埃希菌、克雷伯杆菌、肠杆菌、枸橼酸杆菌、沙雷菌等,逐步增多,而革兰氏阳性化脓球菌逐步减少。

　　3. 多重耐药性细菌常见　从医院感染患者中分离出来的细菌,多半对抗生素具有耐药性,且多数是对多种抗生素均不敏感的多重耐药菌株。如耐甲氧西林金葡菌(MRSA)。

【流行病学】

（一）感染源

1. 患有各种感染的病人　是最重要的感染源。患者排出的脓液、分泌物等均存在大量的病原菌。且有较强的致病力。

2. 带菌者与自身感染　带菌，也称为微生物定植或寄居，一般情况下并不引起临床症状，也无可检出的免疫反应。只有由于某种因素发生移位，才引起自身感染，并能传播给他人。医生、护士等医院工作人员带有条件致病菌，在一定条件下也可成为重要的感染源。自身感染，也称内源性感染，其感染源来自病人自身。

3. 环境储源　医院环境中常有较多的病原微生物污染，可传播给易感病人。这些被污染的环境称为环境储源，由其引起的医院感染，也称环境感染。

4. 动物感染源　鼠类是沙门菌特别是鼠伤寒沙门菌的重要宿主，可导致相应的感染。

（二）传播途径

来自感染源的病原微生物，多数需经过媒介物传递，才能进入人体某一部位，引起定植或感染。在医院环境内，传播途径以接触传播最为重要，其次是经血传播、共同媒介物传播和空气传播，生物媒介传播较少。

1. 直接接触传播　病原微生物从病人或带菌者直接传给接触者，如直接接触到感染者病灶的脓液或性病患者的分泌物而受感染等。

2. 通过污染的手传播　由于手较温暖而潮湿，细菌容易生长，医护人员与病人以多种方式频繁接触，如体检、各种医疗操作等，通过污染的手造成接触感染机会较多。

3. 经血传播　乙型肝炎病毒、丙型肝炎病毒、巨细胞病毒和人类免疫缺陷病毒以及弓形虫等均可通过血液途径传播。

4. 空气传播　若空气中漂浮着带病原微生物的气溶胶微粒和尘埃，被易感者吸入或降落于治疗器材或病人创面，均可能导致医院感染。空调传播是特殊类型的空气传播，如军团病。

5. 经药品和医疗器械传播　药品和医疗器械一旦受病原微生物污染，可在短期内甚至同时引起多人感染，这种传播称为共同媒介物传播。

6. 经消化道传播　饮水、食物传播引起医院内肠道感染流行已较少见。但耐药性铜绿假单胞菌甚至葡萄球菌可随受其污染的饮水或食物进入患者肠腔并定植，在一定条件也可发生自身感染。

（三）病人的易感性

住院病人对条件致病菌的易感性较高，主要因为病人有不同程度的基础病变，如癌症、糖尿病或结核病等，其防御系统与免疫功能都不健全，特别容易发生感染；抗菌药物使用不当、免疫调节剂的应用、接受各种侵袭性操作均可增加感染的机会，此外，老年人免疫功能减退，原发病多，发生医院感染的概率也增加。

【发病机制】

（一）宿主免疫功能减退

当宿主免疫防御功能减退时，机体内外的机会性致病菌均可引起医院感染，其中由患者自身的菌群引起的内源性感染更为常见。

（二）各种侵袭性诊疗措施

气管插管、留置尿管、手术、血管内留置导管、各种内镜检查等，均给病原体的入侵提供了机会。

（三）抗菌药物使用不当

机体内各种微生物相互处于平衡状态，广谱抗菌药物使用不当，可破坏宿主微生态的平衡，正常菌群受到抑制,同时使一些耐药并有毒力的菌株被选择而得以繁殖并引起医院感染。

【临床表现】

临床表现与病原体及感染部位有关。

（一）常见的感染部位

1. 肺部感染　医院感染中肺部感染(医院获得性肺炎,NP)发病率最高,病死率居首位。病原种类较多,以革兰氏阴性杆菌居多。革兰氏阳性球菌中以金葡菌较为常见。临床主要表现为发热、咳嗽、痰液黏稠、呼吸增快。肺部有湿啰音,可有发绀。确诊须经 X 线胸片检查与痰标本细菌培养。

2. 尿路感染　在我国占第二位。病原菌主要是革兰氏阴性杆菌。常与导尿和尿路器械操作有关。大多数为无症状性菌尿,少数病人出现尿频、尿急、尿痛等尿路刺激症状及血尿。

3. 消化道感染　主要为感染性胃肠炎,指入院 48 小时后腹泻稀便每日超过 3 次,连续 2 天以上者。其病原菌有沙门菌、产肠毒素大肠埃希菌、致病性大肠埃希菌、侵袭性大肠埃希菌以及念珠菌等。临床表现因病原菌不同而异。

4. 抗生素相关性腹泻

（1）近期曾用或正在应用抗菌药,出现腹泻(3 次/d),水样便、血便、黏液脓血便或见斑块条索状假膜,排除慢性肠炎急发或急性胃肠感染及非感染性原因,具有下列情况之一者:①发热 38.5℃;②腹痛或腹部压痛、反跳痛;③血白细胞升高。

（2）病原学符合下列之一者:①大便涂片有菌群失调或培养发现有意义的优势菌;②纤维结肠镜检查见肠壁充血、水肿、出血,或见到 2~20mm 灰黄(白)色斑块假膜。

5. 败血症　发病率占医院感染的 5%。大肠埃希菌、铜绿假单胞菌、肺炎克雷伯杆菌凝固酶阴性葡萄球菌、金黄色葡萄球菌、肠球菌较多见,革兰氏阳性细菌、真菌引起者近年有增加趋势;少数可为两种以上细菌混合感染。败血症常见的表现为不规则寒战高热达 39~40℃ 以上,呈弛张热,中毒症状显著,有时伴有多器官功能损害,血常规检查白细胞显著增高可达 $15×10^9/L$ 以上,中性粒细胞 0.85~0.9 以上。系统炎症反应低下者,白细胞常不升高。血培养有病原菌生长可以确诊,多次行血培养,可提高阳性率并确定病原菌及敏感药物。

（二）各科手术的感染

外科手术切口与手术部位的感染随各科情况与部位而有不同。

1. 腹部外科的感染　可导致化脓性腹膜炎、胆道感染、坏死性胰腺炎等。

2. 心胸外科的感染　可致肺部感染,心内膜炎。

3. 烧伤外科的感染　常见病原菌为金葡菌、不动杆菌、铜绿假单胞菌与真菌,易并发肺部感染与败血症。

4. 神经外科的感染　中枢神经系统感染常见为化脓性脑膜炎、脑脓肿、脑室炎、脑室分流术后感染。

5. 泌尿外科的感染　常见有肾结石和尿路梗阻感染,病原菌常为大肠埃希菌、克雷伯菌、变形杆菌、肠球菌与葡萄球菌和念珠菌等。

6. 妇产科的感染　产褥感染和妇科手术后尿路感染最常见。

7. 耳鼻喉科的感染　有鼻窦手术后感染,中耳炎乳突手术后感染,经乳突的听神经瘤切除术后脑膜炎。病原菌为革兰氏阳性球菌或阴性杆菌。

8. 器官移植的感染　因患者需长期使用免疫抑制剂而引起感染。

【诊断与鉴别诊断】

（一）诊断

主要依靠临床资料、物理或生化检查、病原学检查等。

1. 病原诊断　重症感染需要了解:①病原菌的种类及其特点;②病原菌对抗菌药物的敏感性;③病原

菌分离出的部位以区分原发感染和继发感染;④多种细菌混合感染应区分主要菌和次要菌;⑤动态变化与菌群失调状况。

2. **病情诊断** 需确定:①感染部位:原发灶、毒血症、败血症、迁徙性炎症的部位;②老年人、婴幼儿或新生儿;③基础疾患种类、程度、治疗效果与现状;④诊治措施及其影响:侵入性诊疗措施,手术治疗的部位、引流、疗效与现状,免疫抑制治疗如化疗与放疗情况,抗菌药物治疗的详情如种类、剂量、用法、疗程、变动情况,疗效与副作用以及菌群失调的优势病原菌。

下列情况属于医院感染:

(1) 无明显潜伏期的感染,48小时后发生的为医院感染;有明确潜伏期者以入院时起超过该平均潜伏期的感染。

(2) 本次感染直接与上次住院有关。

(3) 原已有感染,又出现新部位感染,或在原感染已知病原体基础上又分离出新的病原体(排除污染和原来的混合感染)的感染。

(4) 新生儿经产道时获得的感染。

(5) 由于诊疗措施激活的潜在性感染,如疱疹病毒、结核分枝杆菌等的感染。

(二) 鉴别诊断

下列情况不属于医院感染:

1. 皮肤黏膜开放性伤口只有细菌定植而无症状和体征。

2. 由于创伤或非生物性因子刺激而产生的炎症反应。

3. 新生儿经胎盘获得(出生后48小时内发病)的感染,如单纯疱疹、弓形体病、水痘等。

【治疗】

(一) 抗菌药物的合理应用

抗菌药物的选用应考虑病原菌的种类、感染部位、基础疾病、抗菌药物药理特性等方面。首先根据临床诊断估计病原菌,对常见病原菌进行经验性治疗。因多重耐药性细菌和混合感染常见,所以经验性治疗的抗菌药物需选作用较强、较为广谱或联合用药。根据培养出的病原菌与药敏试验结果调整用药,以后再根据疗效、副作用酌情调整。

(二) 对症治疗

根据病人病情酌情处理基础疾病等情况。

【预防】

(一) 建立和健全医院感染管理组织

建立医院感染管理委员会、医院感染管理科、各科室医院感染管理小组等。建立和健全有关的规章制度,认真执行并经常督促与定期检查。

(二) 建立医院的监测制度

依据医院感染发生情况、高危因素,制定控制与管理措施,以降低医院感染发生率。

(三) 预防措施

1. 针对外源性感染的预防原则

(1) 加强"三基"培训,提高各项操作技术的熟练、精确度。

(2) 严格消毒、灭菌、隔离。

(3) 做好无菌操作。

2. 针对内源性感染的预防原则

(1) 避免扰乱或破坏病人的正常防御机制。

(2) 合理使用抗生素。

（3）仔细检查,明确诊断,及时治疗。

（4）对感染危险指数高的病人,采取保护性隔离和选择性去污染措施,控制内源性感染的发生条件。

（叶晓光）

学习小结

医院感染是源于医院或医疗机构的感染。 医院感染的主要对象为住院病人,多数是医源性感染。

医院感染的病原体主要是细菌。 大部分为人体常驻菌群中的细菌,以革兰氏阴性杆菌居多,多重耐药性细菌常见。 从医院感染患者中分离出来的细菌,多数对抗生素具有耐药性,甚至是对多种抗生素均不敏感的多重耐药菌株。

医院感染根据其来源可分为外源性感染和内源性感染。 前者是指病人至病人、病人至医护人员、医护人员至病人的直接感染。 或通过物品、外环境对人体的间接感染。 这种医院感染通过严格的消毒、隔离措施,大部分是可以预防的。 后者是指病人在接受诊疗处理的过程中,体表或体腔原有的常驻微生物发生移位而引起的感染,也称为自身感染。 如长期使用广谱抗菌药物引起菌群失调而发生感染;营养不良或长期使用免疫抑制剂造成免疫功能受损诱发的感染均属这一类型。

医院感染临床表现复杂,与病原体及感染部位有关。 诊断主要依靠临床资料、物理或生化检查、病原学检查等。 抗菌药物的应用要求有效、对症、安全与节约。 医院感染的病死率较高,因而必须进行积极的预防与诊治。

复习参考题

1. 简述医院感染的概念。

2. 哪些情况可以诊断医院感染?

3. 针对内源性医院感染的预防有哪些原则?

附录一　抗菌药物的临床应用

抗菌药物是指具杀菌或抑菌活性的各种抗生素、氟喹诺酮类和磺胺等药物。

【抗菌药物的药代动力学】

（一）抗菌药物的体内过程

1. 吸收　一般药物口服后 1~2 小时,肌注后 0.5~1 小时血药浓度可达峰值。口服后吸收迅速而完全,生物利用度高者有:氯霉素、克林霉素、头孢氨苄、头孢拉定、阿莫西林、利福平、多西环素、异烟肼、SMZ-TMP、甲硝唑及氟喹诺酮类的某些品种,如氧氟沙星,依诺沙星、培氟沙星等。口服后很少吸收或不吸收的有:氨基糖苷类、多黏菌素类、万古毒素等,吸收量约为给药量的 0.5%~3%。四环素的吸收低于给药量的60%;青霉素类多被胃酸破坏,口服青霉素 V 钾和氨苄西林后分别吸收给药量的 10%~25% 和 30%~50%。治疗轻中度感染时,可选用口服易吸收,且病原菌对之敏感的抗菌药物,并不需肌内注射或静脉给药,但治疗危重感染时则宜采用静脉注射或静脉滴注。

2. 分布　一般血供丰富组织,如肝、肾、肺等药物浓度较高;存在内部屏障或血供差的组织,如脑、脑脊液、骨、前列腺等药物浓度则较低。①骨组织中浓度较高的药物有:克林霉素、林可霉素、磷霉素和氟喹诺酮类等,骨组织中药物浓度可达血药浓度 0.3~2 倍;②前列腺中药物浓度较高的有:喹诺酮类、红霉素、SMZ-TMP、四环素等;③脑脊液中浓度较高的药物有:氯霉素、磺胺药、异烟肼、甲硝唑等,无论脑膜有无炎症,脑脊液中药物均可达有效杀菌或抑菌水平;苯唑西林、红霉素、林可霉素、氨基糖苷类等对血-脑屏障的穿透性较差,无论脑膜有无炎症,脑脊液中药物浓度均不能达到抑菌水平;某些青霉素类、头孢菌素类等药物在脑膜有炎症时,其血-脑屏障穿透性增高,脑脊液中药物浓度可达抑菌或杀菌水平,如青霉素 G、氨苄西林、头孢曲松、头孢他啶、头孢噻肟、头孢呋辛、环丙沙星、培氟沙星、万古霉素等;④浆膜腔和关节腔中药物浓度可接近血浓度的 50%~100%,除有包裹性积液或脓腔壁厚者外,一般不需局部注入药物;⑤易穿过胎盘屏障进入胎儿体内,对胎儿有不良影响的药物有:四环素、氯霉素、磺胺药、甲氧苄啶(TMP)、呋喃妥因、氟喹诺酮类等,此类药物的胎儿血药浓度相当于母体血药浓度的 50%~100%;氨基糖苷类、红霉素在30%~50%间;头孢菌素类、多黏菌素类、苯唑西林、克林霉素等约为 10%~15% 或更低。在妊娠期间应避免应用氨基糖苷类、四环素类和氟喹诺酮类等对胎儿有损害的药物。

3. 代谢　部分抗菌药在体内代谢,代谢物可保持原有抗菌活性,也可减弱或消失。氯霉素、异烟肼、磺胺药、头孢噻肟等在肝脏代谢后抗菌活性明显减低。

4. 排泄　①多数抗菌药自肾排出,尿药浓度高达血药浓度的数十至数百倍以上。即使主要不经肾排泄的大环内酯类、林可霉素类和利福平等也可在尿中达到有效药物浓度;②胆汁排出:大环内酯类、林可霉素类、利福平、头孢哌酮、头孢曲松、哌拉西林等主要或部分由肝胆系统排泄,并有部分药物经胆汁排入肠道后重新吸收入血,形成肝肠循环。上述药物的胆汁浓度均高,可达血药浓度的数倍至数十倍;氨基糖苷类和氨苄西林、哌拉西林等在胆汁中亦可达一定浓度;氯霉素、多黏菌素、万古霉素等在胆汁中浓度低;③粪便排泄:粪便中药物浓度较高者为:大环内酯类、四环素类、利福平及口服很少吸收的氨基糖苷类和万古霉素。

（二）抗菌药物的有效浓度和细菌药敏

一般抗菌药物的组织、体液浓度低于血药浓度，前者仅为后者的 1/2～1/10，因此为保证感染部位组织和体液中药物浓度达到有效水平，血药浓度应达到病原菌最低抑菌浓度（MIC）2～10 倍。一般常规剂量后，大多组织和体液内可达有效浓度，不需测定血液和其他体液的药物浓度；但在肾功能和肝功能损害时，或细菌对药物的敏感性较差时，应作血药浓度测定，根据测定结果调整给药方案，使药物浓度保持在适当范围内，保证用药的安全和疗效。

【细菌耐药性】

细菌耐药性分为染色体介导和质粒介导两种。

（一）染色体介导的耐药性

为细菌经物理或化学因素诱发，也可为遗传基因 DNA 自发突变所致，以后者为主，每个基因有一极低的突变率，细菌分裂 10^5～10^9 代后才出现一次突变。此种耐药性仅对一两种类似的药物耐药，且较稳定，其产生和消失与药物无关，突变造成的耐药性居次要地位。

（二）质粒介导的耐药性

耐药质粒广泛存在于各种细菌中。通过耐药质粒传递的耐药性在自然界发生的细菌耐药现象中最为多见，具重要意义。耐药质粒在细菌间通过下列方式转移：①转化：耐药菌溶解后释出的 DNA 进入敏感菌体内，其耐药基因与敏感菌中的同种基因重新组合，使敏感菌成为耐药。此种传递方式基本限于革兰氏阳性菌；②转导：耐药菌通过噬菌体将耐药基因转移给敏感菌，主要发生在金葡菌中耐药性转移；③接合：通过耐药菌和敏感菌的直接接触，主要发生在革兰氏阴性菌，特别是肠道细菌。通过接合方式一次可完成对多种抗生素的耐药转移，不仅可在同种细菌间进行，亦可在属间不同种细菌中进行，但其转移效果较差；④转座：耐药基因可从一个质粒转座到另一个质粒，从质粒到染色体或从染色体到噬菌体等。带有转座子的耐药质粒可通过插入顺序中碱基顺序的重新组合使耐药基因扩大，造成多重耐药，并易于传递散播，造成医院感染。

（三）耐药性发生机制

1. 灭活酶或钝化酶产生　①β-内酰胺酶：为细菌破坏抗生素的一类酶，β-内酰胺酶分为 A、B、C、D 四类。A 类以水解青霉素的 TEM-1 酶为代表，包括超广谱酶，β-内酰胺酶。B 类为金属 β-内酰胺酶，代表酶为 IMP-1 酶。C 类酶因染色体上含 AmpC 基因，亦称为 AmpC 酶，主要存在于肠杆菌科细菌。D 类即苯唑西林酶；②氯霉素乙酰转移酶：某些金葡菌、表葡菌、D 组链球菌和革兰氏阴性杆菌可产生此酶，使氯霉素转化为无抗菌活性的代谢物；③氨基糖苷类钝化酶：多由质粒所控制，基本均由革兰氏阴性菌产生。

2. 抗生素渗透障碍　细菌细胞壁障碍或细胞膜通透性的改变，导致抗生素无法进入细胞内发挥抗菌作用。革兰氏阴性菌对许多抗生素固有耐药性即由其胞壁中的非特异性屏障所致。革兰氏阳性菌对多黏菌素类耐药系由于后者难以透过细菌的厚胞壁所致。氨基糖苷类不易穿透革兰氏阳性菌，如肠球菌的细胞壁，需要较大量才能发挥抗菌作用。

3. 靶位改变　某些细菌可改变靶位酶，使之不易为抗生素所作用。

4. 其他　细菌代谢改变、营养缺陷和外界环境变化等都使细菌耐药性增加。

无论染色体或质粒介导的耐药性一般只发生在少数细菌中，难以与优势菌竞争，故其危害性不大；只有当敏感菌在抗菌药物的选择性压力下被大量杀灭后，耐药菌才得以大量繁殖成为优势菌，并导致各种感染发生，因此细菌耐药性的发生与发展是抗菌药物广泛应用、无指征滥用的结果。

（四）细菌耐药性防治

建立细菌耐药性监测网，掌握致病菌对抗菌药物敏感性准确资料，供临床选用抗菌药物参考。医务人员必须严格掌握抗菌药应用指征，严格掌握抗菌药局部、预防和联合应用指征。医院严格执行消毒隔离制度,防止耐药菌交叉感染。

【抗菌药物临床应用原则】

（一）快速确立病原学诊断

确立病原学诊断是合理选用抗菌药物的先决条件。多次送检样本,提高致病菌检出率,分离和鉴定病原菌后必须作药敏试验,宜同时作联合药敏测定,并保留细菌标本,以备作血清杀菌试验等使用。

（二）合理应用抗菌药物

熟悉选用药物的适应证、抗菌活性、药代动力学和不良反应。在药敏结果未知前或病原未能分离而临床诊断较明确者可先行经验治疗。选用药物应结合抗菌活性、药动学、药效学、不良反应、药源、价格等综合考虑。药敏结果获知后是否调整用药应以经验治疗的临床效果为主要依据。

（三）合理用药

应根据患者的生理、病理、免疫等状态而合理用药。新生儿体内酶系统发育不全,血浆蛋白结合药物的能力较弱和肾小球滤过率较低,故按体重计算抗菌药物用量后,其血药浓度较年长儿童和成人为高,血药半衰期也延长。老年人血浆蛋白低,肾功能减退,致用同量抗菌药物后血药浓度较青壮年为高,血药半衰期亦延长。因此,新生儿应用抗菌药物时应按日龄调整剂量或给药间隔;而老年人应用抗菌药物时应根据肾功能情况予以调整,用量以偏小为宜,如能定期监测血药浓度则更为妥当。孕妇肝脏易遭受药物损伤,避免应用四环素类和红霉素酯化物;氨基糖苷类、氯霉素、磺胺药、氟喹诺酮类等易通过胎盘屏障对胎儿造成不良反应,故应避免使用;孕妇血浆容积增大,血浆蛋白量减少,血药浓度降低,因此妊娠期间用药量应略高于一般常用量。

肝功能损伤患者应慎用或避免用四环素类、氯霉素、红霉素酯化物、利福霉素类、异烟肼、磺胺药、酮康唑、林可霉素、克林霉素等。肾功能减退时氨基糖苷类、万古霉素、多黏菌素类、呋喃妥因、四环素、头孢噻啶不宜应用;也可根据肾功能损害程度,调整药物剂量。

（四）抗菌药物的预防应用

抗菌药物的预防应用要严加控制。如:①风湿热复发的预防:对儿童或成人进行长期预防用药,直至病情稳定。常用药为苄星青霉素,60~120万U肌内注射,每月一次;对青霉素过敏者用红霉素口服;②流脑预防:流脑流行时,对重点机构及与病人密切接触者采用SMZ预防,每日1.0~2.0g,分2次口服,疗程2~3日。亦可用利福平;③疟疾预防:用乙胺嘧啶与磺胺多辛的复方制剂作为预防用药,每2周一次,每次2片(每片含乙胺嘧啶25mg、磺胺多辛500mg),连用3个月。宜于进入疫区前2周开始,离开疫区后继续服药6周;④结核病预防:与新发现排菌患者密切接触的儿童,结核菌素试验新近阳转的青年以及糖尿病、矽肺患者中结核菌素试验阳性者为预防对象。异烟肼剂量成人300mg,儿童5~10mg/kg,一次顿服,疗程6~12月;⑤新生儿眼炎预防:致病菌为淋球菌和沙眼衣原体,宜用红霉素(0.15%)、四环素(0.5%)或硝酸银(1%)眼药水滴眼;⑥实验室感染预防:布鲁菌病、鼠疫等实验室工作者不慎感染宜用四环素及链霉素或庆大霉素常用剂量,疗程10天;⑦菌尿症:妊娠期和婴儿菌尿症宜给予相应抗菌药物治疗以防止感染上行至肾;⑧外科领域中抗菌药物预防应用:目前主张术前或麻醉开始皮肤切开前30分钟给药1次,手术时间超过6小时可重复给药1次,预防用药不超过24小时,污染手术用药3天;⑨严重烧伤,创面或焦痂下常有金葡菌、铜绿假单胞菌、肠杆菌科细菌、A组溶血性链球菌,扩创前用哌拉西林(2g)加头孢唑林(1g)静脉注射,术后同量,每4~6小时1次,疗程3~5天。

（五）抗菌药物的联合治疗

联合用药目的在于获得协同或累加作用。联合用药指征为:①病原未明的严重感染;②单一抗菌药物不能控制的严重混合感染;③单一抗菌药不能控制的严重感染,如感染性心内膜炎或败血症;④需较长期用药而细菌可能产生耐药性者,如结核病、慢性骨髓炎等;⑤减少药物毒性反应,如两性霉素B和氟胞嘧啶合用,前者用量可减少,从而减轻毒性反应。

（六）常用抗菌药物的合理选用

1. β-内酰胺类　包括青霉素类、头孢菌素类和其他 β-内酰胺类。此类抗生素影响细菌细胞壁合成，为杀菌剂，具有抗菌活性强、毒性低、疗效好等优点。

（1）青霉素类：①青霉素 G 对需氧革兰氏阳性球菌和奈瑟菌属、流感嗜血杆菌、厌氧菌、梅毒、钩端螺旋体病、鼠咬热、气性坏疽、炭疽等具有较强的杀菌作用。苄星青霉素用于预防风湿热复发；②耐酶青霉素：甲氧西林是耐酶青霉素，因不良反应多，现已不用。异噁唑组青霉素耐酸、耐酶，有苯唑西林、氯唑西林等，其抗菌活性较甲氧西林强 10 倍以上，对溶血性链球菌、肺炎球菌、草绿色链球菌等革兰氏阳性球菌有抗菌作用，但较青霉素为差，限用于治疗产酶金葡菌和凝固酶阴性葡萄球菌感染，耐甲氧西林葡萄球菌对本组药物也耐药；③广谱青霉素：有氨基青霉素（为氨苄西林）和抗假单胞菌青霉素（为羧苄西林、磺苄西林、哌拉西林等）。氨苄西林对 A 组溶血性链球菌、B 组溶血性链球菌、肺炎链球菌、草绿色链球菌和金葡菌有较强活性；对肠球菌和李斯特菌属的作用优于青霉素。

（2）头孢菌素类：①第一代头孢菌素：对需氧革兰氏阳性菌有良好抗菌活性，血药半衰期大多较短，不易进入脑脊液中，有肾毒性。有头孢噻吩、头孢唑林、头孢拉定、头孢氨苄等。用于金葡菌等敏感细菌所致的呼吸道感染、尿路感染、皮肤软组织感染、败血症、感染性心内膜炎、肝胆系感染、眼耳鼻喉科感染及预防外科手术后感染等治疗；②第二代头孢菌素：对革兰氏阳性菌的作用与第一代者相似，对多数肠杆菌科细菌有较好抗菌活性；对各种 β-内酰胺酶较稳定；血药半衰期较短；在脑脊液中浓度较高；无肾毒性。有头孢呋辛、头孢克洛、头孢孟多、头孢呋辛酯等。用于革兰氏阳性和阴性细菌的各种感染及预防外科手术后感染；③第三代头孢菌素：对革兰氏阴性菌，尤其是肠杆菌科细菌、奈瑟菌属、流感杆菌均有强大抗菌活性；对 β-内酰胺酶高度稳定；有头孢噻肟、头孢曲松、头孢哌酮、头孢他啶等；④第四代头孢菌素：与第三代头孢菌素相比抗菌活性更强，对细菌产生 β-内酰胺酶更稳定，有头孢匹罗、头孢吡肟。其对革兰氏阳性球菌作用较第三代头孢菌素明显增强。对革兰氏阴性菌的作用与第三代头孢菌素相似。

（3）其他 β-内酰胺类抗生素：①头霉素类：对革兰氏阳性和阴性、需氧和厌氧菌均有抗菌活性，对 β-内酰胺酶稳定。有头孢西丁、头孢美唑、头孢替坦等；②碳青霉烯类：有高效能抗菌活性。有硫霉素和亚胺培南。亚胺培南与等量西司他丁合用，用于治疗重度感染病因未明者和复数菌感染、腹腔与盆腔感染等；③单环 β-内酰胺类：有氨曲南，对革兰氏阴性菌抗菌作用强。

2. 氨基糖苷类抗生素　有链霉素、新霉素、卡那霉素、妥布霉素、核糖霉素、大观霉素、庆大霉素、西索米星、小诺米星、阿米卡星、奈替米星、依替米星、异帕米星等。氨基糖苷类抗生素特点为：①水溶性好，性质稳定，在碱性环境中作用较强；②抗菌谱广，对葡萄球菌、革兰氏阴性杆菌抗菌活性强，某些品种对结核杆菌及其他分枝杆菌属有作用；③对细菌作用机制为抑制蛋白质合成，为杀菌剂；④与人血清蛋白结合率低；⑤胃肠道吸收差，肌注经肾排出，有肾毒性和耳毒性及神经肌肉接头阻滞作用；⑥细菌对不同品种间有部分或完全交叉耐药。

各种氨基糖苷类抗生素的选择：①链霉素用于结核病初治病例，常与异烟肼、利福平等联合应用；与青霉素合用治疗草绿色链球菌心内膜炎；与四环素或氯霉素合用治疗布鲁菌病、鼠疫等；②新霉素毒性大，仅口服或局部用药；③卡那霉素耐药率高，耳肾毒性大，已趋淘汰；④庆大霉素、妥布霉素、奈替米星、阿米卡星抗菌作用基本相似，妥布霉素对铜绿假单胞菌活性较强。庆大霉素对沙雷菌属及其他肠杆菌科细菌活性较强，奈替米星对金葡菌及其他革兰氏阳性球菌活性较强，阿米卡星对细菌产生的钝化酶稳定，对庆大霉素耐药菌株多数仍具抗菌活性；⑤大观霉素临床应用的适应证为无并发症的淋病。

3. 大环内酯类　为快效抑菌剂。用于需氧革兰氏阳性菌及军团菌、胎儿弯曲菌、衣原体、支原体和某些厌氧菌、奴卡菌、分枝杆菌的治疗。在碱性环境中抗菌作用较强，在痰、皮下组织和胆汁中药物浓度明显超过血药浓度，经胆汁排泄，进行肝肠循环，毒性低微。有红霉素、麦迪霉素、乙酰螺旋霉素、柱晶白霉素、交沙霉素、罗红霉素、阿奇霉素、克拉霉素等。用于革兰氏阳性菌感染、支原体肺炎、军团菌病、衣原体感染、L-型细菌感染、弯曲菌肠炎、白喉带菌者等治疗。

4. **四环素类** 为快效抑菌剂。除对常见致病菌外,对立克次体、支原体属、衣原体属、非典型分枝杆菌属和阿米巴原虫均有抑制作用。有土霉素、四环素、多西环素、米诺环素等药物。

5. **氯霉素类** 为快速抑菌剂。用于革兰氏阳性和阴性菌,如链球菌、肺炎球菌、奈瑟菌属、流感杆菌、沙门菌属、厌氧菌、金葡菌和某些肠杆菌科细菌的治疗,对螺旋体、军团菌、胎儿弯曲菌、衣原体、肺炎支原体和立克次体亦具良好作用。易透过血-脑屏障,易渗入细胞内,由肾小管分泌排出。有氯霉素和甲砜霉素。用于伤寒、立克次体病、厌氧菌感染及脑膜炎等治疗。

6. **林可霉素与克林霉素** 为快速抑菌剂,对革兰氏阳性菌及厌氧菌具良好活性。在肝内代谢,经胆汁和粪便排泄,骨与骨髓中浓度高,易透过胎盘。

7. **利福霉素类** 通过抑制细菌 RNA 合成,使 DNA 和蛋白质合成停止。有利福平、利福定、利福喷丁、利福布丁等。用于结核病和金葡菌及革兰氏阳性菌和厌氧菌治疗。

8. **多肽类** 抗菌谱窄,抗菌作用强,属杀菌剂,肾毒性突出,适应证较严格。①多黏菌素:因毒性大,已基本被氨基糖苷类和第三代头孢菌素等取代;②万古霉素与去甲万古霉素:用于严重革兰氏阳性菌感染,特别是耐甲氧西林金黄色葡萄球菌(MRSA)、耐甲氧西林表皮葡萄球菌(MRSE)及肠球菌感染。对难辨梭状芽孢杆菌所致假膜性肠炎具良好疗效;③替考拉宁:对革兰氏阳性菌具强大作用,是万古霉素替代用药。肾功能正常的成人首剂 400mg,继则 200~400mg。

9. **抗真菌药** 两性霉素 B 及其含脂制剂:两性霉素 B 为多烯类抗真菌药,通过与敏感真菌细胞膜上的甾醇相结合,引起细胞膜的通透性改变,导致细胞内重要物质渗漏,而使真菌细胞死亡。两性霉素 B,因其毒性大,应用受到一定限制。氟胞嘧啶在真菌细胞内代谢为氟尿嘧啶,替代尿嘧啶进入真菌的 RNA,从而抑制 DNA 和 RNA 的合成,导致真菌死亡。对新型隐球菌、念珠菌属具有良好抗菌作用,但非白念珠菌对该药的敏感性较白念珠菌差。吡咯类抗真菌药抗真菌谱广,毒性也小;临床品种有酮康唑、咪康唑、益康唑、伊曲康唑、伏立康唑、泊沙康唑等。棘白菌素类抗真菌药物能抑制许多丝状真菌和念珠菌细胞壁成分 β-(1,3)-D-葡聚糖的合成,使真菌细胞溶解。该类药物对烟曲霉、黄曲霉、土曲霉和黑曲霉具良好抗真菌活性,对白念珠菌等多数念珠菌属具高度抗真菌活性,但对近平滑念珠菌作用相对较弱。新型隐球菌对本品天然耐药。目前国内已上市的棘白菌素类抗真菌药有卡泊芬净和米卡芬净。

10. **抗结核药物** 异烟肼对细胞内外的结核菌均有杀菌作用,口服吸收迅速而完全,药物在体内分布广,可透过血-脑屏障,脑膜炎症时脑脊液药物浓度几乎与血药浓度相等,亦可通过胎盘进入胎儿体内。对肝和周围神经有损害。此外尚有利福平、链霉素,对氨基水杨酸、乙胺丁醇、吡嗪酰胺、乙硫异烟胺和丙硫异烟胺等。

11. **磺胺药与 TMP** 磺胺药阻止细菌叶酸代谢,为抑菌剂,与 TMP 联合使细菌叶酸代谢阻断,具杀菌作用。其抗菌谱广,对链球菌、脑膜炎球菌、大肠埃希菌、伤寒杆菌、志贺菌属等有良好抗菌作用。对肺孢子菌有特效。主要在肝内代谢灭活。

12. **喹诺酮类** 作用于细菌的 DNA 旋转酶,干扰 DNA 合成而致细菌死亡,为杀菌剂,抗菌谱广。对革兰氏阳性和阴性菌均具抗菌作用,某些品种对结核分枝杆菌、支原体、衣原体及厌氧菌亦有作用;对细胞内细菌如军团菌、沙门菌、分枝杆菌等作用良好;经肾排出,尿中浓度高;半衰期较长;副作用轻微。临床常用品种有:①诺氟沙星:用于尿路感染和肠道感染;②氧氟沙星:抗菌活性强,对肺炎支原体、奈瑟菌属、厌氧菌及结核杆菌等有一定作用,经肾排出;③环丙沙星:抗菌谱广,抗菌活性为目前临床应用的喹诺酮类中最强者,对军团菌、弯曲菌亦有抗菌作用,对耐药铜绿假单胞菌、MRSA、产酶淋球菌、产酶流感杆菌等均有良好活性;④培氟沙星:抗菌谱与诺氟沙星相似,对军团菌和 MRSA 有效。孕妇和小儿不宜应用,大剂量静注可引起抽搐。其他尚有加替沙星、吉米沙星、莫西沙星等,其抗革兰氏阳性菌、厌氧菌及细胞内病原体的活性增强。

13. 噁唑烷酮类　利奈唑胺为噁唑烷酮类抗菌药物,通过抑制细菌蛋白质合成发挥抗菌作用。利奈唑胺对金黄色葡萄球菌(包括 MRSA)、凝固酶阴性葡萄球菌(包括 MRCNS)、肠球菌属(包括 VRE)、肺炎链球菌(包括青霉素耐药株)、A 组溶血性链球菌、B 组链球菌、草绿色链球菌均具有良好抗菌作用。对卡他莫拉菌、流感嗜血杆菌、淋病奈瑟菌、艰难梭菌均具有抗菌作用。对支原体属、衣原体属、结核分枝杆菌、鸟分枝杆菌、巴斯德菌属和脑膜炎败血黄杆菌亦有一定抑制作用。肠杆菌科细菌、假单胞菌属和不动杆菌属等非发酵菌对该药耐药。

14. 其他抗生素　磷霉素抗菌谱广,对革兰氏阳性菌、革兰氏阴性菌及铜绿假单胞菌均有抗菌活性。适用于敏感细菌所致各种感染。

【抗菌药物的不良反应及其治疗】

(一)毒性反应

1. 神经系统　如用青霉素类剂量过大可引起"青霉素脑病",出现惊厥、癫痫、昏迷等反应,于用药后 24~72 小时内出现。氨基糖苷类易引起前庭功能损害或耳毒性。乙胺丁醇可致球后视神经炎。大剂量静注氨基糖苷类或多黏菌素等可引起神经肌肉接头阻滞,出现眼睑下垂、复视、吞咽困难、四肢无力、神志不清、呼吸麻痹等。氨基糖苷类、异烟肼、呋喃类药、多黏菌素、乙胺丁醇等可引起周围神经炎。氯霉素、普鲁卡因青霉素、异烟肼、两性霉素 B 等可引起精神症状,如失眠、幻视、幻听、定向力障碍、癫痫样发作等。

2. 肾脏　氨基糖苷类、多黏菌素、两性霉素 B、万古霉素等由肾排泄,可引起肾毒性。老年人、新生儿、肾功能减退者易发生,必须定期查肾功能。

3. 肝脏　异烟肼、利福平、红霉素酯化物、四环素类、氯霉素、磺胺药、等均引起肝毒性,临床表现类似肝炎的症状。

4. 血液系统　氯霉素、β-内酰胺类、链霉素、四环素类、万古霉素、多黏菌素、利福平等可引起骨髓造血抑制,造成贫血、粒细胞减少、血小板减少等,应定期检查血常规,网织红细胞计数等。

5. 其他　抗菌药物口服或注射后胆汁中浓度较高者可引起胃肠道反应,化学刺激是主要原因,但也可是肠道菌群失调的后果,或两者兼而有之。红霉素、氨基糖苷类、磺胺药等口服后也易出现胃肠道反应。抗菌药物静注或静滴后可引起血栓性静脉炎。抗菌药物肌注可引起局部疼痛,氟喹诺酮类不宜用于妊娠期或哺乳期妇女和骨骼系统未发育完全的小儿。两性霉素 B 和万古霉素静滴过快可发生心室颤动、心跳骤停等。

(二)变态反应

抗菌药可引起过敏性休克、药物热、皮疹、血清病样反应、血管神经性水肿等过敏反应,以青霉素引起过敏性休克最为严重,其次为链霉素。以氨苄西林引起的皮疹最多见。喹诺酮类、磺胺药等亦可引起。

(三)二重感染

抗菌药物应用中可诱发二重感染,长期应用抗菌药物者尤易发生。老年、婴幼儿及严重基础病患者,如恶性肿瘤、糖尿病、艾滋病等是二重感染的高危人群。二重感染的致病菌以金葡菌、革兰氏阴性杆菌及念珠菌较多。

(王福祥)

学习小结

抗菌药物是指具有杀菌或抑菌活性的各种抗生素、氟喹诺酮类和磺胺等药物。

细菌耐药性分为染色体介导和质粒介导两种。耐药性发生机制与灭活酶或钝化酶产生,抗生素渗透障碍,靶位改变及细菌代谢改变、营养缺陷和外界环境变化等均有关。肝功能损伤患者应慎用或避免用四环素类、氯霉素、红霉素酯化物、利福霉素类、异烟肼、磺胺药、酮康唑、林可霉素、克林霉素等。

肾功能减退时氨基糖苷类、万古霉素、多黏菌素类、呋喃妥因、四环素、头孢噻啶不宜应用，也可根据肾功能损害程度，调整药物剂量。 联合用药指征为：①病原未明的严重感染；②单一抗菌药物不能控制的严重混合感染；③单一抗菌药不能控制的严重感染，如感染性心内膜炎或败血症；④需较长期用药而细菌可能产生耐药性者，如结核病、慢性骨髓炎等；⑤减少药物毒性反应，如两性霉素 B 和氟胞嘧啶合用治疗深部真菌病，前者用量可减少，从而减轻毒性反应。 抗菌药物的不良反应包括毒性反应（神经系统、肾脏、肝脏、血液系统等毒性反应），变态反应及二重感染。

复习参考题

1. 简述抗菌药物临床应用原则。

2. 简述第三代头孢菌素的药理特点。

附录二　传染病的消毒与隔离

消毒与隔离是阻止传染病传播的重要手段之一,是在传染源和传播途径上阻断病原微生物传播的具体实施的方法。

【消毒】

消毒是通过理化方法或生物方法,杀灭或清除传播媒介上的病原微生物的过程。

(一) 消毒的种类

1. 疫源地消毒　对发现严重传染病(往往是甲类法定传染病)地区进行的消毒。在患者传染源痊愈或死亡后对其居所进行的一次性彻底消毒称终末消毒。对传染源的排泄物或污染的物品进行消毒称随时消毒。

2. 预防性消毒　在未明确传染源情况下对可能的污染场所、物品或人体进行的消毒。

(二) 消毒方法

根据消毒方法作用的强弱可分为灭菌、高效、中效和低效消毒方法或消毒剂。

1. 物理消毒

(1) 热力灭菌法:包括煮沸消毒、高压蒸汽灭菌、火烧和巴氏消毒法。热力消毒灭菌可靠,能杀灭包括芽胞在内的各型微生物。但巴氏消毒法温度仅 65~75℃,10~15 分钟,不能杀灭芽胞。

(2) 辐射消毒法:包括非电离辐射(紫外线、红外线和微波)和电离辐射(γ、β 射线)。紫外线常用于室内空气、一般物体表面消毒,可杀灭除真菌孢子、细菌芽胞、乙肝病毒和 HIV 外的各型微生物,但因其为低能量光波辐射,穿透力差,且因产生臭氧对人体呼吸道有害,应用受限。电离辐射对不耐热物品灭菌又称为"冷灭菌",多用于生物制品、精密器械和一次性医用品的灭菌。

2. 化学消毒法　是用化学药物使病原微生物蛋白变性而灭活方法。种类繁多,分为液体、固体和气体消毒剂。常用消毒剂如下:

(1) 含氯消毒剂:漂白粉(氯石灰)、次氯酸钠、氯胺等。溶于水中产生次氯酸发挥强杀菌作用。适用于水源、餐具、环境消毒。

(2) 碘类消毒剂:常用 2%碘酊或 0.5%碘伏,对黏膜或皮肤无刺激,易脱碘,具有创伤消毒、止血、组织再生作用,常用于手术消毒、伤口清洗消毒或器皿消毒。

(3) 醇类消毒剂:常用 75%乙醇及异丙醇,但对 HBV 及细菌芽胞无效。

(4) 醛类消毒剂:甲醛、戊二醛等。对橡胶、塑料、金属器械无腐蚀性,使用于内镜等精密仪器消毒。

(5) 氧化消毒剂:过氧乙酸、臭氧、高锰酸钾等。靠强氧化活性杀菌,具有广谱、速效、低毒特点,但具有腐蚀性和刺激性。

(6) 杂环类气体消毒剂:环氧乙烷、环氧丙烷等,杀灭芽胞能力强,对物体无损害,但易燃易爆。

【隔离】

隔离是将传染源置于特定环境(专科医院、隔离病房等)在其传染期内限制其活动范围、方便消毒和治疗,是防止病原微生物扩散传播的重要措施。达到以上目标,必须采取一定隔离方式、借助隔离用具和设施并严格执行隔离消毒制度。

隔离方式:根据传染病传播不同途径,采取不同的隔离方式,例如严密隔离(霍乱、肺鼠疫、肺炭疽、SARS)、消化道隔离(消化道传染病:伤寒、细菌性痢疾、甲或戊型肝炎)、呼吸道隔离(呼吸道传染病)、接触隔离(狂犬病、破伤风)、昆虫隔离(虫媒传染病:疟疾、登革热、斑疹伤寒)等。

隔离用具与设施:口罩、手套、护目镜、隔离衣、手清洁、蚊帐、消毒剂与隔离病房。

隔离制度:根据不同隔离方式要求制定的一套隔离消毒制度。只有严格监督管理执行相关消毒隔离制度,才能达到隔离目的。根据不同传染病制定相关隔离消毒流程,并清晰标示在显眼位置,以利监督落实和执行。

举例:肺炭疽或 SARS 的隔离消毒措施。

肺炭疽或 SARS 属呼吸道传染病,炭疽也可接触传播。采取严密隔离方式和严格消毒制度如下:

(1) 患者限制于独立隔离病房(最好是负压病房)中,关闭门窗,禁止陪伴和探视;

(2) 进入者需预先穿戴隔离衣帽和隔离鞋,戴生物防护型(N95)口罩、眼罩和手套;

(3) 患者呼吸道分泌物和用品置于特定标识的污物(袋)桶中,采取严格灭菌消毒方式处理;

(4) 如无负压病房,室内空气和地面定期紫外线照射(患者需避免直接受紫外线照射);

(5) 看护完患者的医护人员出病房后,即刻在指定的区域将隔离衣帽、隔离鞋、口罩用 0.5% 过氧乙酸液喷洒消毒,然后轻缓脱下置于指定的污物桶中,手用速消液揉搓消毒,清水清洗口鼻后方可离开。隔离用具采取严格灭菌消毒方式处理。

【传染病常用消毒处置方法】

1. 空气消毒　关闭门窗无人情况下,采取紫外线照射或消毒剂熏蒸或喷雾进行终末消毒。每立方用 15% 过氧乙酸 7ml(1g/m³),熏蒸 2 小时,或用 2% 过氧乙酸 8ml/m³ 进行气溶胶喷雾消毒 60 分钟,消毒后开窗通风。

2. 地面及物体表面消毒　0.3%~0.5% 过氧乙酸液、或有效氯为 1~2g/L 含氯消毒液喷雾,作用时间 60 分钟。

3. 衣服、纸张消毒　消毒物品挂于密闭柜子或房间内,用每立方米 15% 过氧乙酸 7ml(1g/m³)于容器加热熏蒸 2 小时。耐湿耐热的衣服、被褥用煮沸消毒 30 分钟或高压灭菌蒸汽消毒。

4. 患者排泄物消毒　患者呕泻物 1000ml 加漂白粉 50g 或有效氯 20g/L 的含氯消毒剂溶液,搅匀放置 2 小时。污染的容器可用含有效氯 5g/L 含氯消毒剂溶液或 0.5% 过氧乙酸浸泡 30 分钟。

5. 患者尸体消毒　用 0.5% 过氧乙酸溶液浸湿的布单严密包裹后外送尽快火化。

（郭亚兵）

附录三　预防接种

附表　常用接种制剂

制品名称	性质	接种对象	接种剂量和方法	免疫期与复种	保存和效期
脊髓灰质炎（小儿麻痹）糖丸活疫苗存 5 个月，-20℃有效	活/自/病毒	2 个月~7 岁儿童为主，其他年龄亦可	初服者采取单价疫苗，按Ⅰ→Ⅲ→Ⅱ型顺序口服，间隔 1 个月；也可先服Ⅰ型，1 个月后同时服Ⅱ、Ⅲ	免疫期 3 年以上。第二年，第三年及 7 岁时各服 1 全程	30~32℃保存 2 天，20~22℃保存 12 天，2~10℃保期两年
麻疹活疫苗	活/自/病毒	主要为 8 个月以上的易感儿童	皮下注射 0.2ml	免疫期 4~6 年以上，一般无需复种	保存于 2~10℃，液体疫苗有效期 2~3 个月，冻干疫菌效期 1 年，开封后应在 1 小时内用完
流行性乙型脑炎疫苗	死/自/病毒	6 个月~10 岁儿童	初种皮下注射 2 次，相隔 7~10 天，6~12 个月龄，每次 0.25ml，1~6 岁，每次 0.5ml，7~15 岁，每次 1ml	免疫期 1 年，第二年起每年加强注射 1 次，剂量同左	保存于 2~10℃，有效期 1 年，25℃以下存放，有效期 1 个月
甲型流行性感冒活疫苗	活/自/病毒	健康成年人	1ml 疫苗加 4ml 生理盐水，混匀后喷入鼻内，每鼻孔约 0.25ml	免疫期 6~10 个月	2~10℃暗处保存，液体疫苗效期 4 个月，冻干疫苗效期 1 年
乙型肝炎疫苗	死/自/抗原	新生儿及未感染过乙肝的人员或密切接触者	新生儿出生后 24 小时内注射 30 μg，以后于 1、6 个月分别注射 20 μg。成人：0、1、6 个月各注射 30 μg	免疫期 5 年，每 5 年加强注射 1 次	2~8℃有效期 2 年
森林脑炎疫苗	死/自/病毒	流行地区居民	皮下注射 2 次，相隔 7~10 天，2~6 岁每次 0.5ml，7~10 岁每次 1ml，11~15 岁每次 1.5ml，16 岁以上第一次 2ml，第二次 3ml	免疫期 1 年，每年加强注射 1 次，除 16 岁以上为 3ml 外，其他年龄每次剂量同初种	2~10℃效期 1 年，25℃以下，效期 1 个月

制品名称	性质	接种对象	接种剂量和方法	免疫期与复种	保存和效期
狂犬病疫苗（地鼠肾疫苗）	死/自/病毒	被狂犬或其他患狂犬病动物咬伤、抓伤	轻度咬伤者于当天、第7天和第14天各肌注2ml。重度咬伤者当天，第3、7、14和30天各肌注2ml，5岁以下儿童1ml，2岁以下每0.5ml	全程免疫后3个月内再次被狂犬咬伤，一般不必再注射疫苗；全程免疫后3-6月再度被咬伤，应加强注射2次，间隔1周，剂量同左；注射6个月后再被咬伤，则需再次全程免疫。	2~10℃，效期3个月
冻干黄热病疫苗	活/自/病毒	出国到黄热流行地区的人员或黄热病研究者	以无菌生理盐水5ml溶解后，皮下注射0.5ml1次	免疫期10年	−20℃效期一年半，2~20℃效期6个月
流行性斑疹伤寒疫苗	死/自/立克次体	流行地区人群	皮下注射3次，相隔5~10天，15岁以上0.5、1.0、1.0ml，15岁以下0.3~0.4、0.6~0.8、0.6~0.8ml	免疫期1年，每年加强注射1次，剂量同第3针	2~10℃效期1年
钩端螺旋体	死/自/螺旋体	流行地区7~60岁的人群，以及进入该地区的人员	皮下注射2次，相隔7~10天，剂量1ml、2ml。7~13岁用量减半	免疫期1年，每年加强注射2次，剂量同初种	2~10℃效期1年半
卡介苗	活/自/细菌	初生婴儿及结核菌素试验阴性的儿童	①口服法：只限于2个月龄以下儿童，出生后第3日即可服用，每次1ml，隔天1次，连服3次 ②皮上划痕法：1岁以下健康儿童为主要对象。消毒皮肤后，滴上菌苗2~3滴，用消毒缝针作十字或井字进痕，每痕长1cm ③皮内注射法：1岁以上儿童，皮内注射0.1ml	免疫期3~4年，在3~4岁，7~8岁及10~12岁各作结核菌素试验，阴性者复种	2~10℃，液体菌苗效期6周，冻干菌苗效期1年
百日咳	死/自/细菌	3个月~6岁儿童	皮下注射3次，0.5、1.0、1.0ml，相隔3~4周	免疫期1~2年，以后每1~2年注射1次1ml	2~10℃，效期1年半
霍乱菌苗	死/自/细菌	根据疫情安排，重点为环境卫生及饮食业工作人员、医务人员及水上居民	皮下注射2次，相隔7~10天，6岁以下0.2、0.4ml；7~14岁0.3、0.6ml；15岁以上0.5、1.0ml	免疫期3~6个月，每年加强注射1次，剂量同第2针	2~10℃，效期1年半
伤寒、副伤寒甲、乙三联菌苗	死/自/细菌	重点使用于部队、港口、铁路沿线工地、环境卫生及饮食业工作人员	皮下注射3次，相隔7~10天，1~6岁0.2、0.3、0.3ml；7~14岁0.3、0.5、0.5ml；15岁以上0.5、1.0、1.0ml	免疫期1年，每年加强注射1次，剂量同第3针	2~10℃，效期1年半

制品名称	性质	接种对象	接种剂量和方法	免疫期与复种	保存和效期
霍乱、伤寒、副伤寒甲、乙四联菌苗	死/自/细菌	同上	同上	同上	同上
布鲁杆菌菌苗	活/自/细菌	畜牧、皮革、屠宰工作人员及兽医实验室、疫区防疫卫生人员等。布鲁菌素阳性反应者可不接种	皮上划痕法：儿童滴1滴，划1个1~1.5cm长的"井"字；成人滴2滴，划2个"井"字，2滴相距2~3cm严禁注射	免疫期1年，每年接种1次	2~10℃，效期1年
鼠疫菌苗	活/自/细菌	重点使用于本病流行地区人群	皮上划痕法：剂量每人0.05ml，划痕长1~1.5cm，2~6岁划1个"井"字，7~13岁划3个"井"字，相隔2~3cm，严禁注射	同上	同上
炭疽菌苗	活/自/细菌	流行区人群、牧民，屠宰、皮毛，制革人员及兽医	皮上划痕法：滴2滴菌苗于上臂外侧，相距3~4cm，每滴作"井"字划痕长1~1.5cm。严禁注射	同上	2~10℃，效期2年，25℃以下暗处，效期1年
吸附精制白喉类霉素	自类毒素	6个月~12岁儿童	初种肌内注射2次，每次0.5ml，相隔4~8周	免疫期3~5年，第2年加强注射1次0.5ml，以后每3~5年注射1次，0.5ml	25℃以下暗处，不可冻结，效期3年
吸附精制破伤风类毒素	自/类毒素	发生创伤机会较多的人群	基础免疫全程3次分两年完成，第1年注射2次，0.5、0.5ml相隔4~8周0.5ml，第二年1次，0.5ml，均肌内注射	免疫期5~10年，加强注射一般每10年注射1次0.5ml	25℃以下暗处，不可冻结，效期3年半
百日咳菌菌、白喉、破伤风类毒素混合制剂（百、白、破混合制剂）	死/自/细菌和类毒素	6个月至6岁儿童	全程免疫分两年皮下注射4次，第1年3次，0.25、0.5、0.5ml相隔4~6周，第2年1次0.5ml	免疫期同单价制剂，全程免疫后根据情况用百日咳菌苗或百、白混合制剂或白、破二联类素于7岁时加强免疫	2~10℃，效期1年半
精制白喉抗毒素	被/抗毒素	①白喉患者 ②4年内未作过白喉类毒素全程免疫而和白喉病人密切接触者	治疗：依病情决定预防：1次皮下或肌内注射1000~2000U，可与类毒素联合使用，同时分两处皮下注射。	免疫期3周	2~10℃，液状制品效期2~3年，冻干制品3~5年

制品名称	性质	接种对象	接种剂量和方法	免疫期与复种	保存和效期
精制破伤风抗毒素	被/抗毒素	①破伤风病人 ②创伤后有发生破伤风可能者	治疗：首次肌肉或静脉注射5~20万U，儿童与成人量同，新生儿24小时内用半量。 预防：1次皮下或肌内注射1500~3000U，儿童与成人量相同	免疫期3周	2~10℃，液状制品效期3~4年，冻干制品5年
多价精制气性坏疽抗毒素	被/抗毒素	受重伤而有发生气性坏疽可能者	预防：1次皮下或肌内注射1万U 治疗：依病情决定	免疫期3周	同上
精制肉毒抗毒素	被/抗毒素	肉毒中毒病人或与病人食过同样食物的人	预防：1次皮下或肌内注射1000~2000U 治疗：依病情决定	免疫期3周	同上
精制抗狂犬病血清	被/免疫血清	被可疑动物严重咬伤者	皮试阴性后使用，成人剂量20ml，半量作局部伤口处注射，半量肌注；或于咬伤后72小时内肌注；儿童剂量0.5~1.5ml/kg	同上	同上
乙型肝炎免疫球蛋白（HBIG）	被/免疫球蛋白	HBsAg阳性母亲所产新生儿，未感染过乙型肝炎的医护人员意外污染者及密切接触者	新生儿：出生后24小时内及2个月龄各肌内注射1次，每次1ml 成人：接触后立即肌内注射5ml（100IU/ml）	免疫期2个月	2~10℃，效期2年
人丙种球蛋白	被/球蛋白	丙种球蛋白缺乏症患者，甲型肝炎或麻疹密切接触者	治疗丙种球蛋白缺乏症：每次肌内注射0.15ml/kg 预防甲型肝炎：1次肌内注射0.05~0.1ml/kg（成人每次3ml） 预防麻疹：1次肌内注射0.05~1.5ml/kg（儿童最大量每次6ml）	免疫期3周	2~10℃，效期2年半

注：活：活疫（苗）；死：死疫（苗）；自：自动免疫；被：被动免疫

（李　刚）

参考文献

<<<<<< 1. 李兰娟，任红．传染病学，8 版．北京：人民卫生出版社，2013．

<<<<<< 2. 李兰娟，王宇明．感染病学．3 版．北京：人民卫生出版社，2015

<<<<<< 3. Creutzfeldt-Jakob disease occurrence-transmission. https: //www.cdc.gov/prions/cjd/occurrence-transmission.html

<<<<<< 4. 缪晓辉，冉陆，张文宏，等．成人急性感染性腹泻诊疗专家共识．中华传染病杂志，2013，31（12）：705-714

<<<<<< 5. 刘克洲，陈智．人类病毒性疾病．2 版．北京：人民卫生出版社．2010

<<<<<< 6. 卫生部．2003—2010 年全国保持无脊髓灰质炎状态行动计划．2003

<<<<<< 7. MANDELL GL，BENNETT JE，DOLIN R. Principles of practice infectious diseases. 7th ed. New York: Churchill Livingstone，2009

<<<<<< 8. 中华医学会呼吸病学分会，中华医学会儿科学分会．流行性感冒抗病毒药物治疗与预防应用中国专家共识．中华医学杂志．2016，96（2）：85-90

<<<<<< 9. HUI DSC，LEE N，CHAN PKS. A clinical approach to the threat of emerging influenza viruses in the Asia-Pacific region. Respirology. 2017，（5）：1111-13114

<<<<<< 10. 国家卫生计生委．人感染 H7N9 禽流感诊疗方案（2014 年版）

<<<<<< 11. GHEBREHEWET S. Outbreak of measles in Central and Eastern Cheshire，UK，October 2008-Februaty 2009. Epidemiol Infect，2012，9（1）：1-8

<<<<<< 12. Centers for Disease Control and Prevent（CDC）. Global routine vaccination coverage，2011，MMWR. 2012，61：883-885

<<<<<< 13. BALJIC R. Therapeutic approach to chickenpox in children and adults-our experience. Med Arh，2012，66（3 Suppl 1）：21-23

<<<<<< 14. 费方荣．2008-2010 年中国流行性腮腺炎流行病学特征分析。疾病监测，2011，9：691-693．

<<<<<< 15. BRIGGS CM. Mumps virus inhibits of primary human macrophages toward a chemokine gradient through a TNF-alpha dependent mechanism. Virology，2012，433（1）：245-252

<<<<<< 16. 杨为松．肾综合征出血热．北京：人民军医出版社，1999

<<<<<< 17. DELINGER RP，LEVY MM，CARLET JM，et al. Surviving sepsis campaign: international guidelines for management of sever sepsis and septic shock: 2008. Interns Care Med，2008，34：17-60

<<<<<< 18. WINTER PM. Proinflammatoty cytokines and chemokines in humans with Japanese encephalitis. J Infect Dis，2004，190（9）：1618-1626

<<<<<< 19. 赵川．流行性乙型脑炎的研究进展．医学综合，2005，11（12）：1119-1121

<<<<<< 20. 宫道华，吴升华．小儿感染病学．北京：人民卫生出版社，2002

<<<<<< 21. Braunwald. 哈里森内科学．王德炳，译．北京：人民卫生出版社，2001

<<<<<< 22. 马亦林. 传染病学. 5版. 上海: 上海科学技术出版社, 2011

<<<<<< 23. GRIFFITHS PD. Burded of disease associated with human cytomegalovirus and prospects for elimination by universal immunization. Lancet infect dis, 2012, 12（10）: 790-798

<<<<<< 24. SABIN CA, LUNDGREN JD. The natural history of HIV infection. Curr Opin HIV AIDS. 2013, 8（4）: 311-317

<<<<<< 25. ROUTY JP, CAO W, MEHRAJ V. Overcoming the challenge of diagnosis of early HIV infection: a stepping stone to optimal patient management. Expert Rev Anti Infect Ther. 2015, 13（10）: 1189-1193

<<<<<< 26. CHAN PK. SARS: clinical presentation, transmission, pathogenesis and treatment options. Clin Sci（Lond）, 2006, 110（2）: 193-204

<<<<<< 27. 中华医学会, 中华中医药学会. 传染性非典型肺炎（SARS）诊疗方案. 中华医学杂志, 2003, 83（19）: 1731-1752.

<<<<<< 28. YAO X, BIAN LL, LU WW, et al. Epidemiological and etiological characteristics of herpangina and hand foot mouth diseases in Jiangsu, China, 2013-2014. Hum Vaccin Immunother. 2017 Apr 3, 13（4）: 823-830

<<<<<< 29. BADIAGA S, BROUQUI P. Human louse-transmitted infectious diseases[J]. Clin Microbiol Infect. 2012, 18（4）: 332-337

<<<<<< 30. MOSTAFA MM, NASSEF M, BADR A. Computational determination of the effects of virulent Escherichia coli and salmonella bacteriophages on human gut[J]. Comput Methods Programs Biomed. 2016 Oct, 135: 27-35

<<<<<< 31. 缪晓辉, 冉陆, 张文宏, 等. 成人急性感染性腹泻诊疗专家共识. 中华传染病杂志, 2013, 31（12）: 705-714

<<<<<< 32. 刘克洲, 陈智. 人类病毒性疾病. 2版. 北京: 人民卫生出版社, 2010

<<<<<< 33. 中华人民共和国卫生行业标准——霍乱诊断标准 WS 289—2008. 北京: 人民卫生出版社, 2008

<<<<<< 34. 马亦林, 李兰娟. 传染病学. 5版. 上海: 上海科学技术出版社, 2001

<<<<<< 35. 缪晓辉, 冉鹿, 张文宏, 等. 成人急性感染性腹泻诊疗专家共识. 中华消化杂志, 2013, 33（12）: 793-802

<<<<<< 36. DE FRANCESCO V, BELLESIA A, RIDOLA L, et al. First-line therapies for Helicobacter pylori eradication: a critical reappraisal of updated guide. Ann Gastroenterol. 2017, 30（4）: 373-379

<<<<<< 37. 张玲霞, 周先志. 现代传染病学. 北京: 人民军医出版社, 2010

<<<<<< 38. ELFAKI MG1, ALAIDAN AA, Al-HOKAIL AA. Host response to Brucella infection: review and future perspective. J Infect Dev Ctries. 2015, 30, 9（7）: 697-701

<<<<<< 39. 中华人民共和国卫生行业标准 WS 269-2007. 布鲁氏菌病诊断标准. 2007. 04. 17

<<<<<< 40. PECHOUS RD, SIVARAMAN V, STASULLI NM, et al. Pneumonic Plague: The Darker Side of Yersinia pestis[J]. Trends Microbiol. 2016, 24（3）: 190-197

<<<<<< 41. 中华人民共和国卫生行业标准 WS 279-2008. 鼠疫诊断标准. 2008. 02. 28

<<<<<< 42. SCHITO M, MIGLIORI GB, FLETCHER HA, et al. Perspectives on Advances in Tuberculosis Diagnostics, Drugs, and Vaccines. Clin Infect Dis. 2015; 61（Suppl 3）: S102 - S118

<<<<<< 43. 胡晓抒, 朱凤才, 汪华, 等. 人-猪链球菌感染性综合症研究. 中华预防医学杂志, 2000, 34: 150-152

<<<<<< 44. GENGA KR, RUSSELL JA. Update of Sepsis in the Intensive Care Unit. J Innate Immun. 2017

<<<<<< 45. GIORDANO N, CORALLO C, MIRACCO C, et al. Erythema nodosum associated with Staphylococcus xylosus septicemia. J Microbiol Immunol Infect. 2016; 49（1）: 134-137

<<<<<< 46. DELLINGER RP. Surviving Campaign: international guidelines for management of severe sep-

sis and septic shock: 2008. Crit Med200836（1）: 296-327

<<<<<< 47. LEVY MM. The Surviving Sepsis Campaign: results of an international guideline-based perform-ance inprovement program targeting severe sepsis. Crit Care Med，2010, 38（2）: 367-374

<<<<<< 48. JOHN R. PERFECT, WILLIAM E. Dismukes, Francoise Dromer, et al. Clinical Practice Guide-lines for the Management of Cryptococcal Disease: 2010 Update by the Infectious Diseases Society of America. Clin Infect Dis 2010, 50（3）: 291-322

<<<<<< 49. WHO publication. Rapid advice: Diagnosis, prevention and management of cryptococcal dis-ease in HIV-infected adults, adolescents and children. Dec.2011. http: //www.who.int/hiv/pub/cryptococcal_disease2011/en/

<<<<<< 50. PETER G PAPPAS, CAROL A KAUFFMAN, DAVID R. Andes, et al. Clinical Practice Guideline for the Management of Candidiasis: 2016 Update by the Infectious Diseases Society of Ameri-ca. Clin Infect Dis. 2016, 62（4）: e1-e50

<<<<<< 51. 姜远英. 真菌感染性疾病的药物治疗. 北京: 人民卫生出版社，2010

<<<<<< 52. THOMAS F PATTERSON, GEORGE R THOMPSON, DAVID W. DENNING, et al. Practice Guide-lines for the Diagnosis and Management of Aspergillosis: 2016 Update by the Infectious Diseases Society of America. Clin Infect Dis. 2016, 63（4）: e1-e60

<<<<<< 53. HAAKE, D.A.& LEVETT, P.N.Leptospirosis in humans. Current topics in microbiology and im-munology, 2015, 387: 65-97

<<<<<< 54. QUE X, REED SL. Cysteine proteinases and the pathogenesis of amebiasis. Clin Microbiol Rev, 2000, 13: 196-206

<<<<<< 55. STANLEY SL JR. Amoebiasis. Lancet，2003, 361: 1025-1034

<<<<<< 56. 李梦东，王宇明. 实用传染病学. 3 版. 北京: 人民卫生出版社，2004

<<<<<< 57. CHOWDHURY K, BAGASRA O. An edible vaccine for malaria using transgenic tomatoes of varying sizes, shapes and colors to carry different antigens. Med Hypoth, 2007, 68（1）: 22-30

<<<<<< 58. SUNDAR S, SINGH A. Recent developments and future prospects in the treatment of visceral leishmaniasis[J]. Ther Adv Infect Dis. 2016, 3（3-4）: 98-109

<<<<<< 59. 谢元林. 实用人畜共患传染病学. 北京: 科学技术文献出版社，2007

<<<<<< 60. SHRIVASTAVA AK, KUMAR S, SMITH WA, et al. Revisiting the global problem of cryptospo-ridiosis and recommendations. Trop Parasitol. 2017, 7（1）: 8-17

<<<<<< 61. LOVE MS, BEASLEY FC, JUMANI RS, et al. A high-throughput phenotypic screen identifies clofazimine as a potential treatment for cryptosporidiosis. PLoS Negl Trop Dis. 2017, 11（2）: e0005373

<<<<<< 62. 李天群，姜昌富，时红波. 卫氏并殖吸虫模拟抗原的血清免疫学诊断价值. 中国人畜共患病学报. 2005, 21（6）: 507-509

<<<<<< 63. BLAIR D. Paragonimiasis. Adv Exp Med Biol. 2014; 766: 115-152

<<<<<< 64. 吴德，余新炳，吴忠道. 华支睾吸虫病的流行概况. 热带医学杂志. 2002, 2（3）: 277-279

<<<<<< 65. SUNGTAE HONG, YUEYI FANG. Clonorchis sinensis and clonorchiasis, an update. Parasitology International. 2012, 61（1）: 17-24

<<<<<< 66. 甘立新. 猪姜片虫病的识别与防治. 农技服务，2011, 28（5）: 677

<<<<<< 67. 谢元林. 实用人畜共患传染病学. 北京: 科学技术文献出版社，2007

<<<<<< 68. RAMZY RMR. Effect of yearly mass drug administration with diethylcarbamazine and alben-dazole on bancroftian fiariasis in Egypt: comprehensive assessment. Lancet, 2006, 367（9515）: 992-999

<<<<< 69. 陈佳敏．胶囊内镜检查小肠钩虫病 9 例．中国寄生虫学与寄生虫病杂志，2011 年，29（4）：31

<<<<< 70. IBRARULLAH M. Biliary ascariasis-role of endoscopic intervention. Tropical gastroenteroiogy official journal of the Digestive Foundation，2011，32（3）：210-213

<<<<< 71. WEATHERHEAD JE，HOTEZ PJ. Worm Infections in Children. Pediatr Rev．2015，36（8）：341-352

<<<<< 72. SHIMONI Z，FROOM P. Uncertainties in diagnosis，treatment and prevention of trichinellosis. Expert Rev Anti Infect Ther．2015，13（10）：1279-1288

<<<<< 73. ORREGO-SOLANO MÁ，CANGALAYA C，etc. Identification of proliferating cells in Taenia solium cysts. Rev Peru Med Exp Salud Publica．2014，31（4）：702-706

<<<<< 74. A MOIYADI，A MAHADEVAN，B ANANDH，et al. Visceral larva migrans presenting as multiple intracranial and intraspinal abscesses.《Neuropathology》，2010，27（4）：371-374

<<<<< 75. A CHIRIAC，C BIRSAN，AE CHIRIAC，et al. Unusual presentations of cutaneous larva migrans.Medical Studies，2013，4（29）：325-327

<<<<< 76. 中华人民共和国卫生部．医院感染诊断标准（试行）．中华医院感染学杂志．2001，11（4）：37-41

<<<<< 77. 中华人民共和国卫生部．医院感染管理办法．中国护理管理．2006，6（7）：5-7

<<<<< 78. 赵兰香，李素英，黄晶．医院感染管理．中华医院感染学杂志．2007，17（7）：851-851.

<<<<< 79. DUPONT J，PRAT D，SZTRYMF B. Linezolid versus vancomycin in Methicillin Resistant Staphylococcus aureus nosocomial pneumonia in the elderly. Am J Emerg Med．2017 May 26．pii：S0735-6757（17）30424-2.

<<<<< 80. RAHMEL T，ASMUSSEN S，KARLIK J，et al. Moxifloxacin monotherapy versus combination therapy in patients with severe community-acquired pneumonia evoked ARDS. BMC Anesthesiol．2017 Jun 14，17（1）：78

索 引

SARS 冠状病毒（SARS coronavirus，SARS-CoV）
82

A

阿米巴病（Amebiasis） 207

B

白喉（diphtheria） 142
白喉棒状杆菌（Corynebacterium diphtheriae） 142
百日咳（pertussis，whooping cough） 145
鲍特菌属（Bordetella） 145
并殖吸虫病（Paragonimiasis） 233
病毒性肝炎（viral hepatitis，简称肝炎） 17
病原体（pathogens） 1
播散性曲霉病（disseminated aspergillosis） 191
布鲁菌病（brucellosis，简称布病） 131

C

肠绦虫病（intestinal taeniasis） 252
迟发型超敏反应（delay type hypersensitivity，DTH）
158
传染病（communicable diseases） 1
传染性单核细胞增多症（infectious mononucleosis，
IM） 66
传染性非典型肺炎（infectious atypical pneumonia）
82
传染性海绵状脑病（transmissible spongiform en-
cephalopathies，TSE） 13
丛林斑疹伤寒（scrub typhus） 96

D

带状疱疹（herpes zoster） 48
登革出血热（DHF） 65
登革热（dengue fever） 62
地方性斑疹伤寒（endemic typhus） 95

F

副伤寒（paratyphoid fever） 107

G

感染（infection） 1
感染谱（infection spectrum） 1
感染性疾病（infectious diseases） 1
感染性休克（septic shock） 175
刚地弓形虫（toxoplasma gondii） 221
高效抗反转录病毒治疗（HAAART） 76
弓形虫病（toxoplasmosis） 221
共生状态（commensalism） 1
钩端螺旋体（Leptospira） 194
钩端螺旋体病（leptospirosis） 194
钩体败血症（leptospiremia） 195
过敏性支气管肺曲霉病（allergic bronchopulmonary
aspergillosis，ABPA） 191

H

汉坦病毒（hantavirus，HV） 54
华支睾吸虫病（clonorchiasis sinensis） 236
回归热（relapsing fever） 199